AKAL / ATLAS

Atlas histórico
del
siglo XX

Título original

Collins Atlas of 20th Century History

Publicado originalmente en inglés por HarperCollins Publishers Ltd.

© Harper Collins Ltd., 2005

© Ediciones Akal, S. A., 2009, con licencia de HarperCollins Publishers Ltd.
para lengua española

Sector Foresta, 1
28760 Tres Cantos
Madrid - España

Tel.: 918 061 996
Fax: 918 044 028

www.akal.com

ISBN: 978-84-460-3029-4

Impreso en Hong Kong

Atlas histórico del siglo XX

RICHARD OVERY

Traducción
Alfredo Brotons Muñoz

Es un tópico decir que el siglo pasado fue testigo de los cambios más profundos en cualquier siglo de la historia de la humanidad. Sin embargo, sigue valiendo la pena recordar las dimensiones de ese cambio. En 1900 la mayoría de las personas eran sumamente pobres según los criterios modernos, y se ganaban la vida con trabajos monótonos y físicamente extenuantes, con un acceso muy precario a los bienes y servicios que disfrutaban las pequeñas elites opulentas. Los avances que transformaron el siglo —descubrimientos científicos y médicos, nuevas formas de producción e intercambio— estaban en gran medida confinadas a las zonas prósperas de Europa y Norteamérica.

Aunque esta división entre ricos y pobres, desarrollados y en desarrollo, apenas han disminuido desde 1900, los frutos de la modernidad, por amargos que en ocasiones hayan sido, se han difundido por todo el mundo. El eslogan de la edad moderna es la globalización. Nuevas rutas permiten el acceso a todo el mundo: los viajes aéreos, la televisión por satélite, la autopista informática. Miles de organizaciones multinacionales han desplegado sus tentáculos por todo el mundo. La mitad de la población mundial vive en ciudades, la mayoría trabaja en la industria y los servicios, generando niveles de ingresos impensables en 1900. El desmoronamiento del imperio y la difusión de la cultura de masas ha producido ahora elites muy diferentes, cuyos horizontes han dejado de ser parroquiales para convertirse en globales. En 1900, los reyes y emperadores aún tenían su importancia. Ahora son meros ornamentos.

Esta transformación ni estaba predeterminada ni era inevitable. En 1945, tras dos guerras extraordinariamente destructivas en el mundo desarrollado y una crisis casi terminal del capitalismo en 1929, el siglo parecía ir de mal en peor. Los horrores de la guerra de trincheras, seguida 25 años más tarde por las revelaciones del genocidio alemán y el terror estalinista, socavaron la confianza en el progreso heredada del siglo XIX. El novelista inglés George Orwell perdió la esperanza en el futuro en el momento en que la guerra con Hitler tocaba a su fin. Según él, la democracia estaba siendo sustituida por una persistente «adoración de *Führers*», las economías rígidamente planificadas destruían la libertad económica y nos hallábamos en un estado casi permanente de guerra entre «grandes superpotencias incapaces de derrotarse entre sí». El resultado fue la novela *1984*, publicada poco antes de que el siglo superara su mitad, una feroz denuncia de la deriva hacia el poder estatal y una sociedad reglamentada.

Orwell estaba equivocado, pero no del todo. El abuso del poder estatal ha persistido. La Guerra Fría produjo inimaginables peligros de destrucción global. Pero cuando realmente se llegó a 1984, una gran parte del mundo disfrutaba de unos niveles de libertad política, prosperidad económica y seguridad personal que difícilmente parecían posibles en 1945. Los problemas que persisten son sobre todo resultado de la debilidad de los Estados, no la amenaza del Gran Hermano. Tres fueron las causas del cambio en la suerte del siglo ocurrida después de 1950: el poder de los Estados Unidos, ahora ejercido globalmente; un excepcional boom económico; y el final del imperialismo, una institución casi tan antigua como la historia de la humanidad. Entre 1900 y la emancipación de las colonias de Europa en los años sesenta, el imperio se desmoronó, y con él la idea de que un Estado podía controlar física y permanentemente a otros, aunque esto no evitaba la intervención violenta y unilateral de las grandes potencias en los asuntos de Estados más pequeños. Ahora esta imagen está cambiando de nuevo: los conflictos religiosos, la crisis medioambiental y la «guerra al terror» declarada por Occidente han creado nuevas incertidumbres y abierto nuevas zonas de conflicto político. El desmoronamiento del comunismo en Europa, recibido con beneplácito general en 1990, no ha producido un mundo capitalista más seguro. El antiglobalismo y el creciente poder militar del comunismo en Asia plantearán nuevos retos. En la era moderna nada puede darse nunca por seguro.

Richard Overy

CONTENIDOS

En 1900 el mundo se hallaba en el umbral de uno de los periodos de cambio más extraordinarios de la historia de la humanidad. Un viejo orden estaba cediendo el paso a uno nuevo. Bajo el impacto de la industrialización y el ascenso de la política de masas, el orden monárquico establecido, con dinastías seculares, comenzó a derrumbarse. El advenimiento de la urbanización masiva y las nuevas tecnologías durante el siglo XIX en Europa y los Estados Unidos transformaron sociedades tradicionalmente basadas en el poder territorial y la agricultura. En 1900 la mayor parte del mundo seguía gobernada por viejos imperios: la China manchú, la Turquía otomana, la Rusia de los Romanoff, la Austria de los Habsburgo. En 1900 la mayor parte de la población mundial todavía se ganaba la vida con la agricultura y la ganadería. Pero el cambio era irresistible y de alcance mundial. El tema dominante en el siglo XIX fue la emancipación de la autocracia monárquica, de la opresión imperial, de la pobreza y la ignorancia, sobre todo de la exclusión política. Las demandas de independencia nacional, democracia y un modo de vida mejor, con sus raíces en América y Europa occidental, tuvieron el efecto de un fuerte ácido sobre las estructuras de poder y económicas. Con la disolución de éstas, el mundo entró en una era de turbulencia y violencia excepcionales.

Camilleros en
la batalla de Ypres, 1915

PARTE I   EL FINAL DEL VIEJO ORDEN MUNDIAL

El **mundo** en 1900: los **imperios**

1880–1914 25 millones de emigrantes abandonan Europa.

1895 Los japoneses se apoderan de Formosa y Corea (1910).

1899–1902 Guerra de los Boers.

1900 Rebelión de los Boxers.

1900 Sigmund Freud publica *La interpretación de los sueños*.

1900 El alemán Max Planck establece la teoría cuántica.

1902 El físico británico Joseph Thompson aísla el electrón.

1915 Teoría de la relatividad de Albert Einstein.

A comienzos del siglo XX, el mapa político del mundo era abrumadoramente imperial. En China y el Oriente Medio otomano había viejos imperios. Algunos imperios coloniales europeos se remontaban al siglo XVIII, como el español, el portugués, el holandés. Otros más recientes habían alcanzado su máxima extensión en la segunda mitad del siglo XIX: el británico, el francés, el alemán, el italiano.

Incluso las Américas, en su mayor parte repúblicas, habían sido antaño parte de imperios europeos y seguían compartiendo el idioma y la cultura allí exportados. En Europa había imperios erigidos por la dinastía austríaca de los Habsburgo y la rusa de los Romanoff que carecían de posesiones en ultramar, pero estaban constituidos por un conglomerado de pueblos sometidos que se extendían desde Italia en el oeste hasta las costas del Asia oriental.

1 En 1900 gran parte del mundo estaba dividida en imperios (mapa *infra*). Los gobernaban, excepto en el caso del Imperio francés, antiguas casas dinásticas. En el Lejano Oriente, el Imperio chino estaba en decadencia; el japonés, impulsado por la revolución modernizadora de 1868, seguía expandiéndose. Los imperios europeos abarcaban la mitad del globo, gran parte de cuya área había sido ocupada durante el siglo anterior. España y Portugal constituían las excepciones. Sus vastos imperios en América Latina, erigidos en el siglo XVI, habían obtenido la independencia durante el siglo XIX. Durante el siglo XX los demás imperios desaparecieron, reemplazado por el moderno Estado-nación.

En 1900, los imperios coloniales se hallaban en su cenit. Desde los años 1870, una nueva ola de imperialismo había sometido al poder europeo la mayor parte de África y las islas del Pacífico. El último Estado independiente de África –Abisinia (Etiopía)– resistió los esfuerzos de Italia por conquistarlo, y el año 1895 infligió una humillante derrota a las fuerzas italianas en Adowa. En el África meridional, los británicos combatieron a los colonos holandeses en el Transvaal y el Estado Libre de Orange en la Guerra de los Boers (1899-1902), y sometieron a ambos al gobierno británico directo. El Imperio británico, que comprendía un cuarto del globo, era el más extenso del mundo. En su centro se hallaba la India, donde la reina Victoria fue declarada emperatriz en 1874. Unos millares de funcionarios gobernaban una zona de 250 millones de personas.

Los europeos miraban al resto del mundo con la confianza de que lo que ofrecían era civilización y progreso técnico. Veían el mundo a su propia imagen. Los idiomas europeos reemplazaron a las lenguas nativas como el medio a través del cual se ejercían la administración y el comercio. La religión europea se exportaba junto con los frutos del desarrollo técnico y científico europeo. En 1900 la mayor parte del mundo salvo China era nominalmente cristiano o estaba gobernado por funcionarios cristianos. Una marea de emigrantes abandonó Europa: 25 millones entre 1880 y 1914.

www.empiremuseum.co.uk/main.htm
Museo de Historia del Imperio Británico y la Commonwealth
www.channel4.com/history/microsites/H/history/guide20/part04d.html
Guía de los imperios mundiales en 1900

El comercio europeo dominaba los mercados mundiales. Los ejércitos y armadas europeos, equipados con las armas más modernas, otorgaban a sus imperios el poder de imponer sus intereses. Los líderes japoneses quedaron tan impresionados con la expansión europea, que adoptaron la tecnología y las reformas militares occidentales, y se embarcaron en la construcción de un imperio colonial propio en Asia oriental: de Formosa (Taiwán) se apoderaron en 1895, de Corea en 1910. A los funcionarios japoneses se les hacía leer *La expansión de Inglaterra*, de Sir John Seeley, como ejemplo a seguir.

Las apariencias de 1900 resultaron ser engañosas. Como forma de organización política, el imperio estaba dando sus últimos coletazos. De hecho, los boyantes imperios coloniales de Europa contribuyeron a la decadencia de la Turquía otoma-

na y la China manchú, que los europeos aspiraban a gobernar. Europa estaba en proceso de generar las fuerzas sociales y políticas que habían de transformar el imperio en el siglo XX. La unificación de Italia en 1860 y de Alemania en 1871 demostraron la importancia del nacionalismo como fuerza política. En 1900, la agitación en pro de la autonomía nacional se había extendido por Europa –Irlanda, Bohemia, Polonia, Ucrania, Finlandia–, mientras que los opositores nacionalistas de las antiguas dinastías en China y Turquía socavaban el orden establecido.

El nacionalismo fue uno de los componentes del desarrollo de la política de masas. La modernización social y económica en Europa en el siglo XIX propiciaron el desarrollo de nuevas clases sociales que no estaban dispuestas a seguir aceptando el gobierno dinástico o aristocrático tradicional.

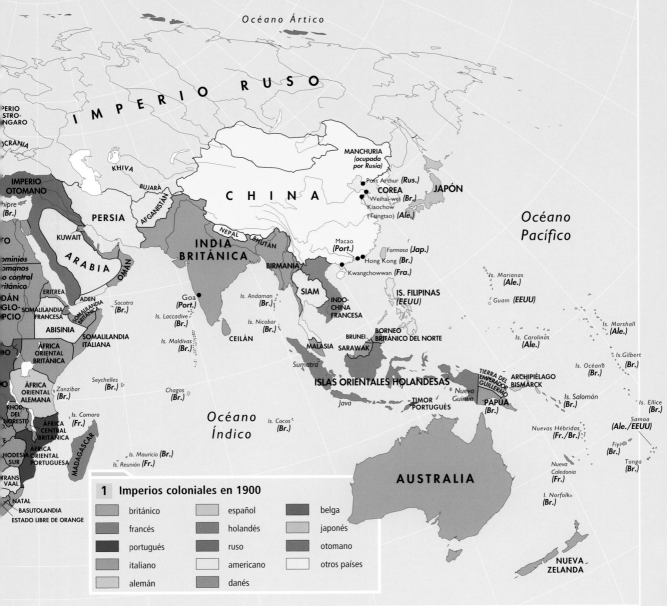

1 **Imperios coloniales en 1900**

- británico
- francés
- portugués
- italiano
- alemán
- español
- holandés
- ruso
- americano
- danés
- belga
- japonés
- otomano
- otros países

El **mundo** en 1900: la **economía**

1900

1886 Se descubren grandes cantidades de oro en el Transvaal, Sudáfrica.

1900 En los 40 años precedentes, el comercio mundial se triplicó.

1900 La empresa Eastman Kodak vende la primera cámara Brownie Box por un dólar.

1901 Se inicia la producción masiva de coches en EE.UU.

1903 Primer vuelo a motor.

1905 Los Estados Unidos se convierten en la nación industrial puntera.

Los liberales europeos consiguieron establecer el gobierno parlamentario constitucional y los derechos civiles en Gran Bretaña, Italia y Francia (aunque no en sus imperios). Sus demandas de libertades modernas –democracia, imperio de la ley, respeto del individuo, derecho de autodeterminación– se filtraron más allá de Europa para alentar las protestas políticas en las mismas zonas ahora gobernadas por Europa. Europa fue también la cuna del socialismo moderno. Inspirándose en el filósofo alemán Karl Marx, los socialistas abogaban por una transformación revolucionaria de la sociedad existente y por la toma del poder por las masas trabajadoras. En 1900 los movimientos por los derechos civiles o la revolución se habían extendido por todo el mundo. Para explicar la decadencia del antiguo orden mundial, ningún factor fue tan importante como la industrialización. El crecimiento industrial dio un vuelco al equilibrio tradicional del poder cuando los Estados establecidos no consiguieron la modernización económica o sólo se modernizaron lentamente, mientras otros –Alemania, Estados Unidos, Japón– incrementaban su poder industrial durante el último tercio del siglo XIX. El éxito político de los europeos en ultramar se sustentaba en la gran riqueza y el progreso técnico provocados por la expansión industrial. Sus ansias imperialistas debían mucho a la búsqueda de nuevos recursos alimentarios y materias primas. En 1900 Gran Bretaña estaba en guerra con la pequeña república bóer del Transvaal en el sur de África, donde en 1886 se habían descubierto enormes cantidades de oro.

Sin embargo, incluso en Europa el ritmo del crecimiento industrial fue desigual. En 1900 Europa produjo más de 17 millones de toneladas de acero, pero dos tercios sólo dos países: Gran Bretaña y Alemania. Gran Bretaña, el poder industrial más antiguo, produjo más carbón y fabricó más productos textiles que todo el resto de Europa junto. Pero con el crecimiento industrial concentrado en regiones particulares, la economía de Europa seguía siendo agraria, y la mayoría de los europeos, como la mayoría de la población mundial, trabajaba la tierra. Fuera de Europa, la industrialización era limitada en todas partes salvo en los Estados Unidos, donde en los 40 años posteriores a la Guerra Civil (1861–65) la abundancia de materias primas y una fuerza laboral inventiva y cualificada hicieron del país la nación puntera en la industria mundial.

Fuera de Europa, la modernización económica dependía casi por entero de las inversiones europeas y de la tecnología europea o norteamericana. El procesamiento de alimentos –ternera enlatada de América Latina, cacao de África occidental– o las industrias extractivas constituyen ejemplos de ese desarrollo. En 1900, las minas de oro del Transvaal empleaban a más de 100.000 trabajadores. El estaño de Malasia o el cobre de Canadá cubrían gran parte del suministro mundial de estas mercancías. Sin embargo, fuera de los pequeños enclaves de recursos explotados, el resto del mundo seguía ligado a los métodos tradicionales de producción y cultivo.

El proceso de modernización se basaba en el crecimiento del comercio. En 1900 funcionaba un sofisticado sistema de comercio y pagos en efectivo. Su capital era Londres, en cuanto sede de las principales entidades crediticias y el centro más importante de embarque, seguros y corretaje de mercancías. En 1900 los británicos controlaban la mitad del tonelaje mercante mundial, mientras que sus inversiones en ultramar eran mayores que las del resto del mundo juntas. Abastecido por el crédito británico y los crecientes

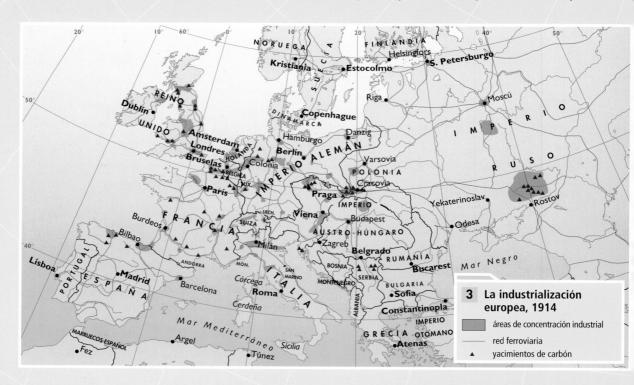

3 La industrialización europea, 1914

- áreas de concentración industrial
- red ferroviaria
- ▲ yacimientos de carbón

ngresos en América y Europa, el comercio mundial se triplicó entre 1860 y
900. Sus frutos se difundieron muy desigualmente. Los mayores ingresos
se obtenían en los Estados Unidos y Gran Bretaña, pero incluso aquí el nivel
de vida de la mayoría de la población era bajo y la riqueza se concentraba en
manos de unos pocos. En las regiones menos desarrolladas de Europa y en
zonas débilmente afectadas por el cambio económico, el nivel de vida apenas alcanzaba para subsistir, y a veces ni eso.

La transformación de la vida material dependía del progreso de la ciencia
y la tecnología. La Revolución industrial se basó en el hierro, el carbón y el
ferrocarril. En 1900 estaban a punto de hallarse a disposición los componentes de una nueva ola de cambio técnico, basado en la química, la electricidad

y el motor de combustión interna. Los primeros automóviles se desarrollaron
en los años 1880; el primer vuelo a motor se realizó en 1903; en 1902 el físico
británico Joseph Thompson aisló el electrón; el científico alemán Max Planck
puso las bases para la teoría cuántica en 1900; Albert Einstein formuló la teoría de la relatividad en 1915. En 1900 ya estaban establecidos los cimientos de
un extraordinario siglo de cambios políticos, intelectuales y técnicos.

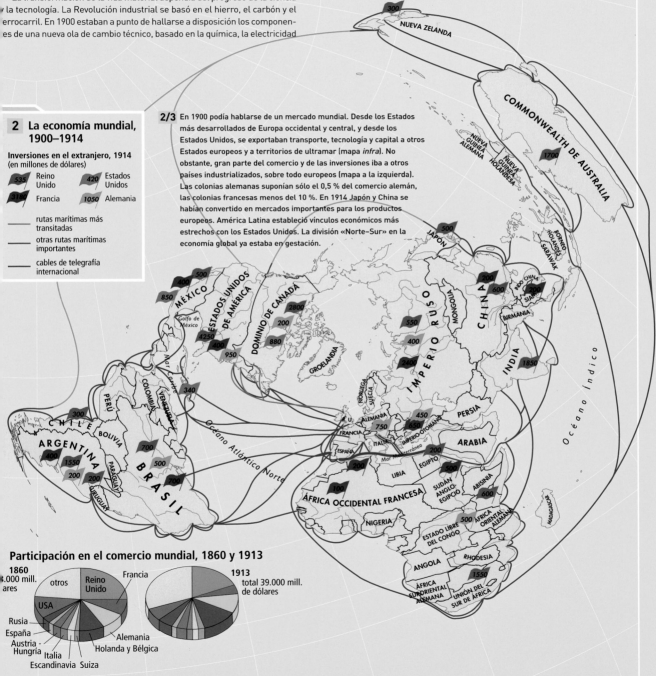

2 La economía mundial, 1900–1914

Inversiones en el extranjero, 1914
(en millones de dólares)

535 Reino Unido
3180 Francia
420 Estados Unidos
1050 Alemania

rutas marítimas más transitadas
otras rutas marítimas importantes
cables de telegrafía internacional

2/3 En 1900 podía hablarse de un mercado mundial. Desde los Estados
más desarrollados de Europa occidental y central, y desde los
Estados Unidos, se exportaban transporte, tecnología y capital a otros
Estados europeos y a territorios de ultramar (mapa *infra*). No
obstante, gran parte del comercio y de las inversiones iba a otros
países industrializados, sobre todo europeos (mapa a la izquierda).
Las colonias alemanas suponían sólo el 0,5 % del comercio alemán,
las colonias francesas menos del 10 %. En 1914 Japón y China se
habían convertido en mercados importantes para los productos
europeos. América Latina estableció vínculos económicos más
estrechos con los Estados Unidos. La división «Norte–Sur» en la
economía global ya estaba en gestación.

Participación en el comercio mundial, 1860 y 1913

1860
3.000 mill.
ares
otros
Reino Unido
Francia
USA
Rusia
España
Austria - Hungría
Italia
Escandinavia Suiza
Alemania
Holanda y Bélgica

1913
total 39.000 mill.
de dólares

China: de imperio a república

1894 Victoria japonesa sobre los chinos en Port Arthur.

1894-1895 Japón derrota a China y se apodera de la isla de Formosa.

1896 Acuerdos chino-rusos.

1898 100 días de reforma en China.

1899 Rebelión de los Boxers.

1901 Reformistas en el poder.

1911 Revolución china; Sun Yatsen, primer presidente de la nueva república; acceso al poder de los «señores de la guerra» (hasta 1926).

Ningún país ejemplificó mejor las tensiones entre el viejo mundo y las fuerzas del cambio que el Imperio chino de los manchúes. Durante siglos, China fue el poder político y económico dominante en Asia.

La dinastía manchú gobernó una vasta zona que abarcaba desde Mongolia hasta Indochina. Los logros científicos e intelectuales chinos rivalizaban con los de Europa. Las clases gobernantes chinas consideraban el mundo exterior como bárbaro, y hasta mediados del siglo XIX consiguieron mantener China impermeable a la inexorable marea de la expansión europea.

En 1842 esa marea abrió brecha en las defensas chinas. Gran Bretaña derrotó a China en una disputa sobre el comercio

británico de opio y obtuvo un arrendamiento de Hong Kong. Se abrieron a los comerciantes extranjeros cinco llamados «puertos del Tratado». Comenzó así un lento proceso de invasión por parte de las potencias coloniales europeas, que ansiaban explotar lo que veían como el enorme potencial comercial del Imperio chino. Rusia se apoderó de la zona de la China nororiental entre 1858 y 1861; la derrota ante Francia en Indochina el año 188 excluyó definitivamente del Asia suroriental la influencia política china. China fue también víctima de las ambiciones de su veci

1 El desmoronamiento del Imperio chino

- —— frontera del imperio Ch'ing 1850
- ▨ cedido por Rusia

Esferas de influencia
- rusa
- británica
- francesa
- japonesa
- alemana
- italiana

Rebelión de los Boxers, 1899-1900
- núcleo original, 1899
- ▨ zonas adicionales afectadas en 1899

Puertos y ciudades del Tratado
- ⊜ 1842 Tratado de Nanking
- ⊗ 1858 Tratado de Tientsin
- ⊙ 1860 Convención de Pekín
- ☉ 1876 Convención de Chefoo
- ▲ 1897 Convención Comercial Chino-francesa
- ○ puertos adicionales abiertos h. 1911
- ● otras ciudades
- ▨ zonas adicionales afectadas en 1900
- ■ principales ciudades controladas por los boxers en junio-julio de 1900

1 Durante el siglo XIX China se vio obligada a abrir gran parte de su territorio a la influencia de las potencias europeas, Estados Unidos y Japón. Los extranjeros disfrutaron de derechos extraterritoriales y concesiones económicas. En el norte y el noreste se perdió territorio en favor de Rusia y Japón, y en el sureste en favor de Gran Bretaña y Francia. Antiguos Estados satélite como el Nepal, Birmania, Laos, las islas Ryukyu y Corea cayeron bajo la influencia o el control extranjeros. Cuando el imperio se derrumbó en 1911, China perdió también el control del Tíbet y Mongolia.

www.lcsc.edu/modernchina/u3s1p8.htm
Introducción a la Rebelión de los Boxers.
www.wsu.edu:8080/~dee/MODCHINA/REV.HTM
Historia de la Revolución de 1911.

no asiático, Japón. Como consecuencia de una revolución en 1868, Japón se embarcó en una modernización de estilo occidental. Sus fuerzas armadas fueron reformadas y rearmadas, y los líderes japoneses trataron de imitar la colonización occidental. Se unieron a la rebatiña por apoderarse de la China y ejercieron presión en Formosa (Taiwán), las islas Ryukyu y Corea y Manchuria. Finalmente, en 1894–5 Japón derrotó a China en una guerra a gran escala y se apoderó de la isla de Formosa.

Los inicios de la presión europea provocaron graves crisis en la sociedad china y pusieron de manifiesto la debilidad militar y económica de los manchúes. El sistema político y administrativo no se reformó, de modo que el poder siguió en manos de la burocracia tradicional. Salvo los «puertos del Tratado» dominados por los europeos, hubo escaso desarrollo industrial y comercial moderno. El rápido crecimiento demográfico comportó una creciente presión sobre los suministros alimentarios. La defensa manchú de la tradición provocó largos periodos de inestabilidad doméstica, al tiempo que la versión europea de la modernidad provocaba oleadas de xenofobia popular dirigidas contra los occidentales tanto como contra el débil régimen que se había visto obligado a aceptarlos. Los líderes chinos eran conscientes de la necesidad de un cambio, pero temían los efectos de la adopción de los métodos occidentales, pese al evidente éxito de la emulación de Occidente por parte de los japoneses, a la que dio realce la derrota de los ejércitos chinos en 1895.

Gradualmente, el régimen manchú perdió el control efectivo de las provincias más importantes. En 1898 el emperador Kuang-hsü trató por fin de introducir una serie de reformas radicales a fin de impedir la desintegración del imperio. Fue derrocado por la emperatriz viuda T'zu-hsi, que revocó la reforma. En 1899, cuando las potencias europeas se aprestaban a consumar lo que veían como la muerte del viejo imperio, una oleada de rebeliones antioccidentales se propagó por el norte de China. El «Levantamiento de los Boxers» se dirigió contra los misioneros y las legaciones extranjeras, y contra los chinos que comerciaban o colaboraban con los occidentales. Una fuerza expedicionaria europea y estadounidense sofocó la revuelta con grandes dosis de violencia, mientras Rusia aprovechaba la ocasión para ocupar la mayor parte de Manchuria.

El Levantamiento de los Boxers, aunque fallido, anunció el final del viejo sistema, como en Rusia hizo la revolución de 1905. En 1901 los reformistas subieron al poder, y se puso en práctica un programa de modernización política y desarrollo económico. Las reformas militares, educativas y legales que terminaron con el poder de la antigua burocracia fueron acompañadas por un programa de construcción ferroviaria y el establecimiento de bancos y casas de cambio modernos. El progreso fue enorme en las zonas más afectadas por la influencia europea. Fue aquí donde se reunieron los políticos reformistas, y los jóvenes chinos con formación superior entraron en contacto con ideas y técnicas occidentales.

Estos elementos más radicales eran renuentes a aceptar la supervivencia de la dinastía manchú, incluso en su versión reformada. En 1911 el viejo régimen carecía de toda autoridad moral. Una pequeña revuelta militar en Wuchang desencadenó un rechazo del gobierno manchú en muchas provincias. El partido T'ung-meng-hui [Alianza Revolucionaria] instauró un gobierno provisional en Nanking. El líder de la Alianza, el doctor Sun Yat-Sen, fue proclamado presidente de la nueva República de la China el 1 de enero de 1912. En diez años se desmoronó el imperio más grande y antiguo del mundo, la víctima más importante de la iniciativa europea de modernizar el mundo a su imagen.

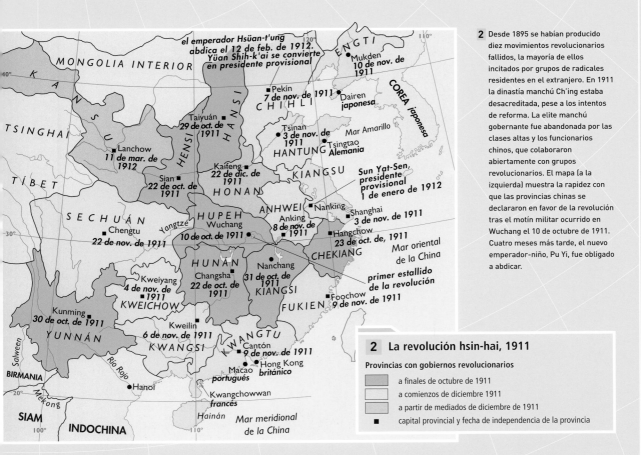

2 Desde 1895 se habían producido diez movimientos revolucionarios fallidos, la mayoría de ellos incitados por grupos de radicales residentes en el extranjero. En 1911 la dinastía manchú Ch'ing estaba desacreditada, pese a los intentos de reforma. La elite manchú gobernante fue abandonada por las clases altas y los funcionarios chinos, que colaboraron abiertamente con grupos revolucionarios. El mapa (a la izquierda) muestra la rapidez con que las provincias chinas se declararon en favor de la revolución tras el motín militar ocurrido en Wuchang el 10 de octubre de 1911. Cuatro meses más tarde, el nuevo emperador-niño, Pu Yi, fue obligado a abdicar.

2   La revolución hsin-hai, 1911

Provincias con gobiernos revolucionarios

- a finales de octubre de 1911
- a comienzos de diciembre 1911
- a partir de mediados de diciembre de 1911
- ■ capital provincial y fecha de independencia de la provincia

La decadencia del **Imperio otomano**

El Imperio otomano turco fue para Oriente Medio y el norte de África lo que China para el Lejano Oriente. El avance turco terminó en el siglo XVIII con la dominación de los Balcanes, Oriente Medio hasta las fronteras de Persia y el norte de África hasta Marruecos. A lo largo del siglo XIX, sin embargo, el Imperio otomano fue desintegrándose lentamente.

En los años 1830 Egipto, sólo una parte nominal del imperio, casi consiguió derrocar el gobierno otomano en todo Oriente Medio en ocho años de guerra. Grecia se declaró independiente en 1830; Argelia fue conquistada por los franceses en los años 1850; Rumanía, Serbia, Bulgaria y Montenegro consiguieron una autonomía efectiva en 1878.

Durante la segunda mitad del siglo las potencias imperiales europeas, Gran Bretaña, Francia e Italia, comenzaron a interferir en los intereses otomanos en el Mediterráneo y Oriente Medio, en parte para proteger

los intereses de los súbditos cristianos de los otomanos, en parte para extender o preservar intereses económicos, especialmente tras la apertura del Canal de Suez en 1869. En 1882 los británicos ocuparon formalmente Egipto, y en 1898 se estableció el control anglo-egipcio del Sudán. En Palestina y Siria los franceses y británicos actuaron como protectores de las comunidades cristianas nativas.

La presencia del Occidente cristiano en zonas previamente bajo control otomano produjo diversas respuestas. A mediados del siglo XIX los reformistas liberales trataban de imitar a Occidente a fin de fortalecer el Imperio otomano, pero se encontraron con la resistencia de reaccionarios partidarios de los valores y la cultura islámicos, y de nacionalistas que, aunque rechazaban los valores occidentales, aspiraban al estableci-

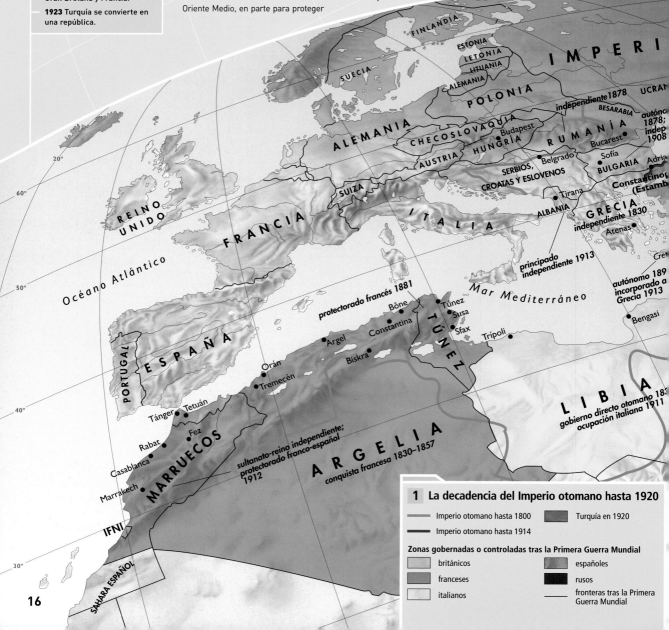

1 La decadencia del Imperio otomano hasta 1920

Imperio otomano hasta 1800 — Turquía en 1920

Imperio otomano hasta 1914

Zonas gobernadas o controladas tras la Primera Guerra Mundial

británicos — españoles

franceses — rusos

italianos — fronteras tras la Primera Guerra Mundial

www.allempires.com/empires/ottoman/ottoman1.htm
El ascenso y caída del Imperio otomano.
www.wsu.edu:8080/~dee/OTTOMAN/EUROPE.HTM
Historia de los otomanos desde el siglo XIX.

iento de Estados seculares centralizados. En los años 1870 la iniciativa reformista, el *Tanzimat*, consiguió instaurar una constitución moderna para el impe-o, pero cuando el sultán Abdul Hamid II subió al trono en 1876, suspendió el uevo parlamento y comenzó un reinado de 30 años de gobierno personal represor. Alentó aquellas reformas que aumentaban el poder central, pero su obierno fue incompetente y corrupto. Las finanzas del imperio fueron una onstante fuente de fricciones entre el sultán y los acreedores extranjeros, y ntre el sultán y sus sufridos soldados y funcionarios, cuyos salarios siempre e pagaban con retraso.

Durante su largo reinado, Abdul Hamid se indispuso con la mayoría de los rupos en el imperio: a los nacionalistas les disgustaban su dependencia del inero occidental y las incursiones del imperialismo occidental; los líderes islá-icos tradicionales instaban a un regreso a la vida islámica fundamentalista. ientras tanto, los liberales y reformistas, muchos de ellos exiliados en París o Viena, no dejaron de llamar al gobierno constitucional y a una modernización más efectiva. El movimien-

to en el exilio, normalmente denominado los Jóvenes Turcos, entró en contacto con oficiales del ejército e intelectuales descontentos en el imperio. En 1908 estalló en Macedonia y Tracia un motín generalizado en el ejército otomano. Aunque el sultán se apresuró a restaurar la constitución, su autoridad se desmoronó.

Con la revolución en Turquía, las partes cristianas del imperio comenzaron a escindirse. Creta se unió a Grecia, Austria-Hungría se apoderó de Bosnia y Herzegovina, y Bulgaria proclamó su plena independencia. En 1909 elementos islámicos de la línea dura organizaron un golpe liderado por el líder derviche Vahdeti. Fue neutralizado por los reformistas de los Jóvenes Turcos liderados por Enver Pasha y el Comité de la Unión y el Progreso, con base en París. Abdul Hamid se vio obligado a abdicar, y desde 1913 una junta de triunviros militares gobernó de hecho lo que quedaba del imperio hasta 1918. Los Jóvenes Turcos en el poder fueron cualquier cosa menos liberales. Se embarcaron en un programa para imponer la lengua turca y los intereses turcos en las partes árabes y europeas del imperio, y encarcelaron y ejecutaron a opositores, incluido el eunuco jefe del sultán, Nadir Aga, al que se colgó en público en Estambul. Su ejecución constituyó una ruptura simbólica con las prácticas otomanas pasadas. Los Jóvenes Turcos querían instaurar un Estado centralizado, turquificado y moderno. Introdujeron el horario occidental de 24 horas, los modos occidentales de vestir, la educación para las mujeres y reformas militares. Sin embargo, para el Imperio otomano el cambio llegó demasiado tarde. En 1911 Italia conquistó Libia, último reducto otomano en el norte de África, y un año más tarde una alianza de los reinos balcánicos diluyó el ya tenue control otomano de sus posesiones europeas.

El Imperio otomano, en cuyo cenit en el siglo XVII llegaba hasta Budapest en el este de Europa e incluía Crimea y el sur de Ucrania, a finales del siglo XIX se había visto reducido a su territorio original en torno al Mediterráneo oriental (mapa *supra*). Sus últimas posesiones en África fueron eliminadas una por una. Los franceses conquistaron Argelia en 1857; Túnez, donde se basaban las esperanzas italianas de un imperio en el norte de África, se convirtió en protectorado francés en 1881. En septiembre de 1911 Italia atacó Trípoli en Libia, y al año siguiente se apoderó de toda la zona como colonia italiana.

Las guerras de los **Balcanes**

hasta 1900 En Serbia el Partido Radical y en Bulgaria la Unión Agraria movilizan el voto.

1908 Bulgaria accede a la independencia; Austria se anexiona Bosnia y Herzegovina.

1909 10.000 muertos en una revuelta de campesinos rumanos.

1909 Una revuelta militar en Grecia lleva al reformista liberal Eleftherios al poder.

1912 Estados balcánicos negocian tratados de ayuda mutua.

1912 (8 octubre) Montenegro inicia la guerra contra las fuerzas otomanas; Serbia, Grecia y Bulgaria se adhieren.

1913 Tratado de Bucarest; Macedonia dividida entre Serbia y Grecia; Albania accede a su independencia.

2 En junio, Bulgaria atacó a Serbia y Grecia, a cuyos ejércitos no tardaron en unirse los de Montenegro, Rumanía y Turquía (mapa *infra*). Durante la segunda batalla importante en Tsarevo Selo, Bulgaria pidió un armisticio.

---

2 **La Segunda Guerra de los Balcanes, 1913**

— fronteras de zonas perdidas por Bulgaria

Territorios ganados según los Tratados de Londres y Bucarest de 1913

- Rumania
- Serbia
- Grecia
- Imperio otomano

A comienzos del siglo XIX la península de los Balcanes se gobernaba por entero desde Constantinopla, el centro de un imperio genuinamente multirracial. Estas provincias europeas estaban escasamente pobladas, eran pobres y provincianas. Lindaban con los imperios cristianos de la católica Austria y la ortodoxa Rusia, que se veían a sí mismos como el aliado natural de los cristianos balcánicos.

A lo largo del siglo, Austria y Rusia se esforzaron por incrementar su influencia en la península a medida que declinaba la de los otomanos, pero los principales beneficiarios de la debilidad otomana fueron las nacionalidades balcánicas mismas. Uno por uno, los pueblos de la zona fueron independizándose del poder otomano. En el Congreso de Berlín, en 1878, tras una guerra entre Rusia y el Imperio otomano a propósito de la lucha de los búlgaros por su independencia, volvió a trazarse el mapa político de la región. La independencia de Serbia, Rumanía y Grecia se consolidó. Bulgaria se convirtió en una provincia autónoma en el seno del Imperio otomano, independiente en todos los aspectos salvo en el nombre; el Imperio de los Habsburgo asumió el control sobre Bosnia, Herzegovina y el sanjak de Novibazar. El dominio turco en los Balcanes quedó restringido a Albania, Macedonia y Tracia, partes importantes de las cuales fueron cedidas a Grecia en 1881 y a Bulgaria en 1885.

Sin embargo, la independencia fue una fuente de graves problemas para los Estados balcánicos. No solamente estaban económicamente atrasados y dominados por un campesinado numeroso y empobrecido, sino que el elevado crecimiento demográfico durante la segunda mitad del siglo XIX comportó la disminución gradual del tamaño de las explotaciones agrarias. La media en Serbia era de dos hectáreas, apenas suficientes para alimentar a una familia. La única escapatoria era la emigración, mayoritariamente a los Estados Unidos o a las ciudades, donde se hicieron limitados intentos de remedar la modernización industrial del resto de Europa. La escasez crónica de capitales y el atraso técnico dificultaron el progreso económico. En Rumanía, la economía balcánica más avanzada, en 1914 la contribución de la industria a la riqueza nacional era sólo del 1,5 %.

Los pueblos balcánicos pagaron caro el intento de crear nuevos Estados nacionales. Los impuestos siguieron siendo altos, y

1 En junio de 1912, la Liga Balcánica (Serbia, Montenegro, Bulgaria y Grecia) inicia lo que se convirtió en la Primera Guerra de los Balcanes con la Turquía otomana (mapa a la derecha). Para los turcos la llegada de refuerzos resultó difíc pues la armada griega controlaba la ruta marítima a Macedonia. Las fuerzas búlgaras llevaron el mayor peso de la contienda. Sitiaron Adrianópolis (Edirne), que les fue concedido en el acuerdo de paz de mayo de 1913. Los griegos y los serbios atacaron Macedonia y Albania, donde rodearon a las guarniciones turcas. Éstas estaban defectuosamente preparadas para un sitio prolongado, y la moral de las tropas turcas era baja. Los serbios y los griegos ambicionaban conquistar Albania, cuyos puertos, Durazzo incluido, ofrecían una salida al Mar Adriático. Las Grandes Potencias querían po el contrario una Albania independiente. El final de la guerra e mayo de 1913 dejó el tema sin resolver. Serbia y Grecia esperaban los territorios macedonios conquistados a Turquía como compensación. En secreto llegaron a un acuerdo mutuo y con Rumanía, Montenegro y los recientemente derrotados turcos, para repartirse Macedonia a expensas de Bulgaria.

los gobiernos, deseosos de construir ferrocarriles y desarrolla sus fuerzas armadas, fueron muy proclives a recurrir a la financiación extranjera. El poder político estaba principalmente e manos de cortes reales y de una pequeña elite de militares y burócratas, aunque nominalmente todos los Estados eran mo narquías constitucionales. En 1900, las interferencias de la polí tica de masas habían alcanzado un grado considerable. El Pa tido Radical en Serbia y la Unión Agraria en Bulgaria movilizaro el voto de los campesinos ansiosos de reformas. En Rumaní una revuelta de las masas campesinas en 1909 se saldó co 10.000 muertos. En Grecia, una revuelta militar en 1909 elevó poder a Eleftherios Venizelos, un líder reformista liberal qu dominó la política griega durante más de una generación.

Para estos pequeños Estados nacionales, económicamen débiles pero con pretensiones de grandeza, los territorio otomanos que quedaban en Europa resultaban sumamen atractivos. Alentados por Rusia, que trataba de mejorar su posi ción diplomática en la región, en la primavera de 1912 los Es tados balcánicos negociaron tratados de ayuda mutua dirigido contra el Imperio otomano. La creación de Estados balcánico más fuertes no entraba en los planes de Rusia, y en octubr Rusia y Austria aconsejaron a los Estados balcánicos que deja ran en paz a Turquía.

La advertencia fue desoída. El 8 de octubre, Montenegro in ció la guerra contra las fuerzas otomanas. Los otros Estado balcánicos, Serbia, Grecia y Bulgaria, se adhirieron. Sus 700.00 efectivos militares no encontraron una gran oposición en lo 320.000 soldados otomanos, mal pagados y desmotivados par el combate. En mayo de 1913 terminó la Primera Guerra de lo Balcanes, dejando a los turcos en Europa solamente Constan tinopla y una pequeña franja de territorio (mapa a la izquierda Entonces se inició entre los Estados balcánicos una disputa po el botín. En junio Bulgaria declaró la guerra a Serbia y Greci con el objetivo de aumentar su porción en el reparto. Fue rápi damente derrotada. En agosto de 1913 el Tratado de Bucares dividió Macedonia entre Serbia y Grecia, y se estableció una Al bania independiente bajo una Comisión Internacional de Con trol de las Grandes Potencias, con funcionarios holandeses cargo de las minúsculas fuerzas de seguridad albanesas. El principio nacional triunfó sobre el viejo imperialismo. Para Ru sia y Austria, inestables y chirriantes imperios multinacionale éste constituyó un precedente alarmante.

IMPERIO AUTRO-HÚNGARO

www.mtholyoke.edu/acad/intrel/boshtml/bos149.htm
El Tratado de Bucarest, 10 de agosto de 1913
www.spartacus.schoolnet.co.uk/FWWbalkan.htm
Historia de los Balcanes desde 1912

Požarevac

R U M A N Í A

Vidin

Danubio

DOBRUJA

Ruschuk (Ruse)

Iskur

S E R B I A *independiente 1878*

Nish

Novibazar

Plevna

Shumla

Balchik

Mitrovica

Pirot

Trnovo

Varna

MONTENEGRO

Ipek (Pec)

Slivnitsa

Sofía

B U L G A R I A *independiente 1908*

Podgorica

Prizren

Küstendil

sitio de Adrianópolis; tomada por los búlgaros 1912, devuelta a Turquía en nov. 1913 por el Tratado de Bucarest

Burgas

sitio de Scutari

Cetinje

Mar Negro

Scutari

Lago Scutari

Kumanovo *23–24 oct. 1912*

Üsküb (Skopje)

Kocani

Filipópolis (Plovdiv)

Debar

Tirana

Krushevo

Kirk-kilisse *22 oct. 1912*

Adrianópolis (Edirne)

Midia

Elbasan

Monastir *15–18 nov. 1912*

Lago Ohrid

Lago Prespa

Serrai

Struma

Mesta

Kirdzali

Babaeski

Lüle Burgas *29–31 oct. 1912*

Constantinopla

Durazzo

Florina

Xanthi

Maritsa

ALBANIA *principado 1913*

Koritsa

Venidje Vardar *2-3 nov. 1912*

Kavalla

Dedeagach

Rodosto

17–19 nov. 1912 Tchadalja de

San Stefano

Valona

Kozani

Salónica *8 nov. 1912: Salónica capitula a los griegos*

Enos

Mar Mármara

Gemlik

Argyrokastron

Thasos *30 oct. 1912: ocupada por Grecia*

Samotracia

Gallipoli

Bursa

Santi Quaranta

Corfú

Janina

Kalabaka

Larissa

Imbros *30 oct. 1912: ocupada por Grecia*

Balikesir

Arta

Preveza

Volos

Tesalia *a Grecia 1881*

Skopelos

Lemnos

Tenedos *30 oct. 1912: ocupada por Grecia*

Lefkas

G R E C I A *independiente 1830*

Skyros

M a r

Lesbos *21 nov. 1912: ocupada por Grecia*

IMPERIO

Islas Jónicas

Cefalonia

Golfo de Corinto

Patrás

E g e o

Quíos *24 nov. 1912: ocupada por Grecia*

Gediz

Manisa

Esmirna

OTOMANO

Zakinthos

Pireo

Atenas

Andros

Aydin

Menderes

Trípolis

Nauplia

Peloponeso

Golfo Sarónico

Tinos

Samos

Nikaria *17 nov. 1912: ocupada por Grecia*

Mugla

Syros

C i c l a d a s

Naxos

Dodecaneso

Milos

Cos

Simi

Rodas

Santorini

ocupado por Italia 1912

Rodas

Scarpanto

Candia

CRETA *agregada 1898 a Grecia 1913*

M a r Mediterráneo

---

1 Los Balcanes, 1912–1913

— frontera occidental del Imperio otomano, 1912

Posición de los ejército, 18–20 octubre de 1912

búlgaros		serbios	
griegos		montenegrinos	
otomanos		★ batalla	

Zonas de oposición a los otomanos en el momento de firmarse el armisticio en diciembre de 1912

búlgaros	serbios
griegos	montenegrinos

Territorio ganado según el Tratado de Londres de 1913:

Bulgaria	Serbia
Grecia	Montenegro

Alianzas **europeas**

1878 Congreso de Berlín.
1884 Acuerdo sobre la partición de África.
1904 Entente anglo-francesa.
1907 Entente anglo-rusa.
1913 Tratado de Bucarest.

La crisis en los Balcanes acabó siendo más que un conflicto local a propósito de la sucesión otomana. Las otras potencias europeas se tomaron mucho interés por el resultado. Desde hacía más de un siglo, la llamada Cuestión Oriental –el equilibrio del poder internacional en Oriente Próximo– constituía un tema central en la diplomacia de los Estados más importantes.

Los Balcanes eran por sí mismos de poco valor más allá de las inseguras inversiones realizadas allí, pero se los tenía en buena medida como la frontera entre los intereses de tres grandes imperios cuya preservación se consideraba del máximo interés en relación con la seguridad europea. Cuando el poder otomano se eclipsó, el equilibrio se vio bruscamente alterado, y ni Austria ni Rusia querían ver a la otra llenando el vacío creado por el final del dominio turco.

Para las potencias europeas la solución tradicional era la actuación concertada en temas que amenazaran con dividirlas. La crisis en los Balcanes de los años 1870 la resolvió en 1878 el Congreso de Berlín, orquestado por el canciller alemán Otto von Bismarck, cuya motivación primordial era el mantenimiento de la estabilidad. En 1884 se llegó a acuerdos similares a propósito de la partición de África y sobre la influencia de las potencias europeas en China. Cuando el tema de los Balcanes volvió a recrudecerse en 1912, las potencias se reunieron en Londres

para hacer lo mismo que llevaban décadas haciendo: resolver las disputas por común acuerdo.

Dos factores dieron al traste con la tradición de acción concertada que se había revivido en Londres. Desde los años 187 en Europa venía desarrollándose un sistema de alianzas entre dos o más de los Estados más importantes que trascendía lo esfuerzos de cooperación multilateral. En 1913 el resultado en que se habían consolidado dos bloques. Por un lado, estaban la potencias centrales, Alemania, Austria e Italia; por otro, las llamadas potencias de la «Entente», construida en torno al pact militar de largo alcance entre Francia y Rusia, al cual Gra Bretaña acabó por adherirse a fin de llegar a acuerdos sobr temas coloniales, primero con Francia en 1904 y luego co Rusia en 1907. Aunque las alianzas tenían una intención defe siva, alentaron una carrera armamentista que hizo de Europ una región menos en lugar de más segura.

El segundo factor era la creciente debilidad doméstica de lo dos imperios, Rusia y Austria-Hungría, cuyos intereses fuer los más afectados por los acontecimientos en los Balcanes. Lo intentos de la monarquía en ambos imperios por mantener viejo orden, a la vez que alentaba la modernización económica social, produjeron graves tensiones. Liberales y socialistas que rían abolir el viejo sistema político; los nacionalistas exigía autonomía para las minorías nacionales. Ambos imperios tra

1 Entre 1879, cuando Alemania y Austria-Hungría se aliaron, y 1907, cuando Gran Bretaña firmó un acuerdo de entente con Rusia, Europa se dividió en bloques de alianzas. Gran Bretaña guardó las distancias hasta que en 1902 firmó una alianza con Japón y en 1904 un acuerdo con Francia. Hasta entonces Alemania había albergado la esperanza de atraer a Gran Bretaña a una especie de alianza contra Rusia y Francia. Cuando las crisis en los Balcanes (1912–13, véase p. 18) se recrudecieron, los dos bloques se vieron arrastrados al conflicto (mapa a la derecha), hasta que los principales Estados, excepto Italia, entraron en guerra.

2 Marruecos fue un punto clave en las relaciones entre los Estados europeos. Mediante acuerdos con Italia, Gran Bretaña y España (1902–4), Francia esperaba extender su influencia. Las objeciones de Alemania llevaron en 1906 a la Conf. de Algeciras. Cinco años más tarde, la segunda crisis se desencadenó cuando la cañonera alemana *Panther* fue enviada a Agadir para impedir que Francia aumentara su control. El conflicto se evitó en 1911: Francia concedió a Alemania territorios en el Congo a cambio del reconocimiento alemán.

1 Estallido de la Primera Guerra Mundial, 1914

🏴 movilizaciones, con fecha

🏴 utimátums lanzados, con fecha

✺ declaración de guerra, con fecha

potencias de la Entente en el momento en que estalla la guerra

adherido a las potencias de la Entente durante la guerra, con fecha

Las potencias centrales en el momento en que estalla la guerra

adherido a las potencias centrales durante la guerra, con fecha

fronteras, 1914

PORTUGAL
Lisboa
40°
9 Mar. 1916
ES
Gibraltar *británico*

Océano Atlántico

Enero de 1906: conferencia internacional; Marruecos sigue siendo independiente, pero controlado por Francia y España

Marzo de 1905: el káiser visita al «gobernante soberano de Marruecos independiente» como demostración de su no aceptación de la influencia franco-española. Internacionalizado por el tratado de 1912.

Madeira portuguesa

Is. Canarias españolas

Nominalmente español a partir de 1860; parte del protectorado español por el tratado de 1912.

La cañonera alemana Panther llega en 1911; la crisis resultante la resuelve el tratado de 1912: Alemania evacua la ciudad y acepta el protectorado franco-español sobre Marruecos.

ESPAÑA
Algeciras
Gibraltar *británico*
Ceuta *española*
Tánger
Is. Baleares españolas
Mar Mediterráneo
Casablanca
Rabat
Melilla *española*
Argel
Marràkech
Fez
ARGELIA *francesa*
Agadir
IFNI
MARRUECOS
RÍO DE ORO

2 La cuestión marroquí, 1905–12

▨ territorios progresivamente ocupados por Francia, 1907-12

protectorado francés a partir de 1912

protectorado español a partir de 1912 (parcialmente ocupado desde 1909)

frontera teórica de Marruecos, 1912

fronteras, 1912

aron de detener la decadencia interna mediante una activa política exterior. [El] riente Próximo era una zona natural de influencia para ambos. Su defensa [m]utua del antiguo *status quo* en los Balcanes dio paso a una creciente rivali-[d]ad. La zona se convirtió en un campo de pruebas para la supervivencia de los [i]mperios dinásticos como grandes potencias.

Para Austria la amenaza era inmediata. El éxito de Serbia contra Turquía [a]lentó un movimiento general de eslavos del sur entre los pueblos eslavos del [i]mperio de los Habsburgo. Austria, como Turquía, se enfrentaba a la fragmenta-[c]ión nacionalista de su imperio. Cuando el 28 de junio un nacionalista bosnio [p]agado por la inteligencia militar serbia asesinó en Sarajevo a Franz Ferdinand, [h]eredero al trono austríaco, las autoridades austríacas decidieron desencadenar [u]na Tercera Guerra de los Balcanes a fin de castigar a los serbios. Sus expecta-[ti]vas eran de una *guerra pequeña*, y permanecieron ciegos a la crisis europea [m]ás amplia provocada por su gesto de vida o muerte. Inevitablemente, la crisis serbia tuvo importantes efectos en el sistema de alianzas. Rusia prestó a Serbia un considerable apoyo, suficiente para rechazar un ultimátum lanzado por Viena que habría convertido a Serbia en un Estado satélite. Alemania animó a Austria a actuar rápidamente, pero evitando una guerra de mayor alcance. Francia alen-tó a Rusia a mantenerse firme y a la movilización. En la confusión, cada Estado receló de los demás. Alemania se movilizó y realizó maniobras preventivas con-tra las potencias que, en su opinión, la «rodeaban». Rusia y Francia se moviliza-ron para prevenir el peligro alemán. Gran Bretaña se unió a sus aliados sólo des-pués de que a comienzos de agosto tropas alemanas invadieran Bélgica como paso previo a la entrada en combate con los franceses. En el plazo de una sema-na, las grandes potencias se encontraron inmersas en una guerra a propósito de un asulto balcánico que un año antes habían sido capaces de resolver en torno a una mesa.

La **Gran Guerra:** el Frente Occidental

1914–1918

- **1914 (jul.)** Se inicia la guerra.
- **1914 (5–10 de septiembre)** Batalla del Marne.
- **1916** Batalla del Somme.
- **1917** Batalla de Cambrai (con tanques en masa).
- **1917** Los americanos entran en la guerra; los rusos se retiran.
- **1918** Armisticio.

En los años precedentes a 1914, el imperialismo, la rivalidad económica y el ascenso del nacionalismo popular dentro de cada Estado difundieron el fatalismo sobre la inevitabilidad del conflicto. Sin embargo, en julio de 1914 pocos europeos esperaban que la crisis en los Balcanes derivara en una guerra general europea.

La red de alianzas y la carrera armamentística hacían pensar en un conflicto diferente. Llegado el momento, fue la crisis de las dinastías tradicionales más que las fuerzas del cambio, el viejo orden más que el nuevo, lo que produjo la guerra.

En general, se suponía que la guerra no duraría más allá de las Navidades. Los líderes militares se preparaban para una única batalla decisiva con las armas que tenían a su disposición. No había muchos planes para una guerra larga. El generalato alemán ejemplificaba esta perspectiva. Ya en 1904, el jefe del Estado Mayor, Alfred von Schlieffen, trazó un plan para una breve campaña en dos frentes. Las fuerzas alemanas habían de concentrarse en un rápido y fulminante ataque contra Francia antes de virar hacia el este para derrotar al ejército ruso, más lento de movilizar.

Era una estrategia arriesgada, forzada por la necesidad. Cuando por fin estalló la guerra en 1914, el sucesor de Schlieffen, Helmut von Moltke, dudó en correr el riesgo. Mantuvo algunas fuerzas en reserva por si acaso los franceses atacaban el sur de Alemania; otras fuerzas tuvieron que ser desplazadas precipitadamente hacia el este cuando Rusia se movilizó más rápidamente de lo previsto. Como resultado, la ofensiva alemana contra Francia no fue lo bastante fuerte como para resultar decisiva. Las fuerzas francesas, reforzadas por la fuerza expedicionaria británica rápidamente formada, contraatacaron a las fuerzas alemanas a 65 kilómetros de París. La batalla del Marne (5–10 de septiembre) obligó a los alemanes a retirarse al río Aisne y dio definitivamente al traste con el plan Schlieffen. Ambos ejércitos se atrincheraron tras una muralla de alambre de espino, artillería y ametralladoras.

Ambos bandos trataban de salir del atolladero en que se habían metido. En el este, las fuerzas alemanas tuvieron más éxito. Junto con los ejércitos austro-húngaros, Alemania hizo retroceder a Rusia cientos de kilómetros en la Polonia rusa. Los aliados occidentales planeaban sortear las trincheras moviéndose desde el sur de Europa. Italia fue inducida a unirse a las fuerzas de la Entente y un nuevo frente se abrió contra Austria. Cuando Turquía se unió al bando alemán a finales de 1914, fuerzas del Imperio británico lanzaron ataques en Oriente Medio. Ninguno de los dos nuevos frentes deshizo las tablas.

En 1916 los británicos, comandados por el mariscal de campo Douglas Haig, prepararon un asalto frontal más cuidadosamente planeado sobre las líneas alemanas en el oeste. El 1 de julio comenzó la batalla del Somme contra posiciones alemanas fuertemente defendidas. El plan de Haig consistía en someter las trincheras alemanas a un bombardeo de la artillería durante cinco días y luego emplear divisiones con enormes cantidades de efectivos en una «Gran Ofensiva» que rompiera el frente alemán. La realidad fue grotescamente diferente. El tercer día de la batalla los británicos sufrieron 60.000 bajas, acribilladas mientras avanzaban a través de los alambres de púas. Durante otros cuatro meses, Haig lanzó fuerzas a un conflicto imposible de ganar. En ambos bandos se produjeron enormes pérdidas con escasos réditos.

En 1917 la moral era baja en ambos bandos. Las tropas francesas prefirieron amotinarse a ser inútilmente sacrificadas contra las ametralladoras. En julio el parlamento alemán aprobó una resolución de paz que llamaba a un fin de las hostilidades. A los amotinados se les prometieron mejores tácticas y condiciones; los líderes militares alemanes, el mariscal de campo Paul von Hindenburg y el general Erich Ludendorff, rechazaron cualquier idea de paz que no incluyera la victoria. En febrero de 1917 se lanzó una campaña de submarinos sin restricciones a fin de bloquear a Gran Bretaña hasta lograr su rendición. El principal efecto de esta decisión fue la entrada de los Estados Unidos en guerra contra Alemania.

El último año de la guerra se luchó bajo circunstancias rápidamente cambiantes. La entrada de los americanos coincidió con la retirada de Rusia tras la segunda

1 Durante la Gran Guerra, Europa experimentó el pri[mer] conflicto de dimensión continental desde las guer[ras] napoleónicas un siglo ante[s. El] crecimiento demográfico y [la] industrialización produjero[n] ahora una guerra de escala[s y] destructividad extraordina[ria] (mapas a la derecha e *infra*[).] En 1916, la población total [de] los países de la Entente era [de] casi 300 millones, mientras que las potencias centrales sólo alcanzaban los 142 millones. La producción de minerales en Europa estab[a] más equilibrada. Sin emba[rgo,] al final de la guerra gran p[arte] de los recursos aliados hab[ían] sido capturados por las fue[rzas] alemanas y austríacas en Bélgica, el norte de Francia [y] Ucrania. Los aliados fueron salvados en 1917 por la inclusión de los recursos d[e] Estados Unidos.

2 El Frente Occidental, 1914–18

- ⟶ ofensivas de la Entente
- ⟶ ofensivas alemanas
- máximo avance alemán, 5 de septiembre de 1914
- ▬ línea de trincheras a partir de noviembre de 1914
- ▬ línea cuando se formó el, armisticio, el 11.11.1918
- ★ batalla
- ★ batalla con un coste de más de 250.000 vidas

Mapa del Frente Occidental con topónimos: MAR DEL NORTE, HOLANDA, Zeebrugge, OstendE, Amberes, Calais, julio 1917, junio 1917, oct. 1914 / abr. 1915, Passchendaele, Gante, Ypres, Menin, abr. 1918, ag. 1918 avance aliado final, mar. 1915, Vimy Ridge, Lille, Mons, Bruselas, ofensivas de Ludendorff 1918, sep. 1915, mar. 1915, Arras, abr. 1917, Charleroi, BÉLGICA, Namur, mar. 1918, Cambrai, mar. 1918, julio 1916, nov. 1917, Amiens, ofensiva del Somme julio 1916, PICARDÍA, FRANCIA, 1914, ag. 1918 último avance aliado, S. Quintín, Méziéres, ofensivas de Ludendorff 1918, ARDENAS, LUXEMBURGO, Luxemburgo, ALEMANIA, abr. 1917, abr. 1917, 1914, Rheims, véase el panel de la izquierda feb. 1916, Argonne 1918, feb. 1916, Verdún, Metz, Chantilly, Epernay, sep. 1915, LORENA, Meaux, Marne 1914, CHAMPAGNE, abr. 1917, ofensiva de Verdún feb. 1916 a ag. 1917, Nancy, París.

Mapa de Portugal y España: Coru[ña], Oporto, 40°, Lisboa, Tajo, PORTUGAL, Cádiz, Gibralt[ar] (Br.)

www.firstworldwar.com/timeline/index.htm
Cronología, recorridos y mapas, poesía, fotografías y armas.
www.spartacus.schoolnet.co.uk/FWW.htm
Enciclopedia de la Primera Guerra Mundial para las escuelas.

Scapa Flow
ESCOCIA
Glasgow
Edimburgo
Belfast
REINO
DA
Glasgow
UNIDO
Newcastle
Liverpool
Manchester
GALES
INGLATERRA
Birmingham
Bristol
Londres
Bruselas
BÉLGICA
LUXEM-BURGO
Rouen
Sena
París
Metz
Nantes
Orleans
véase recuadro abajo a la izquierda
FRANCIA
Burdeos
Toulouse
ANDORRA
Marsella
MÓNACO
Niza
bao
Ebro
Barcelona
Córcega
Cerdeña
Cagliari
Is. Baleares
MAR MEDITERRÁNEO
Palermo
Messina
Sicilia

Kristiania
NORUEGA
Estocolmo
SUECIA
Gotemburgo
Aarhus
Copenhague
Malmö
DINAMARCA
Kiel
Hamburgo
Bremen
Stettin
Berlín
Hanover
Oder
Colonia
Dresde
Rin
Elba
IMPERIO ALEMÁN
Posen
Pragua
Estrasburgo
Múnich
LIECHTENSTEIN
Danubio
Viena
SUIZA
Berna
Innsbruck
1917
Budapest
Caporetto
1915
Isonzo
1916: ofensiva de Asiago
Venecia
Trieste
Zagreb
1918
Bolonia
ITALIA
Roma
Nápoles
Bari
Brindisi
Cerdeña

MAR DEL NORTE
bloqueo naval de Alemania efectivo a finales de 1916
1916: batalla de Jutlandia
Mar Báltico
Memel
Königsberg
Danzig
1914: contraofensiva de Tannenberg
Lagos Masurianos
Tannenberg
Varsovia
Brest-Litovsk
POLONIA
Lodz
1914
Tarnow
Cracovia
Gorlice
1917
1915: campaña de Gorlice
IMPERIO AUSTRO-HÚNGARO
1915: conquista de Serbia
Kolozsvár
RUMANÍA
Belgrado
Kolubara
1914
Sarajevo
BOSNIA-HERZEGOVINA
MONTE-NEGRO
Tirana
1916
ALBANIA
Skopje
Sofia
1918: avance aliado en Serbia
Monastir
1915: desembarco británico en Salónica en apoyo a Serbia
GRECIA
Atenas

FINLANDIA
Helsinki
S. Petersburgo (Petrogrado)
Revel
1918
Pskov
1917: ofensiva de Riga
Riga
Dvinsk
1914: ofensiva rusa en Prusia oriental
IMPERIO
Gumbinnen
Vilna
Minsk
Smolensko
Moscú
RUSIA
Kiev 1918
1916: ofensiva de Brusilov
UCRANIA
1918: avance de las potencias centrales en Ucrania
Lemberg
Odesa
Sebastopol
1916: conquista de Rumanía por las potencias centrales
MAR NEGRO
Bucarest
Danubio
BULGARIA
Burgas
Constantinopla
Salónica
Gallipoli
1915: ofensiva de Gallipoli
IMPERIO OTOMANO
Esmirna
Dodecaneso (It.)

revolución allí producida en octubre de 1917. Alemania mandó
más fuerzas al oeste, y Ludendorff preparó un asalto final que
desbloqueara la situación. La ofensiva de 1918 empleó «batallo-
nes de asalto» para que abrieran en las líneas enemigas bre-
chas por las que pudiera seguirles el grueso de la infantería.
Cualquier éxito inicial fue neutralizado por la superioridad aliada en material así como por la visión estratégica del comandante supremo aliado, el mariscal Ferdinand Foch. En junio, el
impulso alemán se detuvo, y los aliados, reforzados por tropas y
dinero americanos, empujaron lentamente al ejército alemán de
vuelta a la frontera. Aunque técnicamente no había sido derrotado en el campo de batalla, en noviembre de 1918 Ludendorff urgió un armisticio que evitara una inequívoca victoria
aliada.

---

1 La Gran Guerra en Europa, 1914–18

potencias de la Entente

potencias centrales

→ principales ofensivas de las potencias de la Entente

→ principales ofensiva de las potencias centrales

máximo avance de las potencias de la Entente (en el oeste, 1914; en el este, 1918)

máximo avance de las potencias centrales (en el oeste, 1914; en el este, 1918)

★ batalla

★ batalla con un coste de más de 25.000 vidas

⚓ base naval

La **Gran Guerra:** otros escenarios

1914 Ataques de las fuerzas británicas en Oriente Medio.

1914 (finales) Turquía se une a las potencias centrales.

1914-15 Franceses y británicos toman las colonias alemanas con excepción del África oriental; las concesiones alemanas en China y las colonias en el Pacífico pasan a Japón, Australia y Nueva Zelanda.

1915 Campaña de Gallipoli; retirada en enero de 1916.

1915 (abril) Tratado de Londres.

1916 Rumanía es ocupada por los alemanes tras declararse a favor de las potencias de la Entente.

1917 Grecia entra en la guerra bajo presión anglo-francesa.

1917 El general Allenby toma Jerusalén.

La victoria en la Primera Guerra Mundial se decidió en el Frente Occidental, pero la guerra se libró en toda Europa y Oriente Medio, así como en las colonias alemanas de ultramar.

Las posesiones alemanas en el Lejano Oriente y el Pacífico fueron capturadas en cuatro meses. Las colonias alemanas en África cayeron en manos de fuerzas francesas, británicas y sudafricanas, excepto el África oriental alemana, donde el comandante, general von Lettow-Vorbeck, dirigió hábilmente una campaña que le mantenía invicto cuando en 1918 se firmó el armisticio.

La victoria en Oriente Medio se debió a una serie de causas. Los turcos otomanos, aún escocidos por su derrota en Europa el año 1913, eran pro-austríacos y antiserbios. El ministro de Defensa, Enver Pasha, tenía estrechos contactos en Berlín, y cuando las potencias centrales ofrecieron la restauración de la Macedonia turca a cambio de su ayuda, convenció a su gobierno para que declarara la guerra a las potencias de la Entente en noviembre de 1914. El cierre de los estrechos que llevaban al mar Negro cortó la vital línea comercial de Rusia con Occidente, lo cual socavaba el esfuerzo bélico ruso. Las fuerzas turcas fueron enviadas hacia el este al Cáucaso ruso, en cuyas montañas nevadas resultaron aniquiladas. En abril de 1915 el ejército turco impidió que los británicos se apoderaran de Gallipoli y los Dardanelos. Siguieron más desastres para los británicos. En abril de 1916 una pequeña fuerza anglo-india estacionada en la zona del Golfo Pérsico para proteger el petróleo, se vio obligada a rendirse a los turcos en Kut el Amara. Las fuerzas del Imperio británico rechazaron un ataque turco sobre el Canal de Suez, pero los esfuerzos para desalojar a los turcos del Sinaí fueron infructuosos hasta que el general Allenby desencadenó en el otoño de 1917 una ofensiva que culminó con la toma de Jerusalén. En el último año de guerra, una revuelta árabe generalizada ayudó a la causa británica. Cuando Turquía propuso un armisticio en octubre de 1918, la mayor parte de lo que quedaba de su imperio ya había sido ocupada.

En la península balcánica las lealtades estaban divididas entre los dos bandos. Bulgaria, ansiosa como Turquía de invertir el resultado de las Guerras de los Balcanes, se alineó con Austria y Alemania. En octubre de 1915, Bulgaria entró en guerra contra Serbia, cuya pequeña población llevaba manteniendo a raya al Imperio de los Habsburgo desde hacía un año. Serbia fue rápidamente derrotada. Rumanía y Grecia dudaban, a la espera de ver qué bando vencería. Rumanía sobreestimó la fuerza rusa, y cuando en 1916 se declaró a favor de las potencias de la Entente, fue ocupada por fuerzas alemanas. En Grecia se desató una encarnizada lucha política a propósito de la intervención. En octubre de 1915 tropas británicas y francesas desembarcaron en Salónica con la intención de ayudar a Serbia, pero quedaron atascadas allí hasta septiembre de 1918. Bajo presión británica y francesas en junio de 1917 Grecia se unió por fin al esfuerzo bélico. Cuando en septiembre-noviembre de 1918 las potencias occidentales liberaron los Balcanes venciendo una débil resistencia, había nueve divisiones griegas y seis serbias luchando junto a británicos y franceses.

1 En octubre de 1914 el Imperio otomano entró en la guerra del lado de Alemania y Austria, con la esperanza de cambiar su adversa suerte en Oriente Medio (mapa a la derecha). Sus acciones obligaron a mantener fuerzas occidentales en Egipto, el Golfo Pérsico, y en Salónica en los Balcanes. Las principales batallas libradas por los turcos fueron contra los rusos en el frente transcaucásico. El ejército estaba debilitado por la confrontación con Rusia, y en 1916 una revuelta árabe generalizada en Arabia obligó a los turcos a abandonar gran parte del sur de su imperio antes de que el 30 de octubre de 1918 se firmara un armisticio a bordo del buque de guerra británico *Agamemnon*, amarrado en la costa de Lemnos.

2 Cuando, tras muchas discusiones internas, en mayo de 1915 Italia se unió a las potencias de la Entente en la guerra contra Austria-Hungría, la geografía la confinó a luchar en una estrecha franja de su frontera noreste (mapa a la izquierda). Dos años más tarde, fuerzas alemanas se unieron a la batalla e infligieron una devastadora derrota cuyos efectos sólo acabaron de superarse un año más tarde, en octubre de 1918, contra un debilitado enemigo en Vittorio Veneto.

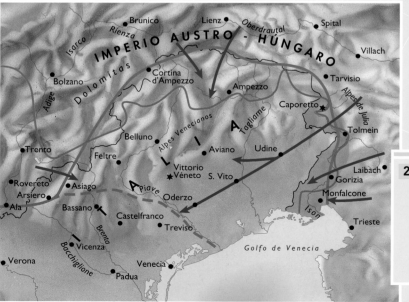

2 La campaña italiana, 1915–18

- ▨ zonas de la campaña de Isonzo 1915–17
- ─── línea del frente, octubre de 1917
- ──➤ ofensiva alemana de. 1917–enero de 1918
- ─ ─ ─ línea del frente, enero de 1918
- ─── línea del frente, noviembre de 1918
- ✶ batalla

www.iwm.org.uk/online/gallipoli/
Explicación de la campaña de los Dardanelos.
www.www.anzacsite.gov.au/
Documentos, cronologías, vídeo y audio sobre los desembarcos australianos en Gallipolli.

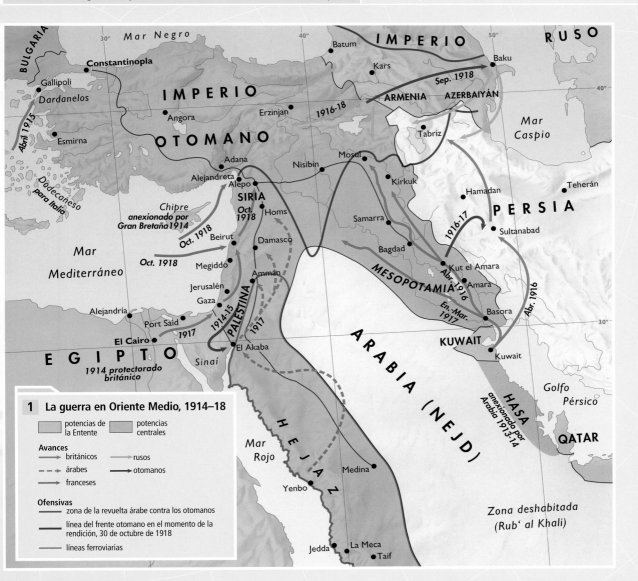

1 La guerra en Oriente Medio, 1914–18

potencias de la Entente
potencias centrales

Avances
→ británicos
→ rusos
⇢ árabes
→ otomanos
→ franceses

Ofensivas
zona de la revuelta árabe contra los otomanos
línea del frente otomano en el momento de la rendición, 30 de octubre de 1918
líneas ferroviarias

El impulso bélico italiano se compró con la promesa de territorios en los Balcanes. En 1914, Italia se había aliado formalmente con Austria y Alemania, pero posteriormente no la respetó basándose en que Viena no le había consultado acerca de sus planes de llevar a cabo una guerra en Serbia. La sociedad italiana estaba profundamente dividida en lo tocante a la intervención: los nacionalistas esperaban utilizar el conflicto para aumentar el poder italiano en el Adriático y en el Mediterráneo; entre los liberales había división de opiniones, y la izquierda se oponía a la guerra. Al final, el gobierno esperó a ver cuál de los bandos ofrecía más, y fueron las potencias de la Entente. En el Tratado de Londres, firmado en abril de 1915, se ofrecieron a Italia territorios ocupados por los Habsburgo en el Tirol meridional, Trieste e Istria, una franja de la costa dálmata, las islas del Dodecaneso y una parte de las colonias alemanas.

El mes siguiente, Italia declaraba la guerra a Austria-Hungría, pero no a Alemania. El general Cadorna movilizó a sus fuerzas, con una pobre pre-

paración y mal equipadas, y entre junio de 1915 y agosto de 1917 atacó reiteradamente las líneas austríacas en el frente de Isonzo, en el noreste. En 1917, Italia también estaba en guerra con Alemania, y cuando en octubre de 1917 Austria consiguió convencer al káiser para que suministrase tropas alemanas para Italia, se preparó una contraofensiva. Las carencias de las fuerzas italianas quedaron al descubierto cuando las fuerzas austro-alemanas atacaron en Caporetto, haciendo pedazos toda resistencia y capturando a 250.000 italianos. Cadorna se retiró al río Piave. Célebre por destituir a sus propios generales en tropel, ahora le tocó a él el turno. Su sucesor, el general Diaz, volvió a preparar y a equipar al ejército italiano. Fuerzas y armamento occidental hicieron su aparición en gran número. En el ínterin, se rechazó una renovada ofensiva austro-húngara en junio de 1918. En octubre, Diaz atacó a un desmoralizado y desorganizado ejército Habsburgo. En la batalla de Vittorio Veneto, Italia ganó sus primeros honores bélicos.

La **Gran Guerra** en el mar

1914–1918

1914 (8 de diciembre) El almirante alemán von Spee, derrotado ante las islas Malvinas.

1915 Los británicos inician el bloqueo de Alemania.

1915 La guerra de submarinos indispone a Alemania con EE.UU.

1916 (31 de mayo–1 de junio) Batalla de Jutlandia.

1917 (febrero) Los alemanes declaran la guerra submarina total.

1917 (junio–julio) Los convoyes anglo-americanas sufren pocas pérdidas.

Antes de la guerra se daba en general por supuesto que cualquier conflicto entre grandes potencias sería una guerra terrestre y naval. La carrera naval antes de 1914 había producido grandes armadas en ambos bandos. Alemania y Austria tenían 56 buques de guerra entre las dos; Gran Bretaña, Francia y Rusia 123, 74 de ellos pertenecientes a la Royal Navy.

En la práctica, la guerra naval ocupaba un lugar secundario con respecto a la guerra terrestre. Entre las armadas británica y alemana sólo hubo un gran enfrentamiento, la batalla de Jutlandia (31 de mayo–1 de junio de 1916), el último combate naval con líneas de buques dotados con grandes cañones.

La Flota de Alta Mar alemana se vio eficazmente bloqueada en sus puertos por la más poderosa fuerza aliada. La guerra naval se convirtió en un conflicto de bloqueo y contrabloqueo, y su principal navío ofensivo fue el submarino, cuyo verdadero impacto pocos habían previsto antes de 1914. El objetivo de ambos bandos era el comercio marítimo del otro. Los británicos iniciaron un bloqueo formal en marzo de 1915 con decretos ley que permitían el embargo de bienes destinados a Alemania. Al prolongarse la situación de estancamiento, el bloqueo se estrechó. Gran Bretaña utilizó su poderosa posición comercial y financiera en todo el mundo para presionar a otros Estados y empresas privadas a fin de que limitaran el comercio con el enemigo. Los efectos del bloqueo en Alemania son difíciles de estimar con precisión, pues las carestías de alimentos tenían también causas internas. La pérdida de piensos y fertilizantes procedentes del extranjero paralizó la agricultura alemana. En 1917, el consumo de carne había descendido a menos de un tercio del nivel de preguerra, y el consumo de grano a la mitad.

A ambos bandos la inacción naval les parecía frustrante. A fin de dotar a la armada de una clara estrategia propia, el primer lord del almirantazgo, Winston Churchill, insistió en lanzar un ataque sobre los estrechos turcos. La operación comenzó el 19 de febrero de 1915 con la voladura de las defensas turcas desde los buques de guerra franceses y británicos. El subsiguiente desembarco fue una catástrofe. Durante los nueve meses en que quedaron inmovilizadas, las fuerzas principalmente australianas y neozelandesas que participaron sufrieron enormes bajas. Se retiraron en enero de 1916. Churchill dimitió, y la Royal Navy no desarrolló ninguna otra estrategia independiente.

En el otro bando tampoco faltaron las frustraciones. En 1916 el comandante de la Flota de Alta Mar, almirante Reinhard Scheer, planeó atraer a la Royal Navy a una importante batalla en el mar del Norte, donde los submarinos tenderían una emboscada a los buques británicos. El plan resultó un desastre, pues, la flota británica, alertada, estaba preparada. Ambas se encontraron en Jutlandia, ante las costas de Dinamarca. Superado en número, Scheer retiró hábilmente sus barcos. Los británicos perdieron 14 barcos, los alemanes 11. La batalla confirmó la impotencia de la armada alemana, que se vio obligada a no tomar parte en la guerra.

En las últimas semanas, los alemanes decidieron afrontar en Kiel un duelo a vida o muerte con el enemigo. Pero los marineros, aburridos y hambrientos, estaban hartos y se amotinaron. Un año más tarde, se prefirió hundir la flota a dejarla en manos británicas.

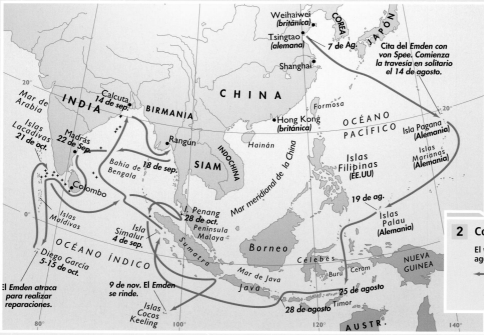

2 En (1914) los buques aliados se vieron amenazados por corsarios mercantes alemanes, buques de guerra alemanes fletados en el extranjero. En agosto, el *Emden* y el *Königsberg* entraron en el océano Índico desde el Pacífico, donde formaron parte del Escuadrón de Asia Oriental Alemán al mando de von Spee. El viaje del *Emden* (mapa a la izquierda) produjo la pérdida de 17 barcos mercantes antes de que en noviembre se rindiera.

2 Corsarios alemanes

El viaje del *SMS Emden*, 7 de agosto-9 de noviembre de 1914

⟵ ruta del SMS *Emden*

⁺ capturas del SMS *Emden*

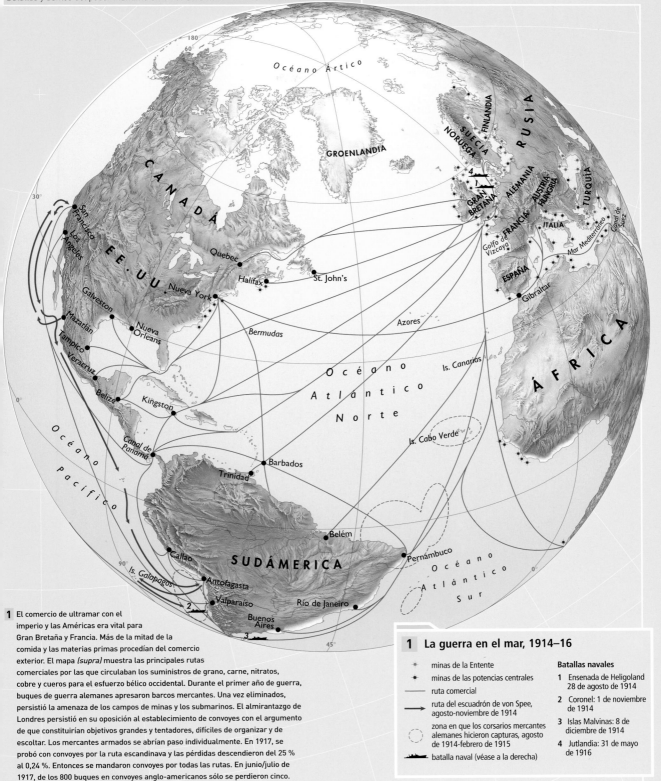

1 El comercio de ultramar con el imperio y las Américas era vital para Gran Bretaña y Francia. Más de la mitad de la comida y las materias primas procedían del comercio exterior. El mapa *(supra)* muestra las principales rutas comerciales por las que circulaban los suministros de grano, carne, nitratos, cobre y cueros para el esfuerzo bélico occidental. Durante el primer año de guerra, buques de guerra alemanes apresaron barcos mercantes. Una vez eliminados, persistió la amenaza de los campos de minas y los submarinos. El almirantazgo de Londres persistió en su oposición al establecimiento de convoyes con el argumento de que constituirían objetivos grandes y tentadores, difíciles de organizar y de escoltar. Los mercantes armados se abrían paso individualmente. En 1917, se probó con convoyes por la ruta escandinava y las pérdidas descendieron del 25 % al 0,24 %. Entonces se mandaron convoyes por todas las rutas. En junio/julio de 1917, de los 800 buques en convoyes anglo-americanos sólo se perdieron cinco.

1 La guerra en el mar, 1914–16

✳ minas de la Entente

✴ minas de las potencias centrales

— ruta comercial

→ ruta del escuadrón de von Spee, agosto-noviembre de 1914

◯ zona en que los corsarios mercantes alemanes hicieron capturas, agosto de 1914-febrero de 1915

⚓ batalla naval (véase a la derecha)

Batallas navales

1 Ensenada de Heligoland 28 de agosto de 1914

2 Coronel: 1 de noviembre de 1914

3 Islas Malvinas: 8 de diciembre de 1914

4 Jutlandia: 31 de mayo de 1916

Los costes de la **Gran Guerra**

1917 El 40 % de los trabajadores británicos son mujeres.

1918 Una epidemia de gripe «española» mata a más de 6 millones de europeos.

Cuando la guerra terminó en noviembre de 1918, sus costes superaban con mucho todo lo imaginado cuatro años antes. El conflicto costó la vida de ocho millones y medio de soldados, y dejó otros 21 millones de heridos, afectados por los gases o por neurosis.

El coste financiero total se elevó a 186.000 millones de dólares en todo el mundo, y las economías de casi todos los Estados europeos participantes fueron puestas al borde de la bancarrota cuando los gobiernos recurrieron a la emisión de billetes de banco para sufragar los ingentes gastos originados por la guerra. Los civiles no sólo soportaron la carga financiera, sino que sufrieron altas tasas de pérdidas causadas por las hambrunas, las enfermedades o los efectos directos de la guerra. La guerra también costó la vida de una cifra calculada en nueve millones de civiles.

Un conflicto de estas dimensiones carecía de precedentes. Los Estados no tenían experiencia en la movilización y el equipamiento de fuerzas de tal tamaño. A medida que la guerra progresaba, las demandas de la máquina militar obligaron a los gobiernos a controlar la producción de toda la economía, a racionar los bienes y a sustituir el trabajo masculino con mujeres, trabajadores jóvenes y trabajos forzados. Al final de la guerra se había movilizado a 65 millones de hombres, en su mayoría campesinos u oficinistas. Como resultado, la producción agrícola decreció. En Alemania se produjeron 30 millones de toneladas de grano en 1913; en 1917, la cifra fue sólo de 15 millones.

En 1919, el general Ludendorff, general jefe del Estado Mayor, describió el conflicto como «guerra total». Se trataba de una nueva clase de enfrentamiento entre comunidades nacionales, no sólo entre soldados. La movilización de los recursos científicos, económicos y morales de la nación no fue menos inexorable y exhaustiva que la de su personal militar. En 1914, ningún Estado estaba preparado para un conflicto de esa clase. Las exigencias de la guerra implicaron un aumento excepcional de la demanda de recursos internos y un grado de dirección política, incluso en las democracias, desconocido en tiempos de guerra. Para mantener el entusiasmo bélico, se hizo un empleo generalizado de la propaganda. Los trabajadores fueron militarizados o sometidos a un estricto reclutamiento laboral.

1 El coste de la guerra

Fuerzas movilizadas y pérdidas

5,6 millones

potencias de la Entente

2,8 millones

potencias centrales

0,6 millones

muertes

Contingentes británico y estadounidense

británico (dólares USA)

Francia **2,17 dólares**

USA (dólares USA)

Italia **1,59 dólares**

—— fronteras, 1914

from United States

1 El coste de la Primera Guerra Mundial (mapas a la izquierda y a la derecha) fue enorme en términos de los hombres que en ella combatieron. De más de 42 millones de movilizados en el bando de las potencias centrales, el 52% murieron, fueron heridos o hechos prisioneros. En el otro bando, se perdieron el 47% de movilizados. Austria-Hungría perdió el 90% de su personal militar. La carga financiera empequeñeció cualesquiera gastos estatales anteriores. Al final de la guerra, los aliados occidentales recibieron 10.000 millones de dólares USA como ayuda.

GROENLANDIA · ALASKA · DOMINIO DEL CANADÁ · ESTADOS UNIDOS DE AMÉRICA · Océano Atlántico Norte · Cuba 10 m de $ · PERÚ · BRASIL · CHILE · ARGENTINA · Océano Pacífico · Océano Atlántico Sur · véase mapa a la derecha · IMPERIO RUSO · PERSIA · ARABIA · CHINA · JAPÓN · ÁFRICA OCCIDENTAL FRANCESA · INDIA · Océano Índico · COMMONWEALTH DE AUSTRALIA · NUEVA ZELANDA · 100.000 · 7.000 · Tajo · PORTUGAL · E S · 40°

En muchos casos, los efectos sobre la retaguardia fueron graves. Jornadas laborales más largas, niveles de seguridad decrecientes, la necesidad de obtener incluso bienes racionados, la brusca caída de los ingresos reales, todo produjo un descenso continuo del nivel de vida. La situación fue mejor en Gran Bretaña, donde había acceso al mercado mundial y una posición financiera fuerte, y pésima en Alemania, Austria y Rusia, a las que la guerra cortó los lazos con la economía mundial. El hambre y el exceso de trabajo se cobraron su peaje, y la virulenta epidemia de gripe «española» que invadió Europa en 1918 produjo más de seis millones de muertos.

El empeoramiento de la situación provocó disturbios generalizados. Tras un periodo de tregua política en las primeras fases, los partidos de izquierdas fueron elevando progresivamente el tono de sus críticas, mientras que los sindicatos, cuyo número de afiliados se vio incrementado debido a los nuevos reclutamientos de fuerza laboral industrial, trataron de conseguir mejores condiciones mediante las huelgas. En 1915, en los Estados en guerra había habido 2.374 huelgas en las que

Coste por país *(en dólares USA)*

$37.700 mill.	Alemania
$35.300 mill.	Gran Bretaña
$22.600 mill.	USA
$24.200 mill.	Francia
$22.600 mill.	Imperio ruso
$20.600 mill.	Austria-Hungría
$12.400 mill.	Italia
$1.660 mill.	Canadá
$1.600 mill.	Rumanía
$1.430 mill.	Imperio otomano
$1.420 mill.	Australia
$1.100 mill.	Bélgica
$800 mill.	Bulgaria
$600 mill.	India
$500 mill.	Otros aliados
$400 mill.	Serbia
$370 mill.	Nueva Zelanda
$300 mill.	Sudáfrica
$270 mill.	Grecia
$130 mill.	Otras colonias británicas
$40 mill.	Japón
$186.000 mill.	Total

www.stanford.edu/group/virus/uda/
La pandemia de gripe de 1918
www.spartacus.schoolnet.co.uk/FWWdeaths.htm
Cifras de bajas durante la Primera Guerra Mundial.

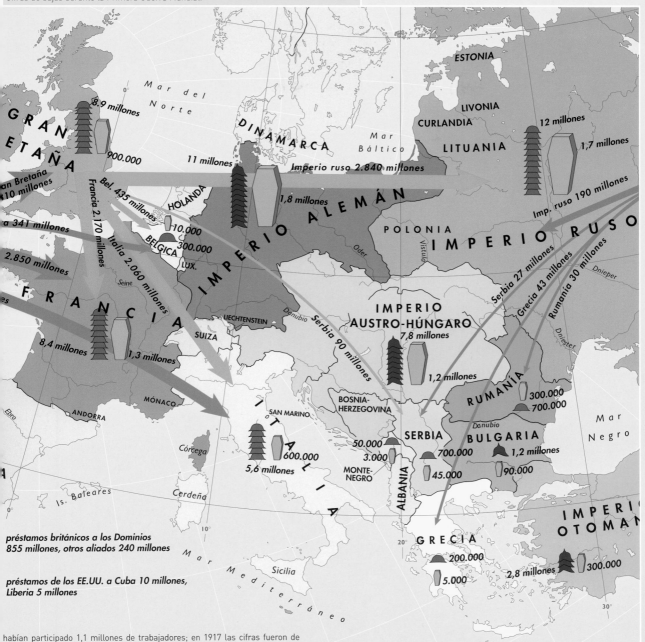

habían participado 1,1 millones de trabajadores; en 1917 las cifras fueron de 4.369 y 3,4 millones respectivamente. En 1918 el movimiento huelguista se radicalizó al añadir la demanda de cambios políticos a la de mejores condiciones. Había resentimiento popular contra los empresarios, de los que se creía que habían obtenido pingües beneficios de la guerra, o contra los consumidores acomodados, que podían comprar en el mercado negro o vivir como de costumbre.

En 1918 eran muy pocas las personas que no se habían visto afectadas por la guerra. Un ejército de voluntarios, muchos de ellos mujeres, ayudaba a la prestación de servicios médicos, al funcionamiento de las oficinas gubernamentales abiertas para ocuparse de la administración en la retaguardia o a la recolección de chatarra y residuos que se reciclaban para la producción bélica. En Alemania, los *ersatz* o sucedáneos fueron inevitables. Se hacían zapatos de cartón, papel con patatas, café de ortigas. En Austria, Rusia e Italia ni siquiera se podían producir

ersatz, y el suministro de comida y equipamiento militar se desmoronó como consecuencia de la guerra, lo cual llevó en 1917 a graves carestías tanto en la retaguardia como en el frente, y a una desmoralización general.

La Primera Guerra Mundial fue una prueba de resistencia: de la cohesión nacional, de la entereza moral, de la capacidad económica. Puso también a prueba el viejo orden europeo, y su convicción moral de ser la fuente de la paz y el progreso. La imagen de Europa se vio irreparablemente empañada por la guerra. El progreso demostró ser una máscara de la barbarie; la civilización, un barniz. La guerra marcó el final de la europeización del mundo y abrió la vía hacia un nuevo mundo en el que a Europa sólo le correspondía uno de los papeles.

Rusia: del zarismo al bolchevismo

1905 Rusia derrotada en guerra por Japón.

1914 Rusia, quinta potencia industrial del mundo.

1914 El zar toma la decisión de entrar en guerra contra Alemania y Austria.

1915 Rusia sufre un millón de bajas y otro millón es capturado.

1916 (diciembre) Los soldados pierden su confianza en el zar. Rasputín es asesinado.

1917 (febrero) La manifestación del Día Internacional de la Mujer se convierte en una protesta revolucionaria.

1917 (marzo) El zar abdica.

La Rusia de los Romanoff fue donde más palmariamente se manifestó la bancarrota del viejo orden. En las décadas precedentes a 1914, Rusia ofrecía una curiosa combinación, de reformas y represión. Los zares reconocían que la supervivencia de su sistema de gobierno personal dependía de la construcción de un Estado fuerte.

El feudalismo tocó a su fin en los años 1860. El ejército fue modernizado y sus efectivos aumentados. En los años 1890, el ministro de Finanzas, Sergei Witt, aceleró la industrialización de Rusia, de modo que en 1914 se había convertido en la quinta potencia industrial del mundo. Estos cambios contribuyeron a cambiar la sociedad. La oleada de nuevos trabajadores que emigraron del campo a las ciudades inundó la tradicional fuerza laboral urbana y tensó al extremo la oferta de vivienda y alimentación. Las clases acomodadas entraron en decadencia como fuerza social y política. La modernización produjo una nueva clase empresarial, pero también generó una clase más numerosa de funcionarios, médicos, docentes y abogados, muchos de los cuales tenían gran interés en que se mantuviera el ritmo de las reformas y en la transformación de Rusia en un Estado moderno. Fue entonces cuando el régimen zarista se negó al cambio. El Estado seguía siendo una autocracia monárquica, con un poder político impuesto por el ejército y la burocracia. Nicolás II creía que su poder estaba sancionado por Dios y que era su deber ejercerlo sin restricciones.

La contradicción entre el anticuado gobierno por derecho divino y la realidad de los rápidos cambios sociales y económicos alentó una oposición política generalizada. La posición del zar se debilitó cuando en 1904–5 Rusia fue derrotada por Japón en una guerra a propósito de la frontera en el Lejano Oriente. Los disturbios entre el campesinado y las crecientes protestas laborales provocaron una crisis revolucionaria. En octubre de 1905 dio su consentimiento a un manifiesto redactado por Witte que ofrecía libertades civiles y una asamblea de elección popular. Cuando la protesta popular amainó, las concesiones se modificaron. El derecho al voto se limitó, la asamblea carecía de poder real y los derechos civiles –la libertad de expresión y de reunión– nunca se activaron. Entre 1906 y 1914 el zar intentó gobernar como siempre había hecho.

En 1914 la autocracia seguía intacta, pero coexistía con el crecimiento de movimientos políticos –conservador, liberal, socialista– cuyos partidarios abogaban por la reforma. Las protestas aumentaron en 1914, y el zar adoptó la decisión de declarar la guerra a Alemania y Austria en medio de una huelga general en San Petersburgo.

Con el estallido de la guerra las tensiones políticas en Rusia amainaron. Dos formidables grupos del ejército ruso atravesa-

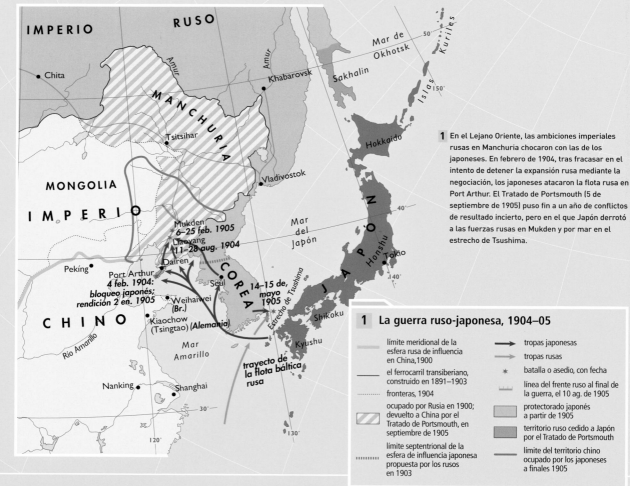

1 En el Lejano Oriente, las ambiciones imperiales rusas en Manchuria chocaron con las de los japoneses. En febrero de 1904, tras fracasar en el intento de detener la expansión rusa mediante la negociación, los japoneses atacaron la flota rusa en Port Arthur. El Tratado de Portsmouth (5 de septiembre de 1905) puso fin a un año de conflictos de resultado incierto, pero en el que Japón derrotó a las fuerzas rusas en Mukden y por mar en el estrecho de Tsushima.

1 La guerra ruso-japonesa, 1904–05

límite meridional de la esfera rusa de influencia en China, 1900

el ferrocarril transiberiano, construido en 1891–1903

fronteras, 1904

ocupado por Rusia en 1900; devuelto a China por el Tratado de Portsmouth, en septiembre de 1905

límite septentrional de la esfera de influencia japonesa propuesta por los rusos en 1903

tropas japonesas

tropas rusas

batalla o asedio, con fecha

línea del frente ruso al final de la guerra, el 10 ag. de 1905

protectorado japonés a partir de 1905

territorio ruso cedido a Japón por el Tratado de Portsmouth

límite del territorio chino ocupado por los japoneses a finales 1905

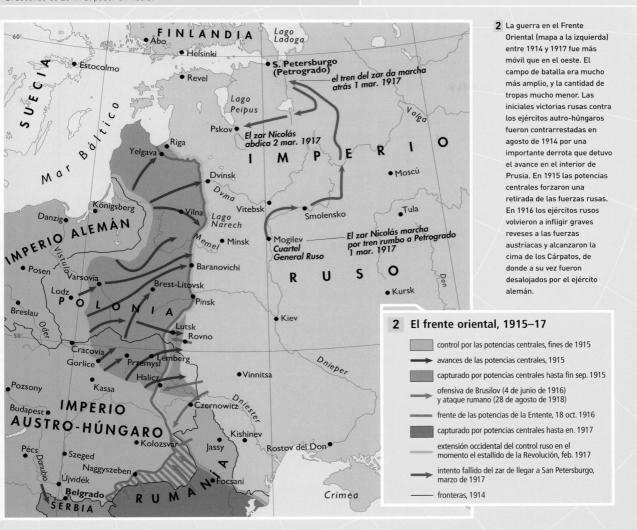

2 La guerra en el Frente Oriental (mapa a la izquierda) entre 1914 y 1917 fue más móvil que en el oeste. El campo de batalla era mucho más amplio, y la cantidad de tropas mucho menor. Las iniciales victorias rusas contra los ejércitos autro-húngaros fueron contrarrestadas en agosto de 1914 por una importante derrota que detuvo el avance en el interior de Prusia. En 1915 las potencias centrales forzaron una retirada de las fuerzas rusas. En 1916 los ejércitos rusos volvieron a infligir graves reveses a las fuerzas austríacas y alcanzaron la cima de los Cárpatos, de donde a su vez fueron desalojados por el ejército alemán.

2 El frente oriental, 1915–17

- control por las potencias centrales, fines de 1915
- → avances de las potencias centrales, 1915
- capturado por potencias centrales hasta fin sep. 1915
- → ofensiva de Brusilov (4 de junio de 1916) y ataque rumano (28 de agosto de 1918)
- frente de las potencias de la Entente, 18 oct. 1916
- capturado por potencias centrales hasta en. 1917
- extensión occidental del control ruso en el momento el estallido de la Revolución, feb. 1917
- → intento fallido del zar de llegar a San Petersburgo, marzo de 1917
- —— fronteras, 1914

ron Prusia oriental en dirección a Berlín y luego penetraron en Galitzia contra las fuerzas austro-húngaras. Los austríacos sufrieron una tremenda derrota en Lemberg, pero en Tannenberg y en los Lagos Masurianos las fuerzas alemanas comandadas por Hindenburg, rápidamente desplegadas contra un ejército superior en número, infligieron derrotas que cambiaron las tornas en el este. En 1915, las fuerzas rusas se vieron obligadas a una importante retirada en territorio ruso en el curso de la cual sufrieron un millón de bajas y otro millón de sus soldados fueron hechos prisioneros. En otoño, el zar insistió en asumir personalmente el mando supremo, en contra de una protesta casi universal. Las ofensivas rusas de 1916, incluida la del general Bruisilov contra los austríacos en junio, fueron rechazadas y se perdió otro millón de hombres.

Los efectos de la derrota en la retaguardia minaron fatalmente el viejo orden. La incompetencia de los funcionarios y ministros zaristas abortó cuantos esfuerzos voluntarios hicieron los comités de la industria bélica montados por los empresarios o los servicios de socorro y médicos prestados por la Unión de Municipios y *Zemtsvos* (ayuntamientos). Las enormes pérdidas en hombres y caballos redujeron el suministro de alimentos. En diciembre de 1916 la ración del ejército se redujo de un kilo y medio de pan al día a medio kilo. Los oficiales y las tropas perdieron su confianza en el zar. La corte en torno a la zarina Alejandra y su místico consejero Rasputín quedó aislada en medio de un mar de protestas de todo el espectro político. En diciembre de 1916 Rasputín fue asesinado por un grupo de aristócratas. El 23 de febrero, tras un mes de huelgas en las ciudades y de disturbios como consecuencia de la escasez de pan en San Petersburgo, una manifestación con motivo del Día Internacional de la Mujer se convirtió en una protesta revolucionaria. Los soldados acuartelados en la ciudad rechazaron a los manifestantes a tiros. Los generales del zar y los partidos políticos de la Duma condenaron al zar. Sin ninguna posibilidad de recibir apoyo por parte del ejército, la abdicación se produjo el 2 de marzo de 1917, y al día siguiente se formó un gobierno provisional liderado por el príncipe Georgi Lvov y compuesto en gran medida por liberales moderados.

La Revolución **rusa**

El derrocamiento del viejo orden en Rusia propició un apoyo generalizado al establecimiento de un régimen constitucional liberal. Había esperanzas de que ahora la guerra pudiera proseguirse eficazmente y en nombre del pueblo. El nuevo régimen prometió una asamblea constituyente que decidiría la forma del nuevo Estado.

El grueso del ejército permaneció en el frente para evitar un avance alemán. El Gobierno Provisional afrontó una situación caótica. En el frente las tropas formaron consejos populares y rechazaron las órdenes. En las ciudades y los pueblos se establecieron comités locales (soviets) en un intento de manejar los asuntos locales desafiando al gobierno. El Soviet de Petrogrado se erigió como una fuente rival de autoridad; dominado por los socialistas, exigió reformas sociales inmediatas, mejoras económicas y el final de la guerra. Pero no siendo capaces ni los soviets ni el Gobierno Provisional de imponer obediencia, la situación en la retaguardia no hizo sino deteriorarse.

Durante 1917 la crisis en el suministro de alimentos empeoró. En octubre Moscú y Petrogrado redujeron a unos pocos días el suministro de lo que ya eran magras raciones. Los salarios reales se rebajaron en más de un tercio a lo largo del verano, se cerraron fábricas por falta de materiales, el sistema de transporte alcanzó el límite de sus posibilidades y la inflación se desbocó. El clima popular se radicalizó. Los campesinos, que habían puesto sus esperanzas en una redistribución de la tierra que nunca se produjo, comenzaron a ocupar las grandes fincas. Los obreros, muchos de los cuales no habían sido inicialmente hostiles al régimen, se distanciaron de éste como consecuencia de la creciente situación de penuria y de la decisión de reanudar la guerra. En abril entraron en el Gobierno Provisional socialistas moderados; en julio el socialista Alexander Kerensky se convirtió en primer ministro. El escoramiento del gobierno hacia la izquierda mermó el apoyo de los conservadores y liberales sin revolver los motivos de las quejas populares. Cuando en junio de 1917 una nueva ofensiva en Galitzia terminó en una derrota ante los alemanes acompañada de enormes pérdidas en vidas, obreros y soldados enfurecidos declararon una revolución popular en Petrogrado. La represión puso fin a los «días de julio», pero las ciudades rusas se estaban volviendo ingobernables.

El principal beneficiario de la radicalización de la sociedad rusa fue el Partido Bolchevique. El apoyo a otros partidos socialistas –los social-revolucionarios y los moderados mencheviques– también aumentó, pero era el espectacular crecimiento del bolchevismo, de unos 22.000 miembros en febrero de 1917 a más de 200.000 ocho meses más tarde, lo que constituía la principal amenaza. Los líderes bolcheviques se negaron a cooperar con el Gobierno Provisional. Abogaban por que se pusiera fin a la guerra, se entregara tierra a los campesinos pobres y se transfiriera el poder a los soviets locales, en los que los simpatizantes bolcheviques gozaban de una amplia representación. Lenin hizo hincapié en la importancia de la propaganda y el activismo político. En otoño, muchos rusos veían el bolchevismo como la única vía de escape al caos de la guerra y el derrumbe económico, y la única manera de salvar la revolución.

Cuando en septiembre el general Kornilov, comandante en jefe del ejército, intentó una marcha sobre Petrogrado para acabar con los disturbios e incrementar el esfuerzo de guerra, los bolcheviques se destacaron entre los obreros que detuvieron los trenes y convencieron a los soldados de desertar. Rusia comenzó a polarizarse entre la derecha y la izquierda, y la violencia aumentó. El 14 de septiembre Kerensky declaró una república con la esperanza de apaciguar la opinión radical, pero el Gobierno Provisional había perdido toda la credibilidad. A comienzos de octubre el Comité Central Bolchevique decidió dar un golpe de Estado. El 29 de octubre el soviet de Petrogrado estableció un Comité Revolucionario Militar controlado por el bolchevique Leon Trotsky. Entre el 6 y el 8 de noviembre el Comité Militar tomó el control de Petrogrado, mientras que el Congreso de Soviets de Todas las Rusias, reunido en la ciudad, aprobó un Consejo de Comisarios del Pueblo exclusivamente bolchevique como nuevo gobierno, con Lenin como presidente.

El nuevo régimen anunció cambios radicales. El poder local se otorgó a los soviets y comités populares; se prometieron tierras a los campesinos (que ya habían ocupado la mayor parte); a las nacionalidades no rusas se les prometió autonomía; a los obreros se les ofreció el control de las fábricas. Sobre todo, Lenin urgió la búsqueda de la paz. Ésta fue casi la única promesa que cumplió. En diciembre el gobierno alemán aceptó un armisticio. En marzo, Trotsky viajó a la ciudad polaca de Brest-Litovsk, donde fue obligado a reconocer la pérdida de los antiguos territorios zaristas en Polonia, los Estados Bálticos, Ucrania y Georgia. Dos meses antes, la Asamblea Constituyente, desde hacía mucho tiempo prometida y convocada de mala gana por Lenin, eligió un 75 % de delegados no bolcheviques. Fue inmediatamente clausurada, y una dictadura *de facto* bolchevique emprendió la enorme tarea de construir una nueva Rusia.

1 En el invierno de 1916–17 Rusia estaba en crisis (mapa a la derecha). Cuando las hostilidades contra el régimen alcanzaron su punto álgido en febrero de 1917, en muchas ciudades se produjeron protestas espontáneas. Cuando el zar abdicó, fue sucedido por un gobierno provisional cuya autoridad fue difícil de establecer en el campo y en el ejército. En las ciudades y el mundo rural se establecieron consejos populares locales (soviets). En octubre el orden interno y la disciplina militar habían decrecido hasta el punto de que el radical movimiento socialista bolchevique pudo tomar el poder.

2 La Revolución Bolchevique de noviembre fue una toma del poder minuciosamente planeada en la capital, Petrogrado (mapa a la izquierda). El 6-7 de noviembre obreros armados y soldados tomaron los puentes y las principales estaciones ferroviarias. El 25 de octubre el crucero *Aurora* disparó obuses sin carga contra el Palacio de Invierno, sede del Gobierno Provisional. El 8 de noviembre el palacio fue ocupado y el gobierno disuelto.

2 La revolución en Petrogrado, nov. 1917

- **❶** primer objetivo bolchevique
- **❷** segundo objetivo bolchevique
- **❸** tercer objetivo bolchevique
- **○** guarnición leal al Gobierno Provisional
- **○** guarnición leal a los bolcheviques

1 Rusia en la guerra y en la Revolución, 1917–18

- frontera occidental del Imperio ruso, 1914
- frente entre Rusia y las potencias centrales, 12 de marzo de 1917
- retorno de Lenin desde Suiza, abril de 1917
- ganancias rusas en la ofensiva de julio de 1917
- graves motines rusos en agosto de 1917
- ganancias de las potencias centrales el 20 oct. de 1917
- ataque de Kornilov sobre Petrogrado, 8-14 de septiembre de 1917
- ciudades en las que los bolcheviques tomaron el poder, nov. de 1917-feb. de 1918
- límite del territorio ruso ocupado por las potencias centrales tras el Tratado de Bresk-Litovsk, marzo de 1918
- fronteras, 1916

Mar de Noruega

Mar de Baren

NORUEGA

Narvik

Trondhjem

SUECIA

FINLANDIA
independencia de Finlandia reconocida dic. 1917

Mar Blanco

Mezen

Archangel
17 feb. 1918

Lago Onega

Onega

Petrozavodsk
17 en. 1918

Sukhona

Åbo

Helsinki

Lago Ladoga

Estocolmo
20 oct. 1917

Revel
8 nov. 1917

Petrogrado
7 nov. 1917

Novgorod
27 nov. 1917

Vologda
8 feb. 1918

Vyatka
8 dic. 1917

Yekaterimburgo
8 nov. 1917

Perm
14 nov. 1917

Mar Báltico

Riga
comienzos de sep. 1917

Dvinsk

Pskov
15 nov. 1917

Tver
10 nov. 1917

Yaroslavl
9 nov. 1917

Kostroma
15 dic. 1917

Ivanovo
7 nov. 1917

Izhevsk
9 nov. 1917

Kazán
8 nov. 1917

Danzig

Königsberg

Vilna

Vitebsk
9 nov. 1917

Smolensko
12 nov. 1917

Gobierno trasladado desde Petrogrado mar. 1918

Moscú
15 nov. 1917

Kaluga
11 dic. 1917

Nizhniy Novgorod
10 nov. 1917

Ufa
8 nov. 1917

IMPERIO ALEMÁN

Minsk
7 nov. 1917

Mogilev
1 dic. 1917

Tula 20 dic. 1917

Penza
4 en. 1918

Samara
9 nov. 1917

POLONIA

Lodz

Varsovia

Brest-Litovsk

Gomel
12 nov. 1917

Orel
14 nov. 1917

Tambov
13 nov. 1917

Saratov
9 nov. 1917

Oremburgo
31 en. 1918

Cracovia

Zhitomir
22 en. 1918

Kursk

Voronezh
12 nov. 1917

Don

Volga

Kassa

Lemberg

Vinnitsa

Kiev
8 feb. 1918

Kharkov
24 dic. 1917

Tsaritsyn
27 nov. 1917

RUSIA

IMPERIO AUSTRO-HÚNGARO
comienzos de ag. 1917

Debrecen

Kolozsvár

Temesvár

Kishinev
10 dic. 1917

Jassy

Brassó

Dniester

Poltava
19 en. 1918

Yekaterinoslav
11 en. 1918

Dnieper

Nikolayev
27 en. 1918

Odesa
31 en. 1918

Novocherkassk
25 feb. 1918

Rostov
10 nov. 1917

Volga

Astrakán
7 feb. 1918

Don

RUMANÍA

Bucarest

Mar de Azov

Simferopol
26 en. 1918

Kuma

SERBIA

Danubio

Ruse

BULGARIA

Sofía

Varna

Burgas

Sebastopol
29 dic. 1917

Novorossiysk
14 dic. 1917

Mar Negro

Mar Caspio

Plovdiv

Adrianópolis

Salónica

Constantinopla

GRECIA

IMPERIO OTOMANO

Cáucaso

Tiflis

Baku
15 nov. 1917

Angora

Trebisonda

Erivan

La **caída** de las potencias centrales

1918 (enero) El presidente de EE.UU., Woodrow Wilson, anuncia los Catorce Puntos.

1918 (abril) Se convoca en Roma el Congreso de los Pueblos Oprimidos.

1918 (28 de octubre) Estado checo independiente.

1918 (3 de noviembre) Armisticio de Padua.

1918 (16 de noviembre) Hungría declara su independencia.

1918 (9 de noviembre) El káiser huye a Holanda; se proclama la República alemana.

1918 (12 de noviembre) Se proclama en Viena una República austríaca.

1918 (1 de diciembre) Serbios, croatas y eslovenos instauran un Estado yugoslavo.

El Tratado de Brest-Litovsk marcó el nivel más alto del esfuerzo de guerra alemán y austríaco. Con las potencias centrales controlando ahora los suministros de gran parte de Eurasia, la victoria se consideraba una posibilidad real, no una esperanza remota.

Se trazaron planes de un orden europeo dominado por los alemanes, y de la supremacía imperial alemana en África una vez ganada la guerra en el oeste.

El triunfo sobre una Rusia debilitada enmascaró las debilidades de las potencias centrales. El Imperio de los Habsburgo afrontaba ahora la auténtica crisis nacionalista, para impedir la cual había ido a la guerra en 1914. En enero de 1918 el presidente de los Estados Unidos, Woodrow Wilson, anunció sus Catorce Puntos para la estabilización de Europa en la posguerra. Incluían una Polonia independiente y la autodeterminación para otros pueblos. Esto era considerablemente más de lo que las nacionalidades habían estado demandando. Aceptaran o no un Estado monárquico federal, la promesa de Wilson de auténtica independencia animó a los pueblos sometidos a romper con el gobierno de los Habsburgo.

En abril de 1918 se convocó en Roma un Congreso de los Pueblos Oprimidos en el que polacos, checos, eslovacos y eslavos del sur exigieron la fragmentación del imperio en fronteras nacionales. Incluso los socialdemócratas alemanes de Austria pidieron al emperador la liberación de las nacionalidades. Cuando en octubre el emperador Karl promulgó un manifiesto que otorgaba la autonomía a sus minorías éticas, ya era demasiado tarde.

En Polonia, con apoyo occidental, se formó un consejo nacional. Los soldados polacos dejaron de combatir por Alemania y Austria, y los oficiales polacos dimitieron de sus puestos. En París, Occidente reconoció un consejo nacional checo-eslovaco liderado por Edvard Benes como el gobierno checo *de facto*, y el 28 de octubre se proclamó en Praga un Estado checo independiente. Unas semanas antes, un consejo de serbios, croatas y eslovenos se reunió en Zagreb para fundar un Estado yugoslavo. Por doquier la autoridad del imperio se derrumbó. Surgieron consejos locales que desafiaban la autoridad central. Los soldados desertaban, no querían seguir muriendo por un orden en bancarrota. En Hungría el primer ministro, conde Istvan Tisza, fue asesinado y, en medio de una violencia creciente en la capital, su sucesor, Mihály Károlyi, declaró una Hungría independiente. Éste fue el golpe definitivo para la monarquía. El 3 de noviembre las fuerzas austríacas firmaron el Armisticio de Padua y dejaron de luchar. El 11 de noviembre el emperador Karl se retiró incondicionalmente de los asuntos de Estado. Un día después, se proclamó en Viena una república. En esta etapa final de la guerra, los alemanes de Austria buscaron la salvación en Alemania. Albergaban la esperanza de que la autodeterminación de los pueblos prometida en los Catorce Puntos se les aplicaría a ellos y podrían construir un Estado pan-alemán.

Durante gran parte de 1918, Alemania pareció menos afectada por la crisis que el Imperio de los Habsburgo, pero ya existía una fuerte corriente subterránea de tensión política. Las hostili-

1 El desmoronamiento de las potencias centrales fue repentino y completo (mapa a la derecha). Alemania, Austria y Hungría, en septiembre de 1918, se fragmentaron para asegurarse una paz por separado y un mejor tratamiento. Las antiguas clases gobernantes concedieron la reforma política y la paz. En Hungría, el 16 de octubre Mihály Károlyi exigió una paz por separado y dos semanas más tarde rompió completamente con Austria. El 21 de octubre los diputados alemanes en el parlamento de Viena votaron a favor de una «Gran Alemania» con la esperanza de persuadir a los aliados de aceptar su autodeterminación. Los aliados se negaron a un Estado germano-austríaco y trataron a cada nación por separado.

2 El Imperio de los Habsburgo era un crisol de nacionalidades (mapa a la izquierda). A partir de 1867, los dos principales «pueblos del Estado» eran los alemanes y los magiares, a los que se subordinaban los intereses de las otras nacionalidades más pequeñas. En los primeros años del siglo, un programa de magiarización dirigido contra las nacionalidades sometidas llevó a los diferentes pueblos eslavos a exigir la autodeterminación.

2 Austria-Hungría:

Divisiones étnicas

alemanes	polacos
italianos	magiares
checos	eslovacos
eslovenos	rutenos
croatas y serbios	rumanos

www.lib.byu.edu/~rdh/wwi/1918/14points.html
Plan del presidente Woodrow Wilson para el final de la Primera Guerra Mundial.
www.onwar.com/aced/nation/hat/hungary/fhungary1918.htm
La revolución húngara, 1918–19.

1 Fin de las potencias centrales, 1918

- controlado por las potencias de la Entente, 30 de septiembre
- control de las potencias centrales, 29 de septiembre
- perdido por potencias centrales antes de los armisticios
- evacuado como consecuencia de los armisticios del 3-11 de nov. por las potencias centrales

- cedido a nacionalidades del Imperio austro húngaro hasta el 6 de diciembre
- Alemania-Austria, declarada independiente el 12 de nov.
- Hungría, independiente el 16 de nov.
- controlado por Checoslovaquia hasta el 31 dic.
- ✵ disturbios socio-políticos
- ☉ amotinamiento de tropas
- ◑ amotinamiento naval
- ◆ armisticio
- ★ declaración de independencia
- ▲ derrocamiento de la monarquía

En Alemania 250.000 prisioneros de guerra y en Austria 2 millones vuelven trayendo consigo ideas bolcheviques y revolucionarias.

Finlandia independiente desde 6 dic. 1917

Según el Tratado de Brest-Litovsk, mar. 1918

ocupado por Rumanía, 11 nov.

Rumanía según el Tratado de Bucarest

inicio de la ofensiva de la Entente, 14 sep.

---

ades contra el káiser y el gobierno militar se generalizaron, y en primavera se rodujeron graves huelgas en Berlín. Los huelguistas comenzaron a añadir exi- encias políticas a la demanda de mejoras salariales y más comida. Cuando en gosto y septiembre llegaron a la retaguardia las noticias de los reveses ale- hanes, la moral se vino abajo rápidamente.

Un día después, con la esperanza de que satisfaría las demandas de los alia- os y allanaría el camino a un armisticio antes de que éstos entraran en suelo lemán, Ludendorff recomendó al káiser el establecimiento de un gobierno par- amentario. El 3 de octubre la autocracia llegó a su fin. Mientras continuaban las

negociaciones, la retaguardia entró en crisis. Cuando el 29 de octubre los mari- neros de la flota de Kiel se negaron a navegar, se habló de revolución. El 9 de noviembre el káiser huyó a Holanda. El mismo día se proclamó una república y el líder socialdemócrata Friedrich Ebert se convirtió en canciller.

En el lapso de un año, los tres imperios –el de los Romanoff, el de los Habs- burgo y el de los Hohenzollern– se habían convertido en repúblicas, todas ellas dominadas por los partidos populares de izquierdas. De los imperios más im- portantes de preguerra, el único que sobrevivió y conservó a su rey-emperador fue el de los británicos.

Tras la Primera Guerra Mundial, los vencedores abrigaban la esperanza de construir un mundo mejor basado en principios democráticos y esfuerzos colectivos en favor de la paz. En los años 1920 la economía mundial se iba haciendo cada vez más desigual, y su derrumbe en 1929 arrojó al desempleo a más de 20 millones de personas. La Revolución Soviética creó el marco para enconadas divisiones ideológicas entre las fuerzas comunistas y conservadoras de todo el mundo. La amenaza comunista provocó el surgimiento de una nueva fuerza política, el fascismo, comprometido en la destrucción del marxismo y en la construcción de regímenes autoritarios modernos basados en el nacionalismo de masas. Finalmente, la guerra dejó varios asuntos políticos sin resolver. Cuando la depresión de 1929 socavó la acción colectiva, las consecuencias fueron una reacción nacionalista y una escalada de la tensión internacional. Los sueños de posguerra acabaron en frustración. Las potencias que impusieron la paz en 1919 se encontraron afrontando una nueva guerra veinte años después.

Un niño italiano haciendo el saludo fascista.

PARTE II

EL MUNDO DE ENTREGUERRAS

1919-1939

1918 Austria pierde las zonas de habla no alemana y dos tercios de las de habla alemana del Imperio de los Habsburgo.

1919 (28 de junio) Paz firmada con Alemania en el Tratado de Versalles.

1920 (4 de junio) Tratado del Trianon; Hungría pierde dos tercios del antiguo Estado.

1921 Gran Bretaña concede la autonomía a Irlanda, conservando el Ulster.

1923 Tratado de Lausana entre Grecia, Turquía y los aliados.

1925 Tratado de Locarno.

2 La desintegración del Imperio de los Habsburgo produjo las condiciones para la creación de un Estado de eslavos del sur. El gobierno serbio, exiliado en Corfú, se debatía entre una Gran Serbia y una federación con otros pueblos eslavos del sur. En 1917, los croatas y los serbios del imperio formaron un Comité Nacional Yugoslavo que un año más tarde lideró el establecimiento de un Estado yugoslavo. El 1 de diciembre de 1918 se instauró en Belgrado el Reino de los Serbios, Croatas y Eslovenos, con la dinastía serbia de los Karadjordjevic al frente. El temor a las ambiciones de los italianos llevó a los montenegrinos y otras minorías a ingresar en el nuevo Estado eslavo. Durante los siguientes dos años hubo fuertes discusiones entre los federalistas –en su mayoría croatas– y el liderazgo serbio. La Constitución de junio de 1921 fue una victoria para las ideas serbias. Los serbios erigieron un Estado centralizado, dominado por la elite política serbia y un ejército con oficiales mayoritariamente serbios.

El 20 de enero de 1919 los aliados victoriosos se reunieron en el palacio de Versalles, en las afueras de París, a fin de trazar un tratado de paz. La conferencia la dominaron las grandes potencias: Gran Bretaña, Francia y los Estados Unidos. Italia y Japón fueron participantes de pleno derecho, pero su peso político nunca fue suficiente para imponer su voluntad a las otras tres potencias. A los aliados menores –Grecia, Rumanía, Serbia– se les permitió enviar representantes a París, pero no tuvieron ninguna influencia en los acuerdos finales, salvo en aquellos asuntos que les afectaban directamente.

El presidente de los Estados Unidos, Woodrow Wilson, representó personalmente a su país en la conferencia. Llegó con la expectativa de imponer una paz duradera, basada en los principios liberales delineados en los Catorce Puntos. El principal de éstos era el derecho a la autodeterminación nacional, un derecho que Wilson pensaba que favorecería los regímenes democráticos populares en Europa. Su visión de una nueva Europa liberal era compartida por pocos de sus aliados. Francia llegó a la conferencia liderada por el exaltado político veterano Georges Clemenceau, cuya principal preocupación era garantizar la seguridad francesa y hacer pagar a Alemania la destrucción física de gran parte del noreste de Francia. El representante inglés, el primer ministro David Lloyd George, compartía algunas de las esperanzas de Wilson en una Europa liberal, pero no deseaba anteponer los principios al interés nacional. Gran Bretaña también quería reparaciones por los perjuicios económicos producidos por la guerra.

El acuerdo resultante fue un precario compromiso entre los principios ilustrados y la *raison d'état*. Se acordó que Alemania debía desarmarse, pero ninguna otra potencia se vio forzada a algo similar. En el Pacto de la Sociedad de Naciones había un empeño en el desarme, pero una conferencia formal que se ocupara del tema no se convocó hasta 1932, y se interrumpió al cabo de dos años con pocos logros. La autodeterminación no se aplicó sino laxamente, pues el confuso patrón étnico de la Europa oriental hacía casi imposible una solución nítida. A los alemanes austríacos se les negó el derecho a unirse con sus compatriotas alemanes, mientras que muchos otros alemanes se vieron obligados a vivir bajo el gobierno checo en los Sudetes. La idea americana de crear una Sociedad de Naciones que mantuviera la paz se vio debilitada por el fracaso en el logro de un acuerdo sobre un ejército multinacional que reforzara la paz; el arquitecto de la Sociedad, Wilson, tampoco pudo vender la idea al Congreso. Los Estados Unidos se mantuvieron al margen de la Sociedad y dejaron que la estabiliza-

2 La formación de Yugoslavia, 1919

- Serbia y Montenegro, 1913
- anexionado por Serbia y Montenegro a costa del Imperio otomano, 1913
- fronteras, 1914
- anexionado a costa de Bulgaria, 1919
- territorio austro-húngaro a Serbia y Montenegro en 1920, para crear el Reino de los Serbios, Croatas y Eslovenos
- conservado por Austria mediante plebiscito, 1920
- Reino de los Serbios, Croatas y Eslovenos en 1929, ahora Yugoslavia

1 A la estabilización de posguerra (mapa *supra* a la derecha) se llegó a través de una serie de tratados ideados por las principales potencias en sesiones celebradas en París y sus alrededores entre 1919 y 1920. A Alemania, Austria, Hungría, Bulgaria y Turquía se les impusieron fuertes penalizaciones territoriales. Aunque no formaba parte del acuerdo, el nuevo Estado soviético también perdió territorios en Polonia, los Estados Bálticos y Rumanía. Los ganadores fueron los ocho nuevos Estados nacionales creados en Europa central y oriental. A pesar del deseo de los aliados de satisfacer las exigencias autodeterminación, dejaron grandes grupos minoritarios bajo el gobierno de otras nacionalidades, con lo que el nuevo orden se creó con una base inestable.

1 Conflictos nacionales y disputas fronterizas, 1919–36

- Imperio alemán, 1914
- Imperio austo-húngaro, 1914
- Imperio ruso, 1914
- fronteras tras las estabilización
- mandatos británicos
- mandatos franceses
- ▲ plebiscitos celebrados

- nuevos Estados
- zonas de disputa
- zonas temporalmente autónomas o independientes
- zonas bajo ocupación armada
- zonas al mando de los Altos Comisionados de la Sociedad de Naciones
- ★ disturbios políticos

Plebiscitos y disputas territoriales

1 plebiscito celebrado en febrero de 1920: dividido entre Dinamarca y Alemania
2 ocupado por Francia, 1923–25
3 para Bélgica, 1919
4 para Bélgica, 1919
5 evacuado en 1930, remilitarizado en 1936
6 mandato de la Sociedad de Naciones transferido por plebiscito a Alemania
7 para Francia 1919
8 entre Alemania y Polonia por plebiscito, en marzo de 1921

9 ocupación aliada en 1920-3, anexionado por Lituania en 1923, autónomo en 1924, para Alemania en 1939
10 para Alemania, en julio de 1920
11 para Polonia, en diciembre de 1918
12 partido entre Checoslovaquia y Polonia en 1920
13 para Hungría en 1921
14 para Austria en 1920
15 anexionado por Polonia en 1920, para Polonia mediante plebiscito en 1922
16 para Grecia a costa de Bulgaria, en 1919
17 desmilitarizado en 1924, remilitarizado en 1936
18 conflicto greco-búlgaro, 1925

ción fuera dominada por los intereses de Francia, la única potencia armada importante que quedaba en el continente.

Tampoco resultó posible imponer un acuerdo de ninguna manera coherente. La paz con Alemania se firmó el 28 de junio de 1919, pero a las demás potencias centrales se las trató por separado. Los acuerdos se alcanzaron lentamente y sólo tras muchas peleas entre los aliados y entre vencedores y vencidos. En gran parte de Europa oriental los combates continuaron durante varios años, y la estabilización en el este sólo se completó en 1923. El 3 de noviembre se firmó en St. Germain un tratado con Austria que confirmó la pérdida de las zonas no alemanas del Imperio de los Habsburgo, además de la pérdida de aproximadamente un tercio de la parte de habla alemana en el antiguo reino. El ejército austríaco se limitó a 30.000 efectivos, y a lo que quedó de ese Estado se le impusieron reparaciones. En el Tratado del Trianon, firmado por Hungría el 4 de junio de 1920, dos tercios del antiguo Estado húngaro se perdieron, principalmente en favor de Yugoslavia y Rumanía. A Hungría también se le exigieron reparaciones, y sus fuerzas armadas quedaron reducidas a 35.000 hombres.

Las que salieron ganando fueron las nuevas repúblicas de Europa oriental. Polonia volvió a ser un Estado soberano tras años de partición, y pudo expandir su territorio a expensas del débil Estado soviético en sus fronteras orientales y de una Alemania desarmada por el oeste. Checoslovaquia se forjó a costa de los territorios septentrionales del Imperio de los Habsburgo. Ambas contenían importante minorías importantes. Tres millones de húngaros, ocho millones de alemanes y cinco millones de ucranianos vivían bajo otros gobiernos. El otro beneficiario indirecto del acuerdo fue Irlanda. La concesión del auto-gobierno a polacos y checos hacía difícil negarlo en otras partes, y en 1921 Lloyd George acabó por otorgar la autonomía a toda Irlanda salvo la provincia norteña del Ulster. La cuestión nacional aquí, como en gran parte de la Europa oriental y central, seguía sin resolverse.

39

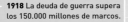

Los acuerdos de **posguerra** en **Alemania**

1919-1935

- **1918** La deuda de guerra supera los 150.000 millones de marcos.
- **1919 (mayo)** Alemania pierde territorios; sus límites son establecidos y acepta la culpa de la guerra en la Conferencia de Paz de París.
- **1919 (28 de junio)** En el Tratado de Versalles se firma la paz con Alemania.
- **1921** Se establece la factura de las reparaciones alemanas.
- **1923** Hiperinflación; el marco vale una tres mil millonésima parte de su valor de preguerra.
- **1924** La moneda se estabiliza; Plan Dawes para las reparaciones alemanas.

De todos los Estados que habían pedido la paz al final de la guerra, Alemania fue el único en hacerlo sobre la base de los Catorce Puntos de Wilson en lugar de rendirse incondicionalmente. Como resultado, muchos alemanes supusieron que a Alemania se la trataría como participante en el acuerdo de paz y podría negociar los términos de éste en su propio beneficio. El establecimiento de un gobierno democrático, confirmado con la elección de una Asamblea Constituyente en enero de 1919, parecía cumplir los deseos de las potencias aliadas. Cuando la delegación alemana llegó a París, sin embargo, se encontró con que los términos les eran dictados a ellos y con que, lejos de reflejar un espíritu de buena voluntad democrática, eran punitivos y no negociables.

La estabilización provocó un fuerte resentimiento en el interior de Alemania en una época en la que el frágil gobierno democrático estaba intentando sofocar los movimientos revolucionarios populares y hacer frente a las amenazas militares de la Polonia recién independizada. Un acalorado debate en el seno del nuevo parlamento a propósito de la aceptación o la rebeldía acabó resolviéndose en junio a favor de firmar debido a la débil situación militar de Alemania y a la decisión aliada de mantener el bloqueo, lo cual puso a millones de alemanes al borde de la inanición. Los nacionalistas extremos nunca se resignaron a esa humillación y apodaron a los firmantes los «criminales de noviembre» por haber pedido un armisticio en primer lugar. El principal defensor de la aceptación, Matthias Erzberger, fue asesinado en 1921 por un extremista de derechas en la Selva Negra.

Las potencias aliadas tenían dos objetivos principales al imponer los acuerdos; deseaban debilitar a Alemania para que no pudiera constituir una amenaza militar para las demás potencias; y esperaban limitar su revitalización económica despojándola de activos y recursos, y obligándola al pago de reparaciones. También querían que Alemania aceptara la responsabilidad de la guerra como una base moral para sus propias vindicaciones contra ella. En el artículo 231 del Tratado, se obligaba a Alemania a aceptar la «culpa de la guerra». Ninguna otra provisión provocó más resentimiento, pues los alemanes creían que la guerra había sido producto de una crisis colectiva de las potencias.

El resto de los acuerdos era bastante malo desde el punto de vista alemán. Un octavo del territorio de preguerra se perdió, así como todas las colonias. Prusia oriental quedó separada por un corredor de territorio diseñado para dar a Polonia acceso al mar. Los activos alemanes en el extranjero fueron embargados y su flota mercante confiscada. Sus fuerzas armadas fueron mutiladas. Se desmanteló el generalato, las escuelas de formación se cerraron, las fortificaciones y los arsenales se destruyeron, mientras que se anuló el derecho a la posesión o el desarrollo de cualesquiera armas de carácter ofensivo. Se creó una Comisión de Control Aliado para asegurar la verificación de la conformidad alemana, así como organismos similares para el seguimiento del cumplimiento de las condiciones del Tratado. Incluso los misioneros alemanes en el extranjero habían de ser supervisados por inspectores aliados de la misma confesión cristiana.

1 El 7 de mayo de 1919 una copia en borrador del Tratado de Versalles fue entregada a la delegación alemana en el Palacio del Trianon con un plazo de 22 días para presentar alegaciones. La delegación alemana rechazó la mayor parte de las propuestas, pero los aliados sólo accedieron a una modificación en el grado de desmovilización alemana y a un plebiscito en la Alta Silesia. La parte principal de los acuerdos no se modificó (mapa a la derecha). Alemania perdió territorios en Polonia, Bélgica, Dinamarca y Francia, y su frontera occidental fue desmilitarizada. Sus ríos fueron abiertos al libre tráfico internacional y Danzig se convirtió en una ciudad libre bajo el control de la Sociedad de Naciones.

2 Una de las decisiones más contestadas fue el destino de la Alta Silesia, una zona rica en carbón. Los aliados insistieron en que se entregara una parte a Polonia, incluido el grueso de los ricos yacimientos de carbón. Ésta fue una de las mayores pérdidas económicas. Los aliados también se llevaron equipamiento industrial y recursos agrícolas, la mayor parte de la marina mercante de Alemania e importantes cantidades de recursos naturales (a la izquierda). Las reparaciones en dinero resultaron imposibles para la economía alemana, y en 1924 y en 192 hubo que ajustar el calendario de pagos. El plan de 1929 provocó una oleada de protestas en Alemania, y llevó a Adolf Hitler al primer plano de la política nacional

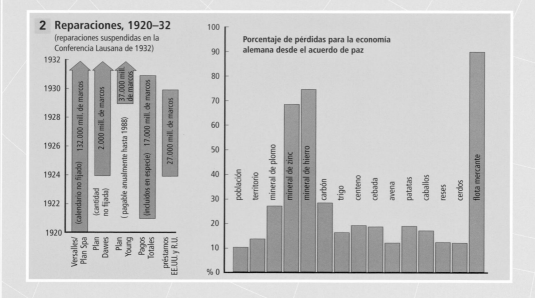

2 Reparaciones, 1920–32
(reparaciones suspendidas en la Conferencia Lausana de 1932)

Porcentaje de pérdidas para la economía alemana desde el acuerdo de paz

Territorio de
Memel
ocupación de la Entente, 1920;
para Lituania, 1923
141.000

LITUANIA

Königsberg

PRUSIA

Danzig
ciudad libre, protegida
por la Sociedad de Naciones
356.740

ORIENTAL

PRUSIA
OCCIDENTAL

para Polonia
2.700.000

Vistula

Varsovia

POLONIA

Posen

Lodz

Breslau

ALTA SILESIA

para Polonia
980.926

Cracovia

Schleswig
del Norte
para Dinamarca
164.390
Schleswig
del Sur

Copenhague

DINAMARCA

Mar del
Norte

Mar
Báltico

Hamburgo

Bremen

Stettin

Elba

Ámsterdam

Rotterdam

HOLANDA

Hanover

Berlín

Oder

Rin

Colonia

ALEMANIA

Leipzig

Dresde

50°

Bruselas

BÉLGICA

Bonn

Eupen-
Malmédy
para Bélgica
61.000

LUXEM-
BURGO

Sarre

Frankfurt

Praga

CHECOSLOVAQUIA

Hultschin para
Checoslovaquia 45.000

FRANCIA

Alsacia-Lorena

Nuremberg

Stuttgart

para Francia
1.874.014

Estrasburgo

Danubio

10°

Múnich

AUSTRIA

SUIZA

1 La estabilización en Alemania, 1918–35

—— Imperio alemán, 1918

**Territorios perdidos y conservados
por Alemania**

▨ perdidos, 1919–20

☐ perdidos por plebiscito, 1920–21

▨ conservados por plebiscito,
1920–1

☐ bajo control de la Sociedad
de Naciones, plebiscito
estipulado para 1935

61.000 población de los
territorios perdidos

—— fronteras, 1923

Zonas ocupadas por tropas aliadas

☐ durante 5 años

▨ durante 10 años

▨ durante 15 años

- - - - frontera oriental de
la zona desmilitarizada

-·-·- frontera sur del
área desfortificada

—— más allá, ni reparaciones
ni fortificaciones

—— ríos bajo control
internacional

Muchas de las discusiones entre los aliados versaron sobre el tema de las reparaciones. El Tratado establecía muy detalladamente lo que querían como reparación de las pérdidas económicas ocasionadas por la guerra. El acuerdo sobre la suma total no se alcanzó hasta una conferencia celebrada en Londres el año 1921, cuando se le pidió a Alemania el pago de 132.000 millones de marcos de oro en anualidades que se extendían hasta el año 1988. Pero mucho antes se hicieron enormes entregas en especie según los términos del Tratado, que especificaba desde minuciosos calendario de entregas de carbón hasta el suministro de 500 sementales, 2.000 toros y 1.000 carneros para reponer las reservas de la cabaña francesa capturadas durante los combates en el Frente Occidental.

Las exigencias de reparaciones vinieron a sumarse a las propias inmensas deudas de guerra alemanas, que totalizaban más de 150.000 millones de marcos. La obligación de pagar por la guerra y la desmovilización produjeron una inflación galopante, que se exacerbó en 1923, cuando tropas francesas y belgas fueron enviadas al Ruhr en enero a fin de forzar la entrega de reparaciones en carbón. En noviembre de 1923 el marco valía una tres mil millonésima parte de su valor de preguerra. El derrumbe de la moneda enjugó el coste de la guerra, pero también los ahorros de millones de alemanes. En 1924 la moneda se estabilizó con ayuda aliada, y se estableció un nuevo calendario de reparaciones que tenía en cuenta la capacidad de pago de Alemania. Los alemanes culparon al Tratado del desmoronamiento de la moneda y de la debilidad económica. El ministro de Asuntos Exteriores, Gustav Stresemann, sostenía que el cumplimiento del Tratado era la única manera de lograr la rehabilitación de Alemania en el escenario internacional. En paralelo a esta resignación, en la mentalidad alemana se fue asentado un legado de amargura y una profunda sensación de injusticia.

Acuerdos de **posguerra: Sociedad** de **Naciones**

1920–1939

1919 (28 de abril) Se prueba en Versalles la creación de la Sociedad de Naciones.

1920 La Sociedad se reúne por primera vez en Ginebra.

1920 Los EE.UU. se niegan a ratificar los tratados de París y optan por el aislamiento.

1922 El ejército griego es expulsado de Turquía; en 1923 se firma un tratado de paz.

1923 La Sociedad obliga a Italia a retirarse de la ocupada Corfú.

1926 Alemania es admitida en la Sociedad de Naciones; Brasil se retira de la Sociedad de Naciones.

1933 Japón abandona la Sociedad de Naciones.

Uno de los frutos de la política de realismo de Stresemann fue la admisión de Alemania en la Sociedad de Naciones en 1926. La creación de la Sociedad se aprobó en la Conferencia de Versalles el 28 de abril de 1919, y en 1920 se reunió en sesión formal por primera vez en Ginebra. Su propósito era el mantenimiento de la paz mediante la acción colectiva de sus miembros.

Aunque la Sociedad de Naciones carecía de una fuerza armada propia, las sanciones económicas y la imposición de una especie de cuarentena al Estado transgresor fueron consideradas bastante disuasorias de una agresión. En la práctica, la Sociedad tuvo cualquier cosa menos una voz colectiva. Alemania y la Rusia comunista fueron excluidas. Los Estados Unidos se negaron a ratificar el Tratado de Versalles y nunca ingresaron en ella.

El Consejo de la Sociedad consistía en cuatro potencias permanentes –Gran Bretaña, Francia, Italia y Japón– más otras cuatro elegidas a intervalos entre los restantes Estados miembros. Los primeros cuatro fueron Bélgica, Brasil, España y Grecia, pero Brasil fue el primer Estado en abandonar la Sociedad, en 1926, debido al estatus inferior otorgado a los Estados co-optados. El primer éxito real obtenido por la Sociedad, cuando en 1923 obligó a Italia a abandonar su ocupación unilateral de Corfú, fue a costa de uno los principales miembros del propio consejo de la organización.

Miembros posteriores
en Europe

1 Albania, 1920
2 Austria, 1920
3 Bulgaria, 1920
4 Letonia, 1920
5 Estonia, 1921
6 Lituania, 1921
7 Hungría, 1922–37
8 Alemania, 1926–33

www.indiana.edu/~league/
Archivos y colecciones históricas de la Sociedad de Naciones.
www.san.beck.org/GPJ21-LeagueofNations.html
Woodrow Wilson y la Sociedad de Naciones

La Sociedad asumió la responsabilidad de importantes partes de los acuerdos de posguerra. Gran Bretaña, Francia y Japón se repartieron colonias alemanas y provincias otomanas en calidad de territorios bajo mandato de la Sociedad. La ciudad de Danzig, en Prusia, fue puesta al mando de un comisionado de la Sociedad como ciudad libre, a fin de permitir a los polacos tener un puerto en el Báltico. La prueba más importante que tuvo que afrontar fue el esfuerzo por imponer un acuerdo sobre los Balcanes y Oriente Próximo, la zona cuya inestabilidad había sido el principal factor desencadenante de la Gran Guerra.

Éste era un tema de difícil resolución. Italia había entrado en guerra en 1915 tras firmar en Londres un convenio secreto en el que se le prometían importantes botines en Dalmacia y Eslovenia. En la conferencia de paz Wilson rechazó los acuerdos secretos, y el convenio de Londres fue archivado. El representante italiano abandonó airado la conferencia, pero nada pudo convencer a los demás aliados de conceder a Italia lo que ésta demandaba. En Italia, los nacionalistas furibundos bautizaron Versalles como la «victoria mutilada». Uno de sus miembros, el poeta Gabriele D'Annunzio, tomó la ciudad de Fiume [Rijeka], que había

sido prometida a Yugoslavia. Fue sacado de allí por la policía al cabo de un año, aunque en 1924 la ciudad acabó por serle concedida a Italia a cambio de otras concesiones a los yugoslavos.

El segundo problema era Grecia. Potencia aliada menor, sus ambiciones las inflamó el vacío de poder producido por la derrota de Turquía y Bulgaria. Venizelos, primer ministro griego, buscó compensaciones en la Turquía continental, donde había grandes minorías griegas, y en Tracia. Por el Tratado de Neuilly, firmado el 29 de noviembre de 1919, Bulgaria perdió mucho de lo que había ganado en las Guerras de los Balcanes. Serbia conservó una gran parte de Macedonia, mientras que Grecia se apoderó deTracia occidental. Los griegos llegaron con Italia a un acuerdo secreto por el que se le dejaba las manos libres en Turquía occidental a cambio del apoyo griego a un mandato italiano sobre Albania. Aquí volvió a intervenir la Sociedad de Naciones. En noviembre de 1921 Albania vio garantizada su independencia y las fronteras de 1913 se restauraron con ajustes menores. A las pérdidas de Italia en Albania siguió el desastre de Grecia en Turquía. Los delirios de grandeza de Venizelos quedaron al descubierto cuando en agosto de 1922 las fuerzas turcas infligieron una aplastante derrota a los ejércitos griegos. El conflicto fue resuelto por la Sociedad, que consiguió que el 23 de agosto de 1923 se firmara en Lausana un tratado de paz definitivo, y supervisó el intercambio de minorías nacionales entre los dos Estados enfrentados.

En 1923 se había completado la estabilización de posguerra. Se habían creado seis Estados nacionales, pero el principio de autodeterminación nacional no pudo conciliarse con las ambiciones de los vencedores, ni grandes ni pequeños. Europa central y oriental presentaban un desordenado mapa étnico en el que minorías considerables y resentidas se hallaban en una situación de incómoda convivencia con el pueblo dominante que las gobernaba.

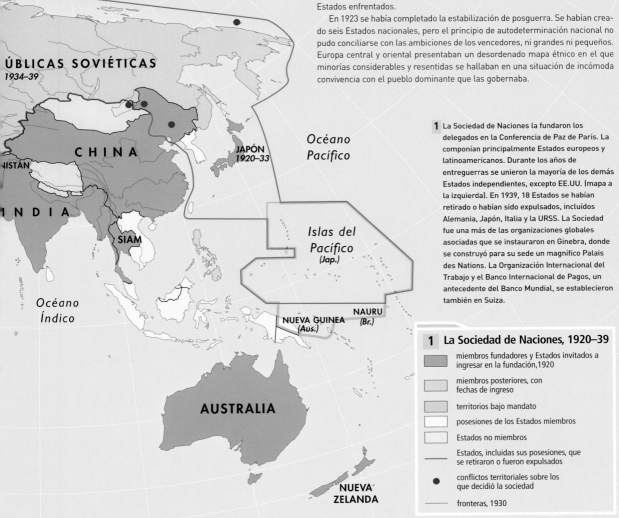

ÚBLICAS SOVIÉTICAS
1934–39

CHINA

NISTÁN

INDIA

SIAM

JAPÓN
1920–33

Océano
Pacífico

Islas del
Pacífico
(Jap.)

Océano
Índico

NUEVA GUINEA
(Aus.)

NAURU
(Br.)

AUSTRALIA

NUEVA
ZELANDA

1 La Sociedad de Naciones la fundaron los delegados en la Conferencia de Paz de París. La componían principalmente Estados europeos y latinoamericanos. Durante los años de entreguerras se unieron la mayoría de los demás Estados independientes, excepto EE.UU. (mapa a la izquierda). En 1939, 18 Estados se habían retirado o habían sido expulsados, incluidos Alemania, Japón, Italia y la URSS. La Sociedad fue una más de las organizaciones globales asociadas que se instauraron en Ginebra, donde se construyó para su sede un magnífico Palais des Nations. La Organización Internacional del Trabajo y el Banco Internacional de Pagos, un antecedente del Banco Mundial, se establecieron también en Suiza.

1 La Sociedad de Naciones, 1920–39

miembros fundadores y Estados invitados a ingresar en la fundación,1920

miembros posteriores, con fechas de ingreso

territorios bajo mandato

posesiones de los Estados miembros

Estados no miembros

Estados, incluidas sus posesiones, que se retiraron o fueron expulsados

● conflictos territoriales sobre los que decidió la sociedad

fronteras, 1930

El **ascenso** de los **EE.UU.** como gran potencia

1900-1939

1898 Los EE.UU. se anexionan las islas Hawai.

1898 Tras la guerra con España. adquieren muchos intereses en el extranjero.

1904 Obtienen el control de Panamá; construye el canal (completado en 1914).

desde 1914 Se convierten en el mayor productor industrial.

1919 Primer vuelo transatlántico.

1920 Ley Seca (hasta 1933).

1923 Se funda la General Motors (la empresa industrial más grande del mundo).

1936 Congreso Panamericano; los EE.UU. proclaman la política de buena vecindad.

El papel central desempeñado por Woodrow Wilson, presidente de los EE.UU., en el Tratado de Versalles, subrayó el ascenso de los EE.UU. al primer plano del escenario mundial. Aunque los diplomáticos europeos consideraban el Nuevo Mundo como un factor marginal en el equilibrio de poder, desde los años 1860 los Estados Unidos habían trascendido su aislamiento geográfico y habían llegado a desempeñar un papel más importante en el orden internacional.

La base del nuevo poder de los Estados Unidos era económica. Como Alemania, pudieron utilizar la industrialización rápida y a gran escala como medio para ingresar en el club de las grandes potencias. En 1914 se habían convertido en el mayor productor industrial del mundo con formidables recursos naturales, una enorme población incrementada por la inmigración masiva procedente de Europa y una tradición de innovación técnica y científica. La agricultura seguía siendo una actividad importante, con un tercio de la población laboral todavía dedicada a ese sector en 1910, pero las fuertes inversiones en el transporte y en los métodos científicos de cultivo convirtieron a los Estados Unidos en uno de los principales proveedores mundiales de alimentos.

Los estadistas estadounidenses se enorgullecían de los fundamentos republicanos y democráticos de su nación, tan diferente de la Europa que muchos acababan de abandonar. Pero en el clima de colonización y rivalidad imperial de finales del siglo XIX incluso los Estados Unidos se vieron tentados a la expansión de sus aspiraciones territoriales e influencia política, particularmente en el Caribe y el Pacífico. La adquisición de Hawai fue un modelo de expansión colonial: un tratado comercial con sus soberanos nativos en 1875, el establecimiento en 1887 de una base naval y de carboneo en Pearl Harbour, y una decisión final de anexionarse el archipiélago en 1898, tras el derrocamiento del rey y la formación de una república proestadounidense.

El mismo año 1898, los Estados Unidos sostuvieron una guerra con España, uno de los más antiguos y decrépitos imperios europeos. El creciente poderío naval hizo de la victoria una formalidad. Como resultado, los EE.UU. se convirtieron en una potencia con amplios intereses en ultramar. En el Pacífico adquirieron las Filipinas y la isla de Guam. En el Caribe, Puerto Rico y Cuba se pusieron bajo su protección, mientras que los otros imperialistas caribeños, Gran Bretaña y Francia, acordaron mediante el Tratado Hay-Pauncefote de 1901 dejarles virtualmente manos libres en toda la región.

Algunos imperialistas americanos comenzaron a soñar en la introducción de Asia oriental en su esfera. Japón se abrió a la influencia occidental bajo presión estadounidense. Manchuria se consideraba una zona madura para la penetración económica, y los empresarios y políticos americanos veían toda China como una esfera potencial de influencia. La insistencia de los EE.UU. produjo la llamada política de «puertas abiertas» en China, por la cual se garantizaba que ninguna potencia se adelantara a las demás obteniendo privilegios económicos especiales, pero el principio del comercio de «puertas abiertas» no tardó en aplicarse dondequiera que los comerciantes americanos tuvieran fuertes intereses. Así sucedió particularmente en América Latina, considerada desde Washington como el patio trasero de los Estados Unidos. En 1903 obligaron a Colombia a abandonar sus reivindicaciones sobre Panamá; se estableció un protectorado virtual de los EE.UU. y comenzó a construirse un canal estadounidense que atravesara el istmo. El canal, que unía los intereses de los Estados Unidos en el Atlántico y en el Pacífico, se completó en 1914.

2 El poder de los EE.UU. giraba en torno al dinero (mapa *infra*). Durante la Gran Guerra se empleó para apoyar a sus aliados. Tras 1918 los préstamos fueron para la reconstrucción. Los deudores se retrasaron en los pagos, y de las deudas de guerra envenenaron las relaciones con Europa. En 1904 el Acta Johnson prohibió cualesquiera préstamos ulteriores a Europa, excepto a Finlandia, que sí cumplió con sus obligaciones.

2 Primeros pagos de la deuda de la guerra h. julio de 1931

1.000 millones o menos de dólares recibidos

1.000 millones o menos de dólares pagados

4.05 cifras en miles de millones de dólares

Pagos totales previstos: 52.740 millones de dólares

Islandia

Préstamos de los EE.UU. a Europa 1924–9

C A N A D Á

ESTADOS UNIDOS DE AMÉRICA
20,82

N O R U E G A   S U E C I A   FINLANDIA

R.U.   DINAMARCA

IRLANDA   HOL   **ALEMANIA**   POLONIA
10,20 *9,75*   *25,60*

BÉLGICA   CHECOSLOVAQUIA   HUNGRÍA
AUSTRIA

FRANCIA   SUIZA
13,65 *10,49*

ITALIA   YUGOSLAVIA
4,05 *3,97*

PORTUGAL   E S P A Ñ A   GRECIA

www.smplanet.com/imperialism/teddy.html
Historia de las intervenciones de los EE.UU. en América Latina.
www.besthistorysites.net/USHistory.shtml
Primeras fases del imperialismo estadounidense.

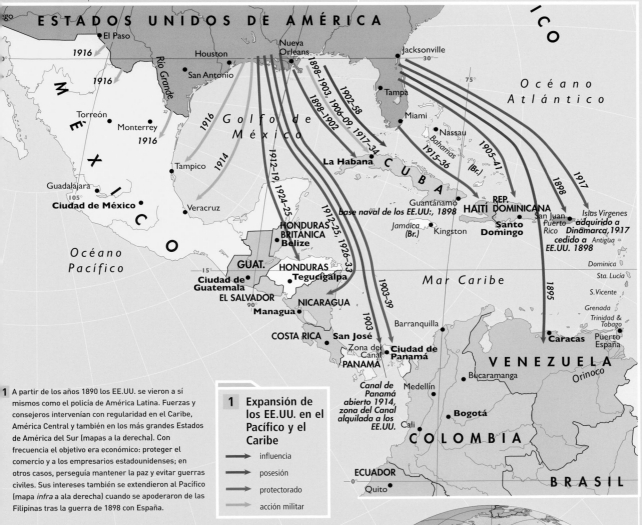

1 Expansión de los EE.UU. en el Pacífico y el Caribe

→ influencia
→ posesión
→ protectorado
→ acción militar

1 A partir de los años 1890 los EE.UU. se vieron a sí mismos como el policía de América Latina. Fuerzas y consejeros intervenían con regularidad en el Caribe, América Central y también en los más grandes Estados de América del Sur (mapas a la derecha). Con frecuencia el objetivo era económico: proteger el comercio y a los empresarios estadounidenses; en otros casos, perseguía mantener la paz y evitar guerras civiles. Sus intereses también se extendieron al Pacífico (mapa *infra* a ala derecha) cuando se apoderaron de las Filipinas tras la guerra de 1898 con España.

Antes de la Gran Guerra, los EE.UU. fueron viéndose cada vez más a sí mismos como un árbitro entre las monarquías europeas y asiáticas en guerra. En 1906 auspiciaron la conferencia de paz entre Japón y Rusia. Los EE.UU. estuvieron también representados en la Conferencia de Algeciras del año 1906. La decisión finalmente tomada de entrar en la guerra en 1917 estaba respaldada por una creencia creciente en que los EE.UU. estaban destinados a transformar el viejo equilibrio de poder. Woodrow Wilson representaba una poderosa corriente de opinión estadounidense que quería producir un nuevo orden global basado en la democracia abierta, el comercio abierto y los valores liberales.

Aunque en 1919 Wilson no consiguió el apoyo del Congreso en su esfuerzo por restablecer el orden mundial, la década siguiente estuvo dominada por la cultura y el poder económico norteamericanos. En 1921-2 la Conferencia de Washington estableció un nuevo equilibrio de poder naval global; los Estados Unidos intervinieron con regularidad en el tema de las deudas y reparaciones de guerra; la orientación de la economía mundial comenzó a apartarse de Londres y París para aproximarse a Nueva York. Aunque formalmente aislada de los compromisos internacionales, la agresiva modernidad de la vida americana –el jazz, los coches, el cine– contagió del sueño americano a millones de no americanos en todo el mundo.

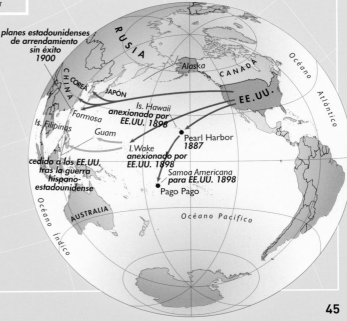

América Latina

1906 EE.UU. ocupan Cuba (hasta 1908) de 1917 a 1923.

1910 Comienza la Revolución mexicana; (1914); intervención EE.UU. nueva constitución (1917).

1924 Virtual guerra civil en Brasil; golpe militar en Chile.

1926 Tropas de los EE.UU. ocupan Nicaragua (hasta 1933).

1929 Calles funda el Partido Revolucionario Nacional en México.

1930 Revolución militar en Brasil; Vargas se convierte en presidente y funda el «Nuevo Estado» (1937).

1932 Guerra del Chaco entre Bolivia y Paraguay (hasta 1935).

1934 Cárdenas, presidente de México; redistribución de la tierra y nacionalización del petróleo (1938).

La influencia de los EE.UU. es generalizada en América Latina, pero América Latina nunca fue simplemente el patio trasero de los Estados Unidos. La emancipación de los imperios español y portugués a comienzos del siglo XIX no cortó los estrechos vínculos económicos y culturales de América Latina con Europa. Una riada de emigrantes trajo nuevas capacidades y nuevas ideas políticas que competían con el republicanismo liberal en que se habían basado los Estados recientemente independizados.

Las nuevas economías exportadoras mantuvieron el orden social tradicional. La vieja clase terrateniente, basada en las grandes fincas (haciendas), monopolizaba el comercio exportador y dominaba a las poblaciones mulatas e indias nativas que trabajaban la tierra. La elite territorial controlaba la política mediante un complicado sistema de clientelismo y elecciones amañadas. Aunque nominalmente liberales, los sistemas políticos eran en realidad oligarquías que favorecían los intereses de las elites rurales que se aprovechaban del excepcional incremento de los beneficios generados por la exportación desde los años 1870 hasta el final de la Primera Guerra Mundial.

La guerra marcó un hito para América Latina y la economía basada en la exportación. En los años 1920 y 1930 el crecimiento de las exportaciones sufrió un fuerte frenazo. La protección en ultramar y la crónica sobreoferta de comida y materias primas en los mercados mundiales acabaron con las décadas de prosperidad y erosionaron el poder económico en que se basaban las viejas elites. El equilibrio social estaba también cambiando. Las economías exportadoras habían producido enormes nuevas ciudades y un proletariado urbano cuyos vínculos con la tierra se cortaron. Estos grupos no debían ninguna lealtad al viejo sistema de las haciendas y estaban resentidos con el poder de las elites rurales. Su hostilidad política hacia el viejo sistema fue alimentada por los inmigrantes europeos, portadores de ideas socialistas, anarquistas y nacionalistas. En 1917–20 se produjo en todo el continente una oleada de protestas sociales contra los salarios bajos y la situación de pobreza. La crisis fue brutalmente reprimida, pero el consenso sobre el «orden y progreso» en que se sustentaba el viejo sistema se vino abajo en los años subsiguientes.

1 A comienzos del siglo XX, América Latina estaba principalmente gobernada por terratenientes y ricos exportadores que confiaban en que el dinero y los pedidos procedentes del extranjero mantuvieran a las elites tradicionales en el poder (mapas a la derecha e *infra*). En los años 1920 el declive de las economías basadas en la exportación y el ascenso de una clase de instruidos funcionarios urbanos ansiosos de crear vigorosos nuevos Estados-nación menos dependientes del mundo desarrollado produjeron un período de inestabilidad política en todo el continente. Hacia mediados de los años 1930 las viejas elites estaban en retirada, y una generación de políticos autoritarios con respaldo militar subió al poder en una confusa serie de golpes y contragolpes de Estado.

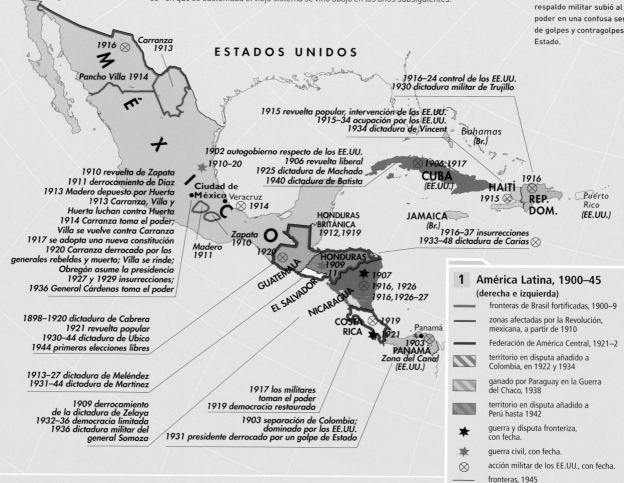

1 América Latina, 1900–45
(derecha e izquierda)

— fronteras de Brasil fortificadas, 1900–9
— zonas afectadas por la Revolución, mexicana, a partir de 1910
— Federación de América Central, 1921–2
▨ territorio en disputa añadido a Colombia, en 1922 y 1934
▨ ganado por Paraguay en la Guerra del Chaco, 1938
▨ territorio en disputa añadido a Perú hasta 1942
★ guerra y disputa fronteriza, con fecha.
✦ guerra civil, con fecha.
⊗ acción militar de los EE.UU., con fecha.
— fronteras, 1945

www.fsmitha.com/h2/ch03mex.htm
La Revolución mexicana.
www.fsmitha.com/h2/ch17.htm
La política y la depresión económica en América Latina.

VENEZUELA

Maracaibo
Cartagena
Mompos
Caracas
Trinidad (Br.)
Angostura
Georgetown
(Br.)
(Fr.) Cayenne

Antioquía
1900–03
Bogotá
COLOMBIA
GUYANA (Holandesa)

1899–1908 dictadura de Castro
1908–35 dictadura de Castro
1935 democracia limitada restaurada

1904 gobierno militar
1909 democracia limitada
1936–40 disturbios sociales

Quito
Guayaquil
ECUADOR
Iquitos
Leticia
1932–34
1938

1925 golpe militar
1929 democracia restaurada
1931–35 periodo de disturbios
1935 gobierno militar
938 democracia de nuevo restaurada

Amazonas

B R A S I L

1900–30 democracia limitada
1924 revuelta militar
1930 revuelta militar
1934–45 dictadura de Vargas
1935 levantamiento comunista
nov. 1937 Vargas proclama el
«Nuevo Estado»

1914 revuelta militar
1919–30 dictadura de Leguía
1930 revuelta militar popular
1931 revueltas
1936–39 dictadura

PERÚ

Lima
Callao
Cuzco

1920 Irégimen liberal derrocado
1926–30 dictadura de Siles
1931 democracia restaurada
1934–46 dictadura militar

BOLIVIA

La Paz
Potosí
Corumbá
Campo Grande
Santa Cruz
Río de Janeiro

1912–36 democracia limitada
1940–48 dictadura de Maringo
1936–37 gobierno militar

Tacna
para Perú, 1929
Arica

1928, 1932–36

PARAGUAY
Concepción
Ciudad Real

Jujuy
Asunción

Alegrete

Córdoba
Rosario
Valparaíso
Mendoza
Santiago
San Luis
URUGUAY
Buenos Aires
Montevideo

1903–33 gobierno democrático
1933–34 dictadura de Terra

Constitución

1902

Valdivia

1890–1912 democracia limitada
1912 reforma electoral
1930–32 dictadura de Uriburo
1932 democracia restaurada
1933–34 revuelta en las provincias del noroeste
1933 aplicación de un programa de recuperación económica
1943 revuelta militar

C H I L E
A R G E N T I N A

Is. Falkland (Br.)

1891–1925 democracia limitada
1924–31 dictadura militar de Ibáñez
1931 disturbios
1932 democracia restaurada
1938 levantamiento fascista abortado
1938 gobierno del Frente Popular

Antes de la guerra hubo fuertes signos de cambio. En Uruguay, osé y Ordóñez inició en 1911 la aplicación de un programa de refornas democráticas y sociales. En 1912 los radicales urbanos consiuieron forzar una reforma electoral, y en 1916 ganaron su primera lección. La transformación de mayor alcance se dio en México, londe el programa reformista de Francisco Madero, iniciado en 1910, e convirtió en una revolución a gran escala contra el viejo orden. En os años 1920, con el crecimiento de la urbanización y la crisis de las xportaciones, el poder de las viejas elites decayó en casi todas pares de América Latina. Surgieron nuevos partidos, predominantenente de clase media, que predicaban un nuevo nacionalismo. Su ctitud era casi fascista por el hincapié que hacían en la política autoitaria, la política social corporativa y la modernización económica derada por el Estado. Sus bases se hallaban en las ciudades, y fueon apoyados por militares ansiosos de crear una especie de nuevo rden que sacara de la crisis a los decadentes Estados liberales. ʼodos los nacionalistas compartían un resentimiento creciente conra los Estados Unidos, que no habían dejado de incrementar su presencia económica en América Latina apoderándose de la producción ʼe mercancías (el azúcar en Cuba, el cobre en Chile, el petróleo en México, etc.) y repatriando los beneficios.

Las revueltas nacionalistas produjeron un periodo de política ʼonfusa y violencia entre los terratenientes, los soldados y los radiʼales de clase media. En Chile, el ejército instauró en 1924 una dicʼadura presidida por Carlos Ibáñez, pero siete años más tarde éste fue ʼerrocado y uno de sus sucesores, Marmaduke Grove, estableció ʼor breve tiempo una república socialista. En Argentina los nacionaʼistas urbanos y el ejército asumieron el control en 1930, pero quien ʼinalmente instauró una dictadura corporativa efectiva fue el geneʼal Juan Perón en 1943. También en Brasil los radicales militares y ʼrbanos acabaron con el viejo orden en 1930, y Getúlio Vargas estaʼleció una dictadura de partido único que fundaba un «Nuevo Estado». ʼos nuevos regímenes intentaron crear un consenso haciendo conʼesiones a los trabajadores y alentando el indigenismo, un movimienʼo de revitalización de la cultura y los valores nativos y de rechazo de ʼa influencia de los EE.UU. y Europa. Pero la brecha entre ricos y ʼobres, rurales y urbanos, resultaba difícil de salvar y cada vez más ʼos regímenes latinoamericanos confiaron para su supervivencia en ʼn autoritarismo sin barnices.

Los **imperios coloniales:** crisis y conflicto

1900-1939

1919 Incidente de Amritsar; más nacionalismo indio.

1920 Mandatos en el Oriente Medio a Gran Bretaña y Francia.

1922 Independencia de Egipto de Gran Bretaña.

1925-27 Revuelta siria contra el dominio francés.

1928 Ghandi asume el liderazgo del Congreso Indio y exige la independencia inmediata.

1932 Gran bretaña concede la independencia a Iraq.

1935 Italia invade Abisinia; entra en Addis Abeba (1936).

1935 Se otorga el Acta India.

1936 Revuelta árabe en Palestina contra la inmigración judía.

1937 Levantamiento tunecino contra Francia.

Durante los años de entreguerras el desafío a la influencia europea no se limitó solamente a los Estados independientes de América Latina. Aunque fue durante este periodo cuando, con la adquisición de las provincias árabes de Turquía al final de la guerra y con la posterior conquista de Abisinia por parte de Italia, los imperios europeos alcanzaron su máxima extensión, las fuerzas nacionalistas comenzaron a desafiar toda la base del poder imperial.

Los principales beneficiarios de la estabilización de posguerra fueron Gran Bretaña y Francia. La Sociedad otorgó a Gran Bretaña en fideicomiso Palestina, Iraq y Transjordania, así como las antiguas colonias alemanas en Samoa, Nueva Guinea, Togo y Tanganika. Francia obtuvo Siria, Líbano y el Camerún alemán. Estas zonas estaban integradas en los intereses económicos globales de las dos potencias metropolitanas. Los descubrimientos de petróleo en la zona del Golfo Pérsico dieron una nueva significación estratégica a Oriente Medio.

La expansión del territorio enmascaró una gran cantidad de debilidades en toda la estructura imperial. Las críticas al colonialismo de los Estados Unidos y la Unión Soviética fueron crecientes. Los imperios eran caros de mantener, a pesar de las muy reales recompensas económicas que comportaban. Sobre todo, los imperios europeos tuvieron que afrontar a la creciente oposición en el interior de sus territorios, liderada por elites instruidas que aspiraban a desempeñar un papel en la administración local o incluso la autonomía nacional. Los desafíos al dominio colonial fueron importantes y a veces violentos.

La oposición al dominio británico fue muy evidente en India, donde el partido nacionalista del Congreso Indio contaba con un amplio respaldo popular. En 1935 los británicos otorgaron el Acta India, que concedía el autogobierno a las 11 provincias

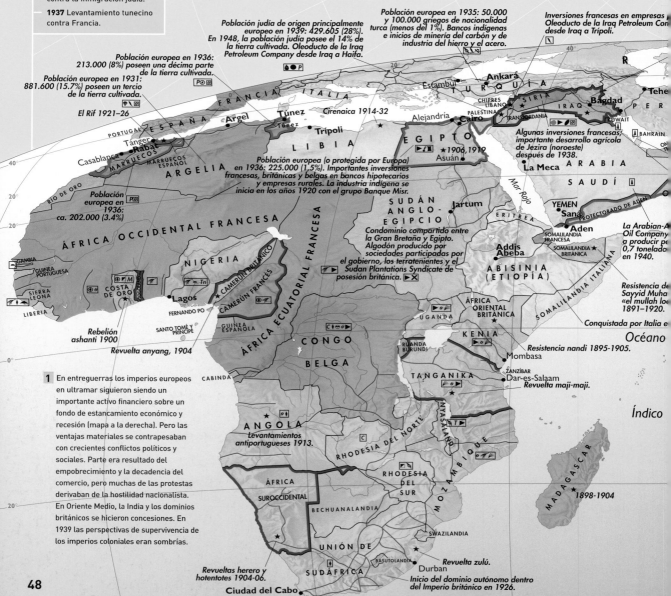

Población judía de origen principalmente europeo en 1939: 429.605 (28%). En 1948, la población judía posee el 14% de la tierra cultivada. Oleoducto de la Iraq Petroleum Company desde Iraq a Haifa.

Población europea en 1935: 50.000 y 100.000 griegos de nacionalidad turca (menos del 1%). Bancos indígenas e inicios de minería del carbón y de industria del hierro y el acero.

Inversiones francesas en empresas. Oleoducto de la Iraq Petroleum Com. desde Iraq a Trípoli.

Población europea en 1936: 213.000 (8%) poseen una décima parte de la tierra cultivada.

Población europea en 1931: 881.600 (15.7%) poseen un tercio de la tierra cultivada.

El Rif 1921-26

Algunas inversiones francesas; importante desarrollo agrícola de Jezira (noroeste) después de 1938.

La Arabian-A. Oil Company a producir pe 0,7 tonela. en 1940.

Población europea en 1936: ca. 202.000 (3.4%)

Población europea (o protegida por Europa) en 1936: 225.000 (1,5%). Importantes inversiones francesas, británicas y belgas en bancos hipotecarios y empresas rurales. La industria indígena se inicia en los años 1920 con el grupo Banque Misr.

Condominio compartido entre la Gran Bretaña y Egipto. Algodón producido por sociedades participadas por el gobierno, los terratenientes y el Sudan Plantations Syndicate de posesión británica.

Resistencia de Sayyid Muha «el mullah loc 1891-1920.

Conquistada por Italia e

Resistencia nandi 1895-1905.

1 En entreguerras los imperios europeos en ultramar siguieron siendo un importante activo financiero sobre un fondo de estancamiento económico y recesión (mapa a la derecha). Pero las ventajas materiales se contrapesaban con crecientes conflictos políticos y sociales. Parte era resultado del empobrecimiento y la decadencia del comercio, pero muchas de las protestas derivaban de la hostilidad nacionalista. En Oriente Medio, la India y los dominios británicos se hicieron concesiones. En 1939 las perspectivas de supervivencia de los imperios coloniales eran sombrías.

Rebelión ashanti 1900

Revuelta anyang, 1904

Revuelta maji-maji.

Levantamientos antiportugueses 1913.

1898-1904

Revueltas herero y hotentotes 1904-06.

Revuelta zulú.

Inicio del dominio autónomo dentro del Imperio británico en 1926.

Océano

Índico

Estambul · Ankara · TURQUÍA · CHIPRES · LÍBANO · SIRIA · IRAQ · Bagdad · KUWAIT · BAHRAIN · PER · Tehe · R

Alejandría · Cairo · PALESTINA · TRANSJORDANIA · ★1906,1919 · Asuán

FRANCIA · ITALIA · Argel · Túnez · Cirenaica 1914-32 · Trípoli · LIBIA · EGIPTO

PORTUGAL · ESPAÑA · Tánger · Rabat · Casablanca · MARRUECOS · MARRUECOS ESPAÑOL · ARGELIA

La Meca · ARABIA · SAUDÍ · YEMEN · Saná · Adén · PROTECTORADO DE ADÉN · ON

RÍO DE ORO

ÁFRICA OCCIDENTAL FRANCESA

GAMBIA · GUINEA PORTUGUESA · SIERRA LEONA · LIBERIA · COSTA DE ORO · NIGERIA · Lagos · FERNANDO PO · SANTO TOMÉ Y PRÍNCIPE · CAMERÚN BRITÁNICO · CAMERÚN FRANCÉS · GUINEA ESPAÑOLA

SUDÁN ANGLO-EGIPCIO · Jartum · ERITREA · SOMALILANDIA FRANCESA · SOMALILANDIA BRITÁNICA · Addis Abeba · ABISINIA (ETIOPÍA) · SOMALILANDIA ITALIANA

ÁFRICA ECUATORIAL FRANCESA · CONGO BELGA · CABINDA · UGANDA · ÁFRICA ORIENTAL BRITÁNICA · KENIA · Mombasa · RUANDA BURUNDI

ANGOLA · RHODESIA DEL NORTE · NYASALANDIA · TANGANIKA · ZANZÍBAR · Dar-es-Salaam

ÁFRICA SUROCCIDENTAL · BECHUANALANDIA · RHODESIA DEL SUR · MOZAMBIQUE · MADAGASCAR

UNIÓN DE SUDÁFRICA · SWAZILANDIA · BASUTOLANDIA · Durban

Ciudad del Cabo

Mar Rojo

www.international.ucla.edu/article.asp?parentid=7158
Un análisis de la descolonización en el siglo xx.
www.bbc.co.uk/history/war/iraq/britain_iraq_03.shtml
Los británicos en Iraq tras la Primera Guerra Mundial.

stablecía una Federación pan-india de las provincias y demás principados. El
cta no satisfizo ni a las viejas elites ni a los nuevos nacionalistas, y en 1939 los
imientos del dominio británico eran frágiles. El Congreso se negó a contribuir al
sfuerzo de guerra entre 1939 y 1945, e inició una campaña de «abandonad la
ndia» liderada por Jawarharlal Nehru.

El desarrollo de la oposición nacionalista fue menor en otras partes, pero no
ejó de ser significativo. En las Indias Orientales Holandesas y la Indochina fran-
esa estaba sustentado por la oposición comunista. En las Indias Orientales
olandesas se organizó en 1926 una revuelta comunista, y a comienzos de los
ños 1930 la resistencia comunista alcanzó un clímax en Vietnam, liderada por,
ntre otros, el joven revolucionario Ho Chi Minh, cuyo radicalismo político había
ncubado en París. En el norte de África, los ataques a las potencias europeas
omaron la forma no sólo de levantamientos nativos populares –en Marruecos, la
evuelta del Rif liderada por Abd el-Krim; en la Cirenaica, la resistencia sanussi a
a conquista italiana–, sino también de movimientos políticos más organizados,
omo la Etoile Nord-Africaine en Argelia o el Destour en Túnez, que tomaban
omo ejemplo el radicalismo europeo.

En los antiguos territorios otomanos de Oriente Medio el dominio europeo fue
difícil de establecer frente al nacionalismo árabe. Los británicos concedieron la
independencia a Egipto en 1922 y a Iraq en 1932, aunque tuvieron que aceptar una
continuada presencia militar británica. Una revuelta siria contra el dominio francés (1925–7) fue reprimida, y se impuso una autoridad fuerte. En Palestina los
británicos afrontaron una crisis prolongada, empeorada por la promesa de asegurar a los judíos una patria. Con el aumento de la emigración judía desde
Europa en 1933, una virtual guerra de guerrillas entre árabes, judíos y británicos
comprometió a más tropas británicas de las que estaban estacionadas en el continente. En el África subsahariana la resistencia a la europeización, que había
producido décadas de violentos conflictos, se convirtió en movimientos más formales de protesta política: en 1921 se fundó la Asociación Joven Kikuyu en Kenia;
en 1923, el Congreso Nacional Africano en Sudáfrica; en 1920, el Congreso
Nacional del África Occidental Británica.

Estos movimientos, y los del Caribe y el sur de Asia, fueron alimentados por las
penurias económicas tras la depresión de 1929. La caída de los precios, las altas
tasas de desempleo y la restricción del derecho a la tierra produjeron un grave
malestar en las islas azucareras del Caribe, en Costa de Oro (Ghana) y el cinturón
del cobre de Rhodesia. El abismo entre las potencias metropolitanas, en su
mayoría democráticas, y sus antidemocráticas colonias se hizo más
difícil de justificar o sostener.

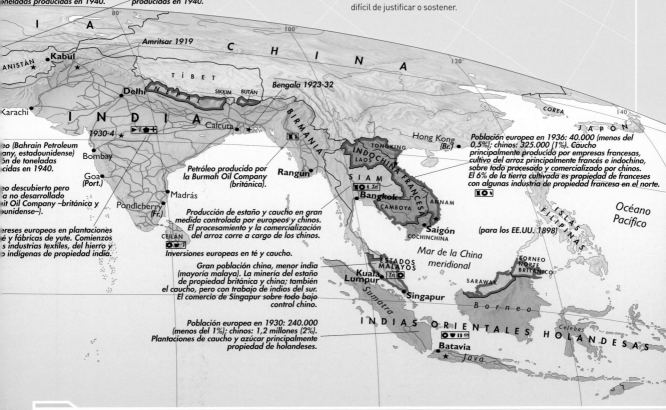

1 Los imperios coloniales: crisis y conflictos

La **URSS:** guerra y revolución

1917–1924

1917 El régimen crea una nueva fuerza policial secreta, la Cheka.

1918 Guerra civil e intervención extranjera (hasta 1921).

1920-1 Guerra ruso-polaca.

1921 Lenin propone una «nueva política económica».

1922 Tratado ruso-alemán de Rappallo.

1924 Lenin muere; surge Stalin como el líder soviético (1929).

El faro por el que muchos políticos antiimperialistas se guiaban era la Unión Soviética. El triunfo del comunismo en el Imperio ruso demostró el poder de la política popular orientada por una clara ambición revolucionaria. El nuevo Estado comunista era considerado como un punto de concentración para todos aquellos que luchaban contra la explotación y el dominio imperial. Para Sidney Webb, el veterano socialista británico, la Unión Soviética era la «nueva civilización», una isla de progreso en medio de un mar de reacción.

La realidad era muy diferente. El movimiento revolucionario recién nacido se aisló internacionalmente y casi fue sofocado en la misma Rusia. Los comunistas rusos eran una minoría en el nuevo Estado y tuvieron que huir para asegurar su supervivencia política. La primera prioridad era poner fin a la guerra. En 1918 los nuevos líderes tuvieron que consentir enormes pérdidas territoriales, incluidos los Estados bálticos y Ucrania. En julio de 1918 había estallado una guerra civil a gran escala. Las fuerzas antibolcheviques contaban con el apoyo de contingentes de tropas extranjeras, algunos de ellos, como la legión checa, prisioneros de guerra que luchaban por volver a Europa, otros enviados desde el exterior para volver a meter a Rusia en la guerra y derrocar el comunismo. Fuerzas británicas, francesas, estadounidenses y japonesas, junto con el llamado Ejército Ruso «Blanco», consiguieron controlar amplias zonas del antiguo Imperio ruso, mientras que los bolcheviques se concentraban en el centro de Rusia en torno a Moscú y Petrogrado. En 1919 la supervivencia del nuevo Estado se hallaba en el filo de la navaja.

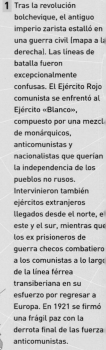

1 Tras la revolución bolchevique, el antiguo imperio zarista estalló en una guerra civil (mapa a la derecha). Las líneas de batalla fueron excepcionalmente confusas. El Ejército Rojo comunista se enfrentó al Ejército «Blanco», compuesto por una mezcla de monárquicos, anticomunistas y nacionalistas que querían la independencia de los pueblos no rusos. Intervinieron también ejércitos extranjeros llegados desde el norte, el este y el sur, mientras que los ex prisioneros de guerra checos combatieron a los comunistas a lo largo de la línea férrea transiberiana en su esfuerzo por regresar a Europa. En 1921 se firmó una frágil paz con la derrota final de las fuerzas anticomunistas.

2 La fundación de la URSS

- República Socialista Federativa Soviética Rusa, oct. de 1922
- República del Lejano Oriente, incorporada a la RSFSR el 19 de noviembre de 1922
- otros constituyentes de la URSS, 30 de dic. de 1922
- Repúblicas populares independientes, incorporadas a la URSS hasta 1925
- bajo ocupación japonesa hasta 1925
- otros Estados comunistas
- frontera de la URSS, 1923

FINLANDIA
REPÚBLICA SOCIALISTA FEDERATIVA RUSA
RSS BIELORRUSA
RSS UCRANIANA
• Moscú
Kiev •
RSS TRANSCAUCÁSICA
REPÚBLICA POPULAR DE KHOREZM
REPÚBLICA POPULAR DE BUKHARA
TANNU TUVA
• Irkutsk
MONGOLIA
• Vladivostok
PERSIA
CHINA
JAPÓN

En 1921 los bolcheviques ganaron la guerra civil gracias a la imposición de una dictadura brutal en las zonas por ellos controladas y a la militarización del partido y de la sociedad. Cinco millones de hombres fueron llamados a integrarse en el Ejército Rojo, creado a comienzos de 1918. Más de 50.000 antiguos oficiales zaristas, al mando de León Trotsky, comisario de defensa, combatieron en el bando rojo. Bajo un sistema de «comunismo de guerra», todas las empresas rusas, excepto las muy pequeñas, fueron nacionalizadas, y la «economía monetaria» suspendida en gran medida. El grano fue requisado y los trabajadores militarizados. La Rusia bolchevique se convirtió en un campo de batalla, y los nuevos miembros del partido que se afiliaron después de 1918 lo hicieron en muchos casos a través del ejército. La guerra civil también obligó al gobierno de Lenin a gobernar el Estado desde arriba. Todos los brotes potenciales de oposición, desde los movimientos separatistas en las zonas no rusas hasta los grupos de trabajadores que demandaban más democracia, fueron inexorablemente aplastados. Los soviets, en lugar de convertirse en instrumentos de participación democrática, fueron marginados. En noviembre de 1917 el régimen creó una nueva fuerza policial secreta, la Cheka, que asesinó y encarceló a cuantos fueron acusados de actividades contrarrevolucionarias. Cuando por fin la guerra civil terminó en 1921, el sistema político había cristalizado en un virtual Estado de partido único, gobernado conjuntamente desde arriba por el Consejo de los Comisarios del Pueblo y el Comité Central del Partido Comunista.

Cuando la polvareda levantada por la guerra civil se disipó, la ahora llamada Unión Soviética era un caos. Gran parte de las zonas cedidas en Brest-Litovsk

2 La URSS fue instaurada por un tratado de 1922 que unía a Rusia, Bielorrusia, Ucrania y Transcaucasia (mapa *supra*). Otros territorios ex zaristas fueron absorbidos más tarde.

habían sido recuperadas. Pero la economía estaba al borde del derrumbe, con una inflación rampante, la producción de grano cayendo y una población urbana industrial en retroceso. En 1920, de los 3,6 millones de obreros que había en las fábricas de 1917 sólo quedaban 1,5 millones. El campesinado se había retirado a la agricultura de subsistencia, se habían confiscado las fincas y convertido el 9? por 100 de las zonas rurales en anticuadas comunas. Entre los campesinos, menos del 1 por 100 de los hogares tenía a un miembro del Partido Comunista.

Para los radicales urbanos que lideraban la revolución, las perspectivas de convertir una sociedad campesina en un Estado de trabajadores modernos eran magras. En 1921 Lenin propuso reformas económicas diseñadas para restaurar el comercio y la producción privados, y crear un ortodoxo sistema bancario central. Las reformas recibieron el nombre de la Nueva Política Económica (NPE); las veía como una retirada necesaria a fin de reconstruir la industria rusa y estabilizar el orden social tras seis años de guerra. Cuando murió en 1924, dejó un partido comprometido con un sistema político socialista que intentaba gobernar una sociedad muy conservadora, dominada por los campesinos.

1 Rusia en guerra y revolución

- ▬▬ frontera del Imperio ruso, 1914.
- ▲ ciudades ocupadas por la Entente 1918–9.
- ---- zona controlada por los bolcheviques, agosto de 1918.
- ········ frontera oriental de la zona controlada por los bolcheviques, abril de 1919.
- ▨ controlado por los bolcheviques, octubre de 1919.
- ▬▬ frontera de las zonas controladas por las fuerzas antibolcheviques, abril de 1920.
- ▬▬ máximo avance del Ejército Rojo en Polonia, agosto de 1920.
- ---- último avance antibolchevique, octubre de 1920.
- ▬▬ frontera del territorio soviético, marzo de 1921.
- ← movimiento del ejército ruso blanco.
- ← movimiento de las fuerzas no rusas y bolcheviques.
- ← actividades militares anarquistas.
- ⊙ centros Confederación de Organizadores Anarquistas.
- ○ cuartel general de Makhno, 1918-20
- ▬▬ fronteras, 1923

Mar de Barents

flota de la Entente

Murmansk

Británicos
Franceses
Canadienses
Italianos
Serbios

Mar Blanco

Canadienses
Estadounidenses

Archangel

Británicos
Franceses

FINLANDIA
independencia de
Finlandia reconocida
dic. 1917

Fineses

SUECIA

Petrozavodsk
Lago Onega

Lago Ladoga

Helsinki

Revel (Tallin)

ayuda naval
británico–francesa

Narva
Yudenich
ESTONIA

Petrogrado
(Leningrado)

Novgorod

Vologda

Vyatka

Perm

Izhevsk

Yekaterimburgo
(Sverdlovsk)

Riga   Letones
LETONIA   Alemanes
bálticos

Pskov   ataque de Kornilov
a Petrogrado
sep. 1917

Kostroma

Yaroslavl

Ivanovo

Nizhniy Novgorod
(Gorkiy)

Kazán   Kolchak 1918-19

Ufa

Nicolas II
y su familia
fusilados por los
bolcheviques
julio 1918

LITUANIA

Vitebsk

Tver (Kalinin)

Moscú

R U S I A   B O L C H E V I Q U E

ALEMANIA
(ORIENTAL)

Minsk

Smolensko Kaluga

Mogilev

Tula

Ferrocarril Trans-Siberiano

Samara
(Kuybyshev)   checos

Oremburgo
(Chkalov)

Varsovia

Brest-
Litovsk   Polacos

Gomel

Orel

Penza

POLONIA

Kiev

Zhitomir

Voronezh

Tambov

Saratov

ejército cosaco
de los Urales
1918-20

CHECOSLOVAQUIA

HUN.

Peregonovka

Denikin
1919

Kharkov

Poltava

Lozovaya

Cosacos del Don
1917-19

Tsaritsyn
(Stalingrado)

Rumanos

Dibriwki

Yekaterinoslav
(Dnepropetrovsk)

Nikopol

Gulyay-Pole

Novocherkassk

Kishinev

Mariupol

Rostov del Don

BESARABIA

RUMANÍA

Odesa

Berdiansk

cosacos

Astrakán

Mar Caspio

Wrangel 1920

Sebastopol   Simferopol

Novorossiysk

franceses

BULGARIA

Mar   Negro

Británicos

Georgianos 1919-20

Mencheviques

Flota de la Entente

Estambul

Batum

Tiflis (Tbilisi)

Baku

Krasnovodsk

T U R Q U Í A

Kars

Tabriz

PERSIA

Británicos
1918-19

www.departments.bucknell.edu/russian/chrono3.html
Una cronología de la historia rusa a partir de 1917.
www.johndclare.net/Russ6.htm
El Estado bolchevique, 1917–21.

La **URSS:** modernización y terror

1920 Fundación del Comintern en Moscú.

1922 Josif Stalin nombrado secretario general del Partido.

1928 Aplicación del primer Plan Quinquenal para el desarrollo industrial y la colectivización de la agricultura (1929).

1929 Trotsky expulsado de la URSS.

1935 Pacto franco-soviético.

1936 Aplicación del Gran Terror en Rusia.

hasta 1937 Colectivizado el 93% de las explotaciones agrarias.

1937–38 Juicios soviéticos de comunistas veteranos.

En el periodo subsiguiente a la muerte de Lenin, el Partido Comunista de la Unión Soviética buscó formas de modernizar el nuevo Estado sin mengua del impulso del progreso revolucionario. Se esperaba que una nueva organización internacional socialista, el Comintern, creado en Moscú en 1920, alentaría la revolución fuera de Rusia, pero en 1924 esa perspectiva parecía remota.

El Partido se dividió entre quienes creían que la Nueva Política Económica produciría gradualmente una exitosa economía urbana que con la guía del Partido evolucionaría hasta convertirse en un sistema socialista, y quienes apremiaban a la rápida modernización desde arriba antes de que el comunismo se viera arrasado por el capitalismo agrario.

Este «Gran Debate» lo resolvió la deriva que tomó la política interna del Partido. Los moderados agrupados en torno a Bujarin, que probablemente representaban a la mayoría en el Partido y en el país, se convirtieron en enemigos del secretario general del Partido, Josif Stalin. Éste fue nombrado en 1922, tras años de distinguidos servicios revolucionarios. Empleó su influencia para establecer una base de poder en las células locales del Partido sobre la cual luego fortaleció su posición política en el liderazgo nacional tras la muerte de Lenin. Creía que las perspectivas de una revolución en el extranjero eran escasas y abogó por una estrategia de «socialismo en un solo país». Esta estrategia, según Stalin, había de pasar por una segunda revolución desde arriba que

1 A finales de los años 1920 el régimen soviético se embarcó en un colosal experimento de ingeniería social y crecimiento industrial forzado. El objetivo era la conversión de la Unión Soviética de una sociedad principalmente campesina en una urbano-industrial en un plazo de diez años (mapa *infra*). En 1926 el 81 por 100 de los rusos trabajaba en el campo. En 1939 la cifra era sólo del 5 por 100. La población de las ciudades creció en 30

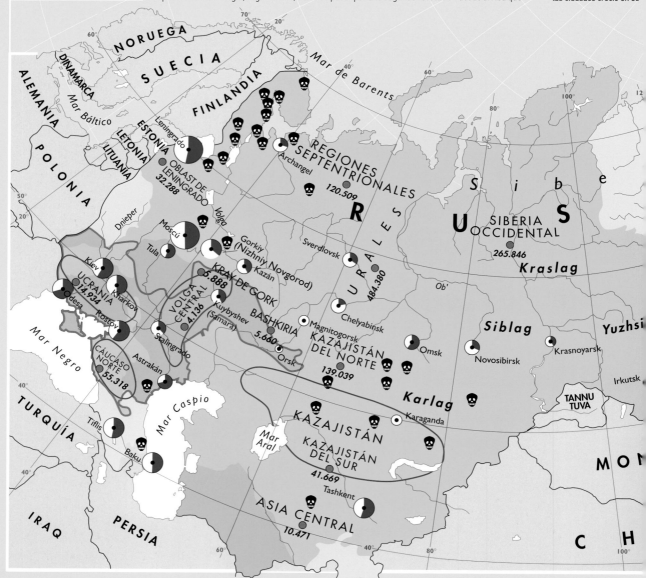

illones de 1926 a 1939. Para los opositores a la «segunda
evolución» se creó un sistema de campos en el norte y el
entro de la URSS, administrado por el comisariado del
nterior (NKVD) mediante la organización de campos Gulag.
n 1930 había 179.000 personas en los campos; cuando
talin murió en 1953, había 2,4 millones, el 23 por 100 de
llos prisioneros políticos.

acabara con todos los vestigios de pluralismo político o diversidad cultural en nombre de un comunismo riguroso, al tiempo que transformaba la sociedad soviética y la economía para ajustarlas al modelo comunista. Esta política produjo un rápido crecimiento industrial y urbano y la supresión de la agricultura campesina de libre mercado.

La segunda ola revolucionaria se produjo en el invierno de 1927-8, cuando la caída de los suministros de grano en las ciudades coincidió con una serie de alarmas de guerra provocadas por una ruptura de las relaciones diplomáticas anglo-soviéticas. Stalin respaldó a quienes abogaban por una industrialización rápida, la intensificación de la modernización de la agricultura y el desarrollo de un poder militar que defendiera los logros revolucionarios. Los moderados de Bujarin fueron derrotados y se impuso la visión estalinista de una reforma comunista. En 1929 se puso en marcha el primer Plan Quinquenal de desarrollo industrial. En el verano de ese mismo año, tras una fallida campaña para convencer a los campesinos de la adopción de una agricultura «colectiva» a gran escala, se desencadenó una ola revolucionaria contra el campo. Las principales víctimas de la colectivización fueron los llamados «kulaks», los agricultores más ricos y de más éxito, pero todos los campesinos sufrieron la destrucción generalizada de su modo tradicional de vida. La agricultura comunal basada en las aldeas fue sustituida por grandes explotaciones centradas en torno a la Estación de Tractores a Motor (ETM), donde los campesinos eran meros asalariados. Un decreto de 1935 les concedió el derecho a cultivar un pequeño huerto, y a muchos se les obligó a vivir del rendimiento de éste. Millones de otros campesinos se marcharon a las ciudades para formar la base de una nueva fuerza de trabajo asalariado, donde tuvieron que aprender hábitos de puntualidad y disciplina industrial que les eran por entero extraños. El resultado fue otro conflicto con las autoridades y acusaciones de sabotaje tratadas con toda severidad. Más de un millón de campesinos trabajaban en establecimientos de trabajo forzoso. En 1937 un 93 por 100 de explotaciones campesinas habían sido colectivizadas, y su secular modo de vida desmantelado. La Iglesia fue casi destruida como institución; su lugar lo ocupó una dieta infinita de propaganda socialista.

La revolución desde arriba tuvo muchas consecuencias. A finales de los años 1930 la Unión Soviética se había convertido en una importante potencia industrial. Pero, sobre todo, el impulso a la modernización permitió a Stalin completar su avance hacia la dictadura personal. Para llevar adelante las reformas se hizo necesario el apoyo de un mayor poder estatal. Las fuerzas policiales del ministerio del Interior, el NKVD, se emplearon indiscriminadamente contra cualquiera al que, incluso dentro del Partido, se considerara enemigo de la modernización estalinista. El régimen adoptó una propaganda de frenético empeño revolucionario y aisló a quienes se quedaron fuera de él como saboteadores y espías capitalistas. El «culto a la personalidad» erigió a Stalin como héroe supremo de la revolución. Quienes se oponían a él, como Bujarin, fueron obligados a confesar delitos estrafalarios en una serie de juicios ejemplarizantes celebrados en 1937 y 1938. Stalin decretó la muerte de casi todos los viejos cuadros de los bolcheviques. El número de los asesinados por orden de Stalin superó probablemente con mucho los ocho millones. En 1940 la Unión Soviética era indiscutiblemente más moderna, pero la Nueva Civilización se sustentaba en un despotismo despiadado.

1 Colectivización y movimientos de población, 1923–39

Principales zonas de colectivización

— 2–10% de todas las explotaciones agrarias, colectivizadas en 1928

25–50% de todas las explotaciones agrarias, colectivizadas en 1933

50–70% de todas las explotaciones agrarias, colectivizadas en 1933

70–85% de todas las explotaciones agrarias, colectivizadas en 1928

— principales zonas de hambruna, 1932

Kraslag administración de campos de trabajo

☠ campos de trabajo colectivo, 1932

● localización de «colonos especiales», 1932

Poblaciones urbanas según el censo de enero de 1939

(en miles)

| más que 1 millón | 500–1,000 | 250–500 | 100–250 | 50–100 |

población según el censo de dic. de 1926

crecimiento de la población desde dic. de 1926 a en. 1939

— fronteras

70°
60°
140°
160°
Dalstroi
SIBERIA ORIENTAL
91.720
ALDAN
4.724
Mar de Okhotsk
LEJANO ORIENTE
Amur
Burlag 40.440
Komsomolsk (fundado 1932)
Amur
50°
Khabarovsk
140°
Vladivostok
Mar del Japón
40°
120°

La **economía mundial**

- **desde 1914** EE.UU. como líder en la concesión de préstamos.
- **1929** *Crack* de Wall Street precipita depresión mundial.
- **1930** Acta Hawley-Smoot: EE.UU. incrementa aranceles.
- **1931** El presidente Hoover anuncia la suspensión durante un año de los pagos de la deuda de guerra.
- **1931** El derrumbe del Banco Central Europeo agrava la recesión.
- **1933** El presidente Roosevelt anuncia el *New Deal*.
- **1934** En EE.UU. unos 17 millones de personas viven de ayudas.

El crecimiento de la economía soviética en los años 30 contrastaba con el resto del mundo capitalista. La depresión que en 1929 paralizó la economía mundial produjo la mayor caída financiera de los tiempos modernos. La crisis económica minó la confianza en la supervivencia del capitalismo como sistema económico, al mismo tiempo que la Revolución rusa había supuesto un golpe para la confianza en la supervivencia del orden político liberal.

Las semillas de la crisis económica pueden encontrarse enterradas en la más próspera década que siguió al final de la guerra. Para muchos, los años 1920 fueron años de éxito, aunque no para todos. Tras el trastorno inicial causado por la desmovilización masiva en 1919, la economía mundial comenzó a expandirse hasta alcanzar de nuevo los niveles de los años de preguerra. El núcleo de esa expansión fue la economía industrial estadounidense. La guerra convirtió a los Estados Unidos en el banquero del mundo y en el mayor comerciante mundial. La industrialización hizo también progresos en aquellas zonas que durante la guerra se habían visto privadas de las importaciones europeas. El flujo de fondos estadounidenses contribuyó a aproximar a la edad moderna las partes más atrasadas de la economía mundial.

Los años de gran éxito los sustentaron toda una gama de nuevos productos –los coches, la radio, el cine, los productos químicos– y el desarrollo de grandes empresas industriales, como Ford o Dupont, que empleaban las técnicas más avanzadas de gestión y producción. Las mejoras en la eficacia incrementaron los beneficios y bajaron los precios, con lo cual se liberó más dinero para la inversión y se alentó una gran demanda de productos duraderos, como los automóviles.

La bonanza liderada por Estados Unidos enmascaraba la perduración de muchos puntos débiles. La economía mercantil de preguerra, basada en el patrón oro y la libre convertibilidad, no se pudo resucitar. El libre comercio dio paso al proteccionismo generalizado de unos Estados que trataban de proteger los niveles de vida de sus propias poblaciones. Los Estados Unidos sustituyeron a Gran Bretaña como fuente principal de crédito. Entre 1925 y 1929 se invirtieron más de 6 mil millones de dólares en ultramar. A diferencia de Gran Bretaña, sin embargo, la economía de los EE.UU.

1 En Estados Unidos la Depresión produjo una pobreza de proporciones formidables. En 1934 unos 17 millones de estadounidenses vivían de las prestaciones sociales, muchos de ellos en los estados del sur (mapa *infr* a la derecha). Incluso a finales de los años 30, seguía habiendo más de ocho millones de desempleados. La Depresión produjo una emigración masiva de los empobrecidos estados del Medio Oeste y del Sur a las nuevas regiones industriales del Lejano Oeste, Florida y las prósperas ciudades industriales del norte. Otros consiguieron trabajos temporales a través de la Administración de Proyectos Laborales.

2 El desempleo alemán, 1933–37

0–2,5	15,1–25
2,6–5,0	25,1–35
5,1–15	35,1–50
	50,1–más de 75

(desempleo por 1.000)

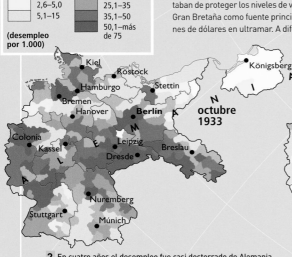

2 En cuatro años el desempleo fue casi desterrado de Alemania. El Estado revitalizó el mercado laboral mediante proyectos de creación de empleo, la construcción de autopistas y la inversión en la construcción. Los préstamos a los matrimonios, introducidos en 1933, buscaban apartar a las mujeres del mercado laboral. La obligación de que los hombres y las mujeres prestaran servicios laborales para el Estado rebajó en más de 250.000 las cifras de desempleados. En 1939 el desempleo cayó a apenas 33.000 personas.

tenía un débil sector financiero internacional. Muchos de los préstamos eran especulativos o a corto plazo, sujetos a una retirada repentina. Más aún, la economía de los EE.UU. era autosuficiente en muchas mercancías, a diferencia de la británica, y por eso importaba menos, con lo cual impedía el crecimiento comercial de otros Estados. Si la expansión fue buena para los estadounidenses, el impacto en el extranjero fue más desigual.

La fragilidad de la nueva expansión quedó cegadoramente al descubierto cuando en octubre de 1929 la duradera burbuja de

inversiones especulativas acabó por estallar. Los acreedores estadounidenses comenzaron a retirar sus préstamos en ultramar, con lo cual provocaron el pánico entre los deudores que habían prestado a su vez el dinero para proyectos a largo plazo, como había sido el caso en Alemania. Cuando las arterias de las finanzas mundiales comenzaron a detenerse, la economía de los EE.UU. reaccionó estableciendo aranceles prohibitivos en el Acta Hawley-Smoot de 1930, por la cual se cortaban las importaciones de las economías de las que no se esperaba que devolvieran las deudas en dólares. Lo que siguió fue la protección competitiva, que entre 1929 y 1932 recortó el comercio mundial en casi dos tercios de su valor. Los precios y los beneficios se derrumbaron, y en Estados Unidos, Alemania y media docena de otros países desarrollados los rendimientos industriales descendieron en más de un tercio en tres años.

Los elementos más conspicuos de la Depresión fueron el desempleo y la pobreza extrema que lo acompañó. En 1932 sólo en el mundo desarrollado había más de 24 millones de parados. En su culmen, afectó a uno de cada cuatro trabajadores esta-

1 La Depresión e Estados Unido

Variaciones demográficas

decrec.		10–
0–5%		15–
5–10%		20% más

www.livinghistoryfarm.org/farminginthe30s/money_06.html
La agricultura en los años 1930.
www.english.uiuc.edu/maps/depression/about.htm
La Gran Depresión.

ounidenses; en 1932, en Alemania la proporción era de uno de cada cinco. En el
eor momento, casi nueve de veinte millones de trabajadores alemanes estaban
n paro. Las cifras contaban sólo parte de la historia. Muchos de los parados de
arga duración desaparecían de los registros cuando expiraba su derecho a la per-
epción del subsidio de desempleo. Incluso en aquellos Estados con sistemas de
restaciones, no tardaron en agotarse los presupuestos para desempleo. Cuando
os ingresos del Estado cayeron, se hizo imposible mantener unas prestaciones
decuadas. En ciudades de toda Europa y los Estados Unidos surgieron cientos
e proyectos no oficiales de caridad que proporcionaron una comida caliente o
an y combustible a las familias hambrientas.

La Depresión fue una catástrofe social para la que los gobiernos estaban mal
reparados. Hasta el mismo final de la depresión, cuando el daño ya estaba hecho,
o reconocieron los gobiernos que la recuperación sólo era posible con más in-
ervención estatal. En los Estados Unidos, bajo la presidencia de Franklin Roose-
elt, se introdujo un paquete de reformas en la asistencia social y la economía
onocidas como *New Deal* [Nuevo Compromiso]. El Acta de Recuperación Na-
ional de 1933 trazó un programa de obras públicas para la restauración de los
endimientos y el empleo. A finales de la década se habían gastado más de 10.000
illones de dólares y construido 122.000 edificios públicos, más de 1 millón de
ilómetros de carreteras, 77.000 puentes y 285 puertos.

En Europa la recuperación fue dispar. La más fuerte se produjo en Alemania
ras el nombramiento de Hitler como canciller en 1933. Muchos de los desemplea-
os fueron absorbidos por un paquete de programas respaldado por el Estado que
ncluía un nuevo sistema de autopistas multicarriles, las *Autobahnen*. Se bombea-
on inversiones en la construcción de viviendas, la agricultura y el rearme. Los
iveles de preguerra se restablecieron en 1936; en 1939 la economía alemana era

un tercio mayor que en 1929. En Gran Bretaña, sede del libre comercio, el Estado
comenzó a instaurar un nivel superior de gestión económica, respaldado por una
nueva estructura de aranceles establecida en la Conferencia de la Commowealth
celebrada en Ottawa en agosto de 1932. La demanda interna se expandió rápidamente cuando el consumidor británico se benefició de las importaciones de
alimentos baratos. Para los que conservaron sus empleos, los años 30 supusieron
un notable crecimiento del consumo.

La recuperación gradual de las economías nacionales hizo poco por estimular el mercado mundial. Los años 1930 vieron una ola de proteccionismo diseñado para estimar la producción interna y evitar la dependencia de una incierta
economía exportadora. En Alemania, un Plan Cuatrianual iniciado en 1936 pretendía reducir la dependencia alemana de los suministros de ultramar mediante
la producción de petróleo, caucho y tejidos sintéticos y la explotación de minerales alemanes de grado bajo. En 1938 se implantó en Japón un amplio programa
de sustitución de importaciones, centrado en torno al petróleo sintético. Gran
parte del comercio mundial quedó reducido a un simple sistema de trueques. Los
esfuerzos internacionales para combatir la recesión se limitaron a una Conferencia Económica Mundial celebrada en Londres en 1933, cuyo fracaso subrayó
el cambio de actitud en los gobiernos posdepresión.

Existía una creencia generalizada en que los días de la economía liberal y el
comercio global habían tocado a su fin, para ser sustituidos por un desarrollo económico regulado por los Estados y pequeños bloques comerciales independientes.
Incluso en Estados Unidos, donde la idea de una economía mundial abierta aún
contaba con defensores, la intervención del Estado y la protección arance-
laria fueron los rasgos clave de la década de la Depresión.

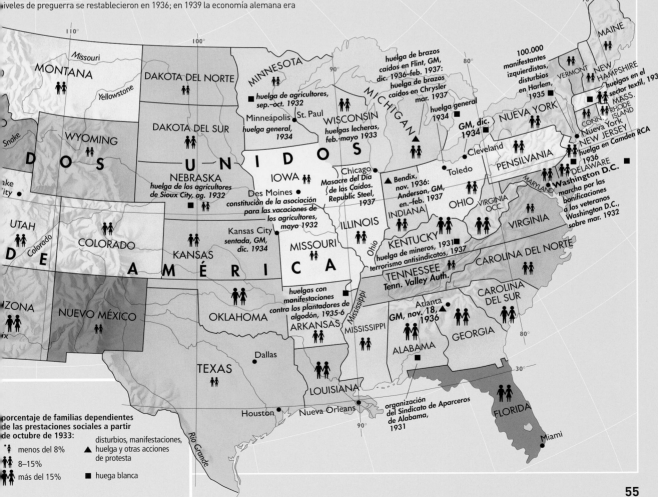

55

1914–1939

1931 Los japoneses ocupan Manchuria.

1932 Japón instaura la República «Manchukuo».

1933 Japón abandona la Sociedad de Naciones.

1934 Japón proclama la «Doctrina Amau» (influencia japonesa en el este de Asia).

1936 Los militares japoneses asumen el gobierno.

1936 Firma con Alemania del pacto anti-Comintern.

1937 Guerra a gran escala entre Japón y China.

1938 Los japoneses instalan un gobierno marioneta en la República China de Nanjing.

Las consecuencias políticas de la depresión fueron profundas. La interrupción de la colaboración internacional y el colapso del comercio mundial socavaron la predisposición a mantener los acuerdos de posguerra. A la búsqueda de un nuevo orden económico, basado en el nacionalismo económico, no tardaron en producirse esfuerzos por construir un nuevo orden político internacional que sustituyera al establecido a comienzos de los años 20 por Gran Bretaña, Francia y los Estados Unidos.

La fuerza impulsora detrás de este nuevo orden era un triunvirato de Estados, Alemania, Italia y Japón, donde ocupaba el poder un nacionalismo militarista que explotaba el resentimiento hacia otras razas y abrigaba ambiciones de lanzar una nueva oleada de conquistas imperiales. Japón ejemplificaba esta profunda insatisfacción con el orden existente. En el siglo XIX, tras una revolución en 1868 contra el viejo sistema feudal, los líderes japoneses hicieron un esfuerzo sostenido por imitar a Occidente a fin de construir un Estado fuerte y próspero. Se adoptó la industria moderna; las fuerzas armadas se reformaron según el modelo europeo; se imitaron los estilos de vestir y la cultura europeos. En 1902 Japón consolidó su nuevo papel internacional con la firma de un tratado de amistad con Gran Bretaña. Dos años más tarde derrotó a la China imperial por mar y por tierra, y se convirtió en la potencia más importante en el este de Asia. Japón se veía a sí mismo como una potencia imperial semejante a Gran Bretaña y Francia. En 1910 Japón tenía el control de Corea y Taiwán, y de una serie de islas y bases continentales que eran tratadas como posesiones coloniales. Cuando en 1914 estalló la guerra en Europa, Japón se unió a los aliados y se sentó en la Conferencia de Versalles como una de las cinco potencias mayores. En la Conferencia de Washington, inaugurada en noviembre de 1921, firmó con Gran Bretaña, Francia y los EE.UU. un Tratado de las Cuatro Potencias que confirmaba la estabilidad territorial existente en el área del Pacífico, y en 1922 participó en un Pacto de Nueve Potencias que garantizaba la soberanía y la independencia de la República China.

La política de integración con Occidente había reportado grandes beneficios a Japón, pero también provocó en su interior muchas críticas entre una nueva generación de jóvenes nacionalistas que querían reafirmar la cultura y los valores japoneses tradicionales, y que rechazaban lo que veían como una humillante dependencia de Occidente. Cuando la depresión de 1929 hizo añicos la industria japonesa de la seda y cerró las puertas al comercio exterior, los nacionalistas, prominentes en las fuerzas armadas de Japón, hicieron campaña en favor de la adopción de una nueva dirección en el país. El liderazgo militar comenzó a ser dominante en el gabinete y a hacer caso

2 El 18 de septiembre de 1931 soldados japoneses del ejército en Kwantung, Manchuria, volaron cerca de Mukden un pequeño tramo de la línea ferroviaria del sur de Manchuria, gestionada por Japón. El «incidente» fue aprovechado para extender el control japonés (mapa *infra*) sobre una zona rica en recursos minerales. La resistencia china fue vigorosa pero esporádica. El 1 de marzo de 1932 la zona se hallaba bajo control japonés.

2 La campaña de machuria, 1931–2

▬▬	ferrocarriles bajo control japonés
➤	avances japoneses, 1931
■	guarniciones japonesas, 1931
▲	control japonés en septiembre de 1931
▬	ferrocarriles bajo control soviético, 1931
●	control japonés en agosto de 1932
▬	zonas de resistencia manchú
▬	zona de objetivos de subversión e inducción japonesas, 1932–7
▬	zona de la que las fuerzas regulares chinas fueron expulsadas, 1935
▬▬	influencia japonesa para establecer un Estado marioneta en el norte de China, 1935

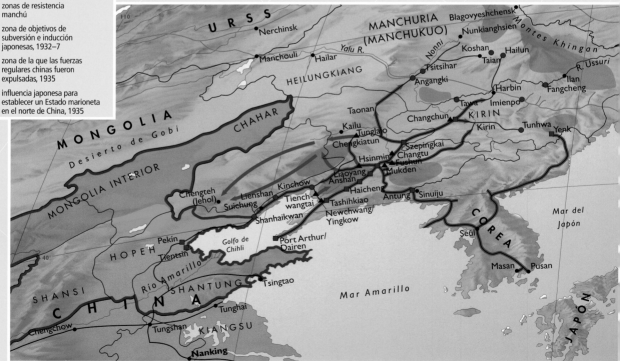

w.microworks.net/pacific/road_to_war/
amino hacia la guerra en Asia.
w.fas.harvard.edu/~asiactr/sino-japanese/
estudio de la guerra chino-japonesa.

Durante los años 1930 Japón se embarcó en un programa de expansión imperial en China (derecha). Alentado por el ejército y por asociaciones patrióticas, el gobierno japonés aprobó la iniciativa del ejército de apoderarse de Manchuria en 1931. Un año más tarde, fuerzas japonesas amenazaron el puerto de Shanghai, con su numerosa población europea. Tras una paz inestable, en 1937 estalló una guerra a gran escala en la que los japoneses descendieron por la costa oriental, amenazando las colonias europeas en el Lejano Oriente.

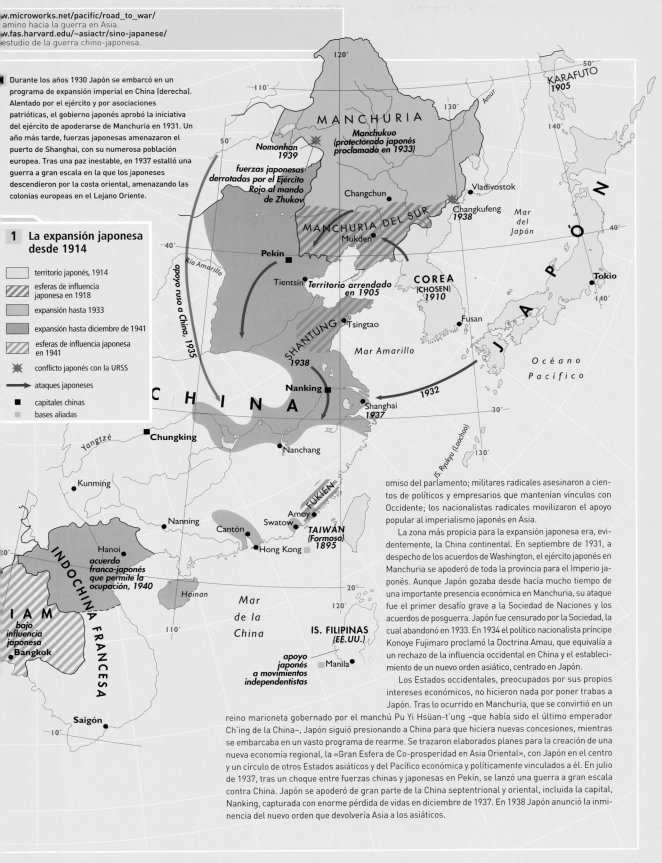

1 La expansión japonesa desde 1914

- territorio japonés, 1914
- esferas de influencia japonesa en 1918
- expansión hasta 1933
- expansión hasta diciembre de 1941
- esferas de influencia japonesa en 1941
- conflicto japonés con la URSS
- ataques japoneses
- capitales chinas
- bases aliadas

omiso del parlamento; militares radicales asesinaron a cientos de políticos y empresarios que mantenían vínculos con Occidente; los nacionalistas radicales movilizaron el apoyo popular al imperialismo japonés en Asia.

La zona más propicia para la expansión japonesa era, evidentemente, la China continental. En septiembre de 1931, a despecho de los acuerdos de Washington, el ejército japonés en Manchuria se apoderó de toda la provincia para el Imperio japonés. Aunque Japón gozaba desde hacía mucho tiempo de una importante presencia económica en Manchuria, su ataque fue el primer desafío grave a la Sociedad de Naciones y los acuerdos de posguerra. Japón fue censurado por la Sociedad, la cual abandonó en 1933. En 1934 el político nacionalista príncipe Konoye Fujimaro proclamó la Doctrina Amau, que equivalía a un rechazo de la influencia occidental en China y el establecimiento de un nuevo orden asiático, centrado en Japón.

Los Estados occidentales, preocupados por sus propios intereses económicos, no hicieron nada por poner trabas a Japón. Tras lo ocurrido en Manchuria, que se convirtió en un reino marioneta gobernado por el manchú Pu Yi Hsüan-t'ung –que había sido el último emperador Ch'ing de la China–, Japón siguió presionando a China para que hiciera nuevas concesiones, mientras se embarcaba en un vasto programa de rearme. Se trazaron elaborados planes para la creación de una nueva economía regional, la «Gran Esfera de Co-prosperidad en Asia Oriental», con Japón en el centro y un círculo de otros Estados asiáticos y del Pacífico económica y políticamente vinculados a él. En julio de 1937, tras un choque entre fuerzas chinas y japonesas en Pekín, se lanzó una guerra a gran escala contra China. Japón se apoderó de gran parte de la China septentrional y oriental, incluida la capital, Nanking, capturada con enorme pérdida de vidas en diciembre de 1937. En 1938 Japón anunció la inminencia del nuevo orden que devolvería Asia a los asiáticos.

Estados del «nuevo orden»: **Italia**

1910–1939

1915 Italia se une a los aliados.

1922 Mussolini toma el poder en Italia.

1928 Abisinia firma un tratado de paz con Italia.

1929 Mussolini firma el Acuerdo de Letrán con el papado.

1934 Los italianos acaban con la resistencia senussi en Libia.

1935 Italia invade Abisinia.

1936 Tropas italianas entran en Addis Abeba.

1936 Mussolini proclama el Eje Roma-Berlín.

Italia, como Japón, era una nueva potencia. Unificado entre 1859 y 1870, el Estado italiano, débil económica y militarmente, seguía siendo marginal en el equilibrio de poder europeo. En las dos décadas previas a 1914, Italia se hizo con un imperio colonial en África y, como Japón, comenzó a soñar con convertirse en una importante potencia regional.

Cuando en 1911 Italia derrotó a las fuerzas otomanas en Libia, sus ambiciones se volvieron hacia Oriente Medio y la cuenca mediterránea como zona natural de su dominio. La Gran Guerra puso al descubierto la debilidad de esta ambición. Italia obtuvo pocos beneficios del conflicto, a pesar de las promesas hechas por Gran Bretaña y Francia cuando Italia intervino de su lado en 1915. Como los japoneses, los líderes italianos se vieron obligados a trabajar en un marco internacional manipulado por Gran Bretaña y Francia.

La débil posición internacional de Italia fue uno de los factores que impulsaron el ascenso tras la guerra de un movimiento nacionalista radical que encontró su principal expresión en un pequeño partido de veteranos liderado por un ex agitador socialista, Benito Mussolini. Su Partido Fascista, fundado en 1921 con un nombre tomado de la *fasces* (el haz de varas y hachas que llevaban los encargados de hacer cumplir la ley en la antigua Roma), fue apoyado por aquellos italianos –veteranos, estudiantes, intelectuales– frustrados con el vigente sistema parlamentario y por los empresarios hostiles a los socialistas. Los fascistas se crearon una reputación de brutal activismo antimarxista y de patriotismo demagógico. Aunque con sólo 35 escaños en la Asamblea Nacional, en octubre de 1922 el rey, por consejo de los líderes conservadores, invitó a Mussolini a asumir el cargo de primer ministro. Su éxito lo selló una enorme manifestación de milicias fascistas uniformadas cuyos miembros, vestidos con sus camisas negras, convergieron sobre Roma el 30 de octubre, el día del nombramiento de Mussolini.

Pese a toda la retórica nacionalista, en los años 1920 la Italia de Mussolini se mantuvo en el seno del sistema de la Sociedad de Naciones. A Mussolini le preocupaba la consolidación del poder interior. En 1926 Italia se convirtió en un Estado unipartidista, con Mussolini como su líder indiscutido o *Duce*. La movilización del apoyo de los empresarios estabilizó la economía y apaciguó el malestar laboral. En 1929 los Acuerdos de Letrán firmados con el papado acabaron con un conflicto entre la Iglesia y el Estado que se remontaba a 1870. En política exterior Mussolini trató de que se tomara en serio a Italia como una gran potencia. La política exterior italiana era respetable. Italia trabajó en el seno de la Sociedad de Naciones y apoyó el Pacto de Locarno de 1925, que ratificó los acuerdos territoriales en Europa occidental de los que tan poco provecho había extraído Italia. En abril de 1935 Mussolini organizó en Stresa una reunión de representantes británicos, franceses e italianos que fue la última ocasión en que las tres potencias europeas victoriosas refrendaron públicamente su compromiso con la supervivencia de los Acuerdos de Versalles.

Sin embargo, en 1935 la política exterior italiana había tomado un nuevo rumbo. En el periodo subsiguiente a la depresión, Mussolini vio una oportunidad

en las preocupaciones internas de las demás potencias y con el colapso de la colaboración internacional. Sus partidarios nacionalistas estaban deseosos de que Italia invirtiera su dependencia de Occidente y pasara a desarrollar una política autónoma e imperial en las zonas de interés histórico para Italia: el norte de África, Oriente Medio y los Balcanes. Mussolini también quería mantener en ebullición la revolución fascista; se veía a sí mismo como un nuevo César, llamado a construir un segundo Imperio romano.

Para los nacionalistas, la zona natural para la construcción de un imperio era la independiente Abisinia, donde en 1896 Italia había sufrido una humillante derrota y donde tenía enormes intereses económicos. El 3 de octubre de 1935 fuerzas italianas invadieron Abisinia, y en mayo se encontraba ya bajo control italiano. La Sociedad de Naciones volvió a afrontar un desafío lanzado por uno de sus miembros más prominentes. Se impusieron sanciones que tuvieron poco efecto, pero que distanciaron tanto a la opinión italiana, que en 1937 Italia abandonó la Sociedad. Mussolini quemó entonces sus naves. En julio de 1936 envió fuerzas italianas a que ayudaran a los sublevados en la guerra civil de España, lo cual constituía todo un desafío a Gran Bretaña y Francia. En 1937 Italia se alineó públicamente con la Alemania de Hitler al firmar el Pacto Anti-Comunista (dirigido contra el comunismo internacional), que Japón ya había suscrito un año antes. A partir de una actitud de internacionalismo cooperativo, en 1938 Italia se había convertido en una potencia comprometida con el cuestionamiento del *status quo*.

1 Italia se unió demasiado tarde a las filas de las potencias coloniales europeas. En 1900 sólo poseía pequeños territorios en el Cuerno de África. Durante los siguientes 40 años el imperio se extendió por África y el Mediterráneo (mapa a la izquierda). Libia le fue arrebatada a Turquía en 1911, y las islas del Dodecaneso un año después. En los años 1930 se inició una segunda ola de imperialismo con la conquista de Abisinia en 1935-6 y la ocupación de Albania, que los italianos consideraban como un protectorado virtual, en abril de 1939. Mussolini tenía el delirio de convertir el Mediterráneo y el norte de África en un nuevo Imperio romano.

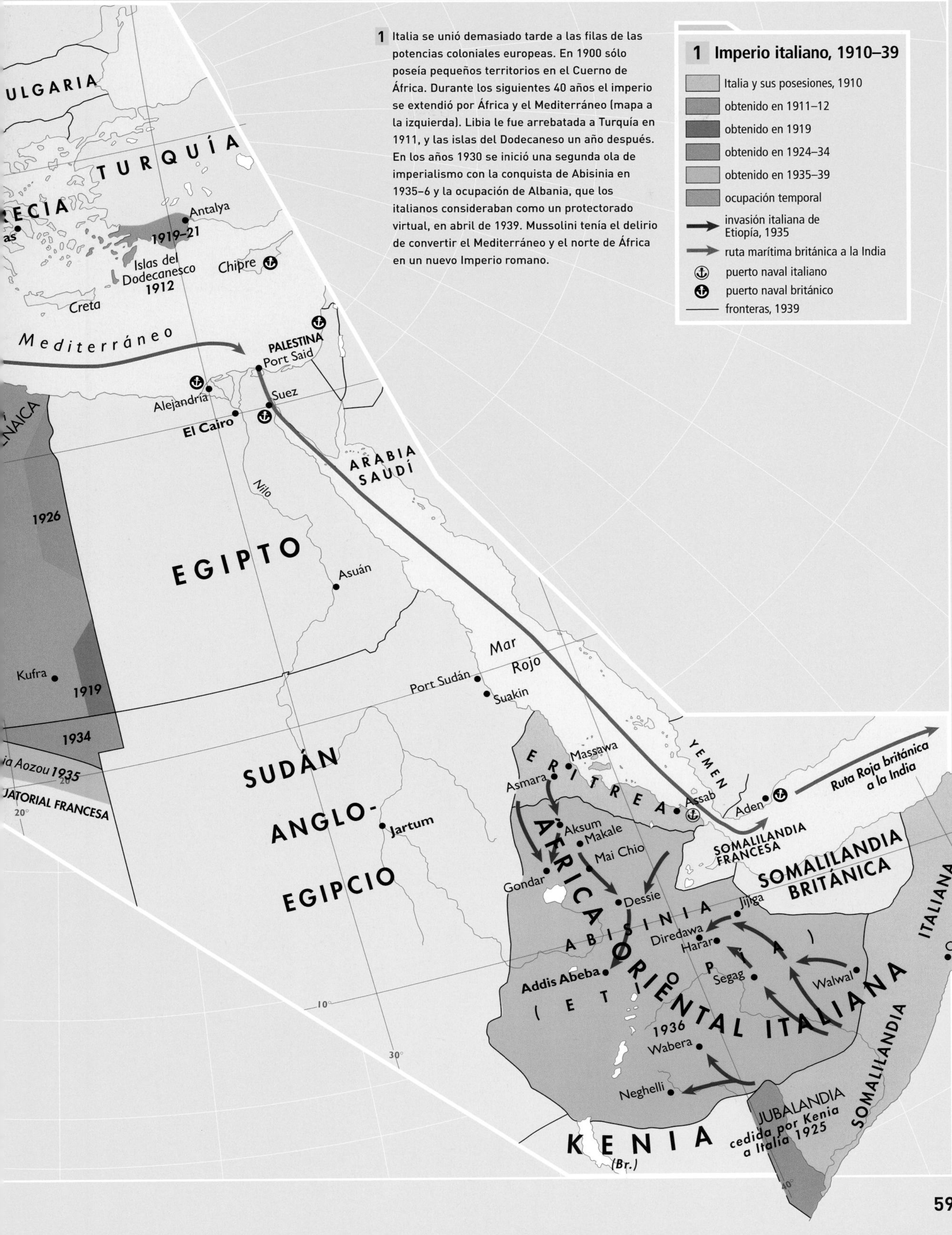

1 Imperio italiano, 1910–39

- Italia y sus posesiones, 1910
- obtenido en 1911–12
- obtenido en 1919
- obtenido en 1924–34
- obtenido en 1935–39
- ocupación temporal
- → invasión italiana de Etiopía, 1935
- → ruta marítima británica a la India
- ⚓ puerto naval italiano
- ⚓ puerto naval británico
- — fronteras, 1939

BULGARIA

TURQUÍA

...ECIA

...as

Antalya

1919–21

Islas del Dodecaneso 1912

Chipre ⚓

Creta

Mediterráneo

PALESTINA
Port Said

Alejandría ⚓

Suez

El Cairo ⚓

...NAICA

ARABIA SAUDÍ

Nilo

1926

EGIPTO

Asuán

Kufra

1919

Mar Rojo

Port Sudán

Suakin

1934

...ia Aozou 1935

...UATORIAL FRANCESA

20°

SUDÁN ANGLO-EGIPCIO

Jartum

YEMEN

ERITREA

Massawa

Asmara

Assab

Aden ⚓

Ruta Roja británica a la India

SOMALILANDIA FRANCESA

SOMALILANDIA BRITÁNICA

ÁFRICA ORIENTAL ITALIANA

Aksum
Makale

Mai Chio

Gondar

Dessie

ABISINIA

Addis Abeba

(ETIOPÍA)

Jijiga

Diredawa

Harar

Segag

Walwal

Obbia

SOMALILANDIA ITALIANA

1936

Wabera

Neghelli

JUBALANDIA cedida por Kenia a Italia 1925

SOMALILANDIA

KENIA

(Br.)

10°

30°

50°

40°

La decisión de Italia de aproximarse a la Alemania de Hitler en 1937 la vinculó con el más peligroso y poderoso de los Estados que deseaban la revisión política en los años 1930. Hitler y sus colegas del Partido Nazi no mantuvieron en secreto antes de 1933 su hostilidad a los Acuerdos de Versalles. Cuando Hitler fue nombrado canciller el 30 de enero de 1933 como parte de un proyecto conservador para la estabilización del sistema político alemán tras los torbellinos de los años de la depresión, Alemania pasó a ser gobernada por un hombre convencido de que el país volvería a convertirse en una gran potencia y de que él era el instrumento escogido por el destino para cumplirlo.

Para Hitler, la idea de un nuevo orden tenía dos facetas: una revolución social y política en Alemania, y una revolución en el orden internacional instaurado al final de la Gran Guerra. En el lapso de 18 meses, Alemania se convirtió en un Estado de partido único, dominado en todos los niveles por el Partido Nazi y sus numerosas organizaciones afiliadas, y, tras la muerte en 1934 del presidente, el mariscal de campo Von Hindenburg, en una dictadura unipersonal. Hitler fundió los cargos de canciller y presidente, y se declaró a sí mismo simplemente el líder: el *Führer*. Se abolieron los sindicatos y se crearon cárceles políticas y una fuerza policial política, la Gestapo. Esta última la dirigía Heinrich Himmler, que en 1936 controlaba todos los servicios de policía y seguridad del país. En 1935 se dieron los primeros pasos activos para la remodelación racial de Alemania con las famosas Leyes de Nuremberg, que negaban plenos derechos civiles a los judíos. Esto formaba parte de un programa más general de «higiene racial», que incluía el adoctrinamiento racista en las escuelas y la esterilización forzosa de los enfermos hereditarios y mentales.

En el ámbito internacional, los objetivos nazis eran menos claros. En la sociedad alemana había acuerdo general sobre la justicia de invalidar Versalles. Hitler quería crear un Estado pan-alemán en Europa central y remilitarizar Alemania. Para muchos miembros del movimiento nazi éste era el límite de la ambición alemana. Pero desde comienzos de los años 1920 Hitler albergaba el deseo de una guerra de venganza que convirtiera a Alemania en una potencia mundial. No tenía ningún plan o proyecto establecido, pero su objetivo a largo plazo era el crecimiento del poder alemán hasta el punto en que Alemania pudiera forjarse un vasto imperio territorial en Eurasia y convertirse en una superpotencia imperial. Hitler consideraba que la guerra era una componente integral de las relaciones entre los Estados, que había de ser bienvenida en lugar de evitada. No obstante, en sus primeros años la política exterior del régimen nazi fue cautelosa, por temor a provocar a otros Estados mientras Alemania no fuera relativamente potente. El rearme comenzó lentamente y no fue proclamado públicamente hasta el 16 de marzo de 1935, cuando Hitler anunció la creación de un nuevo ejército de 36 divisiones, cinco veces mayor que la fuerza de 100.000 efectivos concedida en el Tratado de Versalles. En marzo de 1935 el Sarre volvió a ser de soberanía alemana cuando el 90,8 por 100 de sus ciudadanos votaron por la unión. En marzo de 1936 fuerzas alemanas reocuparon la zona desmilitarizada de Renania que las fuerzas aliadas habían abandonado en 1930. Los aliados no hicieron nada por mantener los acuerdos de posguerra en estos temas, en parte por la hostilidad al riesgo de guerra mostrada por sus poblaciones, en parte porque en privado reconocían la futilidad de mantener una paz punitiva en cuestiones que no constituían una grave amenaza para los intereses occidentales.

En 1936 Hitler aceleró el paso. Se autorizaron nuevos programas militares para la modernización y expansión de las fuerzas armadas, con la intención de hacer de Alemania la primera potencia militar europea para comienzos de los años 1940. En noviembre de 1937 Hitler anunció un nuevo rumbo en la política exterior alemana: la unión con Austria y la posible guerra con Checoslovaquia para devolver a los tres millones de los alemanes que vivían en los Sudetes a la soberanía alemana.

2 ALEMANIA

Las divisiones étnicas de Checoslovaquia, 1938
- alemanes
- checos
- polacos
- eslovacos
- húngaros
- ucranianos

Los acuerdos de Múnich, 1938
- para Alemania, oct. de 1938
- para Hungría, nov. de 1938
- para Polonia, dic. de 1938
- fronteras, dic. de 1938

La disolución de Checoslovaquia, 1939
- para Alemania, mar. de 1939
- para Hungría, mar. de 1939
- independiente, mar. 1939
- fronteras, abr. de 1939

2 Los gastos militares de Alemania crecieron rápidamente después de 1935. En la primavera de 1938, Hitler dirigió su atención hacia Checoslovaquia (izquierda), en una numerosa población alemana en el oeste. En septiembre de 1938 Gran Bretaña y Francia accedieron a su ocupación de los Sudetes. Seis meses más tarde Hitler se apoderó del resto de territorios checos, dejando una muy disminuida Eslovaquia como Estado cliente de los nazis, mientras Hungría y Polonia se llevaban su parte de los despojos de lo que había sido el país más democrático y estable de Europa central.

www.spartacus.schoolnet.co.uk/GERhitler.htm
Biografía de Adolf Hitler.
www.fsmitha.com/h2/ch19.htm
Agresiones en Europa hasta 1936.

1 Expansión alemana, 1935–39

- Alemania, 1935
- El Sarre, incorporado por plebiscito, 1935
- Renaina (zona desmilitarizada) reocupada por Alemania, 1936
- —— fronteras, 1937
- Eslovaquia (Estado cliente de la Alemania nazi), nominalmente independiente desde marzo de 1939

Anexiones alemanas:
- marzo de 1938
- octubre de 1938
- marzo de 1939

En marzo de 1938 fuerzas alemanas entraron en Austria e impusieron un *Anschluss* o anexión. En mayo de 1938, Hitler ordenó la confección de planes para una guerra con los checos en otoño. Esto sí que alarmó a Occidente. Aunque Gran Bretaña y Francia presionaron a los checos para que toleraran la ocupación alemana de los Sudetes en octubre de 1938, ambos Estados impidieron la conquista absoluta. En la Conferencia de Múnich de septiembre de 1938 –la primera ocasión en que Versalles fue revisado en debates celebrados en suelo alemán–, Hitler evitó una guerra a gran escala. A finales de 1938 había logrado cumplir muchas de sus ambiciones internas e internacionales. Alemania se disponía a iniciar una revisión más radical del orden internacional.

1 En los años 1930 Alemania, bajo el liderazgo de Hitler, comenzó a invertir la situación impuesta por el Tratado de Versalles (mapa *supra*). El Sarre volvió a pasar a control alemán en 1935; la desmilitarizada Renania fue ocupada por fuerzas alemanas en marzo de 1936, y para 1939 ya se había construido todo un muro de fortificaciones (la Línea Sigfrido) a lo largo de la frontera occidental. En 1938 Austria fue anexionada por Alemania, el sueño de los nacionalistas austríacos en 1919, logrado por el austríaco expatriado Hitler. En 1918 tres millones de alemanes vivían bajo gobierno checo. En 1938 Hitler planeó apoderarse por la fuerza de estas zonas alemanas, pero se obtuvieron mediante la negociación con Gran Bretaña y Francia. Los alemanes de los Sudetes, organizados en el Partido Alemán de los Sudetes, con más de 1,3 millones de miembros en 1938, recibieron con gran entusiasmo la unificación con Alemania.

La **Guerra Civil española**

La lucha entre un viejo y un nuevo orden político en Europa encontró en los años 1930 un ejemplo en la guerra civil que entre 1936 y 1939 desgarró a España. Fue un conflicto comúnmente considerado como una lucha entre las fuerzas de la luz –el socialismo y el liberalismo– y las fuerzas de las tinieblas –el fascismo y el nacionalismo reaccionario–. En realidad, en España estaban en juego cuestiones mucho más complejas.

En muchos respectos, la política y la sociedad españolas en la primera parte del siglo se parecían a las de América Latina. También España estaba dominada por una elite rural tradicional, con una enorme masa de trabajadores rurales empobrecidos y sin tierras. La Iglesia católica era una fuerza importante, y los militares tenían una tradición de intervención en política. La modernización de España fue más lenta que en otras partes de Europa occidental. La agricultura seguía siendo la principal fuente de riqueza en los años 1930, cuando España dependía de la exportación de alimentos y materias primas. Pero, lo mismo que en América Latina, desde finales del siglo XIX las ciudades habían ido creciendo, especialmente Barcelona, centro del limitado desarrollo industrial de España. En las ciudades floreció una clase media liberal, ansiosa de que el poder político se desplazara a las poblaciones urbanas, de actitud anticlerical, radical en sus deseos de reformas sociales y una democracia efectiva. También se desarrolló un nuevo proletariado urbano, enteramente hostil al viejo orden y atraído por el ala más radical del socialismo, el anarquismo y el sindicalismo europeos.

El viejo sistema político se basaba en un parlamento –las Cortes– dominado por las elites tradicionales, que amañaban las elecciones y asfixiaban la participación política popular. Era un sistema en decadencia. En 1918–20 los disturbios políticos eran generalizados y violentos –el Trienio Bolchevique–, alimentados por los pobres rurales y urbanos. En 1923 el general Primo de Rivera se convirtió en dictador militar, empeñado en un programa de modernización social y económica. Incapaz de hacer frente a los efectos de la depresión, De Rivera fue a su vez derrocado, y en abril de 1931 los radicales urbanos, aliados con los socialistas, proclamaron una república liderada por el intelectual Manuel Azaña.

La república se embarcó en un ambicioso programa de reformas dirigido contra la Iglesia –que fue desestabilizada–, el ejército –cuyo tamaño se vio muy reducido– y los terratenientes. El tema rural fue el que recibió una contestación más fuerte. La Ley de Septiembre de 1932 pretendía transformar la agricultura española asegurándoles a los jornaleros un salario mínimo, empleo regular durante todo el año y la oportunidad de poseer tierras confiscadas a los terratenientes absentistas. En dos años la opinión conservadora española se movilizó en movimientos de masas, como la CEDA (Confederación Española de Derechas Autónomas), o la Falange fascista. Este bloque consiguió el poder en las elecciones de noviembre de 1933 y acometió con violencia la revocación de las reformas y el refuerzo del poder de los terratenientes. Las fuerzas republicanas se dividieron entre los moderados liberales y socialistas, que trataban de imponer las reformas pasando por el parlamento, y los radicales socialistas, anarco-sindicalistas y comunistas, que veían el conflicto en términos revolucionarios y combatieron la violencia con violencia.

2 El mapa político de España (izquierda) se ajustaba más o menos al modelo de tenencia de tierras. En las comunidades agrícolas más prósperas del norte se encontraba el centro del apoyo español al catolicismo y el orden conservador. En el sur se hallaban los partidarios del anarco-sindicalismo, hostiles a los propietarios de tierras y el Estado. En la zona central de grandes fincas los jornaleros eran predominantemente socialistas. En Cataluña existía un movimiento independiente partidario de la autonomía y dominado por la izquierdista *Esquerra*. En septiembre de 1932 se concedió a los catalanes un estatuto de autonomía, revocado cuando la derecha subió al poder. En el norte había un movimiento nacionalista vasco hostil a la República.

3 La España de entreguerras afrontó una grave crisis en el campo (*infra* a la derecha). La sobrepoblación, la erosión del suelo y la caída de los precios se sumaron a las tradicionales tensiones entre los terratenientes y los campesinos pobres. La ley aprobada por la República en 1932 a fin de mejorar los salarios y las condiciones laborales se encontró con una resistencia feroz. En el contexto de una recesión mundial, el éxito de la ley fue muy limitado.

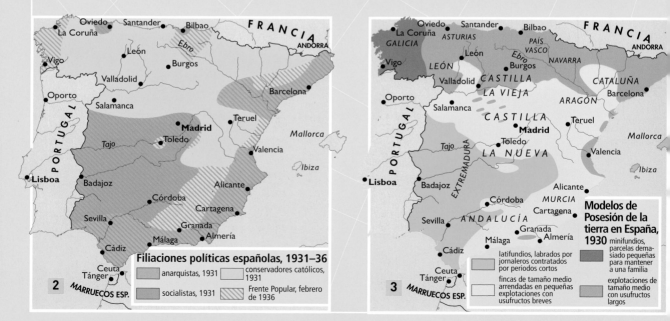

Filiaciones políticas españolas, 1931–36

- anarquistas, 1931
- socialistas, 1931
- conservadores católicos, 1931
- Frente Popular, febrero de 1936

2

Modelos de Posesión de la tierra en España, 1930

- latifundios, labrados por jornaleros contratados por periodos cortos
- fincas de tamaño medio arrendadas en pequeñas explotaciones con usufructos breves
- minifundios, parcelas demasiado pequeñas para mantener a una familia
- explotaciones de tamaño medio con usufructos largos

3

www.spartacus.schoolnet.co.uk/Spanish-Civil-War.htm
Guía exhaustiva de la Guerra Civil española.
www.english.uiuc.edu/maps/scw/scw.htm
Impresiones artísticas y artefactos de la Guerra Civil española.

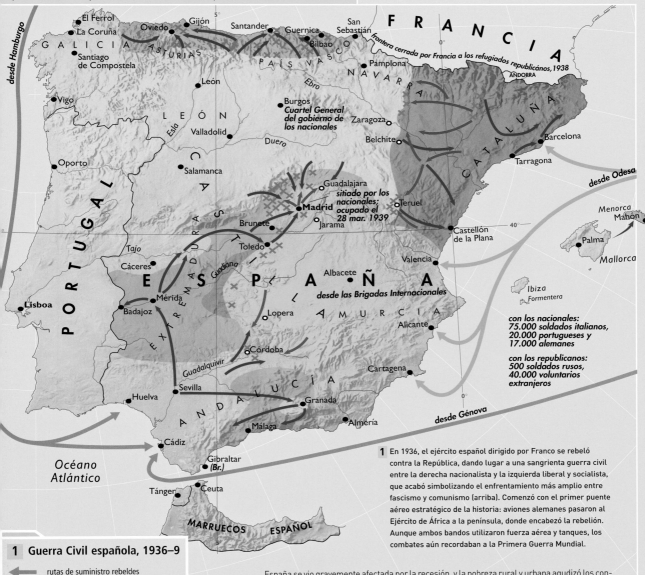

1 En 1936, el ejército español dirigido por Franco se rebeló contra la República, dando lugar a una sangrienta guerra civil entre la derecha nacionalista y la izquierda liberal y socialista, que acabó simbolizando el enfrentamiento más amplio entre fascismo y comunismo (arriba). Comenzó con el primer puente aéreo estratégico de la historia: aviones alemanes pasaron al Ejército de África a la península, donde encabezó la rebelión. Aunque ambos bandos utilizaron fuerza aérea y tanques, los combates aún recordaban a la Primera Guerra Mundial.

1 Guerra Civil española, 1936–9

- ⬅ rutas de suministro rebeldes
- ⬅ rutas de suministro republicanas
- ○ operaciones de la Brigadas Internacionales
- ⬅ principales ataques rebeldes
- ⬅ principales ataques republicanos

- sublevados, julio de 1936
- sublevados, octubre de 1937
- sublevados, julio de 1938
- sublevados, febrerp 1939
- republicanos, marzo 1939
- ✕ zonas de más intensos combates

España se vio gravemente afectada por la recesión, y la pobreza rural y urbana agudizó los conflictos políticos. Una oleada de asesinatos políticos, quemas de iglesias y confiscaciones de tierras hacía de la España de 1936 un país absolutamente ingobernable. En las elecciones de febrero las fuerzas de la República, moderadas y revolucionarias, se unieron en un «Frente Popular» para derrotar a la derecha en las urnas. En julio de 1936 oficiales del ejército, temerosos ante la perspectiva de una revolución bolchevique, dieron un golpe de Estado frustrado. Las fuerzas republicanas se organizaron para una demostración militar de fuerza, y durante tres años ambos bandos se enzarzaron en una enconada y sanguinaria guerra que dejó 600.000 muertos.

Italia y Alemania apoyaron a los sublevados con armas y hombres; los republicanos recibieron apoyo voluntario de las Brigadas Internacionales organizadas en el extranjero para luchar contra el «fascismo». Los sublevados no eran tanto fascistas como una alianza de fuerzas conservadoras, clericales y nacionalistas con algún apoyo fascista. Su líder, el general Franco, procedía de la tradición del caudillismo o dictadura militar. Consiguió hacer de las fuerzas rebeldes un ejército moderno. Tras algunas derrotas al comienzo, los sublevados tomaron Barcelona el 26 de enero de 1939 y Madrid el 28 de marzo, con lo cual terminó la guerra. Franco se puso al frente de un régimen comprometido en una estrategia de modernización dentro de un marco conservador.

La **China** de entreguerras

Las guerras civiles entre nacionalistas y comunistas no fueron exclusivas de Europa. En los años 1930, China se vio inmersa en una guerra entre las facciones políticas rivales hasta la precaria tregua provocada en 1937 por la amenaza común de la agresión japonesa. La Guerra Civil china hunde sus raíces en la revolución de 1911 (véase p. 14). El derrocamiento de los emperadores manchúes llevó a un turbulento periodo en todo el país cuando las fuerzas políticas chinas se enfrentaron a propósito de la clase de Estado postimperial en el que todas se sintieran a gusto.

El primer presidente chino, Yüan Shih-k'ai, elegido en 1912, aunque nominalmente a favor de una democracia constitucional, en 1915 convirtió su cargo en una dictadura virtual, basada en la fuerza militar de los generales chinos del norte. Cuando en 1916 trató de convertirse en emperador, sus aliados lo abandonaron. Su muerte unos meses más tarde marcó el comienzo de un periodo de gobiernos caudillistas que duró hasta 1927. China se fragmentó en una serie de dictaduras militares cuyas fuerzas luchaban entre sí por obtener ventajas regionales. En ausencia de un gobierno central estable, las demás potencias mantuvieron la privilegiada posición de que habían disfrutado bajo los emperadores, dominando el comercio, las aduanas, los ferrocarriles e incluso el correo, además de derechos extraterritoriales en suelo chino.

El ascenso del caudillismo y la presencia continua de extranjeros provocó una revuelta nacionalista en los años 1920. La demanda de unidad y soberanía nacional fue más ruidosa en las universidades chinas, donde los estudiantes reclamaron reformas sociales. El Movimiento del 4 de Mayo, que tomaba su nombre de una manifestación de los estudiantes de Pekín en mayo de 1919, desencadenó una ola de huelgas y boicots que fue brutalmente reprimida. El «Movimiento de la Nueva Cultura» que siguió produjo un periodo de intenso debate intelectual sobre el camino a la modernización que debía seguir China.

1 Desde 1928 hasta 1937, gran parte de China fue puesta bajo el control de Chiang Kai-shek. Chiang, convertido al metodismo tras su matrimonio con una mujer perteneciente una de las más poderosas familias cristianas de Shanghai –los Song–, estableció su capital en Nanking, donde lanzó el «Movimiento de la Nueva Vida», una renovación cas fascista de la cultura y los valores chinos contra el occidentalismo y el marxismo.

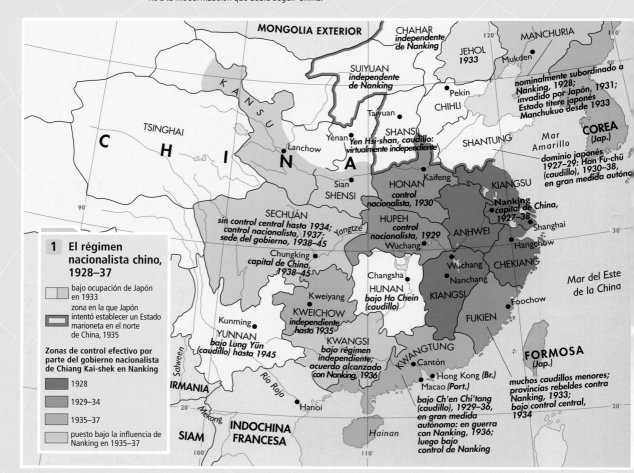

1 El régimen nacionalista chino, 1928–37

- ☐ bajo ocupación de Japón en 1933
- ⬜ zona en la que Japón intentó establecer un Estado marioneta en el norte de China, 1935

Zonas de control efectivo por parte del gobierno nacionalista de Chiang Kai-shek en Nanking

- ⬛ 1928
- ⬛ 1929–34
- ⬜ 1935–37
- ⬜ puesto bajo la influencia de Nanking en 1935–37

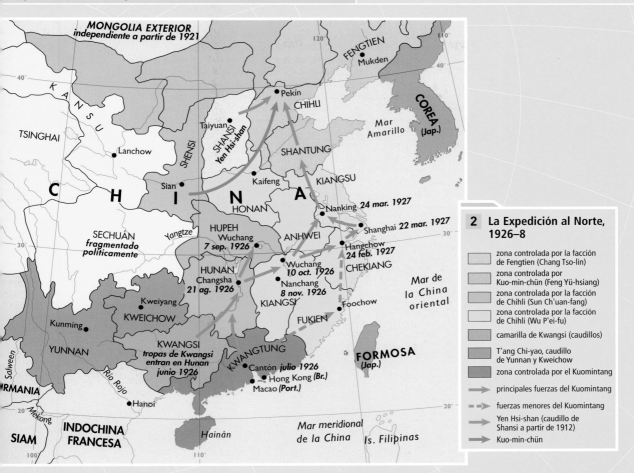

2 La Expedición al Norte, 1926–8

- zona controlada por la facción de Fengtien (Chang Tso-lin)
- zona controlada por Kuo-min-chün (Feng Yü-hsiang)
- zona controlada por la facción de Chihli (Sun Ch'uan-fang)
- zona controlada por la facción de Chihli (Wu P'ei-fu)
- camarilla de Kwangsi (caudillos)
- T'ang Chi-yao, caudillo de Yunnan y Kweichow
- zona controlada por el Kuomintang
- → principales fuerzas del Kuomintang
- ⇢ fuerzas menores del Kuomintang
- → Yen Hsi-shan (caudillo de Shansi a partir de 1912)
- → Kuo-min-chün

Del debate surgieron los principales grupos políticos. El primero se centraba en el Partido Nacional del Pueblo (el Kuomintang), fundado por primera vez en 1912 y revitalizado por Sun en 1924; el segundo era el Partido Comunista Chino, fundado en julio de 1921. Ambos compartían el anti-imperialismo, y mientras los comunistas contaban con el apoyo de las clases obreras de los principales puertos, el Kuomintang se nutría de las clases urbanas instruidas y los empresarios nativos chinos del sur. A la muerte de Sun en 1924, en Cantón se estableció un gobierno del Kuomintang como rival del gobierno de Pekín dominado por los caudillos del norte. Sun había aprendido de la era de los caudillos, y a mediados de los años 1920 el Kuomintang tenía su propio ejército al mando de un joven oficial, Chiang Kai-shek, que en 1925 ya era la figura líder del movimiento.

En julio de 1926 estalló una guerra contra el norte –la llamada Expedición al Norte–, que un año más tarde llevó a la consolidación de gran parte de China bajo un régimen único basado en la nueva capital de Chiang, Nanking. Hasta entonces el Kuomintang y los comunistas habían colaborado, pero el temor de Chiang a una revolución social más amplia le hizo hostil al comunismo. En 1927 sus fuerzas destruyeron a los comunistas en las ciudades más importantes. Sin embargo, un joven líder comunista, Mao Tse-tung, mantuvo la resistencia viva en la provincia de Kiangsi, y cuando Chiang atacó a su grupo en 1934, los fragmentos del movimiento chino atravesaron casi 10.000 kilómetros hasta la provincia de Shesin, en el norte. En los años 1930 Chiang se convirtió en el líder indiscutido de la nueva China nacional; la soberanía se restauró en gran medida, a pesar de que seguía dependiendo de la ayuda exterior. La cuestión social de los millones de campesinos y obreros pobres que había en China seguía sin resolverse.

2 En 1926, el Kuomintang y los comunistas se aliaron para lanzar una campaña militar contra los caudillos del norte que había de unificar el país (mapa *infra*). Pese a su inferioridad numérica, las fuerzas de Chiang derrotaron a los divididos ejércitos de los caudillos y sometieron al gobierno nacionalista gran parte de China central.

Democracia y dictadura

1919-1939

1922 Mussolini toma el poder en Italia.

1923 Golpe militar en España.

1926 Los militares toman el poder en Polonia.

1926 Antanas Smetona toma el poder en Lituania.

1932 Antonio de Salazar se convierte en dictador de Portugal.

1933 Alemania se convierte en una dictadura de partido único.

1934 Konstantin Päts impone el régimen unipartidista en Estonia.

1935 Grecia se convierte en una dictadura militar.

La historia de la China de entreguerras ejemplificó el problema de la adaptación a la política moderna en el vacío dejado por el desmoronamiento de un viejo orden imperial. El supuesto del que partían la mayoría de los modernizadores era que el sucesor natural del anticuado autoritarismo era alguna forma de democracia parlamentaria. En la realidad, la mayoría de los experimentos democráticos no tardaron en venirse abajo. China fue democrática durante un corto lapso de tiempo, en 1912 cuando se eligió popularmente un presidente; el breve destello de democracia en las elecciones celebradas en Rusia en 1917 fue rápidamente apagado por la guerra civil; Turquía vivió tres elecciones en 1920, pero el Partido Republicano del Pueblo de Kemal Atatürk funcionó como un sistema de partido único desde 1924.

La supervivencia de la democracia fue un poco más duradera en la Europa de posguerra. En 1920 la mayoría de Estados europeos eran democracias parlamentarias a imitación de las victoriosas potencias democráticas. Pero, uno tras otro, los nuevos regímenes democráticos fueron dando paso a dictaduras. La primera transformación se produjo en Italia, donde el líder del Partido Fascista, Benito Mussolini, se convirtió en primer ministro en una coalición de derechas y en 1926 jefe de un Estado unipartidista. España siguió el ejemplo en 1923, cuando los militares tomaron el

2 El cambio más perturbado se produjo en Alemania. El triunfo electoral del nazismo (infra), con el 44 % de los votos en marzo de 1933, alentó los movimientos radicales de derechas en Europa. Hitler y sus colaboradores más íntimos utilizaron los medios de la democracia para subvertirla.

3 El secreto del Partido Nazi consistió en la organización de un Estado paralelo basado en las regiones del Partido o *Gaue* y en la creación de instituciones que obligaban a los alemanes corrientes a colaborar o enfrentarse al Partido, cuando no algo peor. En 1945, 1,3 millones de alemanes habían sido encarcelados en alguna ocasión por delitos político (*infra* a la izquierda).

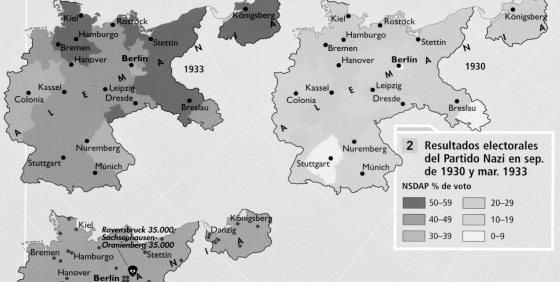

1933

1930

2 Resultados electorales del Partido Nazi en sep. de 1930 y mar. 1933

NSDAP % de voto

50–59	20–29
40–49	10–19
30–39	0–9

3 Alemania: campos de concentración, 1937–8

○ campo de concentración con capacidad potencial, incluidos campos auxiliares

• sede de las divisiones 1–80 de las SS alemanas

Ravensbrück 35.000; Sachsephausen-Oranienberg 35.000
Buchenwald 50.000
Flossenburg 50.000
Dachau 65.000
Mauthausen 70.000 hasta 1938

poder. Un breve interludio democrático entre 1931 y 1936 acabó en una guerra civil tras la cual la dictadura militar se reafirmó bajo el mando de Franco (véanse pp. 62–63). En Polonia los militares al mando del mariscal Pilsudski tomaron el poder en 1926 y el país pasó a ser gobernado por el llamado «Grupo de los Coroneles».

En los Estados bálticos la democracia se desmoronó entre 1926, cuando Antanas Smetona tomó el poder en Lituania, y 1934, cuando Konstantin Päts impuso un régimen unipartidista en Estonia. En Portugal un débil Estado parlamentario fue derrocado en 1926, y en 1932 Antonio de Salazar, líder del partido Unión Nacional, se convirtió en dictador. Desde 1919 a Hungría la gobernaba el partido de Unión Nacional del almirante Horthy, y Austria se convirtió en un Estado autoritario en 1933 bajo el gobierno de Engelbert Dolfuss, hasta que cinco años más tarde fue absorbido por la Alemania de Hitler. Grecia se convirtió en una dictadura militar en 1935, Bulgaria en 1936. Rumanía se convirtió en una dictadura monárquica bajo el rey Carol en 1938, y en una dictadura militar cinco años más tarde. La única de las nuevas democra-

cias de posguerra que sobrevivió como tal fue Checoslovaquia que en 1939 cayó también víctima de la expansión alemana. Cuando Alemania se convirtió en una dictadura de partido únic en el verano de 1933, la democracia ya se hallaba sumida en una profunda crisis. En 1939 sólo sobrevivía como forma política en Gran bretaña, Francia, los Estados Unidos, los Países Bajos Escandinavia y un puñado de dominios británicos.

El fracaso de la democracia tuvo muchas causas. En los años 1920 se desarrolló un potente movimiento contra la política liberal, que se veía al servicio de los intereses de las opulentas elites occidentales en lugar de orientada a la satisfacción de las necesidades de las masas. La democracia daba a las masas la oportunidad de expresar su hostilidad hacia las viejas elites, pero ni la nueva derecha ni la izquierda de masas tenían una actitud muy democrática excepto allí donde el gobierno parlamentario estaba firmemente consolidado, como sucedía en Gran bretaña y Francia. Los nuevos partidos autoritarios contrastaban fuertemente con las organizaciones liberales. Eran militaristas, violentos, activos: las infinitas concentraciones marchas y rituales les conferían un atractivo del que la sobria política parlamentaria carecía en un periodo de crisis y transi-

www.freedomhouse.org/reports/century.html
Estudio sobre la democracia en el siglo xx.
www.giles.34sp.com/
Guía irreverente de los dictadores del siglo xx.

FINLANDIA
oct. 1930 y
feb. 1932: intento de golpe
fascista (Lapua)
● Helsinki

NORUEGA
30,8
1931, 1936-8:
olas de huelgas
● Oslo

SUECIA
Estocolmo ●
22.8

ESTONIA
● Tallin
1934: instauración
de la dictadura
de Päts

a partir de 1928: ola
organizada por el Estado
de aniquilación en masa
de civiles y cuadros del
Partido
● Moscú

1931: organización de los
Camisas Azules fascistas

1937, 1938: ola de huelgas
y organización de sindicatos

REINO
Dublín ●
1932–39: los «Camisas
Negras» de Oswald Mosley
1935–36: huelgas «de
brazos caídos» de los
mineros contra los
gremios empresariales
UNIDO
Londres ●

LETONIA
Riga ●
1934: el golpe de
Ulmanis instaura la dictadura

LITUANIA
Kaunas ●
1926: golpe de Smetona

DINAMARCA
31,7
1933: agitación alemana
en Schleswig Norte

Mar del
Norte

Mar
Báltico

23,2

22,5

29,5
1931-3:
graves huelgas
y disturbios
HOLANDA
BÉLGICA
1932,1935–37: ◆ 23,5
oleadas de huelgas
ALEMANIA 13,5
LUX.

Danzig
para Alemania

1929: disturbios en Berlín
1930–32: choques entre
nazis y comunistas
Berlín ●
1932: se permite operar oficialmente
a las fuerzas de choque nazis
1933: los nazis suben al
poder

Varsovia ●
POLONIA
1926–35: dictadura de Pilsudski
1935–39: régimen de los coroneles
1930–38: importantes oleadas de
huelgas que afectan a campesinos y obreros

U R S S

FRANCIA
24,3
París ●

30,1
● Praga
CHECOSLOVAQUIA
LIECH.
21,3
SUIZA
26,1

Viena ●
1933–38: actividades nazis entre los alemanes
de los Sudetes
1938: anexión de los Sudetes
1939: anexión de Bohemia

1934: creciente actividad
fascista (rexista)
feb. 1934: caso Stavisky
1936: oleadas de huelgas
de brazos caídos
(participan 2,5 millones
de trabajadores)

AUSTRIA
1932: intento de
golpe de Estado fascista
en Estiria
1934: fracasado golpe
de Estado nazi
1938: anexionada
por Alemania

Budapest ●
abril 1933:
manifestaciones pro-nazis
HUNGRIA

RUMANÍA
1930–38: la «Guardia de Hierro»
fascista, tolerada y financiada por Carol II
1933: huelga ferroviaria en Bucarest
sangrientamente reprimida

1932: graves
disturbios laborales

ANDORRA
MÓNACO
1929–36: situación inestable,
prerrevolucionaria, marcada por huelgas,
manifestaciones y levantamientos de
derechas y de izquierdas
1936–39: Guerra Civil española

ITALIA
Córcega

YUGOSLAVIA
Belgrado ●
1929: Alexander instaura
la dictadura monárquica
1935–38: oleada de
huelgas

● Bucarest

Mar Negro

Cerdeña

● Roma

1926: Mussolini
accede a la
jefatura de un
Estado
unipartidista

BULGARIA
Sofia ●
1934: golpe de Estado militar
1936: el rey Boris instaura
la dictadura

Is. Baleares

ALBANIA
Tirana ●
mayo 1937:
insurrección
musulmana

GRECIA
1933: intento de golpe de
Estado republicano
1935: disturbios de Venizelist
1936–41: dictadura de Metaxas
Atenas ●

Ankara ●

TURQUÍA
1923–38: Kemal
Atatürk moderniza
Turquía
dic. 1930: levantamiento
de los derviches cerca
de Izmir

Sicilia

Is. Dodecaneso
(It.)

Chipre
(Br.)

A comienzos de los años 1920, la mayoría de los Estados
europeos eran democracias. En 1939 la mayoría eran
dictaduras, algunas fascistas, algunas nacionalistas, algunas
monárquicas. Los nuevos Estados creados en Versalles
afrontaron numerosas dificultades para establecer un sistema
parlamentario moderno. La depresión exacerbó las tensiones
políticas internas. La población de Europa comenzó a
desplazarse hacia los extremos radicales: comunista,
nacionalista o fascista. La democracia sobrevivió en Gran
Bretaña y Francia, los Países Bajos y Escandinavia, pero también
en estos países se desarrollaron movimientos fascistas y
comunistas que amenazaban la estabilidad democrática.

...ón. También proporcionaban una fuente de estatus y poder a
...uienes carecían de fortuna y posición social. Eran movimientos
...enuinamente populistas, liderados por hombres como Stalin y
...ussolini, hijos de artesanos, o, como Hitler, hijo de un oficinis-
... Los dictadores, de derechas o de izquierdas, impusieron el
...onsenso y persiguieron a los opositores a fin de construir su
...ersión del Estado moderno.

1 Cambios sociales y políticos en
Europa, 1929–39

Regímenes políticos

☐ fascista o comunista

☐ represivo o no
plenamente democrático

☐ democrático

👤 porcentaje de
trabajadores
23.2 industriales
desempleados

**Principales movimientos
de protesta e
insatisfacción, 1929–39**

◆ oleada de huelgas

■ disturbio o
manifestación

● actividad derechista

— fronteras, 1937

Obertura a la Segunda Guerra Mundial

1936 Reocupación alemana de Renania.

1936 Gran Bretaña y Francia comienzan a rearmarse.

1937 El Congreso de los EE.UU. aprueba leyes de neutralidad.

1937 Neville Chamberlain accede al cargo de primer ministro británico; aplica una política de apaciguamiento.

1938 Alemania ocupa Austria.

1939 (31 de marzo) Chamberlain da garantías incondicionales a Polonia.

1939 (1 de septiembre) Fuerzas alemanas atacan Polonia.

1939 (3 de septiembre) Gran Bretaña y Francia declaran la guerra.

El ascenso de la dictaduras en Estados muy interesados en revisar el orden internacional establecido a comienzos de los años 1920 constituyó un grave desafío para las potencias democracias. La aguda polarización entre la democracia liberal, el comunismo y el fascismo produjo un periodo de intensa crisis en los años 1930, una especie de guerra civil europea. En 1939, el optimismo de los conciliadores de 1919 estaba cediendo paso a un creciente fatalismo sobre la inevitabilidad de otra gran guerra.

1 La ciudad prusiana de Danzig se convirtió en la causa de la guerra en 1939 (derecha). En 1919 el Tratado de Versalles hizo de Danzig una ciudad libre bajo mandato de la Sociedad de Naciones. El objetivo era permitir a Polonia el acceso al Báltico con fines comerciales. Por eso se concedió a Polonia un corredor de territorio prusiano entre Prusia y el resto de Alemania. En él vivían importantes minorías alemanas. Pero los polacos desarrollaron el puerto de Gdynia como su salida al mar, mientras que el enclave de Danzig, donde vivían muchos alemanes, en 1933 pasó a dominio del gobierno nazi. En 1939 Alemania pidió la devolución de la ciudad. Polonia se negó. Hitler se preparó para la guerra y, para evitar la intervención exterior, en agosto de 1939 envió al ministro de Asuntos Exteriores, Ribbentrop, a firmar un pacto con Stalin.

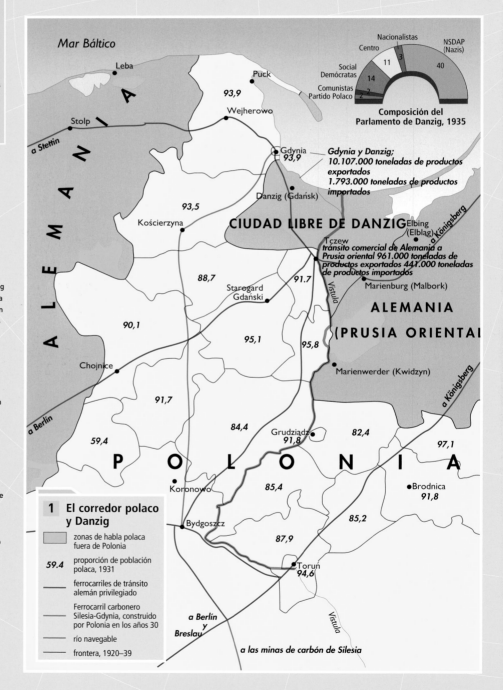

Composición del Parlamento de Danzig, 1935

- Nacionalistas
- NSDAP (Nazis) 40
- Centro 11
- 3
- Social Demócratas 14
- Comunistas 2
- Partido Polaco 2

Gdynia y Danzig;
10.107.000 toneladas de productos exportados
1.793.000 toneladas de productos importados

tránsito comercial de Alemania a Prusia oriental 961.000 toneladas de productos exportados 441.000 toneladas de productos importados

CIUDAD LIBRE DE DANZIG

ALEMANIA (PRUSIA ORIENTAL)

1 El corredor polaco y Danzig

- zonas de habla polaca fuera de Polonia
- **59.4** proporción de población polaca, 1931
- ferrocarriles de tránsito alemán privilegiado
- Ferrocarril carbonero Silesia-Gdynia, construido por Polonia en los años 30
- río navegable
- frontera, 1920–39

www.fsmitha.com/h2/ch21b.html
Europa: desde 1937 hasta el estallido de la Segunda Guerra Mundial.
www.fsmitha.com/h2/ch22.htm
Los enfoques estadounidense y europeo de la agresión alemana.

El orden internacional establecido por los Estados democráticos tras la Gran Guerra adolecía de defectos fundamentales. Dos grandes potencias, los EE.UU. y la URSS, quedaban en la práctica fuera de él, a pesar de que ambas poseían un enorme peso potencial en el equilibrio de poder. Los Estados Unidos se negaban a ingresar en la Sociedad de Naciones o a ratificar el Tratado de Versalles, y en 1937 la opinión aislacionista en el interior obligó a que el Congreso aprobara una legislación neutral. La Unión Soviética nunca estuvo plenamente integrada en el orden de posguerra, incluso durante el breve periodo, entre 1934 y 1939, en que fue una potencia de la Sociedad de Naciones. Alemania también se hallaba fuera del sistema, con cuya estructura de tratados la mayoría de los alemanes deseaba acabar. En los años 1920, cuando Alemania fue desarmada, estas ambiciones no importaban, pero cuando en los años 1930 Alemania volvió a ser bajo Hitler una fuerza militar real, se convirtió en una amenaza permanente contra el *status quo*.

En efecto, el orden de posguerra estaba dominado por Gran Bretaña y Francia. Ninguna de estas dos potencias podía permitirse el esfuerzo militar y económico que requería la defensa del *status quo*, particularmente en los años 1930, cuando su prioridad era la reconstrucción de sus economías tras la recesión y evitar los conflictos sociales internos. El sistema siempre dependía de la cooperación de otros Estados, y cuando en los años 1930 ésta se evaporó, Gran Bretaña y Francia se vieron desbordadas por la defensa de imperios globales con recursos muy mermados. La debilidad de su posición las retrajo de correr riesgos en política exterior y las alentó a buscar compromisos con los Estados revisionistas. La política de «apaciguamiento», como se la llegó a conocer, era un reconocimiento de la realidad por parte de políticos que sabían que sus electorados eran hostiles a la guerra y sus fuerzas demasiado débiles para impedir la agresión mediante la fuerza.

No obstante, en 1936 Gran Bretaña y Francia comenzaron a rearmarse a fin de disuadir a los potenciales agresores y defender su imperio si estallaba la guerra. El primer ministro británico, Neville Chamberlain, y su homólogo francés, Édouard Daladier, sabían que para defender el *status quo* tenían que discutir desde una posición de fuerza. En 1939 británicos y franceses superaban a los alemanes en número de tanques y de aviones. A Alemania se la veía en Occidente como la clave de la crisis internacional, pero Italia y Japón, si se aliaban con ella, constituían una amenaza formidable en el Mediterráneo y el Lejano Oriente. Entre 1936 y 1939 ni Gran Bretaña ni Francia estaban en condiciones de afrontar estas múltiples amenazas con una fuerza real.

A comienzos de 1939 los gobiernos británico y francés constataron que, si no conseguían frenar la expansión alemana, los acuerdos de posguerra (y el equilibrio de poder y su modo democrático de vida) se verían peligrosamente amenazados. En febrero Gran Bretaña se comprometió a luchar al lado de Francia, y los dos estados mayores comenzaron a hacer planes para una posible guerra en 1939. El 15 de marzo tropas alemanas ocuparon lo que quedaba de Checoslovaquia. El 31 de marzo Chamberlain dio garantías incondicionales a Polonia de la ayuda británica en el caso de que Alemania violara su soberanía. Polonia, con su enorme minoría alemana, parecía la más probable candidata a convertirse en la siguiente ambición de Hitler. En realidad, las garantías se dieron antes de que Hitler hubiera decidido atacar Polonia y hacer trizas los últimos jirones del Tratado de Versalles.

El 6 de abril, Hitler cursó instrucciones a sus fuerzas armadas de que prepararan una breve campaña contra Polonia en otoño. Sus expectativas eran de un conflicto meramente local: estaba convencido de que Gran bretaña y Francia eran militar y políticamente demasiado débiles como para presentar una oposición seria, a pesar de las crecientes pruebas en sentido contrario. Para asegurarse de la no intervención occidental, Hitler dio algunos pasos conducentes a un acuerdo con la Unión Soviética. El Pacto Nazi-Soviético de No Agresión se firmó en Moscú el 23 de agosto. Tres días después Gran Bretaña entabló una alianza militar formal con Polonia. A lo largo del verano Gran Bretaña y Francia habían dado a Hitler claras advertencias de su intención de luchar. Los preparativos para la guerra estaban muy avanzados en agosto, aunque Chamberlain y Daladier suponían que Hitler daría marcha atrás cuando se percatara del riesgo de guerra. La disuasión fracasó. En 1 de septiembre fuerzas alemanas atacaron en un amplio frente. El intento que a última hora hizo Mussolini de mediar entre las potencias el 2 de septiembre fracasó, y al día siguiente Gran Bretaña y Francia declararon la guerra a Alemania.

2 Planes de la campaña polaca, 1939

☐ fuerzas polacas
■ fuerzas alemanas

2 El gobierno polaco fue el primero, en 1939, en plantar cara a Hitler (izquierda). El ministro de Exteriores, Josef Beck, sostenía que Alemania jugaba de farol y que se exageraba sobre su poder militar. Estimulado por las garantías de apoyo dadas por Gran Bretaña y Francia, el ejército polaco diseñó planes de defensa. Sus 37 divisiones y 2.000 aviones; tras una breve acción dilatoria, se retiraron al centro para presentar batalla a las puertas de Varsovia. Tenían pocos tanques y confiaban en la movilidad de la caballería. Durante agosto de 1939 las fuerzas alemanas en Prusia oriental habían introducido de contrabando tropas y armas en Danzig. La noche del 31 de agosto unidades de las SS tomaron la ciudad, y al día siguiente soldados alemanes emprendieron la invasión de Polonia.

La guerra europea iniciada en septiembre de 1939 se convirtió, dos años más tarde, en una guerra mundial en la que se vieron envueltas todas las grandes potencias. Fue la guerra más destructiva de la historia, una «guerra total», librada contra civiles tanto como contra soldados y pagada por todo el orbe, donde la movilización de recursos nacionales alcanzó niveles sin precedentes y al menos 55 millones de personas perdieron la vida. La guerra marcó un antes y un después en la historia universal. Ambos bandos lucharon en favor de su versión de un nuevo orden mundial que reemplazara el establecido en 1919. La participación de la Unión Soviética y los Estados Unidos a partir de 1941 privó a las potencias europeas de decidir el resultado final. El mundo de posguerra, dominado por estas dos nuevas superpotencias, dejaba poco margen para el imperialismo europeo tradicional. Con la derrota de los imperios italiano, japonés y alemán en 1945, la era del imperialismo tocó a su fin.

Combates en el Frente Oriental, junio de 1943

PARTE III **EL MUNDO EN GUERRA**

Conquistas del Eje

1939–1940

- **1939** Ocupación alemana de Praga.
- **1939** Alemania invade Polonia; Gran Bretaña y Francia declaran la guerra a Alemania.
- **1940** Alemania invade Noruega, Dinamarca, Bélgica, Holanda y Francia.
- **1940** Italia invade Grecia, pero es rechazada.
- **1940** Batalla de Inglaterra.
- **1940 (septiembre)** Pacto tripartito entre Alemania, Italia y el Japón.
- **1940** En Francia se establece el régimen de Vichy al mando de Pétain.

A las 4.45 de la mañana del 1 de septiembre de 1939, los cañones del buque escuela *Schleswig-Holstein*, de visita en Danzig, abrieron fuego contra instalaciones polacas. Unidades de las SS introducidas clandestinamente en Danzig arrestaron a los funcionarios polacos en la ciudad. En el plazo de horas, estaba en manos alemanas, primera etapa de una campaña de conquistas que en dos años llevó a las fuerzas alemanas a la ocupación de toda Europa: desde la costa atlántica en el oeste hasta Moscú y Crimea en el este.

La toma de Danzig fue el prefacio de un rápido asalto lanzado sobre toda Polonia. Contra las 30 divisiones, 11 brigadas de caballería y la minúscula fuerza aérea de ésta, Alemania reunió 55 divisiones –incluidas las seis llamadas «Panzer» con enormes cantidades de tanques y vehículos– y 1.929 aviones. Combinando los tanques y la aviación para flanquear y desmoralizar al enemigo, las fuerzas alemanas invadieron rápidamente el oeste de

Polonia. Aunque el alto mando francés había prometido una campaña en el oeste una vez completada la movilización, nada se hizo para aliviar la presión sobre los ejércitos polacos. El 17 de septiembre, fuerzas soviéticas comenzaron a ocupar las casi indefensas zonas orientales de Polonia, y el 27 de septiembre, tras un atroz bombardeo aéreo, Varsovia se rindió a las fuerzas alemanas. Polonia quedó partida entre Alemania y la Unión Soviética según líneas acordadas en Moscú el 28 de septiembre de 1939.

El instinto de Hitler era golpear a Gran Bretaña y Francia ahora que el hierro estaba candente. Pero las discrepancias sobre el plan de operaciones y las condiciones meteorológicas cada vez peores produjeron 29 aplazamientos. Finalmente se fijó la fecha del 10 de mayo de 1940. El plan de campaña, concebido por el general Von Manstein y aprobado por Hitler, era atacar con tres cuerpos de ejército, uno de los cuales contendría la mayoría de los tanques y vehículos pesados diseñados para perforar las fortificaciones de la línea enemiga en el sector norte de la Línea Maginot y rodear a los ejércitos aliados en el noroeste de Francia y Bélgica. Mientras se ultimaban los preparativos finales, Hitler estaba cada vez más ansioso ante la posibilidad de que los británicos planearan ocupar Escandinavia a fin de amenazar el flanco norte de Alemania. A toda prisa se improvisaron dos operaciones contra Dinamarca y Noruega. La primera fue ocupada con poca resistencia los días 9–10 de abril. La resistencia al ataque sobre Noruega el 9 de abril contó con apoyo británico, y las fuerzas noruegas no se rindieron hasta el 7 de junio.

El largamente esperado ataque de Alemania en el oeste se inició el 10 de mayo. Contra un total de 144 divisiones aliadas (francesas, británicas, holandesas, belgas), los alemanes reunieron 141. La fuerza aérea alemana tenía 4.200 aviones operativos, los aliados algo más de 3.000. En cuanto a tanques, la diferencia era favorable a los aliados: 3.383 contra 2.335. Sin embargo, en el plazo de seis semanas, y a costa de sólo 30.000 muertos, las fuerzas alemanas conquistaron los Países Bajos, Bélgica y Luxemburgo, y el 21 de junio forzaron la capitulación de Francia. Espoleada por el éxito alemán, Italia declaró la guerra a la Gran Bretaña y Francia el 10 junio. El secreto del éxito alemán no era la vasta superioridad numérica, sino el eficaz plan de operaciones y la capacidad de combate de su ejército. Las fuerzas británicas estaban divididas –gran parte de la fuerza aérea se quedó en casa para conjurar la amenaza de bombardeos–, mientras que las fuerzas francesas, tanques incluidos, estaban parceladas a lo largo de la Línea Maginot. Los alemanes se concentraron en un breve y fuerte golpe contra los aliados en el noroeste de Francia.

Mientras que los franceses se esforzaban por presentar batalla a las móviles fuerzas alemanas, las fuerzas británicas en el continente fueron evacuadas. Unos 370.000 efectivos (139.000 de ellos franceses) fueron reembarcados hacia la Gran Bretaña en mayo y junio de 1940, casi sin nada de su equipamiento. Durante varias semanas, Hitler dudó entre negociar con la Gran Bretaña o invadirla. Finalmente, en otoño se decidió por la invasión (Operación León de Mar), siempre y cuando se pudiera neutralizar el poder aéreo británico. La «Batalla de Inglaterra» se libró durante los meses de agosto y septiembre en los cielos del sur de Inglaterra. El fracaso en la neutralización de la fuerza aérea británica, gravemente subestimada en cuanto a sus dimensiones y organización, hizo mella en el entusiasmo de Hitler. En julio comenzó a hablar de la posibilidad de una guerra con la Unión Soviética, entonces aliada suya. En diciembre de 1940, se resolvió a derrotar a Stalin primero, antes de acabar con la Gran Bretaña a su debido tiempo.

2 La Batalla de Inglaterra

HQ cuartel de un comando de cazas

Ⓖ cuartel de un grupo

--- deslindes de los grupos

△ puesto de mando de un sector

▲ bases de cazas

estación de rádar de alto nivel

estación de rádar de bajo nivel

centros de observación

■ cuartel de la Luftflotte

● Luftwaffe bomber base

El Blitz

✳ 1–5 incursiones importantes (100 toneladas+)

✳ 6–10 incursiones importantes

✳ más de 10 incursiones importantes

Glasgow 1.329 toneladas

Galashiels

Mando de cazas 13.º, Grupo

Newcastle 152 toneladas

Carlisle

Durham

G R A N

Lancaster

York

Leeds

Hull 593 toneladas

Liverpool/Birkenhead 1.957 toneladas

Manchester 578 toneladas

Sheffield

Lincoln

Wrexham 355 toneladas

Nottingham

Derby 137 toneladas

Mando de cazas 12.º, Grupo

Shewsbury

Norwich

Birmingham 1.852 toneladas

Coventry 818 toneladas

Cambridge

Bedford

B R E T A Ñ A

Gloucester

Oxford

Stanmore

Colchester Ipswich

Cardiff 115 toneladas

Uxbridge Ⓖ HQ

Londres 18.800 toneladas

Bristol/Avonmouth 919 toneladas

Ⓖ Bath

Mando de cazas 11.º, Grupo

Mando de cazas 10.º, Grupo

Southampton 647 toneladas

Exeter

Portsmouth 687 toneladas

Mar del Norte

Bruselas

2.º, cuartel Lufrflotte

Calais

BÉLGICA

Lille

Plymouth/Devonport 1.228 toneladas

Alcance efectivo máximo del rádar de bajo nivel: altitud mínima de detección: ca. 150 m.

Canal de la Mancha

Alcance efectivo máximo del rádar de alto nivel: altitud mínima de detección: ca. 4.570 m.

Cherburgo

Rouen

Beauvais

Laon

Brest

Dinard

Caen

Evreux

F R A N C I A

St. André-de-l'Eure

Dreux

Chartres

París

3.º, cuartel Lufrflotte

Orly

Etampes

Melun

www.worldwar2history.info/war/Axis.html
Los preámbulos de la Segunda Guerra Mundial.
www.raf.mod.uk/bob1940/bobhome.html
Historia y acontecimientos de la Batalla de Inglaterra.

1 Entre septiembre de 1939 y abril de 1941 las fuerzas alemanas e italianas conquistaron nueve Estados europeos (mapa a la derecha). Alemania dominaba Europa, en tanto que Italia extendía su poder por la cuenca mediterránea. Mientras que Alemania estaba enfrascada en la guerra en el oeste con Francia y Gran bretaña, la Unión Soviética extendía su esfera política en Europa oriental. Una breve guerra con Finlandia (de noviembre a marzo de 1940) dio a la URSS el control de la península de Karelia; en junio de 1940 Lituania, Letonia y Estonia fueron anexionadas; ese mismo mes Rumanía fue obligada a abandonar Besarabia.

2 La batalla aérea librada sobre Inglaterra entre la RAF y la fuerza aérea alemana fue vital para el mantenimiento de Gran Bretaña en la guerra (mapa a la izquierda). Las fuerzas británicas contaban con la ventaja del rádar, que proporcionaba informaciones precisas sobre los movimientos de la aviación alemana. Las fuerzas alemanas sufrieron elevadas pérdidas en pilotos y aparatos entre julio de 1940, cuando comenzaron los ataques, y octubre de 1940, cuando la batalla terminó.

1 El avance alemán, 1939–41

- territorio del Eje, 1 sep. 1939
- cobeligerantes del Eje
- ocupado por el Eje después de septiembre de 1939
- Francia y los territorios de Vichy
- territorio soviético anexionado, 1939–41
- potencias neutrales
- —— fronteras, 1 de sep. de 1939

- ——→ avances del Eje, 1939
- ——→ avances del Eje, 1940
- ——→ avances del Eje, 1941
- paracaidistas del Eje
- ——→ fuerzas aliadas
- ——→ avances soviéticos, 1939–40
- --→ repliegue y retirada aliados
- grandes ciudades gravemente dañadas por los bombardeos

73

El conflicto **nazi-soviético**

La operación contra la Unión Soviética recibió el nombre en clave de «Barbarroja» en honor del emperador alemán medieval Federico I, que dirigió la Tercera Cruzada. Hitler consideraba el ataque a la Unión Soviética una cruzada moderna: las fuerzas de la cultura europea contra los infieles eslavos y sus amos marxistas.

Desde los años 1920, para Hitler el este era una zona para la conquista y la colonización alemanas. Los ricos recursos de la Rusia occidental habían de proporcionarle los medios de convertir Alemania en una superpotencia. Los preparativos se llevaron a cabo en el más estricto secreto. El ataque se programó para mayo a fin de que los tanques y la aviación alemanes disfrutaran del buen tiempo veraniego para combatir. Se siguió fingiendo que Gran Bretaña continuaba siendo el objetivo de la nueva campaña, pero a finales de primavera el espionaje había suministrado pruebas crecientes de que las fuerzas alemanas estaban virando hacia el este. Se hizo caso omiso de los esfuerzos por convencer a Stalin de que su aliado estaba a punto de traicionarle. Luego, en abril de 1941, Hitler fue desviado hacia los Balcanes como respuesta al fracaso del ataque italiano sobre Grecia y a un golpe de Estado anti-alemán en Yugoslavia. El 6 de abril se bombardeó Belgrado y, tras una breve campaña, Yugoslavia y Grecia fueron derrotadas y ocupadas por una fuerza mixta italo-alemana.

El conflicto de los Balcanes supuso el aplazamiento de Barbarroja hasta el 22 de junio. Stalin consideró que era demasiado tarde para que el inicio de las hostilidades se produjera ese año, y las defensas soviéticas no fueron advertidas contra ninguna amenaza. Aunque las fuerzas soviéticas superaban en número a Alemania –20.000 tanques contra 3.350 y 10.000 aviones contra los 3.400 de la Luftwaffe–, estaban mal organizadas y tenían poco equipamiento moderno. Las 146 divisiones del ejército alemán, organizadas en tres cuerpos de ejército, norte, centro y sur, y con 29 divisiones Panzer y motorizadas a la vanguardia, consiguieron un efecto sorpresa total cuando el 22 de junio recibieron órdenes de atravesar la frontera soviética.

Las fuerzas alemanas lograron una serie de victorias espectaculares contra un Ejército Rojo mal preparado y desmoralizado. Las tropas soviéticas se vieron envueltas por enormes movimientos en pinza llevados a cabo por fuerzas móviles: en los primeros tres meses se hicieron dos millones de prisioneros. En otoño casi todos los tanques y aviones soviéticos en las zonas occidentales habían sido destruidos, Leningrado y Moscú estaban amenazadas y en el sur los ejércitos alemanes habían llegado muy lejos en su invasión de Ucrania, donde se concentraban los suministros de alimentos y la producción industrial.

En octubre de 1941, Hitler volvió de su cuartel tras la línea del frente a Berlín, donde anunció a una multitud extasiada que la Unión Soviética estaba a punto de ser completamente derrotada y que había llegado la hora de que Alemania construyera un nuevo orden en Europa. En el este el plan era destruir el Estado soviético y arrasar completamente sus principales ciudades. El grueso de la población soviética sería obligado a retirarse más allá de los Urales. El resto de la Unión Soviética se dividiría en regiones coloniales gobernadas por comisarios nazis, y permanentemente controladas y custodiadas por los alemanes. El resto de Europa se organizaría jerárquicamente: las zonas más desarrolladas y racialmente superiores disfrutarían de privilegios en el seno del imperio alemán; las menos desarrolladas y habitadas por los pueblos eslavos o latinos formarían un nivel inferior de Estados más pobres, rurales. En el

1 El asalto alemán a la URSS, 1941

- Alemania y sus aliados, 22 de junio de 1939
- ⌐⌐⌐ Línea Stalin
- → ataques alemanes
- ocupado por Alemania y sus aliados a 9 jul. 1941
- - - línea fronteriza, 1 sept. 1941
- ocupado por Alemania y sus aliados a 30 de sept. 1941
- bajo control soviético a 30 sept. 1941
- ⬭ bolsas soviéticas atrapadas
- — fronteras a comienzos de 1941

1 El 22 de junio de 1941 Alemania lanzó un ataque contra la Unión Soviética en un frente de unos 1.500 kilómetros con tres millones de soldados (mapa a la izquierda). En tres meses los ejércitos alemanes, apoyados por tropas de Rumanía, Finlandia, Hungría e Italia, casi alcanzaron Moscú y Leningrado. En diciembre, el avance se había detenido y el Ejército Rojo inició la contraofensiva que salvó la capital soviética.

www.loyno.edu/~history/journal/1989-0/fleming.htm
La Operación Barbarroja.
www.bbc.co.uk/history/war/wwtwo/soviet_german_war_01.shtml
Historia de la guerra soviético-alemana.

centro estaría la rica e industrializada Alemania, dominando el continente como Roma había hecho antaño.

La proclamación del nuevo orden resultó prematura. La campaña alemana en el este se ralentizó con la llegada de las lluvias otoñales y grandes pérdidas en equipamiento y hombres. Como consecuencia de la confianza en una victoria rápida, se habían dedicado pocos esfuerzos al suministro de equipamiento y ropa adecuados para combatir en invierno. Las fuerzas soviéticas lucharon encarnizadamente por su tierra. A las puertas de Moscú, cuyas afueras se alcanzaron en diciembre de 1941, un joven general soviético, Georgy Zhukov, organizó una defensa desesperada pero eficaz. Apoyado por tropas de refresco procedentes de las provincias soviéticas orientales, equipado con ropa de invierno y armas acabadas de producir en el este, el Ejército Rojo infligió los primeros reveses a las fuerzas alemanas. La guerra móvil fue reemplazada por dos líneas defensivas que se extendían a lo largo de más de 1.500 kilómetros en pleno interior del territorio soviético.

2 En los años 1930 Alemania e Italia tenían ambiciones de construir un nuevo orden europeo, dominado por las dos potencias fascistas (mapa *infra*). En 1942 la mayor parte de Europa se hallaba bajo control del Eje o era su aliado. Hitler dejó a Mussolini manos libres en la zona mediterránea. El resto era la esfera alemana. Los Acuerdos de Versalles fueron invertidos. Alemania se anexionó zonas vecinas para crear la «Gran Alemania». El resto de la Europa ocupada estaba controlada por pleni-potenciarios o gobiernos títere alemanes.

2 El nuevo orden del Eje, 1939–43

- fronteras de preguerra
- - - fronteras, noviembre de 1942
- Grossdeutsches Reich (la Gran Alemania)
- ocupado por Alemania
- RADOM zonas administrativas alemanas
- ■ administración civil alemana
- ▲ administración militar alemana
- ocupado por Italia
- satélites del Eje
- neutral
- territorio aliado

zonas administrativas civiles

1 GOBIERNO GENERAL
2 PROTECTORADO DE BOHEMIA-MORAVIA
3 DANZIG - PRUSIA OCCIDENTAL
4 KATOWICE
5 WARTHÉLAND
6 CARINTIA Y CARNIOLA
7 BAJA ESTIRIA
8 BIALYSTOK

regiones

9 TRANSNITRIA (para Rumanía en 1941)
10 BESARABIA (devuelta a Rumanía)
11 N. BUKOVINA (devuelta a Rumanía)
12 TRANSILVANIA (para Hungría en 1940)
13 SPIŠ (para Eslovaquia en 1939)
14 BAČKA (para Hungría en 1941)
15 MEDJIMURJE (para Hungría en 1941)
16 PREKMURJE (para Hungría en 1941)
17 LIUBLIANA (LUBIANA) (para Italia en 1941)
18 ZICHENAU (para Prusia oriental)
19 SUWALKI (Sudouen) (para Prusia oriental)
20 KOSOVO (para Albania en 1941)
21 TRACIA (para Bulgaria en 1941)

El conflicto **nazi-soviético**

1942 (28 de junio) Ofensiva alemana en el sur de Rusia; batalla de Stalingrado.

1942 (noviembre) Contraofensiva soviética, la Operación Urano.

1943 El VI Ejército alemán se rinde en Stalingrado; capitulación italiana.

1944 (22 de junio) Stalin ordena una ofensiva general, la Operación Bragation.

1944 Avances rusos en Europa oriental.

1945 Conferencia de Yalta; derrota de Alemania.

1945 (30 abril) Suicidio de Hitler.

En la primavera de 1942, Hitler confiaba en poder obtener la derrota completa de la Unión Soviética que se le había escapado en 1941. Contraviniendo los consejos de sus generales, que ansiaban capturar Moscú, Hitler optó por un ataque en el flanco sur a fin de apoderarse de los ricos recursos de Ucrania y del petróleo de la región del Cáucaso. Esperaba que el frente soviético se quebrara y que las fuerzas alemanas pudieran dirigirse desde el sur hacia la retaguardia de Moscú, rodeando lo que quedara del Ejército Rojo.

El 28 de junio se lanzó la «Operación Azul» en el sur. Una vez más, las fuerzas alemanas obtuvieron importantes victorias. El Ejército Ruso era más débil en el sur y se retiró desordenadamente hacia el Volga y las montañas del Cáucaso. Se detuvo a lucha en los pasos montañosos, que se convirtieron en el límite del avance hacia el petróleo. La única localidad petrolífera que se cap turó fue Maikop, si bien tras las demoliciones soviéticas no llegaban a 70 las toneladas de petróleo que se podían producir al día. Las fuerzas soviéticas también detuvieron el avance alemán a orillas del Volga en Stalingrado.

La ciudad de Stalingrado era un centro industrial de primer orden y la llave del flujo de petróleo hacia las fuerzas soviéticas en e norte. Siguió una enconada batalla, en la que la ciudad fue demolida calle por calle. El 62.º Ejército soviético al mando del genera Chuikov se vio obligado a retroceder hasta el mismo borde del río, donde combatió con fanática tenacidad. Ambos ejércitos alcanzaro los límites de la resistencia, empujados por Stalin y Hitler, para quienes la contienda constituía un símbolo de la lucha entre ellos. E noviembre una contraofensiva soviética, la «Operación Urano», rompió el frente alemán que sitiaba Stalingrado y dejó a Paulus y s ejército atrapados. El 31 de enero se rindió.

El Ejército Rojo persiguió a los alemanes a través del territorio conquistad por éstos en 1942, hasta que en primavera el mal tiempo y el agotamiento lleva ron a una pausa. En 1943 ambos bandos se prepararon para lo que considerabar la confrontación decisiva. En torno a la ciudad esteparia de Kursk había una enor me bolsa soviética que penetraba en la primera línea alemana. Aquí el ejército ale mán concentró casi un millón de hombres, 2.700 tanques y 2.000 aviones. Zhuko preparó una serie de líneas defensivas que absorbieran el ataque alemán, mien tras detrás del campo de batalla acumulaba enormes reservas con el objetivo d asestar un formidable golpe al frente alemán. Las fuerzas soviéticas ya no erar las tropas desmoralizadas y mal preparadas de 1941. Las mejoras en tecnología y entrenamiento, una estructura de mando más clara y la reorganización de las fuerzas mecanizadas y aéreas a imitación de lo que hacían los alemanes contri buyeron a un recorte de las diferencias entre ambos bandos en cuanto a eficacia El ataque alemán iniciado el 5 de agosto contra los 1,3 millones de hombres y los 3.400 tanques del Ejército Rojo tardó una semana en perder su fuerza. Entonces Zhukov lanzó sus reservas a la batalla. El frente alemán se rompió, y los ejércitos alemanes comenzaron el largo y penoso retorno al Reich.

El 6 de noviembre, los ejércitos soviéticos habían alcanzado Kiev. A comienzos de enero de 1944 cruzaron la antigua frontera polaca. Durante los seis meses qu siguieron, las fuerzas alemanas fueron expulsadas de las zonas meridionales de la Unión Soviética y de la Bielorrusia oriental. El 22 de junio de 1944, fecha calcu lada para que coincidiera con la invasión de Francia a cargo de los aliados occi dentales, Stalin ordenó una enorme ofensiva –la «Operación Bragation»– con el objetivo de expulsar a los ejércitos alemanes de Bielorrusia, los Estados bálticos y el oeste de Polonia. En julio el Ejército Rojo había alcanzado la orilla del Vístula al otro lado de la cual se hallaba Varsovia. Causaron 850.000 bajas entre las fuerzas alemanas que la defendían. El rápido avance soviético produjo el derrumbe de los aliados de Alemania, Finlandia, Rumanía y Bulgaria. Muy superados en hombres y equipamiento, los ejércitos alemanes se batieron desesperadamente en retirada hasta que, en enero de 1945, se rompió por fin la línea de batalla con que protegíar Alemania. En el plazo de cuatro meses los ejércitos soviéticos se presentaron er Berlín y Viena. Antes de ser capturado, Hitler se suicidó el 30 de abril de 1945, mientras las fuerzas soviéticas ocupaban las últimas calles de la capital alemana

6.º EJÉRCITO

Orlovka

Orlovka

Rynok

Enclave Spartanovka

Gorodishche

Mokraya Mechetka

Enclave de tractores

Fábrica de tractores

6.º EJÉRCITO

Aleksandrovka

Estación Razgulyayevka

Enclave de barricadas

Fábrica de barricadas

Gumrak

Enclave Octubre Rojo

62.º EJÉRCITO

Cuartel General Soviético desde 17 sep.

Fábrica Octubre Rojo

Cuartel General Soviético 13–17 sep.

Hospital

Mamayev Kurgan

Artillería soviética y cinturón de cohetes

Tsaritsa

Estación n.º 1 de Stalingrado

Krasnaya Sloboda

Almacén de grano

Volga

Estación n.º 2 de Stalingrado

Sadovaya

Suburbio Minina

4.º PANZER

Zelenaya Polyana

Yelshanka

64.º EJÉRCITO

Kuporosnoye

1 El asedio de Stalingrado, sep.–nov. 1942

→ avances alemanes

— primera línea alemana, 13 sep.

Frentes soviéticos

— sep. 13   — · — oct. 3

— sep. 27   — — — nov. 12

1 En Stalingrado (mapa a la izquierda), los ejércitos alemanes empujaron a los defensores soviéticos hasta el borde mismo del río Volga en el distrito industrial y el centro de la ciudad. En noviembre de 1942 las fuerzas alemanas se vieron rodeadas, y dos meses más tarde capitularon, con una pérdida total de 200.000 hombres.

2 La derrota de Alemania, 1942–5

— el «Grossdeutches Reich», 1942

— máxima extensión del control del Eje, 1942

← ataques del Eje

⇠ retiradas del Eje

← ataques aliados

🛡 ciudades sometidas a intensos ataques aéreos

✊ movimientos partisanos/de resistencia

✴ batalla importante con fecha

2 Desde comienzos de 1943 el ejército soviético obtuvo una serie casi ininterrumpida de éxitos (mapa *infra*), empujando a los alemanes hasta Kiev a finales de 1943. En 1944 el frente llegó hasta Varsovia, Rumanía y Bulgaria. En 1945 el Ejército Rojo ocupó el este de Alemania. Berlín se rindió el 2 de mayo.

Conquistas japonesas

1941-1942

1940 Japón inicia la ocupación de la Indochina francesa.

1941 Pacto ruso-japonés de neutralidad.

1941 (7 de diciembre) Japón ataca Pearl Harbor.

1941 (dic. 22 oct.) Desembarcos japoneses en Filipinas.

1942 (11 de enero) Los japoneses toman Kuala Lumpur

1942 (20 de enero) Los japoneses invaden Birmania.

1942 (15 de febrero) Rendición británica en Singapur.

1942 Batalla de Midway.

Mientras la Alemania de Hitler estaba luchando por conquistar Asia desde el oeste, en Oriente Japón estaba forjando un imperio. La conquista del este de China, iniciada en julio de 1937, había arrastrado a Japón a una larga guerra de desgaste contra fuerzas chinas, tanto nacionalistas como comunistas. Esta guerra era considerada en Tokio como clave para el establecimiento del nuevo orden japonés en Asia, pero la amenaza militar que suponía un Japón imperialista la llevó en un conflicto creciente con la Unión Soviética y los Estados Unidos.

Los líderes japoneses se enfrentaron a un dilema. El ejército quería concentrar sus esfuerzos en la conquista de China y se enfrentaba a la amenaza de una Unión Soviética fuertemente armada en la frontera manchú: en 1938 y 1939, a lo largo de la frontera se libraron dos grandes batallas con el Ejército Rojo, y Japón fue derrotado en ambas ocasiones. Mientras tanto, la armada fijaba su atención en el sur, en los ricos yacimientos de petróleo y otras materias primas de las que dependía el futuro de cualquier esfuerzo de guerra japonés. Sin embargo, los avances en el sur abocaron a Japón a un conflicto con los EE.UU., que ya estaban prestando ayuda a China y preparándose para reforzar sus posesiones en la cuenca del Pacífico.

La guerra en Europa abrió nuevas posibilidades. La derrota de Francia alentó a Japón a fijar su atención en las vulnerables colonias europeas en el Sureste Asiático. En septiembre de 1940 Japón firmó un Pacto Tripartito con Alemania e Italia sobre la redivisión del mundo en el marco de un nuevo orden. Aquel mismo mes, Japón ocupó la parte norte de la Indochina francesa, lo cual motivó la imposición de sanciones al petróleo y al acero por parte de los Estados Unidos. Cuando el conflicto germano-soviético en 1941 acabó con la amenaza del norte, los avances en el sur se aceleraron. En julio de 1941, 40.000 soldados japoneses ocuparon el resto de Indochina. Como represalia, las sanciones se endurecieron, privando a Japón del 80 por 100 de sus suministros petrolíferos de ultramar. En lugar de retirarse, los expansionistas abogaron por una campaña que asegurara un perímetro desde Birmania hasta Australia y las islas del Pacífico, que Japón pudiera defender por mar y aire.

El plan fue aprobado en septiembre tras muchas discusiones. El primer ministro nombrado en octubre, el general Tojo, emprendió una nueva ofensiva diplomática mientras las fuerzas japonesas tomaban posiciones para el ataque. Mientras en Washington continuaban las negociaciones, el día 7 de diciembre de 1941 por la mañana la aviación japonesa lanzó un ataque contra la base de los EE.UU. en Pearl Harbor, en Hawai. Aquel mismo día fuerzas japonesas atacaron Hong Kong, que se rindió el día de Navidad, e invadieron la península Malaya hasta Singapur, que se rindió el 15 de febrero de 1942. Las posesiones estadounidenses –Guam, la isla de Wake, Filipinas– fueron cayendo una tras otra. La resistencia heroica de la guarnición de los EE.UU. en Corregidor finalizó el 6 de mayo de 1942. En el oeste fuerzas japonesas alcanzaron la frontera india a finales de mayo, cuando la ofensiva se detuvo por fin para darse un respiro.

Los avances hacia el sur superaron las más desaforadas expectativas japonesas. Bien preparadas operaciones contra fuerzas más débiles y deficientemente armadas que habían subestimado gravemente las competencias bélicas de los japoneses, arrojaron cuantiosos dividendos. Los líderes militares de Japón decidieron consolidar su posición apoderándose de otro anillo de islas, que incluía Midway en las proximidades de Hawai. Esta vez, advertidas por sus servicios de espionaje radiofónico, las fuerzas navales de los EE.UU. se desplegaron para la interceptación. La primera ola de ataques en el mar del Coral fueron repelidos del 5 al 7 de mayo. El comandante naval japonés, el almirante Yamamoto, envió contra Midway el grueso de la flota y los cuatro portaviones más grandes con el objetivo de destruir el poder naval de los EE.UU. en el Pacífico. Sobrepasadas con mucho en número, las fuerzas navales estadounidenses se aprovecharon esta vez del factor sorpresa. Entre el 3 y el 6 de junio los aviadores de la marina de los EE.UU. destruyeron todos los portaviones japoneses. La batalla de Midway detuvo de manera decisiva la expansión japonesa y pasó la iniciativa a los Estados Unidos.

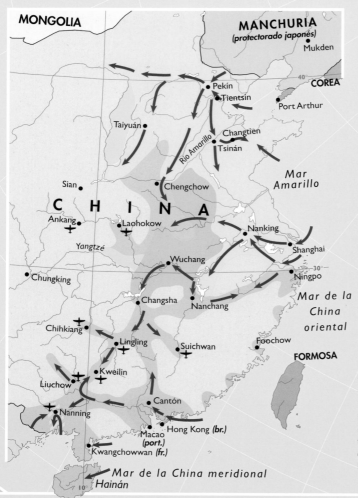

2 La invasión japonesa de la China, 1937–45

- imperio y dependencias japoneses, 1937
- ocupado por Japón, jul. 1937–jul. 1938
- ocupado por Japón, jul. 1938–jul. 1939
- ocupado por Japón, jul. 1939–dic. 1941
- ocupado por Japón, en. 1942–ag. 1945, principalmente desde abril de 1944 como Operación Ichi-goo
- → avances japoneses
- ✚ bases aéreas de EE.UU./China
- — fronteras, 1936

2 Tras el estallido de la guerra con China en julio de 1941, Japón ocupó gran parte del norte (izquierda). Un segundo asalto al valle del Yangtsé en 1938 puso gran parte de China central bajo control japonés. Las zonas costeras fueron ocupadas en 1941.

www.worldwariihistory.info/WWII/Japan.html
Conquistas japonesas en el Pacífico y Asia.
www.history.navy.mil/photos/events/wwii-pac/pearlhbr/pearlhbr.htm
El bombardeo japonés de Pearl Harbor.

Desde diciembre de 1941, cuando se atacó Pearl Harbor, hasta 1942, cuando el ejército japonés alcanzó la frontera indo-birmana, el Japón extendió su control en el sur de Asia y el Pacífico (mapa infra). Confiaba en el poder de la aviación naval para destruir los buques de guerra enemigos, y en la armada para el transporte de hombres y suministros. La mayor parte del ejército permaneció luchando en China protegiendo la larga frontera ruso-japonesa.

1 El avance japonés, 1941–42

- - - - - Imperio japonés, 1941
⟶ avance o ataque japonés
● base japonesa
■ base aliada
✕ batalla

U R S S

MANCHURIA (MANCHUKUO)

MONGOLIA INTERIOR

Mar de Okhotsk

Mar de Bering

Is. Komandorski

Is. Aleutianas

Attu Kiska

perímetro japonés, julio 1942

Is. Kuriles

CHINA

COREA

Mar del Japón

JAPÓN

Tsingtao

Mar de la China oriental

Yangtze
Nanking
Shanghai
Changsha
Kunming
Laokái
Hanoi
toma japonesa de Rangún 8 mar. 1942

Tokio

Is. Volcano
Is. Bonin

fuerzas japonesas repelidas 3–6 junio 1942

✕ Midway

Is. Hawai

Pearl Harbor
ataque a Pearl Harbor, 7. dic. 1941

Oahu

INDO-CHINA FRANCESA

SIAM

Hong Kong capturado 1941

Hainan

ataque japonés a Filipinas 8 dic. 1941

Formosa

Is. Filipinas

Manila
Corregidor capitula 6 mayo 1942

I. Wake

Saipan

Guam

Is. Carolinas

Phnom Penh

Golfo de Siam

Saigón

Mindanao
Zamboanga

Palau

Truk

Kwajalein

Makin

Is. Gilbert

Abemama

los japoneses desembarcan en la costa malaya 8 dic. 1941

Borneo

Halmahera

Is. Manus

Is. Admirantazgo Arch. Bismarck

Is. Ellice

Kuala Lumpur

Singapur
los japoneses toman Singapur 15 feb. 1942

Celebes

Nueva Irlanda
Is. Green
Bougainville

Sumatra

INDIAS HOLANDESAS ORIENTALES

Macassar

Ceram

Mar de Banda

Is. Aru

Is. Tanimbar

Nueva Guinea

Rabaul

Is. Salomón

del mar 27 feb. 1942
fallido de la invasión sa de Java

✕

Batavia Java

Surabaya

Lombok

Flores

Sumba

Timor

Port Moresby

Buna

✕

Guadalcanal Is. Santa Cruz

perímetro japonés julio 1942

Cabo York

Batalla del mar del Coral mayo 1942: las fuerzas japonesas son rechazadas

Espíritu Santo

Nuevas Hébridas

fuerzas de los EE.UU. desembarcan feb. 9 1942

Is. Fiyi

Mar del Coral

Neva Caledonia

fuerzas de los EE.UU. desembarcan 12 mar. 1942

A U S T R A L I A

EE.UU. destina fuerzas terrestres a la defensa de Australia, iniciada en feb. 1942

Sidney

Melbourne

La **derrota** de **Japón**

- **1942** Tropas de los EE.UU. resisten los ataques japoneses en Guadalcanal.
- **1944 (18 de julio)** El primer ministro de Japón, el general Tojo, obligado a dimitir.
- **1944** Retirada japonesa; batalla del golfo de Leyte.
- **1945 (6 de agosto)** Bombas atómicas sobre Hiroshima.
- **1945 (8 de agosto)** La URSS declara la guerra a Japón; invade Manchuria.
- **1945 (9 de agosto)** Bombas atómicas sobre Nagasaki.
- **1945 (2 de septiembre)** Japón se rinde.

Mientras los japoneses combatían por el control de las rutas marítimas del Pacífico, los aliados occidentales libraron una prolongada lucha por mantener las conexiones marítimas entre el Viejo y el Nuevo Mundo contra la amenaza de los submarinos alemanes. La victoria en la batalla del Atlántico fue crítica para el esfuerzo de guerra occidental, pues sólo el poder naval aliado podía asegurar los suministros militares, de alimentos y de materiales para la campaña en Europa.

La campaña del Pacífico se inició en agosto de 1942, cuando fuerzas estadounidenses invadieron Tulagi y Guadalcanal en las islas Salomón. La responsabilidad se dividió entre la marina de los EE.UU., al mando del almirante Chester Nimitz, y el ejército de los EE.UU., al mando del general Douglas Mac Arthur. Los británicos se encargaron del océano Índico y el frente de Birmania, pero siendo la defensa de la India su máxima prioridad, sólo pudieron desempeñar un modesto papel en la campaña contra Japón hasta que se pudo traer de otros teatros de operaciones fuerzas suficientes para en 1944 reanudar la ofensiva con ayuda estadounidense y china. Birmania fue reconquistada en 1945.

Las fuerzas estadounidenses avanzaron por el Pacífico bajo un fuerte paraguas aéreo y una pantalla de rápidos portaviones. La defensa japonesa fue tenaz, pero los ataques aéreos y submarinos de los Estados Unidos a la flota japonesa, que en el mejor de los casos sólo pudo mantener un suministro intermitente de municiones y petróleo, fueron aislando gradualmente las guarniciones insulares. Las fuerzas estadounidenses disponían de radares, no así la mayoría de las unidades japonesas; su servicio de espionaje proporcionaba con regularidad información sobre las intensiones de los japoneses, y sus aviones eran más robustos, poseían armas más potentes y protegían mejor a sus pilotos. Los aviones japoneses eran ligeros y de largo alcance, pero a costa de carecer de una protección adecuada. Los pilotos japoneses consideraban el blindaje incompatible con la tradición samurai, pero como resultado en 1944 iban perdiendo más del 50 por 100 de sus efectivos cada mes.

En 1944 los EE.UU. se plantearon la recuperación de las Filipinas y el ataque a las islas Marianas como un potencial trampolín para la ofensiva contra las islas del archipiélago japonés. Los líderes japoneses consideraron el ataque contra Saipan en junio de 1944 como la batalla decisiva de la guerra y, para interceptarlo, se enviaron fuertes contingentes navales y aéreos. En la batalla del Mar de la Filipinas (19 de junio de 1944) las fuerzas japonesas sufrieron una derrota absoluta. En octubre de 1944 la invasión americana del golfo de Leyte provocó un intento final de los japoneses de defender su nuevo imperio. Un formidable ataque en tres flancos dirigido contra la superior fuerza americana volvió a acabar en un completo desastre.

Quedaba ahora abierto el camino para establecer bases sólidas desde las que lanzar un ataque final contra Japón. En febrero de 1945, marines de los EE.UU. desembarcaron en Iwo Jima, donde las tropas japonesas lucharon casi literalmente hasta el último hombre: murieron 20.700 y sólo se hicieron 216 prisioneros. El siguiente objetivo fue Okinawa, en las islas Ryukyu. Se tardó tres meses en conquistar esa isla, desde abril hasta junio de 1945. En mayo los japoneses habían sufrido 50.000 bajas y sólo se habían hecho 227 prisioneros. El carácter suicida de la defensa ensombrecía las perspectivas de invasión de las islas japonesas. Pero las nuevas bases permitieron que el más reciente bombardero pesado americano, la superfortaleza B-29, alcanzara objetivos situados dentro de Japón. La ciudades fueron siendo reducidas a cenizas una por una, hasta que el 6 de agosto de 1945 se lanzó sobre Hiroshima la primera bomba atómica. El 15 de agosto, Japón se rindió tras meses de encendidos debates en el gabinete. Eran muchos los líderes que habían aceptado muy anticipadamente el fracaso de Japón, pero el dominio que los militares ejercían sobre la política imposibilitaba las negociaciones de paz. La decisión del emperador de rendirse se adoptó ante la oposición militar a cualquier otra solución que no fuera la lucha hasta la muerte por el honor de Japón.

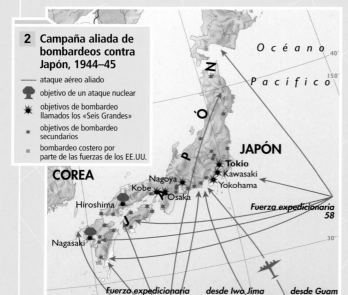

2 Campaña aliada de bombardeos contra Japón, 1944–45

— ataque aéreo aliado
- objetivo de un ataque nuclear
- objetivos de bombardeo llamados los «Seis Grandes»
- objetivos de bombardeo secundarios
- bombardeo costero por parte de las fuerzas de los EE.UU.

2 Para el bombardeo de las islas del archipiélago japonés (mapa *supra*) la fuerza aérea de los EE.UU. desarrolló la superfortaleza B-29. Enfrentada a débiles defensas, podía lanzar de día bombas incendiarias que reducían a cenizas las ciudades de madera japonesas.

3 Los aliados planearon la «Operación Derrumbe» para la invasión de Japón (mapa a la derecha), a la que se asignaron 14.000 aviones y 100 portaaviones. Su fanática resistencia costaría a los japoneses un millón de bajas.

3 Planes aliados de invadir Japón, agosto de 1945

→ avances planeados EE.UU.

www.asij.ac.jp/hslibrary/pathfinder/asia_ww2.htm#Allied%20Counterattack
l contraataque de los aliados sobre Japón.
www.microworks.net/pacific/battles/midway.htm
a batalla de Midway, 4–6 de junio de 1942.

1 La marea de avances japoneses fue por fin detenida en mayo de 1942 (mapa *infra*). Tras estabilizar el frente, los aliados comenzaron a lanzar limitadas ofensivas contra guarniciones japonesas, hasta que en junio de 1945 se hallaron lo bastante cerca de Japón como para acabar la guerra desde el aire.

U R S S

ataques del ejército soviético, 9 ag. 1945

MANCHURIA (MANCHUKUO)

Khabarovsk

MONGOLIA INTERIOR

Pekín

Tientsin

Dairen

Seúl

COREA

Fusan

Hiroshima

Tokio

JAPÓN

6, Ag. 1945

9, Aug. 1945

Nagasaki

Shikoku

Kyushu

Mar de Okhotsk

Kamchatka

17 ag. 1945

Is. Kurile

Mar del Japón

Mar de Bering

Is. Komandorski

Attu   Is. Aleutianas

Kiska

Amchitka

mayo–ag. 1943

10 oct. 1943

perímetro japonés

perímetro japonés mar. 1944

cazas patrullando sobre Japón desde mayo de 1945

e chino en Birmania
ir de oct. 1943
va japonesa en
. de la India feb.–junio 1944
va británica en Birmania a partir
v. 1944
ración de Rangún
de 1945

C H I N A

Kunming

Laókai

Hanoi

Cantón

Hong Kong

Nanking

Shanghai

Amoy

Formosa

Okinawa

ofensiva Ichi-Go japonesa 1944

contraofensiva china abr.–junio 1945

bombardeos iniciados en junio de 1944

ataque aéreo directo a Japón desde Okinawa mayo 1945

ataque aéreo directo a Japón mayo 1945

Is. Bonin

Is. Volcano

Iwo Jima feb.–mar. 1945

Océano Pacífico

Midway

Is. Hawaiin

Oahu

Pearl Harbor

I. Wake

20.º Fuerzas Aéreas comienzan los ataques directos sobre Japón desde 24 nov. 1944-14 ag. 1945

INDOCHINA FRANCESA

dalay

SIAM

ún

Bangkok

m Penh

Golfo de Siam

Saigón

Golfo de Tongking

Hainan

Luzón

Is. Filipinas

Manila

Leyte

Mindanao mayo 1945

Zamboanga

Mar de Sulu

batalla del mar de Filipinas la aviación japonesa en portaaviones aniquilada junio 1944

desembarcos en. 1945

25 oct. 1944 Batalla del golfo de Leyte enormes pérdidas navales japonesas desembarco en Leyte 20 oct. 1944

Palau sep. 1944

Ulithi sep. 1944

Is. Caroline

Truk

Marianas

Saipan junio 1944

Tinian

Guam julio 1944

Eniwetok feb. 1944

Is. Marshall

Kwajalein feb. 1944

Majuro en. 1944

fuerzas de la zona del Océano Pacífico

Makin

Is. Gilbert

Tarawa nov. 1943

Abemama

Is. Ellice

TADOS
LAYOS

Kuala Lumpur

Singapur

BRUNEI junio 1945

SARAWAK

Borneo

Tarakan mayo 1945

Morotai sep. 1944

Halmahera

Sansapor julio 1944

Noemfoor julio 1944

Biak mayo 1944

Sorong

INDIAS ORIENTALES HOLANDESAS julio 1945

Sumatra

Palembang

Bandjarmasin

Batavia

Surabaya

Java

Lombok

Sumba

Macassar

Célebes

Amboina

Ceram

Mar de Banda

Is. Tanimbar

Is. Aru

Flores

Timor

Mar de Timor

Darwin

Cabo York

Hollandia

Wewak

Nueva Guinea

Saidor en. 1944

Buna

Port Moresby

Manus feb. 1944

Is. Admiraltazgo

Arch. Bismarck

Nueva Irlanda

Rabaul

Bougainville nov. 1943

Is. Solomon

Guadalcanal 7 ag. 1942-9 feb. 1943

Tulagi

batalla de Santa Cruz oct. 1942 Salomón Orientales ag. 1942 fuerzas japonesas repelidas

fuerzas de la zona del Pacífico Sur

Espíritu Santo

Is. Fiyi

Nuevas Hébridas

17–25, sep. 1942 fuerzas japonesas repelidas

Mar del Coral

perímetro japonés ag. 1945

Nueva Caledonia

A U S T R A L I A

Sidney

Melbourne

1   Contraofensiva aliada contra Japón, 1942–5

→ avance aliado

-|+ ataque aéreo aliado

■ base aliada

✱ objetivo de bombardeo nuclear

● base japonesa

◉ base japonesa rodeada o neutralizada

✕ batalla

perímetros japoneses

······ marzo de 1944

– – – octubre de 1944

— — agosto de 1945

La **batalla** del **Atlántico**

1939 (30 de septiembre) El *Graf Spee* hunde su primer barco.

1940 (junio) Las pérdidas aliadas en barcos alcanzan las 585.000 toneladas en un mes.

1940 (noviembre) Un hidroavión detecta submarinos empleando el radar por primera vez.

1941 EE.UU. patrulla el Atlántico occidental; hundimiento del *Bismarck* (27 mayo).

1942 Comienzo del sistema de convoyes de los EE.UU.

1943 (5-20 de marzo) La mayor batalla entre convoyes; 5 buques aliados hundidos.

1943 (28, abril) Batalla de los Convoyes; 7 subm. hundidos.

1943 (15 de noviembre) Abandono alemán de acciones submarinas en el Atlántico.

2 El Atlántico fue un campo de batalla entre marinas y fuerzas aéreas occidentales y la fuerza submarina alemana. Se pasó fases. En la primera, la mayoría de pérdidas se produjo en y alrededor de las islas Británicas. En enero de 1942, con la entrada de los EE.UU., los submarinos se desplazaron al Caribe y la costa oriental americana. En el invierno de 1942–3 la mayoría de víctimas se produjo en la «Brecha Atlántica», fuera de la cobertura aérea aliada. En mayo de 1943 los submarinos fueron derrotados y sólo hubo hundimientos aislados lejos de las principales rutas.

Mientras los japoneses combatían por el control de las rutas marítimas del Pacífico, los aliados occidentales libraron una prolongada lucha por mantener las conexiones marítimas entre el Viejo y el Nuevo Mundo contra la amenaza de los submarinos alemanes. La victoria en la batalla del Atlántico fue crítica para el esfuerzo de guerra occidental, pues sólo el poder naval aliado podía asegurar los suministros militares, de alimentos y materiales para las campañas en Europa.

En las primeras etapas de la guerra esta amenaza no era inmediatamente aparente. Las marinas británica y francesa eran muy superiores a la armada alemana en tonelaje y número de buques: 22 acorazados y 83 cruceros contra sólo tres pequeños acorazados de «bolsillo» y ocho cruceros. Pero, tras la derrota de Francia, el saldo comenzó a cambiar. En 1940 Hitler ordenó un ataque aéreo y submarino a barcos británicos para cortar las importaciones y someter a Gran Bretaña por hambre.

En un primer momento los ataques aéreos tuvieron éxito. En 1940 los aviones hundieron 580.000 toneladas de barcos y al año siguiente más de un millón de toneladas, más de lo que los astilleros británicos podían reponer. El ataque submarino tardó más en lograr resultados, pero cuando un número mayor de nuevos submarinos entraron en servicio, su comandante, el almirante Karl Dönitz, les ordenó cazar en «jaurías de lobos» por la noche, cuando eran indetectables para la tecnología antisubmarina de la época. En los primeros cuatro meses de 1941 se hundieron dos millones de toneladas. A comienzos de 1942 el número de submarinos alemanas había aumentado hasta los 300 y la interceptación de los códigos navales británicos por parte de los alemanes hacía que pudieran actuar con precisión sobre las rutas de los convoyes.

La pérdida de buques mercantes llevó a los Estados Unidos a intervenir en la batalla del Atlántico antes de que el 11 de noviembre de 1941 se desataran las hostilidades con Alemania. Fuerzas estadounidenses ocuparon Groenlandia e Islandia, donde se estacionaron aviones para dar cobertura aérea, mientras buques de guerra patrullaban el Atlántico occidental. Cuando estalló la guerra entre los Estados Unidos y Alemania, Dönitz dirigió su atención al litoral americano oriental, donde los barcos seguían navegando con las luces encendidas, las radios puestas y sin emplear un sistema de convoyes. Al cabo de unos meses EE.UU. había aprendido la lección y la zona se

volvió demasiado peligrosa para que los submarinos operar. en masa. Pero quedaba la «Brecha Atlántica», la amplia fra. de agua en medio del océano fuera del alcance de los avion. Fue aquí donde Dönitz concentró sus submarinos en 194. comienzos de 1943. En 1942 se hundieron 5,4 millones de tor. ladas. En 1943 a la armada británica le quedaban suminist. de petróleo para apenas dos meses.

Las marinas occidentales recurrieron a la tecnología pa. combatir contra los submarinos. Los aviones comenzaron realizar patrullas de largo alcance, pertrechados con nuev. radares de precisión centimétrica y potentes reflectores. L. causaron enormes pérdidas de vuelta a sus bases en la co. francesa, donde podían ser atacados de día o de noche en cua. to salían a la superficie. En 1943 el espionaje británico comer. a descifrar los códigos de señales alemanes. En noviembre 1942 la dirección de la batalla del Atlántico le fue encomenda. al almirante de submarinos Max Horton. Fue su insistencia el empleo de aviones de largo alcance en la Brecha Atlántic. de grupos de apoyo de respuesta rápida (una potente flotilla buques antisubmarinos) lo que hizo que las tornas cambiara. En marzo de 1943 dos enormes convoyes, el HX229 y el SC1. fueron objeto de duros ataques por submarinos. Pero en abr. mayo la nueva táctica redujo drásticamente los hundimiento. aumentó la destrucción de submarinos. En mayo se hundier. 41; en junio y julio, 54 más. El 31 de mayo Dönitz retiró sus nav. del Atlántico: la batalla había terminado.

La amenaza submarina desapareció. En 1944 sólo se hu. dieron 31 buques aliados en el Atlántico (en 1942 fueron 1.00. Aunque la industria alemana desarrolló nuevos submarinos largo alcance, capaces de evitar la detección desde la super. cie, no llegaron a tiempo. La victoria sobre los submarinos h. posible la acumulación de fuerzas para un ataque terrestre Europa y acabó con la amenaza de bloqueo de Gran Bretañ.

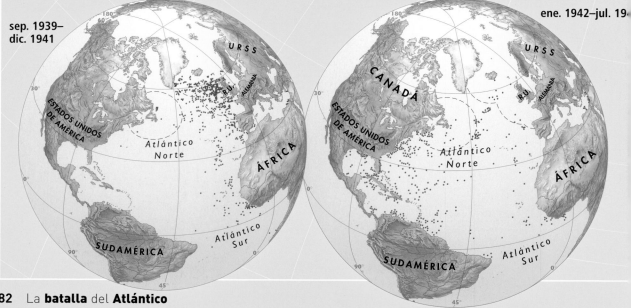

sep. 1939– dic. 1941 / ene. 1942–jul. 194 — URSS, R.U., ALEMANIA, CANADÁ, ESTADOS UNIDOS DE AMÉRICA, ÁFRICA, Atlántico Norte, Atlántico Sur, SUDAMÉRICA

1 Persecución del Bismark, mayo 1941

Battleship routes

———	Bismarck
- - - - -	Prinz Eugen
-·-·-·-	Hood
·-·-·-·	Victorious
– – –	King George V
–·–·–	Rodney y Britannic
——→	destacamento H
⚓	hundimientos

1 En 1941 las primicias de una nueva generación de enormes acorazados alemanes estaban preparadas para atacar las rutas de convoyes en el Atlántico. El *Bismarck* zarpó en mayo de 1941 junto al crucero *Prinz Eugen* (mapa a la izquierda). Tras hundir el *Hood*, la nave alemana resultó dañada por un torpedo lanzado desde un avión. Luego aviones de la marina lo inmovilizaron, y los buques de guerra británicos lo hundieron el 27 de mayo con la pérdida de sus 2.222 tripulantes, menos 115.

2 La batalla del Atlántico (mapas *infra*)

· zonas de hundimientos de buques mercantes

- - - extensión máxima de la cobertura aérea

Mapa (persecución del Bismarck)

24 mayo el Hood hundido, el Prince of Wales dañado

23 mayo 1922

ISLANDIA

el Hood, el Prince of Wales y seis destructores

el King George V, el Victorious y dos escuadras de cruceros
Is. Feroe

Narvik

Trondheim

24–25 mayo el Victorio ataca al Bismarck

24 mayo

Is. Shetland
Bergen
Is. Orkney

22 mayo la flota local se hace a la mar
Oslo
Estocolmo

Mar Báltico

SUECIA

18 mayo 1941 el Bismarck y el Prinz Eugen se hacen a la mar

NORUEGA

23 mayo Rodney y Britannic
Glasgow
Edimburgo

1800 25 mayo
Océano Atlántico

Mar del Norte

DINAMARCA
Copenhague
Danzig

GRAN BRETAÑA
Dublín
Manchester
Berlín

50

HOL.
Londres

ALEMANIA

BÉL.

25 mayo King George V vira al norte por error

25 mayo

08.00 hrs, 27 mayo buques de guerra atacan al Bismarck

10:36 hrs, 27 mayo el Bismarck se hunde

Brest
París
Praga

Múnich
Viena

AUSTRIA

26 mayo Bismarck divisado por el Catalina de la RAF

26 mayo un torpedo lanzado por el Ark Royal inmoviliza al Bismarck

FRANCIA
SUIZA

Golfo de Vizcaya
Lyon
Milán

el Prinz Eugen llega a Brest 1 junio

ITALIA

Marsella

40

Córcega
Roma
Nápoles

Cerdeña

26 mayo el Force H, Renown, Ark Royal y Sheffield parten de Gibraltar

PORTUGAL
Lisboa
Madrid

ESPAÑA
Palermo

Mar Mediterráneo

Gibraltar (Br.)

ARGELIA

Globos (parte inferior)

CANADÁ
URSS
ESTADOS UNIDOS DE AMÉRICA
R.U.
ALEMANIA
ÁFRICA
Atlántico Norte
SUDAMÉRICA
Atlántico Sur

ag. 1942–may 1943

CANADÁ
URSS
ESTADOS UNIDOS DE AMÉRICA
R.U.
ALEMANIA
Azores
ÁFRICA
Atlántico Norte
SUDAMÉRICA
Atlántico Sur

jun. 1943–may 1945

La guerra en el **Mediterráneo**

1940-1945

- **1940 (junio)** Mussolini entra en la guerra como miembro del Eje.
- **1940-1** Italianos expulsados de Somalia, Eritrea y Abisinia.
- **1941 1941** Alemanes e italianos conquistan la Cirenaica; Grecia.
- **1942** Alemanes e italianos avanzan en Egipto.
- **1942** Batalla de El Alamein; derrota y retirada de las fuerzas italo-alemanas.
- **1942 1942** Desembarcos aliados en Marruecos y Argelia.
- **1943** Capitulación de las fuerzas del Eje en Túnez.
- **1944 (5 de junio)** Roma cae en manos de los aliados.

1 Después de junio de 1940, fuerzas británicas hicieron retroceder a los ejércitos italianos en Libia (mapa *infra*). Durante los siguientes dos años la campaña se movió en ambas direcciones, hasta que en noviembre de 1942 las fuerzas italo-alemanas al mando del mariscal Graziani fueron definitivamente derrotadas en El Alamein.

Durante la primera mitad de la guerra, Gran Bretaña dividió sus esfuerzos entre la batalla del Atlántico y el conflicto en el Mediterráneo, desencadenado por la decisión de Mussolini de entrar en la guerra en junio de 1940. Desde hacía mucho tiempo Gran Bretaña consideraba el Mediterráneo como una ruta vital hacia su imperio en Oriente y un elemento clave en la seguridad estratégica global, y, a pesar de los temores a una invasión alemana, desvió tropas al Mediterráneo en cuanto Mussolini declaró la guerra.

Las fuerzas de la Commonwealth tomaron ventaja al principio, derrotando a los italianos en Abisinia y Eritrea. El grueso del ejército italiano destacado en la frontera egipcia con Libia retrocedió ante las fuerzas de la Commonwealth en 1940 y comienzos de 1941, y se hicieron cientos de miles de prisioneros italianos. Pero ese año Hitler se vio forzado a intervenir para salvar de la derrota a su aliado del Eje. En febrero envió a Libia un pequeño contingente de tropas y aviones. Dos meses más tarde envió tropas también a Grecia, donde una invasión italiana poco sensata se había encontrado con una consistente resistencia del ejército griego, ayudado por una pequeña fuerza expedicionaria británica. En abril Grecia fue conquistada y los británicos expulsados. En mayo de 1941 un costoso asalto de paracaidistas hizo caer Creta. El general Erwin Rommel, un comandante de tanques y héroe de la batalla de Francia, fue enviado a dirigir el ataque en el norte de África, donde en junio de 1941 su Afrika Korps llevó a las fuerzas del Eje a la frontera egipcia.

En 1942 Gran Bretaña afrontó una crisis. Las rutas marítimas por el Mediterráneo se veían sometidas a ataques aéreos y submarinos; Malta y Gibraltar estaban en riesgo; y las fuerzas del Eje en el norte de África y el Cáucaso amenazaban con invadir Oriente Medio y apoderarse de los valiosos recursos petrole-

ros y de la vital ruta de suministros en el Lejano Oriente. Todo esto contribuyó a que Churchill presionara a su aliado americano para que en 1942 considerara un ataque de fuerzas anglo-americanas en alguna parte del teatro de operaciones mediterráneo, descartando la estrategia preferida por el jefe del Estado Mayor de Roosevelt, el general Marshall, de un ataque directo a la Europa de Hitler.

La falta de preparación de los EE.UU. para un ataque de esta naturaleza persuadió a Roosevelt de que el Mediterráneo era la opción más conveniente. En Europa se vería en acción a fuerzas de los EE.UU., y con fuerzas exiguas quizá se alcanzara algo decisivo. El asalto al norte de África planeado por ambos aliados recibió el nombre codificado de Antorcha. En noviembre los importantes refuerzos enviados al frente egipcio produjeron una clara victoria sobre Rommel y el ejército italiano en El Alamein. En el mismo mes fuerzas aliadas desembarcaron en Marruecos y Argelia. Las fuerzas del Eje se vieron encerradas en una bolsa defensiva en Túnez, donde más de 230.000 hombres se rindieron el 13 de mayo de 1943.

Pese a los recelos norteamericanos, los argumentos en favor de continuar de la persecución en Italia eran potentes. Los desembarcos de la Antorcha habían hecho imposible una inva

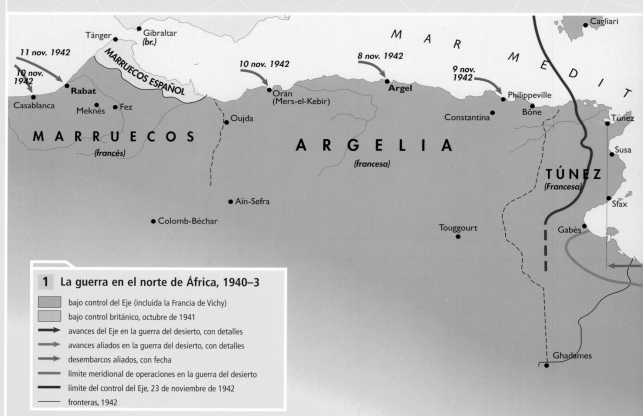

1 La guerra en el norte de África, 1940–3

- bajo control del Eje (incluida la Francia de Vichy)
- bajo control británico, octubre de 1941
- avances del Eje en la guerra del desierto, con detalles
- avances aliados en la guerra del desierto, con detalles
- desembarcos aliados, con fecha
- límite meridional de operaciones en la guerra del desierto
- límite del control del Eje, 23 de noviembre de 1942
- fronteras, 1942

www.ibiblio.org/hyperwar/ETO/Med/index.html
La campaña del Mediterráneo.
www.ez-zone.co.uk/ww2desert/index.htm
La campaña del desierto en el norte de África.

ón a través del Canal en 1943. En julio de 1943 la «Operación Husky» llevó a
a toma de Sicilia, y a comienzos de septiembre fuerzas anglo-americanos
ntraron en Italia. Al anochecer del 8 de septiembre Italia se rindió. Las fuer-
as aliadas suponían que los desembarcos en Salerno al día siguiente no
ncontrarían oposición, pero las fuerzas alemanas estuvieron a punto de
echazarlos. La italiana se convirtió en una guerra de desgaste entre una
uerza anglo-americana y una tenaz defensa alemana. Las fuerzas alemanas
e retiraron península arriba hasta líneas defensivas preparadas que resul-
aron difíciles de penetrar a pesar de la abrumadora superioridad de la avia-
ión aliada. La visión de Churchill de un duro golpe en el bajo vientre del Eje
o se materializó.

Fuerzas aliadas al mando del mariscal de campo Alexander se veían en
944 cada vez más al margen de los preparativos para la invasión de la
rancia ocupada. Los progresos eran dolorosamente lentos y las pérdidas
levadas. Roma cayó por fin en manos del 5.º Ejército de los EE.UU. el 5 de
unio de 1944. Las fuerzas alemanas se retiraron a la llamada Línea Gótica,
ue atravesaba la península justo al norte de Florencia y que no se rompió
asta septiembre de 1944. El frente aliado estuvo en punto muerto durante
odo el verano de 1944–5. Hasta abril de 1945 el asalto final aliado no rompió
a resistencia alemana, llevando a la capitulación el 2 de mayo. La campaña
istrajo a 20 divisiones alemanas, y 35 más se vieron atrapadas en la guerra
ontra los partisanos en los Balcanes. No obstante, la campaña mediterrá-
ea no consiguió resultados decisivos. La victoria en Europa no se consiguió
asta que se atacó directamente Alemania.

2 En julio de 1943 (mapa a la derecha) fuerzas anglo-americanas invadieron
Sicilia y lanzaron una campaña para sacar a Italia de la guerra. Se rindió en
septiembre, pero los alemanes se batieron tenazmente en retirada
remontando la península al mando del mariscal de campo Albert Kesserling.

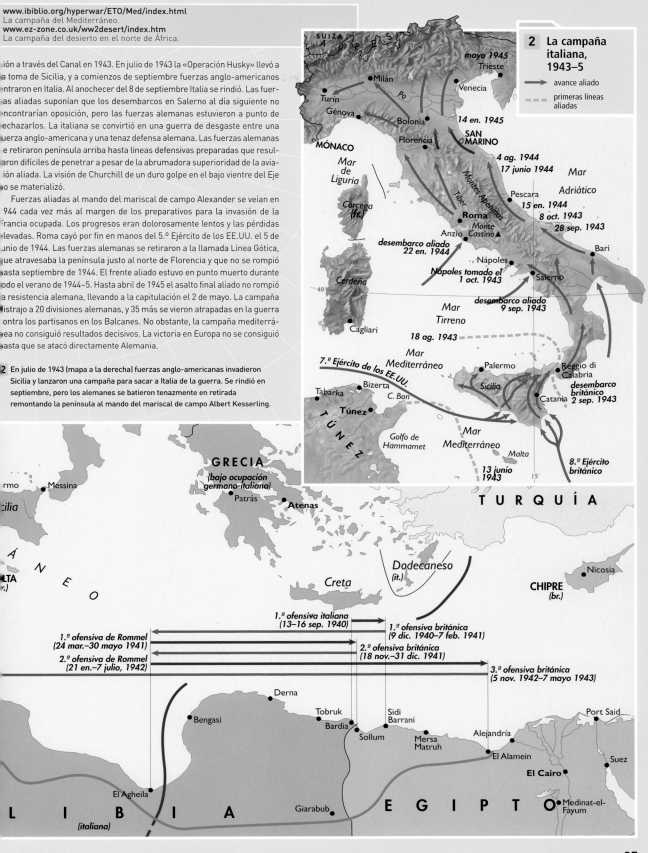

Invasión desde el oeste

Las discusiones sobre si concentrarse en la derrota de Alemania empujando desde el Mediterráneo o invadir a través del Canal de la Mancha no se resolvieron definitivamente hasta la Conferencia de Teherán en noviembre de 1943.

Stalin, con apoyo entusiasta de los EE.UU., insistió en que una invasión de Francia era la única manera de derrotar a Alemania. En enero de 1944 se inició la preparación en serio de la «Operación Cacique». Eisenhower fue nombrado comandante supremo, con ayudantes británicos para el ejército, la aviación y la marina. El plan era atacar en un estrecho frente de Normandía, desplegando inicialmente cinco divisiones. El día de la invasión hubo que transportar puertos artificiales hasta su emplazamiento a fin de que las playas pudieran ser rápidamente abastecidas de fuerzas y equipamientos.

El asunto crítico era mantener en secreto el lugar. Si se mantenía al enemigo haciendo conjeturas, los alemanes se desplegarían a lo largo de toda la costa en lugar de concentrarse en el punto de invasión. Se montó un plan, la «Operación Guardaespaldas», que contra todas las expectativas razonables triunfó al convencer a Hitler de que el objetivo principal era el Paso de Calais. Aunque Alemania tenía 58 divisiones en Francia, ante las playas de Normandía sólo había 14. El segundo imperativo era el empleo de la superioridad aliada en el aire para neutralizar la aviación alemana y cortar la red de comunicaciones en el norte de Francia a fin de impedir los refuerzos. Ambas campañas tuvieron éxito. El día de la invasión –popularmente conocido como el Día D– había 12.000 aviones aliados contra 170 aviones alemanes. Los refuerzos enviados por Alemania al frente tardaron semanas en unirse a los combates, de tan difíciles como se volvieron las comunicaciones.

1 La invasión de Normandía 6 de junio de 1944 fue el mayor asalto anfibio de la historia. 12.000 aviones y más de 7.000 barcos de todos los tamaños apoyaron la operación. Cinco divisiones desembarcaron en otras tantas playas. Durante la noche del 5 al 6 de junio se lanzaron paracaidistas en ambos flancos. Las cabezas de playa iniciales se consolidaron el 7 de junio y las posiciones se estabilizaron el 11 de junio. El progreso posterior fue lento. Un terreno pantanoso, sendas frondosas y la resuelta defensa alemana impidieron una ruptura del cerco y amenazaron con recrear el punto muerto en las trincheras de la Primera Guerra Mundial.

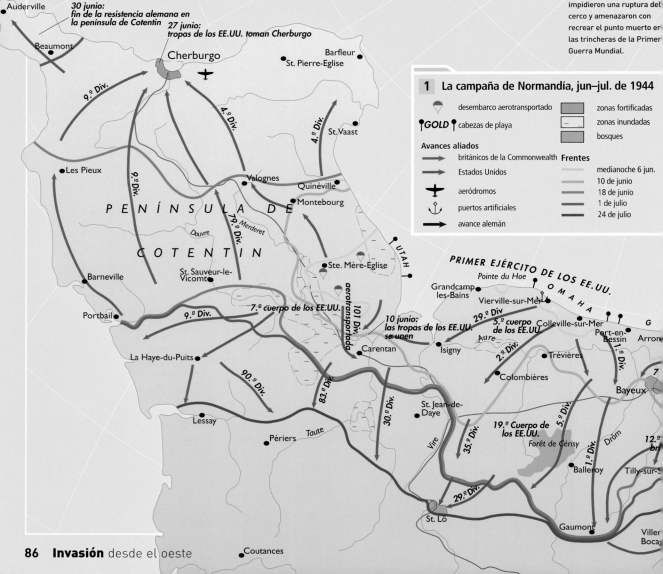

30 junio: fin de la resistencia alemana en la península de Cotentin

27 junio: tropas de los EE.UU. toman Cherburgo

1 **La campaña de Normandía, jun–jul. de 1944**

🪂 desembarco aerotransportado

GOLD cabezas de playa

Avances aliados

→ británicos de la Commonwealth

→ Estados Unidos

✈ aeródromos

⚓ puertos artificiales

→ avance alemán

zonas fortificadas

zonas inundadas

bosques

Frentes

medianoche 6 jun.

10 de junio

18 de junio

1 de julio

24 de julio

Auderville
Beaumont
9.ª Div.
Les Pieux
9.ª Div.
Barneville
St. Sauveur-le-Vicomt
Portbail
9.ª Div.
La Haye-du-Puits
90.ª Div.
Lessay
Périers
83.ª Div.
30.ª Div.
35.ª Div.
St. Jean-de-Daye
Coutances
St. Lô
29.ª Div.

Cherburgo
4.ª Div.
4.ª Div.
St. Vaast
Valognes
Quinéville
Montebourg
79.ª Div.
Ste. Mère-Eglise
7.º cuerpo de los EE.UU.
101 Div. aerotransportada
10 junio: las tropas de los EE.UU. se unen
Carentan
Isigny
Gaumont

PENÍNSULA DE COTENTIN
Douvre
Merderet

St. Pierre-Eglise
Barfleur

UTAH

PRIMER EJÉRCITO DE LOS EE.UU.
Pointe du Hoe
OMAHA
Grandcamp-les-Bains
Vierville-sur-Mer
29.ª Div.
5.º cuerpo de los EE.UU.
Colleville-sur-Mer
Port-en-Bessin
Arron
Aure
2.ª Div.
Trévières
Colombières
19.º Cuerpo de los EE.UU.
Forêt de Cérisy
5.ª Div.
1.ª Div.
Bayeux
Drôm
12.º bri
Balleroy
Tilly-sur-S
Viller
Boca
Vire
Taute

www.ddaymuseum.co.uk/
a Operación Cacique y el día D.
www.mm.com/user/jpk/battle.htm
a batalla del Bulge (la ofensiva alemana en las Ardenas).

2 El avance aliado en Francia, jul.–dic. de 1944

⟶ avances aliados
- - - frentes aliados y fecha
— frentes aliados planeados
⊢—⊣ Muro Oeste

2 El 25 de julio de 1944, las fuerzas estadounidenses en Normandía desencadenaron la «Operación Cobra» (mapa *infra*). El poder aéreo y las unidades blindadas produjeron notables avances. El Tercer Ejército del general Patton avanzó hacia Bretaña, para luego virar hacia el este en dirección a París. En septiembre, los aliados habían cruzado Francia, pero el intento de entrar en Alemania se vio frustrado.

GRAN BRETAÑA · Londres
· Portsmouth
Ámsterdam
15 sep. 15 dic. HOLANDA
· Arnhem
Canal de la Mancha
50° Eindhoven
Amberes Colonia
25 ag. Mons Bruselas
Cherburgo 16 ag. 1.º británico BÉLGICA
24 julio 1.º Canadiense 2.º británico
Coutances Caen 1.º EE.UU.
Avranches Elbeuf Ardenas ALEMANIA
Día D Falaise Sena
+25 París Verdún
Le Mans 3.º EE.UU. Metz
16 ag. Estrasburgo
Día D Orleáns 15 dic.
+60 25 ag. Colmar
F R A N C I A Día D 15 sep. Mulhouse
+90 Dijon 7.º EE.UU Belfort
7.º EE.UU SUIZA

3 Avance aliado en Alemania, enero–mayo de 1945

— frente aliado
⟶ avance aliado
— frente aliado el 8 de mayo

Mar del Norte
· Flensburg 30 abr.–8 mayo, sede del gobierno alemán de Dönitz
· Bremerhaven Hamburgo
· Lüneburg · Schwerin
HOLANDA · Bremen Elba
1.º Canadiense Hanover Berlín
2.º Británico 2 mayo, rendición a las fuerzas soviéticas
RUHR 9.º EE.UU. Magdeburgo
· Colonia Halle Torgau
Rin · Bonn 1.º EE.UU. Leipzig
RENANIA 3.º EE.UU. Erfurt Dresde
50° · Maguncia Frankfurt Praga
7.º EE.UU. Nuremberg
· Metz Heidelberg
Estrasburgo 1.º Francés Stuttgart
FRANCIA Friburgo Danubio Múnich
SUIZA Innsbruck Salzburgo ALEMANIA

Tras el desmoronamiento de la resistencia alemana en Francia, los aliados se detuvieron para reagruparse en las fronteras de Alemania y permitir que los suministros llegaran a los ejércitos (mapa *supra* a la derecha). En diciembre, Hitler ordenó una contraofensiva, la ofensiva de las Ardenas, que no consiguió romper las líneas aliadas. El esfuerzo debilitó gravemente unas fuerzas ya ampliamente superadas en número. En febrero, los aliados rompieron las fortificaciones del Muro Oeste y entraron en Renania. Durante los siguientes tres meses avanzaron por el oeste y el centro de Alemania, hasta que se encontraron con las fuerzas soviéticas en el puente sobre el río Elba en Torgau.

Canal de la Mancha

...NDO EJÉRCITO BRITÁNICO
JUNO SWORD
...uerpo Courseulles-sur-Mer
...nico Lion-sur-Mer
Creuilly Ouistreham
1.er Cuerpo británico
...po británico 2.º Cuerpo canadiense · Ranville
Caen
· Troarn
18–21 julio: Operación Goodwood
· Tourmauville
26–29 junio: Operación Epsom · Bourguébus

La invasión estaba fijada para el 5 de junio. Al final, el mal tiempo obligó a aplazarla hasta la mañana siguiente. De noche se enviaron paracaidistas para proteger los flancos y asegurar la consolidación de las posiciones iniciales. Las fuerzas alemanas quedaron divididas y los refuerzos llegaban con lentitud. La aviación dio grandes ventajas a los aliados: británicos, estadounidenses, franceses y canadienses. El comandante alemán, mariscal de campo Rommel, héroe de las vertiginosas campañas del desierto, se vio obligado a librar una dura campaña defensiva por setos y campos.

El plan aliado consistía en forzar a los ejércitos alemanes a concentrarse en el ala oriental del frente de la invasión, mientras que en el oeste se despejaba la península de Cotentin y las fuerzas americanas se adentraban en Francia en dirección a París. El progreso fue lento, y en el este la ciudad de Caen, ferozmente defendida por los alemanes, tardó un mes en ser tomada. Pero el constante desgaste acabó con las exhaustas fuerzas alemanas. El 25 de julio el general Omar Bradley penetró por el oeste y en unos días había vencido toda resistencia y sus fuerzas se encaminaban hacia el Sena. Un desesperado contraataque emprendido en Martain por las restantes fuerzas acorazadas alemanas fue rechazado, a lo cual siguió una precipitada retirada. A finales de agosto los aliados habían cruzado el Sena, y en septiembre se hallaban en la frontera alemana.

Mientras el sistema aliado de suministros se ponía al día con el rápido avance de la aviación y el ejército, a las fuerzas alemanas les dio tiempo de reagruparse para defender el Reich. Montgomery, el comandante en jefe del ejército británico, quiso entrar en Alemania, pero el asalto de los paracaidistas en Arnhem el 17 de septiembre fue repelido con gran derramamiento de sangre. Las fuerzas aliadas se tomaron un respiro durante el invierno, pero el día de Navidad se vieron sorprendidas por un fuerte contragolpe alemán en dirección a Amberes. La «batalla del Bulge» se ganó gracias a la rapidez con que las fuerzas aliadas volvieron a desplegarse. En enero los aliados occidentales tenían 25 divisiones acorazadas y 6.000 tanques concentrados contra 1.000 tanques alemanes. Montgomery avanzó hacia el norte por el Ruhr y hacia Berlín, mientras que los generales estadounidenses se adentraron en el sur de Alemania. A pesar de la fuerte resistencia local, la derrota final se alcanzó a comienzos de mayo, cuando las fuerzas alemanas capitularon ante Montgomery en la landa de Lüneburg.

La campaña de **bombardeos**

1940 (mayo) Los aliados inician los bombardeos estratégicos.

1942 (31 de mayo) El Mando de Bombarderos ataca Colonia.

1942 El Octavo Ejército se une al Mando de Bombarderos.

1943 (mayo) Bombarderos británicos utilizan bombas de rebote en una incursión.

1943 (24-5 de julio) Primer ataque aéreo sobre Hamburgo.

1945 (enero) La RAF lanza 2.300 toneladas de bombas sobre Berlín.

1945 (13 de febrero) Los aliados bombardean Dresde.

El bombardeo de ciudades e industrias enemigas –o bombardeo estratégico– sólo constituyó una posibilidad técnica seria a principios de los cuarenta. Pero este bombardeo no resultó importante hasta 1944, y sólo en la guerra con Japón tuvo un papel decisivo.

Los bombardeos estratégicos comenzaron en 1940 con los primeros ataques británicos a objetivos alemanes, autorizados por Churchill en mayo como represalia por la destrucción de Rotterdam durante la batalla de Francia. En septiembre de 1940 Hitler ordenó a la Luftwaffe atacar ciudades británicas en un intento de retirar a Gran Bretaña de la guerra sin una costosa invasión. Aunque los ataques alemanes mataron a 42.000 personas en el invierno de 1940-1, fueron de escaso efecto sobre la producción bélica británica y no consiguieron llevar a su gobierno a la mesa de negociaciones. La guerra relámpago demostró a Hitler que los bombardeos no podían arrojar resultados que decidieran la guerra, y a partir de 1940 la fuerza aérea alemana se concentró en el apoyo táctico a los combates terrestres desde el aire.

1 Primera incursión sobre Hamburgo, 24-5 jul. 1923

- zonas residenciales
- zonas industriales
- astilleros de submarinos
- zona planeada de bombardeo
- zonas totalmente arrasadas 24 de julio–3 de agosto
- zonas total o muy dañadas, 24 de julio–3 de agosto

1 La noche del 24 al 25 de julio de 1943, el Mando de Bombarderos de la RAF emprendió la «Operación Gomorra» (mapas *supra* y a la derecha): el masivo ataque aéreo del puerto alemán de Hamburgo. Sobre la ciudad cayeron oleada tras oleada de bombas explosivas e incendiarias, y al llegar el día fue atacada por el Octavo Ejército del Aire de los EE.UU. Hamburgo se convirtió en la víctima de la primera tormenta de fuego, que mató a más de 40.000 personas.

www.rafmuseum.org.uk/milestones-of-flight/british_military/1945.html
Cronología de la aviación militar británica.
www.alien8.de/dd/page-1.html
Imágenes de Dresde antes y después de las campañas de bombardeos de 1945.

Gran Bretaña mantuvo la ofensiva aérea a falta de otra forma de represalia una vez expulsados de Europa sus ejércitos. Los primeros ataques no sirvieron de mucho y los reconocimientos fotográficos demostraron que eran extraordinariamente imprecisos. Los bombarderos británicos atacaban por la noche para evitar a los cazas alemanes, lo cual hacía difícil atacar nada mucho más pequeño que una ciudad. En febrero de 1942 los jefes del Estado Mayor británico ordenaron al Mando de Bombarderos que se concentrara en ataques zonales contra las ciudades industriales alemanas. El 31 de mayo de 1942 se lanzó contra Colonia la primera incursión de 1.000 bombarderos.

Desde febrero de 1942 la jefatura del Mando de Bombarderos la ejerció el mariscal del aire Arthur Harris, que introdujo cambios tácticos –incluida una Fuerza de Exploradores especializada que aumentó la precisión de los bombardeos– y se benefició de la introducción de nueva tecnología: el bombardero pesado Lancaster y ayudas a la navegación mejoradas. En 1942 al Mando de Bombarderos se unió el Octavo Ejército del Aire de los EE.UU., que bombardeaba de día, atacando objetivos industriales y militares específicos en lugar de ciudades enteras. En 1943 ambas fuerzas pasaron a dirigirlas conjuntamente los jefes de Estado Mayor británico y estadounidense a fin de emprender una ofensiva combinada de bombardeos contra objetivos clave –el petróleo, la aviación, los submarinos–, así como contra la moral bélica de la población alemana.

Durante 1943 la ofensiva combinada comenzó a tener efectos reales sobre la estrategia alemana. A la defensa aérea se dedicaron recursos enormes con la construcción de la Línea Kammhuber de cañones antiaéreos, radares y cazas. Pero en el invierno de 1943 la ofensiva se detuvo súbitamente debido a las crecientes pérdidas de hombres y aviones. La campaña la salvó la introducción de cazas «estratégicos» de largo alcance, especialmente los P-51 Mustang, dotados con tanques desechables de combustible, lo cual dio como resultado la superioridad aérea sobre Alemania. La mejora en las ayudas a la navegación y en los entrenamientos, así como un incremento espectacular en el número de bombarderos pesados, convirtieron los bombardeos en una amenaza real. La derrota del poder aéreo alemán en 1944 dejó al Reich expuesto a los ataques. En 1945 los aviones podían sobrevolar el espacio aéreo alemán sin encontrar seria resistencia. En total se lanzaron 1,9 millones de toneladas de bombas, (el 83 por 100 en 1944 y 1945).

Los bombardeos no derrotaron a Alemania, pero tuvieron un impacto devastador su esfuerzo de guerra. Murieron unas 400.000 personas, y las principales ciudades se vieron reducidas a escombros. Ocho millones de personas fueron evacuadas, y dos millones se dedicaron a la defensa aérea y la reparación de lo destruido. En 1944 eran más de 54.000 los cañones concentrados contra los bombardeos aliados, y el esfuerzo defensivo utilizó más de un tercio de la producción de equipamiento óptico y electrotécnico, y un quinto de toda la munición. A esto hay que añadir la pérdida en 1944 de un tercio de la producción potencial de aviones, tanques y camiones. Los bombardeos obligaron a perder tiempo en la dispersión de la industria, y produjeron altas tasas de absentismo. Para los alemanes los bombardeos fueron el tema dominante en la retaguardia a partir de 1943. Eran desmoralizadores y producían no tanto protestas políticas como apatía y miedo.

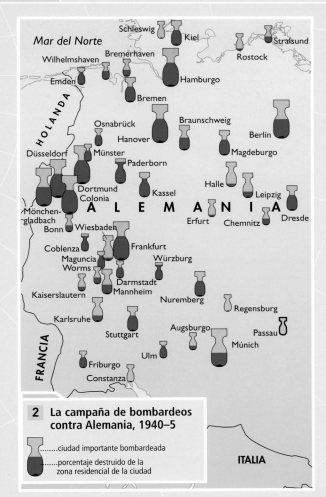

2 La campaña de bombardeos contra Alemania, 1940–5

.........ciudad importante bombardeada

......porcentaje destruido de la zona residencial de la ciudad

2 En 1941 la RAF comenzó a atacar sistemáticamente las ciudades industriales alemanas (mapa *supra*). El objetivo era reducir la producción industrial y dejar sin casas a la fuerza laboral. En 1945 el 45 por 100 de las viviendas en las principales ciudades de Alemania estaban destruidas y se había evacuado a ocho millones de alemanes.

1 Ataques sobre Hamburgo, 24 jul.–3 ag. 1943

Genocidio en Europa

1935 Anuncio de las Leyes de Nuremberg.

1938 (9–10 de noviembre) «Noche de los Cristales Rotos».

1939 Himmler inicia exterminio oficial de discapacitados.

1942 Comienza el genocidio alemán de los judíos (hasta 1943); Conferencia del Wansee; «la Solución Final».

1943 (abril) Revuelta armada en el gueto de Varsovia.

1942-45 6 millones de judíos mueren en los campos nazis.

El único conjunto individual de víctimas civiles en la Segunda Guerra Mundial fueron los judíos, sistemáticamente exterminados por el régimen hitleriano. Al final de la guerra, sólo habían sobrevivido unos 300.000. Alrededor de seis millones perecieron.

El genocidio nazi fue producto de un Estado cuya ideología enraizaba en el racismo. Hitler era un antisemita radical, que llevaba predicando un enfrentamiento definitivo con el pueblo judío desde comienzos de los años 1920. Pero a su alrededor había quienes querían que el antisemitismo formara parte de un programa general de limpieza étnica e higiene racial. La opinión médica y científica se movilizó para apoyar la esterilización –y en último término el exterminio– de los discapacitados físicos y mentales, los enfermos hereditarios y los clasificados como «asociales». La búsqueda de una raza germánica pura era el anverso de las políticas de discriminación y exterminio dirigidas contra los considerados como antialemanes.

La persecución formal de los judíos comenzó en septiembre de 1935 con el anuncio de las Leyes de Nuremberg. Éstas negaban a los judíos los mismos derechos civiles de que disfrutaban los demás alemanes. Durante los cuatro años siguientes las propiedades judías fueron confiscadas según un programa de «arianización», y a lo largo de este periodo la mitad de la población judía emigró. Al mando del jefe de las SS, Heinrich Himmler, se desarrolló un aparato burocrático racista que en 1939 comenzó el exterminio oficial de los discapacitados, eufemísticamente conocido como eutanasia.

1 La persecución alemana de los judíos comenzó con la discriminación contra los judíos alemanes en los años 1930, pasó por la política de aislamiento en guetos en 1940 y 1941, y terminó en la fase final del exterminio físico de toda la población judía de la Europa ocupada o satélite (mapa *infra*).

www.holocaust-history.org/
Documentos, fotografías, grabaciones y ensayos del Proyecto de Historia del Holocausto.
www.ushmm.org/outreach/nlaw.htm
Las leyes racistas de Nuremberg.

La guerra cambió la situación. La emigración, que era la opción preferida por Hitler para la «cuestión judía», cesó como consecuencia del bloqueo aliado. Millones de judíos polacos fueron también puestos bajo control alemán. El régimen se decidió por una política de aislamiento. Los judíos y otros «asociales» fueron reunidos y enviados a guetos en los que se les negaba alimentación adecuada y atención médica. En el verano de 1940, tras la derrota de Francia, Hitler jugó brevemente con la idea de convertir Madagascar en un vasto gueto tropical, pero el control británico de los mares lo hacía imposible.

En 1941 las circunstancias volvieron a cambiar. Hitler definió la guerra con la Unión Soviética como una guerra de razas contra el judeo-bolchevismo, y las fuerzas armadas y los escuadrones especiales de la muerte de las SS (los *Einsatzgruppen*) recibieron instrucciones de asesinar a los judíos y los comunistas indiscriminadamente. En los primeros dos meses de la campaña murieron con atroz brutalidad cientos de miles de personas, algunas a manos de antisemitas nativos de los Estados bálticos y Ucrania, la mayor parte a manos de soldados alemanes, policías y agentes de Himmler. La fecha precisa de la decisión de Hitler de exterminar a todos los judíos –la llamada «Solución Final»– no se conoce, pero a mediados de julio de 1941, en el punto álgido de las victorias alemanas en el este, era evidente que se había producido un cambio. Se cursaron órdenes de aplicar hasta sus últimas consecuencias el programa de asesinatos indiscriminados y públicos, y de crear a tal fin un programa sistemático, basado en centros de exterminio en los que se usaba gas venenoso.

A finales de 1941 el sistema estaba operativo. Millones de judíos de toda Europa se reunieron en ocho centros de exterminio. A los jóvenes y sanos se los hacía trabajar como esclavos hasta que morían de agotamiento o enfermedad. Al resto, se los enviaba directamente a las cámaras de gas y luego se los cremaba. Su pelo, gafas, empastes de oro y zapatos se recogían y reciclaban para el esfuerzo de guerra. Las propiedades judías eran confiscadas por el Estado y robadas por los oficiales nazis que dirigían el aparato de exterminio.

Durante la segunda mitad de la guerra, Alemania presionó a sus aliados y satélites para que entregaran sus poblaciones judías. En Italia y Hungría se resistieron hasta la ocupación alemana en 1943 y 1944. En las zonas ocupadas se pudo transportar a los judíos a los centros de exterminio orientales sin mucha resistencia. En Varsovia, en abril de 1943 los judíos del gueto se levantaron en armas, pero la revuelta fue brutalmente aplastada. Quienes sobrevivieron al genocidio lo hicieron uniéndose a los grupos de partisanos, escondiéndose en casas de no-judíos o trabajando como esclavos. Algunos responsables fueron fusilados o colgados tras la guerra, pero son muchos los que hasta hoy han eludido la acción de la justicia.

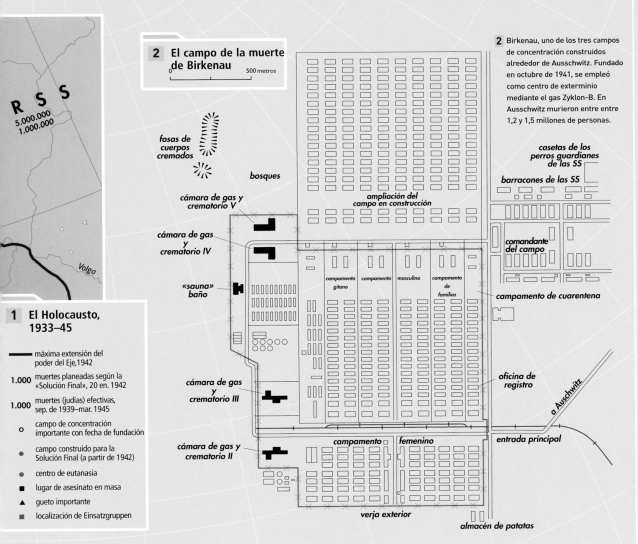

2 El campo de la muerte de Birkenau

0   500 metros

2 Birkenau, uno de los tres campos de concentración construidos alrededor de Ausschwitz. Fundado en octubre de 1941, se empleó como centro de exterminio mediante el gas Zyklon-B. En Ausschwitz murieron entre entre 1,2 y 1,5 millones de personas.

R S S
5.000.000
1.000.000

Volga

fosas de cuerpos cremados

bosques

cámara de gas y crematorio V

cámara de gas y crematorio IV

«sauna» baño

cámara de gas y crematorio III

cámara de gas y crematorio II

verja exterior

almacén de patatas

ampliación del campo en construcción

campamento gitano

campamento masculino

campamento de familias

campamento de cuarentena

campamento □ femenino

casetas de los perros guardianes de las SS

barracones de las SS

comandante del campo

oficina de registro

a Auschwitz

entrada principal

1 El Holocausto, 1933–45

— máxima extensión del poder del Eje, 1942

1.000 muertes planeadas según la «Solución Final», 20 en. 1942

1.000 muertes (judías) efectivas, sep. de 1939–mar. 1945

o campo de concentración importante con fecha de fundación

● campo construido para la Solución Final (a partir de 1942)

● centro de eutanasia

■ lugar de asesinato en masa

▲ gueto importante

■ localización de Einsatzgruppen

Los **costes** de la **guerra**

1939–1945

1942–45 6 millones de judíos mueren en los campos nazis.

1944 (22 de julio) Acuerdo de Bretton Woods; parámetros de la economía de posguerra; institución del Banco Mundial y el Fondo Monetario Internacional.

1945 Juicios de Nuremberg; un tribunal militar internacional juzga a criminales de guerra; se condena a muerte a líderes nazis.

1946 Tribunal militar para el Lejano Oriente.

El genocidio alemán fue el coste más llamativo y terrible de la Segunda Guerra Mundial. El conflicto alcanzó unas dimensiones excepcionales y se libró con una ferocidad extraordinaria. Cumplió las peores expectativas de la guerra total. A partir de este conflicto, los civiles dejaron de disfrutar de cualquier tipo de inmunidad. En el este los líderes alemanes los definieron como enemigos de la raza que habían de ser exterminados o explotados.

Las ciudades alemanas y japonesas fueron atacadas desde el aire con el argumento de que los trabajadores que en ellas vivían constituían el sostén del poder bélico del enemigo en el frente. A los soldados japoneses se les enseñaba a considerar a los chinos como una raza inferior. Las leyes de la guerra, establecidas por acuerdo internacional durante el medio siglo anterior, resultaron papel mojado. La guerra se convirtió en el instrumento de un conflicto ideológico y racial más profundo.

Además del coste humano, la guerra destruyó gran parte del entorno físico y cultural en que se libró. En la Unión Soviética se destruyeron unas 17.000 ciudades y 70.000 pueblos. La mitad del parque de viviendas de Alemania en las ciudades más importantes quedó destruido y gran parte del resto dañado. Italia perdió un tercio de su riqueza nacional. Los Estados europeos bajo gobierno alemán pagaron unos 150.000 millones de marcos –un cuarto de los gastos militares de Alemania– como tributo para el sostenimiento del esfuerzo de guerra alemán. La herencia cultural de Europa fue otra víctima de la guerra, como el monasterio de Monte Cassino, o de la destrucción deliberada, como el incendio de la antigua biblioteca de la Universidad de Nápoles llevado a cabo por las tropas alemanas en retirada. Al final de la guerra, los aliados occidentales montaron enormes centros para la recolección de arte perdido o saqueado.

Además de la pérdida de recursos físicos como consecuencia de los daños y la expropiación, la guerra exprimió las economías productivas de todos los países en guerra. Hasta dos tercios de la producción industrial se dedicó a la guerra, y los consumidores de todas partes, excepto en los Estados Unidos, se vieron obligados al racionamiento alimentario y de bienes de consumo. El nivel máximo de sacrificio correspondió a la Unión Soviética, que con la ocupación perdió la mitad de su

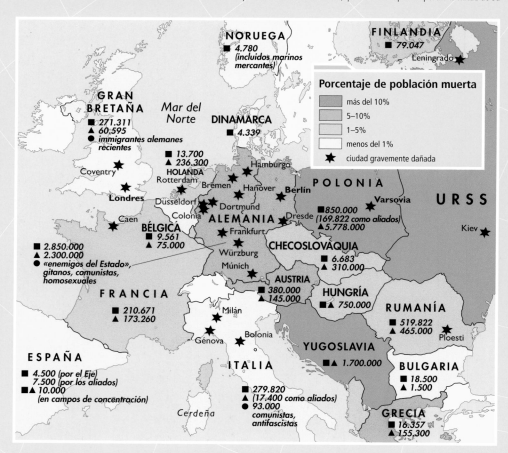

www.loc.gov/exhibits/wcf/wcf0001.html
Periodistas, fotógrafas y locutoras de radio durante la Segunda Guerra Mundial.
www2.sunysuffolk.edu/westn/effectww2.html
Los efectos de la Segunda Guerra Mundial en las principales potencias mundiales.

roducción de carne y grano. La fuerza laboral la formaban en gran medida mujeres y niños, a los uales se sometía a largos horarios a cambio de raciones muy cortas de comida. En 1944 la mitad e la fuerza laboral nativa de Alemania la formaban mujeres, muchas de ellas empleadas en granas que mantenían en pie suministros vitales de comida. En Gran Bretaña y los Estados Unidos más e un tercio de la fuerza laboral era femenina al final de la guerra.

La guerra impulsó el desarrollo de nuevas tecnologías. En Alemania los cohetes, los reactores la energía nuclear se hallaban ya en proceso de desarrollo al comienzo de la guerra. Si no consiuieron tener impacto fue por la naturaleza confusa de la administración en tiempos de guerra y a arbitraria intervención de Hitler en el programa alemán de investigación. En muchos otros lugaes la calidad de las armas era inferior a la de las alemanas, pero las producían en cantidades ucho mayores debido al empleo de técnicas de producción en masa posibilitadas por el flujo de odernas herramientas especializadas procedente de los EE.UU. En la Unión Soviética se mejoró a calidad de las armas, producidas en plantas gigantescas con métodos relativamente simples. ólo la Unión Soviética, a pesar de las pérdidas ocasionadas por la guerra en la industria y en aterias primas, superaba en producción a Alemania.

La guerra interrumpió el normal desarrollo de la economía mundial. Los Estados Unidos fueron n ganador neto. Aquí los ingresos aumentaron en un 75 por 100. La desaparición de las exportacioes europeas propició que los EE.UU. gestionaran una gran proporción del comercio mundial. Las conomías europeas, por contra, sufrieron un retroceso medible en años. En el otoño de 1945 la proucción industrial de Alemania estaba un 14 por 100 por debajo de su nivel en 1936. Gran Bretaña, unque potencia victoriosa, había contraído enormes deudas y su posición comercial había sufrido n importante menoscabo, de modo que en 1947 estuvo al borde de la bancarrota. La balanza del oder económico se inclinó a favor de los Estados Unidos. En una reunión en Bretton Woods, en 1944, uncionarios de los Estados Unidos consiguieron las potencias aliadas acordaran un nuevo orden conómico, basado en el comercio liberal y en la cooperación monetaria respaldada por los EE.UU.

1 La Segunda Guerra Mundial fue la más cara de la historia (mapas *infra* y a la izquierda). Las cifras exactas de muertos son difíciles de saber, y el total calculado de 55 millones está sujeto a un amplio margen de error. Los civiles constituyeron un alto porcentaje de las bajas, las víctimas del genocidio, los bombardeos, el terror, el hambre y la explotación física.

1 Bajas de guerra, 1939–45 (mapas *infra* y a la izquierda)

- ■ militares muertos
- ▲ civiles muertos
- ● grandes grupos de civiles internados
- ✶ ciudad seriamente dañada
- ▨ países en los que la población civil fue sometida a ataques directos

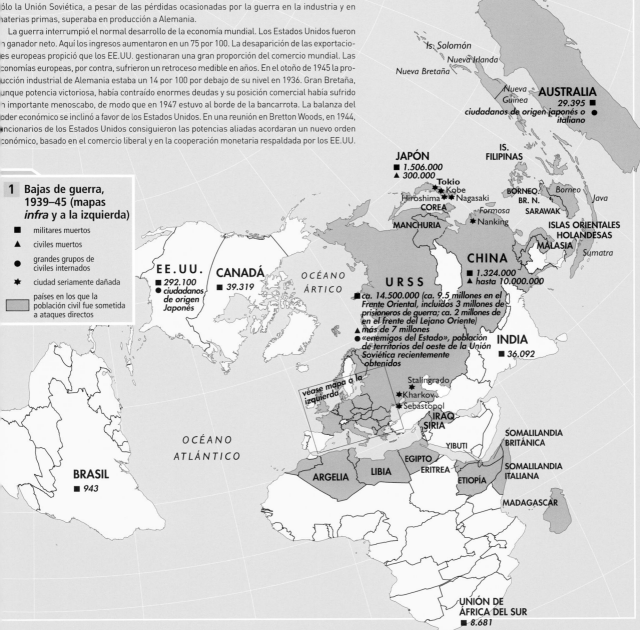

NUEVA ZELANDA
■ 12.162

Is. Solomón
Nueva Irlanda
Nueva Bretaña
Nueva Guinea

AUSTRALIA
29.395 ■
● ciudadanos de origen japonés o italiano

IS. FILIPINAS

JAPÓN
■ 1.506.000
▲ 300.000

Tokio
✶✶ Kobe
Hiroshima ✶✶ Nagasaki
COREA
Formosa
✶ Nanking
MANCHURIA

BORNEO. Borneo
BR. N.
SARAWAK   Java

ISLAS ORIENTALES
HOLANDESAS
MALASIA
Sumatra

CHINA
■ 1.324.000
▲ hasta 10.000.000

EE.UU.
■ 292.100
● ciudadanos de origen Japonés

CANADÁ
■ 39.319

OCÉANO ÁRTICO

URSS
● ca. 14.500.000 (ca. 9,5 millones en el Frente Oriental, incluidos 3 millones de prisioneros de guerra; ca. 2 millones de en el frente del Lejano Oriente)
■ más de 7 millones
● «enemigos del Estado», población de territorios del oeste de la Unión Soviética recientemente obtenidos

INDIA
■ 36.092

véase mapa a la izquierda

Stalingrado
✶ Kharkov
✶ Sebastopol

IRAQ
SIRIA

SOMALILANDIA BRITÁNICA
YIBUTI

OCÉANO ATLÁNTICO

ARGELIA   LIBIA   EGIPTO
ERITREA
ETIOPÍA

SOMALILANDIA ITALIANA

BRASIL
■ 943

MADAGASCAR

UNIÓN DE ÁFRICA DEL SUR
■ 8.681

93

El **impacto global**

1941 (agosto) Los aliados firman la Carta Atlántica: se esboza la autodeterminación.

1943 (noviembre) Conferencia de Teherán.

1945 (febrero) Conferencia de Yalta.

1945 (abril) Se fundan en San Francisco las Naciones Unidas.

1945 (julio) Conferencia de Potsdam.

El desplazamiento del peso económico a favor de los Estados Unidos al final de la guerra se vio correspondido por un desplazamiento del peso político. En 1939 Europa seguía siendo considerada la principal fuerza mundial, y Hitler tenía la ambición de convertir a Alemania en una superpotencia global.

En 1945 los Estados Unidos y la Unión Soviética, que se habían mantenido al margen de las peleas europeas en los años de entreguerras, se convirtieron en protagonistas del orden mundial como consecuencia de su contribución a la derrota de las potencias del Eje. En 1939 la guerra no era global, sino que consistía en una serie de conflictos diferentes; una guerra germano-polaca, una guerra entre Alemania y los imperios francés y británico, y una guerra entre Japón y China. En los siguientes dos años, los conflictos confluyeron. En 1940 Italia declaró la guerra a Gran Bretaña y Francia, con lo cual metió a todo el Mediterráneo y a Oriente Medio en el conflicto. En 1941 se involucró a los Balcanes. Cuando Alemania atacó la Unión Soviética en junio de 1941 y Japón atacó a los EE.UU. en diciembre, la guerra cobró una dimensión auténticamente global, conectada por el hecho de que el Eje se enfrentaba a un enemigo común –EE.UU. y Gran Bretaña– que se extendía por tres océanos.

Las tres potencias del Eje, Alemania, Italia y Japón, no tenía[n] ninguna alianza militar formal. Apenas colaboraron entre [sí] Italia y Japón no informaron a Alemania de sus ataques a G[re]cia y Hawai; Alemania no reveló su asalto a la Unión Soviétic[a] Cuando Italia se rindió en 1943, Alemania trató el norte [de] Italia de la misma manera que al resto de la Europa ocupad[a] Los aliados tampoco estaban vinculados por ninguna alian[za] militar, aunque en mayo de 1942 Gran Bretaña y la URSS f[ir]maron un pacto de mutua cooperación. Pero los tres aliad[os] principales estaban ligados por un compromiso informal c[on] la rendición incondicional del Eje, anunciado por el presiden[te] Roosevelt en la Conferencia de Casablanca, celebrada e[n] enero de 1943, sin consulta previa con sus aliados. Estaba[n] también ligados por los términos de la Carta Atlántica, prime[ro] firmada por Churchill y Roosevelt en agosto de 1941, y su[b]siguientemente por otros Estados que se unieron al ban[do] aliado.

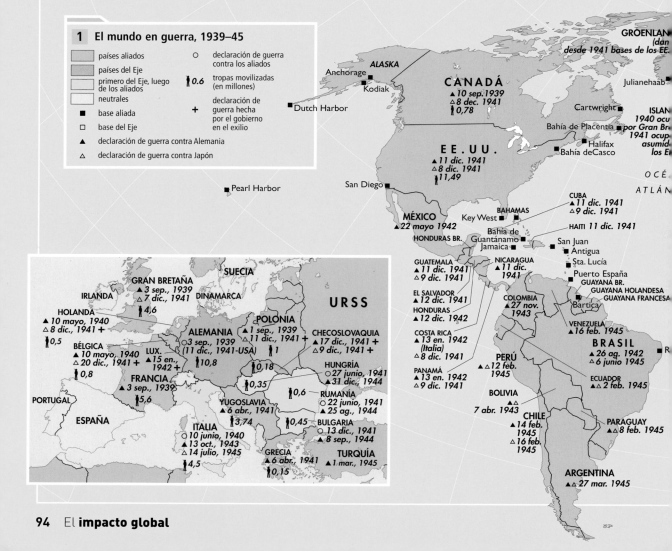

1 El mundo en guerra, 1939–45

- países aliados
- países del Eje
- primero del Eje, luego de los aliados
- neutrales
- ■ base aliada
- □ base del Eje
- ▲ declaración de guerra contra Alemania
- △ declaración de guerra contra Japón
- ○ declaración de guerra contra los aliados
- ↑0.6 tropas movilizadas (en millones)
- + declaración de guerra hecha por el gobierno en el exilio

www.dickinson.edu/~rhyne/232/Casablanca.html
La Conferencia de Casablanca, 1943.
www.britannia.com/history/docs/atlantic.html
La Carta Atlántica: los objetivos compartidos por Roosevelt y Churchill para la posguerra.

La Carta Atlántica era un compromiso de crear un mundo libre tras el final de la guerra sobre la base de la autodeterminación de los pueblos. Tenía un fuerte regusto wilsoniano, pero tras el fracaso de la Primera Guerra Mundial los líderes estadounidenses se comprometieron a que el nuevo orden de posguerra funcionara. Roosevelt se refería a las potencias aliadas como las Naciones Unidas, un término empleado por primera vez en enero de 1942. Al final de la guerra 45 Estados, incluida la Unión Soviética, habían suscrito los ideales de la libertad democrática. En realidad, los acuerdos se forjaron entre los tres aliados principales en una serie de conferencias –Teherán en noviembre de 1943, Yalta en febrero de 1945, Potsdam en julio de ese año– que fueron una parodia de la autodeterminación. Más aún, la Unión Soviética estaba resuelta a salvaguardar sus intereses en Europa del Este a expensas del nacionalismo popular, especialmente en Polonia.

No obstante, el compromiso con el principio de la independencia nacional tuvo implicaciones para los imperios por cuya defensa Gran Bretaña y Francia habían ido a la guerra en 1939. Durante la guerra los imperios afrontaron graves desafíos. El nacionalismo, especialmente en la India, se convirtió en una potente fuerza a la vista de las derrotas británica y francesa.

Japón y Alemania alentaron movimientos independentistas o instauraron regímenes títere. Los Estados Unidos y la URSS eran hostiles al colonialismo y apoyaban con entusiasmo la descolonización. La autoridad moral de los restantes Estados imperiales se vio menoscaba por la derrota del imperialismo italiano, alemán y japonés, y los imperios fueron gradualmente desapareciendo en el curso de los 30 años que siguieron a la guerra.

La derrota del Eje puso de manifiesto la transformación del orden mundial. La Unión Soviética dominaba la Europa del este. Los Estados Unidos ahora querían y podían asumir el liderazgo en el mundo occidental. En abril de 1945 se convocó en San Francisco una conferencia con el fin de instaurar formalmente una organización de las Naciones Unidas. Los desacuerdos entre los EE.UU. y la URSS se resolvieron en grado suficiente como para establecer la nueva estructura. Los EE.UU., la URSS, China, Gran Bretaña y Francia se convirtieron en miembros permanentes del Consejo de Seguridad. Cuando la conferencia concluyó en junio, la derrota de Alemania era un hecho. Las perspectivas de establecer de un nuevo orden mundial basado en los principios de la cooperación pacífica y la independencia nacional estaban ahora abiertas.

1 Durante la Segunda Guerra Mundial, casi todo el globo se vio arrastrado al conflicto (mapas *infra*), con excepción de cuatro Estados neutrales en Europa. Los imperios europeos pusieron a contribución los recursos materiales y humanos de sus territorios de ultramar. En todo el mundo los ejércitos movilizaron más de 79 millones de hombres y mujeres, y algunos millones más fueron empleados en trabajos relacionados con la guerra.

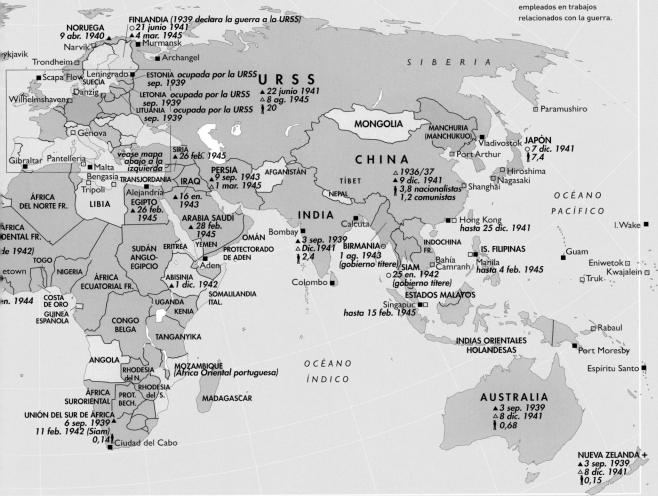

Con el final de la Segunda Guerra Mundial se inició una nueva era en el mundo. La posición dominante de la que disfrutaba Europa occidental desde hacía más de un siglo desapareció. Fue sustituida por un sistema basado en torno a una creciente hostilidad entre los dos principales vencedores de la guerra: los Estados Unidos y la Unión Soviética. En los años 1950 ya se había establecido un estado de Guerra Fría entre el bloque occidental de Estados capitalistas democráticos liderado por los estadounidenses, y el mundo comunista liderado por los soviéticos, que ahora se extendía desde el centro de Europa hasta el Lejano Oriente. La confrontación duró 40 años, durante los cuales sólo el temor al empleo de armas nucleares retrajo a ambos de declarar la guerra. A la sombra de la amenaza nuclear, los dos bandos disfrutaron del más prolongado e intenso periodo de expansión económica de la historia, que transformó los niveles y estilos de vida en el mundo desarrollado, así como aceleró el ritmo de la modernización, con todos sus costes, en todas las demás regiones.

Guardias en la frontera germano-oriental, Berlín, 14 de agosto de 1961

PARTE IV   **EL MUNDO DE LA GUERRA FRÍA**

Las **raíces** de la **Guerra Fría**

La derrota de los Estados del Eje en 1945 dependió de una improbable alianza entre dos Estados occidentales democráticos y la comunista Unión Soviética. Les unía una común hostilidad a Hitler, pero poco más. La larga historia de tensiones y desconfianzas entre la Unión Soviética y el mundo occidental comenzó a emerger de nuevo a medida que se aproximaba la victoria sobre Alemania.

El asunto más grave era el futuro político de los territorios reconquistados. Aunque los tres principales aliados habían acordado no firmar una paz por separado con ninguno de los Estados enemigos, en 1942 Gran Bretaña y los Estados Unidos aceptaron la rendición italiana sin participación soviética. Stalin tomó esto como excusa para actuar por su cuenta en los Estados liberados en el este de Europa. Conforme el Ejército Rojo los fue ocupando uno por uno, la Unión Soviética excluyó la intervención occidental y se dispuso a crear un sistema de Estados satélite favorables a los intereses soviéticos.

Aunque los Estados occidentales reconocían que había poco que se pudiera hacer para impedir el dominio soviético, había dos Estados, Polonia y Alemania, en los que tenían un auténtico interés político. Polonia, por la cual Gran Bretaña había aparentemente entrado en guerra en 1939, fue objeto de una tensa negociación en la Conferencia de Teherán, celebrada en noviembre de 1943. Se acordó que debía renunciar a las zonas tomadas por la Unión Soviética en 1939 y a cambio debía ser compensada con territorio arrebatado al este de Alemania. El acuerdo fue confirmado en la Conferencia de Potsdam, en julio de 1945, cuando ya se había instalado en Varsovia un gobierno prosoviético. Aunque la Unión Soviética hablaba de establecer una democracia popular en Polonia, en la práctica el comunismo polaco fue fomentado sin reservas. Las elecciones de 1947 arrojaron una mayoría comunista, y Polonia ingresó firmemente en la esfera soviética.

La cuestión alemana era igualmente delicada. Los aliados habían acordado en 1943 dividir Alemania en zonas aliadas de ocupación. Las líneas de demarcación fueron escrupulosamente observadas por ambos bandos, aunque sus respectivas fuerzas habían llegado a puntos bastante diferentes al final de la guerra. Se convino en no imponer un acuerdo de paz como se había hecho en 1919. Hubo incautaciones en concepto de reparación, principalmente por parte de la Unión Soviética, y en noviembre de 1945 los líderes políticos y militares alemanes fueron juzgados en Nuremberg por un tribunal militar internacional compuesto por los cuatro Estados vencedores. Alemania fue completamente desarmada. No hubo, sin embargo, acuerdo sobre su futuro político. La cooperación entre las zonas fue limitada, hasta que en 1947 Gran Bretaña y los Estados Unidos crearon un área conjunta, conocida como Bizonia, que comenzaron a ver como el núcleo de un nuevo Estado alemán. Con la vehemente oposición de la Unión Soviética a un Estado capitalista dominado por los EE.UU. en Centroeuropa, la cuestión alemana se convirtió en símbolo del conflicto de más amplio alcance que se estaba gestando entre el este comunista y el oeste capitalista.

El conflicto era evidente en 1946. El 5 de marzo, en Fulton, Missouri, Winston Churchill dijo que sobre Europa había caído un «Telón de Acero» que separaba los pueblos democráticos del oeste y el nuevo bloque comunista. Las esperanzas que habían expresado los políticos de los EE.UU. en el establecimiento tras la guerra de «un solo mundo» basado en la autodeterminación y la libertad económica se vieron sustituidas por el temor a una nueva polarización, bautizada por el periodista estadounidense Walter Lippmann como la «Guerra Fría».

Los líderes soviéticos estaban igualmente ansiosos con el nuevo orden mundial y veían las ambiciones de los EE.UU. tan imperialistas como las del fascismo europeo. En 1946 Stalin ordenó a los partidos comunistas occidentales que emprendieran una ofensiva política. En Grecia una guerra civil iniciada durante la Segunda Guerra Mundial amenazaba con una toma del poder por parte de los comunistas. En 1946 los Estados Unidos se embarcaron en una estrategia de «contención» dirigida a restringir la ulterior expansión del comunismo por todo el mundo. El presidente estadounidense anunció la Doctrina Truman, que prometía ayuda a todos los pueblos que se resistieran a las amenazas internas y externas a la libertad democrática. El primer beneficiario fue Grecia, donde la ayuda de los EE.UU. en 1947 contribuyó a un vuelco de la situación en contra de las guerrillas comunistas: un modelo que se repitió muchas veces durante la era de la Guerra Fría.

1 Alemania y Polonia, 1945–49

- estadounidenses
- británicos
- franceses
- soviéticos
- fronteras entre las zonas de ocupación
- ciudades ocupadas conjuntamente

Territorios perdidos por Alemania, Polonia y Checoslovaquia

- Alemania en favor de Polonia
- Alemania en favor de la URSS
- Polonia en favor de la URSS
- Checoslovaquia en favor de la URSS

Fronteras a partir de 1947

- Polonia, 1947
- República Federal de Alemania, 1949
- Sarre, 1949
- fronteras, 1947

DINAMARCA

LITUANIA

Danzig ciudad Estado
cedida a Polonia,
1947

UNIÓN DE REPÚBLICAS SOCIALISTAS SOVIÉTICAS

Kaliningrado
(Königsberg)

Vilnius

emerhaven
Hamburgo

Bremen

PRUSIA ORIENTAL

POMERANIA ORIENTAL

Gdańsk

Elba

Oder

Szczecin
(Stettin)

Vístula

Berlín

Potsdam

zonas
icamente
das
1948

POMERANIA OCCIDENTAL

Poznan
(Posen)

Varsovia

Brest-
Litovsk

(República Democrática
Alemana desde 1949)

Leipzig

Łodz

P O L O N I A

ANIA

Dresde

Liegnitz

Wroclaw
(Breslau)

L'vov
(Lwów)

adido a zonas
nómicamente
das
1949

Nuremberg

Praga

ALTA
SILESIA

C H E C O S L O V A Q U I A

Cracovia

Brno

Danubio

Dniester

Múnich

Kosice

Linz

Viena

Bratislava

HUNGRÍA

Salzburgo

A U S T R I A

RUMANÍA

ITALIA

Graz

2 Berlín, 1945–90

YUGOSLAVIA

sector americano

sector británico

sector francés

sector soviético

límites de la ciudad

el Muro de Berlín,
1961–89

autopista

ferrocarril
internacional

⊕ aeropuerto

▪ cuartel

◘ cuartel aliado

→ corredor aéreo

Bernau

Havel

REINICKENDORF

Falkensee

Tegel

SPANDAU

PANKOW

WEDDING

WEISSENSEE

Neuenhagen

TIERGARTEN

PRENZLAUER-
BERG

CHARLOTTENBURG

MITTE

FRIEDRICHS-
HAIN

LICHTENBERG

WILMERSDORF

SCHÖNE-
BERG

KREUZBERG

Rüdersdorf

Gatow

Tempelhof

Spree

ZEHLENDORF

TEMPELHOF

KÖPENICK

Potsdam

STEGLITZ

NEUKÖLLN

Schönefeld

Schmöckwitz

Los aliados acordaron desplazar físicamente a Polonia hacia el oeste tras la
guerra (véase mapa *supra*). Polonia obtuvo Prusia oriental y grandes partes
del este de Alemania, pero perdió los territorios orientales que se le habían
concedido en Versalles. Unos tres millones de alemanes y tres millones de
polacos se desplazaron hacia el oeste con las fronteras.

En 1946 los aliados acordaron una limitación del plan industrial para
Alemania, pero los planes extremos de convertir en agraria la economía
alemana se descartaron. El inicio de la Guerra Fría aceleró la reforma de un
Estado alemán dividido entre el este y el oeste. Berlín, partido de manera
similar en zonas de ocupación (mapa a la derecha), también lo fue
físicamente por el muro vigilado por guardias que se construyó en 1961.

La **Guerra Fría:** confrontación

1947–1963

1947 Los comunistas europeos fundan la Cominform.

1948 Los comunistas toman el poder en Checoslovaquia y Hungría; puente aéreo de Berlín; Yugos. sale del bloque soviético.

1949 Formación de la OTAN y el COMECON; creación de Alemania Occidental y Oriental.

1949 Victoria comunista en China.

1953 (5 mar.) Muerte de Stalin.

1953 Revuelta aplastada en Berlín Este; Fidel Castro, figura de la rebelión cubana.

1955 Pacto de Varsovia.

1961 Se levanta el Muro de Berlín; EE.UU. rompe relaciones con Cuba; «Bahía Cochinos».

1962 Crisis de los misiles.

La Guerra Fría alcanzó su máximo grado de peligrosidad entre los años 1947 y 1963. Durante este periodo, las dos principales superpotencias, los Estados Unidos y la Unión Soviética, compitieron por el liderazgo en una carrera armamentística basada en las armas nucleares, mientras que las potencias menores –Gran Bretaña, Francia y China– desarrollaron armas nucleares por su cuenta.

La carrera armamentística no fue sino un escenario más de la confrontación entre los dos bloques. Hasta agosto de 1949 los Estados Unidos gozaron del monopolio de la nueva arma. Con la explosión de una bomba atómica soviética y el desarrollo durante la siguiente década de bombas termonucleares con una capacidad aún mayor de destrucción, el equilibrio estratégico se alteró. Cuanto más ansioso se mostraba cada bando por su seguridad, más esfuerzos se dedicaban a la acumulación de armas capaces de destruir una gran parte del globo. Con el desarrollo preferente de cohetes en lugar de bombarderos de largo alcance como el medio para el lanzamiento de armas nucleares, la Unión Soviética consiguió llevar la amenaza a las distantes ciudades norteamericanas. Asimismo, en 1956 se calculó que el arsenal nuclear de los EE.UU. podía infligir 200 millones de bajas en la población soviética.

En la práctica, la Guerra Fría se llevó en un nivel inferior de confrontación, en el cual se emplearon armas convencionales, la presión política y la propaganda. Durante 1947 y 1948 los Estados del este de Europa –Polonia, Hungría, Checoslovaquia, Rumanía, Bulgaria y Yugoslavia– se hicieron comunistas y prosoviéticos. Como reacción a los esfuerzos occidentales por transformar la economía alemana, la Unión Soviética intentó bloquear Berlín y obligar a Occidente a abandonar la ciudad. Entre junio de 1948 y mayo de 1949, se realizaron 275.000 vuelos para llevar suministros a las zonas occidentales de Berlín. La decisión soviética de suspender el bloqueo anunció un cambio en la política alemana por ambos lados. En septiembre de 1949 los Estados occidentales instauraron una República Federal Alemana en sustitución de sus zonas de ocupación, y en octubre la zona soviética se convirtió en la República Democrática Alemana.

En respuesta a la dominación comunista de una mitad de Europa, en abril de 1949 los Estados occidentales fundaron la Organización del Tratado del Atlántico Norte (OTAN) como marco para la cooperación militar frente a un enemigo común. En los países de la OTAN se estacionaron fuerzas y equipamiento, armas nucleares incluidas, de los EE.UU. En un esfuerzo por fortalecer la alianza y trazar una clara frontera militar en Europa, la República Federal de Alemania fue admitida en la OTAN en 1955.

La primera prueba seria para la nueva alianza anticomunista vino de fuera de Europa. En 1950 estalló en Corea una guerra entre el norte comunista y el sur democrático en los que en 1948 los Estados Unidos y la URSS habían acordado dividir el país (véanse pp. 120-121). Fuerzas de los EE.UU. fueron enviadas para salvar el sur, y comenzó un rearme a gran escala. Los aliados europeos de los Estados Unidos, así como otros Estados de las Naciones Unidas, prestaron ayuda bajo presión. La guerra arrastró a la recién formada China comunista a participar del lado de Corea del Norte, y se inició una larga guerra de desgaste que duró hasta 1953. En este caso la «contención» resultó eficaz y la partición de Corea se restableció.

2 El punto álgido de la Guerra Fría se alcanzó en 1962, cuando los Estados Unidos obligaron a la Unión Soviética a abandonar su programa de despliegue de misiles y cabezas nucleares en Cuba (mapa a la derecha), donde se había producido una revolución procomunista en 1959. En octubre de 1962 los Estados Unidos bloquearon Cuba, y la Unión Soviética, ante el riesgo de una guerra total, aceptó el 26 de octubre retirar los misiles.

2 La crisis de los misiles, 1962
—— zona de bloqueo de los EE.UU.
- - - - alcance de los misiles soviéticos
† base misiles y bombardeos soviéticos
✈ base aérea de los EE.UU.
⚓ base naval de los EE.UU.

www.historylearningsite.co.uk/coldwar.htm
Historia de la Guerra Fría, 1945-1980.
www.cia.gov/csi/books/17240/index.html
Documentos de la guerra de espionaje en Berlín, 1946–1961.

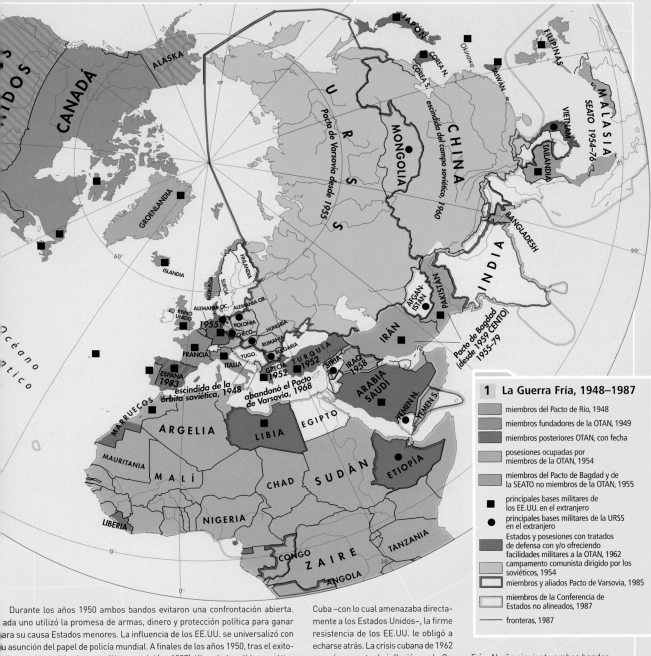

1 La Guerra Fría, 1948–1987

miembros del Pacto de Río, 1948

miembros fundadores de la OTAN, 1949

miembros posteriores OTAN, con fecha

posesiones ocupadas por miembros de la OTAN, 1954

miembros del Pacto de Bagdad y de la SEATO no miembros de la OTAN, 1955

■ principales bases militares de los EE.UU. en el extranjero

● principales bases militares de la URSS en el extranjero

Estados y posesiones con tratados de defensa con y/o ofreciendo facilidades militares a la OTAN, 1962

campamento comunista dirigido por los soviéticos, 1954

miembros y aliados Pacto de Varsovia, 1985

miembros de la Conferencia de Estados no alineados, 1987

—— fronteras, 1987

Durante los años 1950 ambos bandos evitaron una confrontación abierta. Cada uno utilizó la promesa de armas, dinero y protección política para ganar para su causa Estados menores. La influencia de los EE.UU. se universalizó con su asunción del papel de policía mundial. A finales de los años 1950, tras el exitoso lanzamiento del primer satélite espacial (en 1957), Khrushchev, líder soviético desde 1956, se embarcó en una estrategia más agresiva en la expansión de la influencia soviética por el mundo desarrollado. La estrategia no tardó en fracasar. Espoleado por el programa espacial soviético, el temor norteamericano a quedarse atrás en el desarrollo de misiles provocó un enorme crecimiento de la industria militar estadounidense, lo cual llevó a los Estados Unidos a liderar la carrera armamentística a comienzos de los años 1960.

El bloque comunista afrontó su primera crisis grave cuando en 1960 China rechazó la colaboración soviética. Cuando Khrushchev trató de recuperar la posición soviética presionando de nuevo sobre Berlín y luego emplazando misiles en Cuba –con lo cual amenazaba directamente a los Estados Unidos–, la firme resistencia de los EE.UU. le obligó a echarse atrás. La crisis cubana de 1962 marcó un punto de inflexión en la Guerra Fría. Al año siguiente ambos bandos acordaron un tratado de suspensión de pruebas nucleares, y la tensión entre los dos bloques comenzó a ceder lentamente el paso a un clima de *détente*.

1 En la década que siguió a la Segunda Guerra Mundial, buena parte del mundo se dividió en dos bandos armados (mapa *supra*), uno que giraba alrededor de la Unión Soviética y China, y otro que giraba alrededor de los Estados Unidos. Ambos constituyeron bloques de alianzas militares y se embarcaron en una carrera armamentística a largo plazo.

La **Guerra Fría:** confrontación

1963–1985

1963 Trat. Susp. Pruebas N.

1967 Fundación de la ASEAN.

1968 Liberación de Checoslovaquia detenida por la invasión rusa.

1970 Tratado de suspensión de pruebas nucleares, en vigor.

1971 EE.UU. inicia política de *détente* con China y la URSS.

1973 EE.UU. se retira de Vietnam.

1974 Haile Selassie (Etiopía) derrocado por una junta marxista.

1975 Comunistas en el poder de Vietnam, Laos y Camboya.

1979 La URSS invade Afganistán.

1980 Creación del sindicato polaco independiente Solidaridad; ley marcial (1981).

1985 Gorbachov, líder de la URSS (hasta 1991).

En los 20 años posteriores a la crisis cubana de los misiles, el nivel de tensión de la Guerra Fría se redujo, pero en absoluto desapareció. El divorcio chino-soviético y la revitalización económica de Europa crearon un sistema más multipolar y también obligaron a la Unión Soviética a adaptarse a la existencia de dos grandes potencias rivales en lugar de una.

El conflicto político e ideológico se desplazó a Asia, África y América Latina. En 1963 los EE.UU. comprometieron plenamente sus fuerzas en la guerra civil de Vietnam (véase p. 120), en el punto álgido de la cual llegó a tener 543.000 soldados estacionados en el sudeste de Asia. Los EE.UU. también apoyaron activamente a las fuerzas anticomunistas en toda América Latina, con intervenciones en Nicaragua, Chile y, en 1983, la isla caribeña de Grenada. La URSS también aumentó sus actividades en el mundo en vías de desarrollo, a menudo por delegación. Fuerzas cubanas con respaldo soviético participaron en guerras civiles en el Cuerno de África y en la ex colonia portuguesa de Angola.

No obstante, había claros síntomas de que el inestable conflicto entre las superpotencias de los años 1950 iba decreciendo en intensidad. En los Estados Unidos y en todo el mundo occidental había una fuerte hostilidad hacia la intervención de los norteamericana en Vietnam (y una hostilidad más débil hacia la de la URSS en Checoslovaquia en 1968). El creciente movimiento internacional por la paz ponía en cuestión los fundamentos ideológicos de la confrontación, que la generación de

ALASKA

CANADÁ

EE.UU.

MÉXICO

VENEZUELA

COLOMBIA

PERÚ

BRASIL

CHILE

ARGENTINA

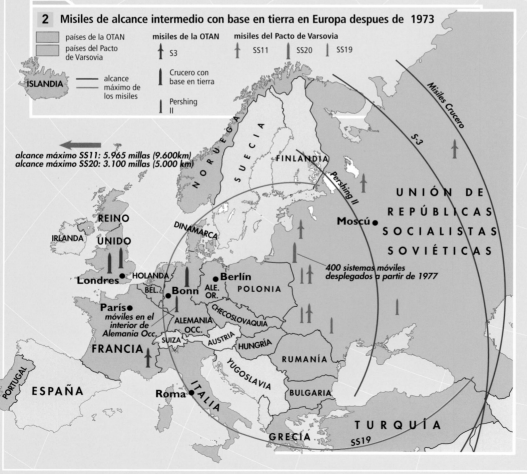

2 Misiles de alcance intermedio con base en tierra en Europa despues de 1973

países de la OTAN
países del Pacto de Varsovia

misiles de la OTAN
S3
Crucero con base en tierra
Pershing II

misiles del Pacto de Varsovia
SS11   SS20   SS19

ISLANDIA

alcance máximo de los misiles

alcance máximo SS11: 5.965 millas (9.600km)
alcance máximo SS20: 3.100 millas (5.000 km)

NORUEGA

SUECIA

FINLANDIA

Misiles Crucero

S-3

Pershing II

REINO UNIDO

IRLANDA

DINAMARCA

Moscú●

UNIÓN DE REPÚBLICAS SOCIALISTAS SOVIÉTICAS

Londres●

HOLANDA

Berlín●

400 sistemas móviles desplegados a partir de 1977

BEL.
Bonn●
ALE. OR.
POLONIA

París●
móviles en el interior de Alemania Occ.

ALEMANIA OCC.
CHECOSLOVAQUIA

SUIZA
AUSTRIA
HUNGRÍA

FRANCIA

RUMANÍA

YUGOSLAVIA

PORTUGAL

ESPAÑA

Roma●
ITALIA

BULGARIA

TURQUÍA

GRECIA
SS19

2 A lo largo de la Guerra Fría, la URSS desplegó un mayor número de misiles de alcance corto y medio que intercontinentales (mapa a la izquierda). En 1979, como respuesta al desafío soviético, los EE.UU. estacionaron en Europa armas nucleares. Esto provocó un fuerte resentimiento en Europa occidental, que se veía a sí misma como campo de batalla nuclear.

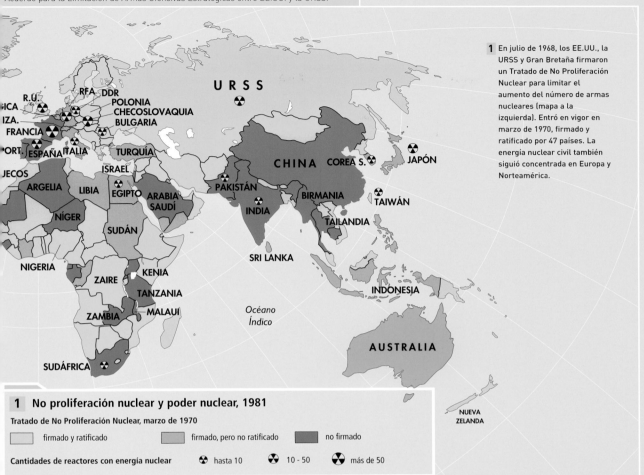

www.coldwar.org/museum/
Registro de personas, lugares y acontecimientos de la Guerra Fría.
www.brook.edu/fp/research/areas/nmd/salt1.htm
Acuerdo para la Limitación de Armas Ofensivas Estratégicas entre EE.UU. y la URSS.

URSS

R.U. RFA DDR
ICA POLONIA
IZA. CHECOSLOVAQUIA
FRANCIA BULGARIA
ORT. ESPAÑA ITALIA TURQUÍA
JECOS ISRAEL
ARGELIA LIBIA EGIPTO ARABIA SAUDÍ
NÍGER SUDÁN
NIGERIA KENIA
ZAIRE TANZANIA
ZAMBIA MALAUI
SUDÁFRICA

CHINA COREA S. JAPÓN
PAKISTÁN BIRMANIA TAIWÁN
INDIA TAILANDIA
SRI LANKA
INDONESIA

Océano
Índico

AUSTRALIA

NUEVA
ZELANDA

1 En julio de 1968, los EE.UU., la
URSS y Gran Bretaña firmaron
un Tratado de No Proliferación
Nuclear para limitar el
aumento del número de armas
nucleares (mapa a la
izquierda). Entró en vigor en
marzo de 1970, firmado y
ratificado por 47 países. La
energía nuclear civil también
siguió concentrada en Europa y
Norteamérica.

1 No proliferación nuclear y poder nuclear, 1981

Tratado de No Proliferación Nuclear, marzo de 1970

firmado y ratificado	firmado, pero no ratificado	no firmado

Cantidades de reactores con energía nuclear ☢ hasta 10 ☢ 10 - 50 ☢ más de 50

posguerra encontraba difícil de entender. También se establecieron vínculos entre los dos bandos opuestos. Las conversaciones para la limitación de armas, iniciadas en 1969, consiguieron producir el primero de una serie de acuerdos sobre la reducción del desarrollo de armas nucleares (SALT I). También en 1969 el canciller germano-occidental Willy Brandt estableció relaciones más estrechas con el Estado germano-oriental, que en 1971 dieron lugar a un Acuerdo de las Cuatro Potencias sobre Berlín y relajaron la áspera confrontación allí establecida desde los años 1940. Los Estados Unidos hicieron movimientos dirigidos al establecimiento de puentes con la China comunista. Durante una visita a Pekín en febrero de 1972, el presidente Nixon firmó con la China de Mao un acuerdo histórico que restableció las relaciones políticas y comerciales. Finalmente, en agosto de 1975, tras tres años de negociaciones sobre la seguridad y la cooperación en Europa (CSCE), se firmaron los Acuerdos de Helsinki. Treinta y tres Estados europeos, así como Canadá y los EE.UU., acordaron el reconocimiento de las fronteras existentes en Europa y el compromiso de todas las partes con el respeto a los derechos humanos y la mejora de la comunicación entre los bloques de potencias.

Pese a la sensación de que Helsinki había inaugurado una nueva era de seguridad, a la Guerra Fría le quedaba un último coletazo. La administración del presidente Jimmy Carter (1978-1980) produjo un fuerte clima de anticomunismo, en parte basado en la hostilidad de los demócratas al historial soviético en cuestión de derechos humanos, en parte basado en el temor americano a que la limitación armamentística hubiera acortado peligrosamente la distancia entre el poderío militar estadounidense y el soviético. Una vez más, ese temor provocó un rápido incremento de los gastos militares de los Estados Unidos y el desarrollo de una nueva clase de armas –la bomba de neutrones, los sistemas de cabezas múltiples, los misiles crucero– que desestabilizaron el equilibrio militar y suscitaron la preocupación soviética. La hostilidad de Carter se basaba también en la decisión soviética de invadir Afganistán en 1979 (véase p. 114).

Lo que siguió fue un periodo de cinco años de gestos en los EE.UU., primero realizados por Carter, luego por su sucesor republicano, Ronald Reagan. Jugando con las incertidumbres de los estadounidenses sobre su posición en el mundo tras la derrota en Vietnam el año 1973, Reagan retomó la retórica de los años 1950. La Unión Soviética se convirtió en el «imperio del mal», los gastos en armas se duplicaron entre 1980 y 1985, y se comenzó a trabajar en la Iniciativa de Defensa Estratégica (IDE), un sistema defensivo a desarrollar en el espacio. Entre bastidores, la hostilidad de los Estados Unidos de Reagan era menos flamígera. Se habían echado las bases para lo que en 1985 se convirtió en un periodo de verdadera *détente* y el final de la Guerra Fría.

103

Europa: de la reconstrucción a la unión

La Europa que contribuyó a generar la Guerra Fría era una región de extraordinaria desolación en 1945. Más de 30 millones de personas habían muerto, y 16 millones habían sido reasentadas de manera permanente. Incluso un año después del final del conflicto, la producción industrial alcanzaba apenas un tercio del nivel de preguerra y la producción alimentaria sólo la mitad. La guerra también dejó un legado de resentimiento profundo: a los colaboradores con el fascismo se los encarceló, asesinó o condenó al ostracismo. En medio de las ruinas de la guerra había temores muy reales a un derrumbe social y económico.

La recuperación dependía de los EE.UU., el único Estado con recursos económicos para invertir en la reconstrucción. A través de la Administración para la Rehabilitación y Reconstrucción de Naciones Unidas (UNRRA) y el Banco Internacional para la Reconstrucción y el Desarrollo (más tarde el Banco Mundial), los EE.UU. bombearon 17.000 millones de dólares para la recuperación de las economías europeas. En la primavera de 1947 el secretario de Estado estadounidense, George Marshall, en un esfuerzo por estabilizar la política europea y estimular la recuperación industrial, lanzó otro programa. Entre 1948 y 1951 el Programa para la Recuperación Europea aportó 11.800 millones de dólares para el suministro de materias primas, maquinaria y alimentos, y la inversión en proyectos de recuperación. La URSS rechazó la ayuda de los EE.UU., y obligó a hacer lo mismo a los Estados de Europa del Este bajo su control. En 1947 y 1948 en toda Europa oriental había establecidos regímenes comunistas y se había impuesto un programa de modernización económica de estilo soviético (véase p. 124). Europa del Este había sido efectivamente cerrada a la influencia económica y política del mundo occidental, y su desarrollo dependía de los intereses de la Unión Soviética.

En el resto de Europa la reconstrucción económica fue la clave de la estabilización política. En 1950 la producción de bienes era un 35 por 100 superior a la de 1938; en 1964, un 250 por 100 mayor. Europa se embarcó en el periodo de progreso económico más largo y de mayor alcance de su historia, posibilitado por la estabilización del comercio y el mayor grado de intervención estatal en la gestión económica. Después de 1945 los gobiernos europeos adoptaron políticas orientadas a

1 El Plan Marshall, 1947–1951

- solicitante y receptor de la ayuda Marshall, con cantidades (en dólares americanos)

- solicitantes de la ayuda Marshall que retiraron la solicitur

- no solicitantes

14,0% ayuda Marshall neta como % del PIB nacional, 1948-1949

1 En la primavera de 1947 el secretario de Estado de los EE.UU. George Marshall dio nombre a un Programa de Recuperación Europea respaldado por dinero de los EE.UU. El Plan Marshall (mapa a la derecha) trataba de establecer gobiernos democráticos en Europa y revitalizar la zona comercial europea. Se concedió a 16 países occidentales, pero también se ofreció a los Estados de dominio soviético, donde Stalin insistió en que se rechazara. En total se pusieron a disposición unos 11.800 millones de dólares americanos, a los que se añadieron fondos ofrecidos según otros esquemas de recuperación. Este esquema dio a Europa acceso a alimentos, petróleo y maquinaria en una época en que se carecía del dinero para comprárselos directamente a los Estados Unidos.

Mapa — El Plan Marshall, 1947–1951:

- ISLANDIA: $24 m 5%
- NORUEGA: $236 m 5,8%
- SUECIA: $118 m 0,3%
- FINLANDIA
- DINAMARCA: $257 m 3,3%
- IRLANDA: $116 m 7,8%
- REINO UNIDO: $2.825 2,4%
- HOLANDA: $979 m 10,8%
- BÉLGICA: $546 m 0,6%
- ALEMANIA OCCIDENTAL / SAAR: $1.297 m 2,9%
- ALEMANIA ORIENTAL
- POLONIA
- CHECOSLOVAQUIA
- FRANCIA: $2.445 m 6,5%
- SUIZA: Solicitó participar en el Plan Marshall pero no recibió nada.
- LIECH.
- AUSTRIA: $560 m 14,0%
- HUNGRÍA
- RUMANÍA
- YUGOSLAVIA
- BULGARIA
- ALBANIA
- PORTUGAL: $50 m — ayuda del Plan Marshall denegada debido a las simpatías pro Eje de Franco.
- ESPAÑA
- ITALIA: $1.314 m 5,3%
- GRECIA: $515 m
- TU[RQUÍA]: $1[...]

www.loc.gov/exhibits/marshall/
El Plan Marshall.
www.hri.org/docs/Rome57/
Tratado de Roma, por el que se fundaba la Comunidad Económica Europea.

stimular el crecimiento económico según las directrices del economista británi-
o John Maynard Keynes. El Estado aportaba inversiones, concedía subsidios
ara la modernización, utilizaba la política fiscal para estimular la demanda y
edistribuía los ingresos a través de los sistemas nacionales de bienestar. La pro-
sión de bienestar tenía la finalidad de evitar la pobreza extrema de los años 1930
conseguir una mayor vinculación de los movimientos obreros socialistas con el
istema capitalista dominante. El crecimiento de las «economías mixtas», que
ombinaban la iniciativa privada con la regulación estatal, y el establecimiento de
s Estados del bienestar contribuyeron a producir en Europa sistemas parla-
entarios más eficaces de lo que había sido posible antes de la guerra.

En Italia la democracia se restauró en 1946; en Alemania Occidental, en 1949;
n Austria, en 1955. Los llamamientos a la colaboración política, incluso a la uni-
ad política, se generalizaron. En 1949, bajo el liderazgo del político belga Paul-
enri Spaak, se creó un Consejo de Europa con la ambición de crear una Europa
olíticamente unida. En los años 1950 el único progreso que se hizo fue en rela-

ción con la integración económica. En 1952, Francia, Alemania, Italia y los países
del Benelux hicieron efectiva la Comunidad Europea para el Carbón y el Acero
establecidas oficialmente en 1951 a fin de racionalizar y coordinar su industria
pesada. En 1957 avanzaron hacia la unión económica al firmar el Tratado de
Roma, que fundaba la Comunidad Económica Europea. Gran Bretaña se mantuvo al margen debido a sus vinculaciones con la Commonwealth. Para los Estados
que se unieron, los años 1960 fueron de enorme progreso en el comercio entre
ellos y de disminución de las tensiones nacionales que por dos veces habían llevado a la guerra desde 1900.

Cuando después de 1945 la Guerra Fría se recrudeció, Europa
se dividió en dos campos armados (mapa *infra*). La OTAN se
constituyó con Estados Unidos y Canadá en 1949 como pieza central
de la seguridad occidental. En 1955 la Unión Soviética creó el
Pacto de Varsovia. La unión económica dividió al continente en
el mismo sentido. En el oeste la CEE (1957) y la EFTA (1960)
crearon bloques comerciales capitalistas que tenían su
equivalente en el COMECON (1949) del bloque soviético.

2 Bloques militares y comerciales europeos, 1947–1981

Bloques militares

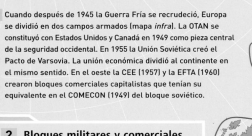

OTAN, 1949 (incluidos los Estados Unidos y Canadá)

Pacto de Varsovia, 1948–1991

Bloques comerciales

unión aduanera del Benelux, 1947

miembros fundadores de la Comunidad Económica Europea, 1957

ingreso en la CEE en 1973

ingreso en la CEE en 1981

miembros fundadores de la Asociación Europea de Libre Comercio (EFTA), 1960

▲ miembros subsiguientes de la EFTA

Consejo para la Asistencia Económica Mutua (COMECON), 1949

miembros subsiguientes del COMECON

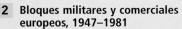

Map labels

ISLANDIA
Ingresa en la EFTA 1970

NORUEGA

SUECIA

FINLANDIA
miembro asociado de la EFTA desde 1961

DINAMARCA
escindido de la EFTA dic. 1972

REINO UNIDO
abandona la EFTA dic. 1972

IRLANDA
ingresa en la EFTA 1970–2

HOLANDA

ALEMANIA ORIENTAL
miembro del COMECON 1950

POLONIA

URSS

BÉLGICA

LUX.

ALEMANIA OCCIDENTAL

CHECOSLOVAQUIA

FRANCIA
abandona la estructura de mando de la OTAN 1966

LIECH.

SUIZA

AUSTRIA

HUNGRÍA

RUMANÍA

ANDORRA

MÓNACO

SAN MARINO

YUGOSLAVIA
miembro asociado del COMECON 1964

BULGARIA

PORTUGAL

ESPAÑA

ITALIA

ALBANIA
abandona el Pacto de Varsovia 1968

TURQUÍA

GRECIA

1959-1986

1963 Francia veta la entrada de Gran Bretaña en la CEE y se retira de la OTAN (1966).

1968 Disturbios estudiantiles en Francia y Europa occidental.

1972 Cumbre CEE promete la unión política para 1980.

1973 Gran Bretaña, Irlanda y Dinamarca ingresan en la CEE; Grecia, en 1981; España y Portugal, en 1986.

1973 Semana laboral de 3 días por huelga de mineros en GB.

1978-9 Invierno del Descontento en Gran Bretaña.

1986 El Acta Única Europea anuncia una integración mayor.

Mapa labels:

ISLAS FEROE — isleños de las Feroe, 1948

NORUEGA — Trondhjem, Bergen, Oslo

SUECIA — Gotemburgo

escoceses 1979 — ESCOCIA, Glasgow, Edimburgo

protestantes irlandeses del Norte — IRLANDA DEL NORTE, Belfast

católicos irlandeses del Norte

IRLANDA — Dublín, Cork

REINO UNIDO — Newcastle, Liverpool, Manchester, Isla de Man, Birmingham, Bristol, Londres

Galés — GALES 1979

Mar del Norte

DINAMARCA — Århus, Copenhague, Malmö, Hamburgo, Bremen

HOLANDA — Amsterdam, Rotterdam, Hanover

flamencos mezclados

ALEMANIA — Berlín, Leipzig, Elba, Dresde

ALEMANIA ORIENTAL

Bruselas — BELGICA — valones, flamencos, alemanes, Bon

zonas étnicas belgas en desarrollo hacia la plena autonomía

OCCIDENTAL

LUX. — Reims, Metz, Estrasburgo, Stuttgart

Sena — París

Orléans, Loira, Tours

jurasianos (franceses suizos) — Cantón del Jura desde 1979, Cantón de Berna desde 1979

FRANCIA — Burdeos, Clermont-Ferrand, Lyon, Ginebra

regiones con un grado muy alto de autonomía — 1974

LIECHT. — Múnich, Zúrich, Danube

SUIZA — Berna germanos

BOLZANO

regiones con un grado muy alto de autonomía — AUSTRIA, Viena

FRIULI-VEN. GIULIA friulianos, 1963

TRENTINO-ALTO A. alemanes, ladinos

CHECOSLOV.

VAL D'AOSTA francés, 1948 — Turín, Milán, Venecia, Trieste, Verona

Génova, Bolonia, Florencia, SAN MARINO, Perugia

MÓNACO, Niza, Marsella

ITALIA — Roma, Nápoles

corsos (italianos) Córcega

gallegos, 1981 — GALICIA 1980, La Coruña, Oviedo

PORTUGAL — Oporto, Tajo, Lisboa, Salamanca

vascos — vascos 1979, PAÍS VASCO, Bilbao, vascos, 1979, vascos, 1982

NAVARRA, Toulouse, Zaragoza

ESPAÑA — Madrid

otras regiones de España obtienen cierto grado de autonomía 1979-83

ANDORRA — 1979 CATALUÑA, catalanes 1979, Barcelona

catalanes — Valencia, VALENCIA, valencianos 1982, Islas Baleares, baleares (catalanes), 1983

1981 ANDALUCÍA 1982, Sevilla, Cádiz, Málaga, Cartagena

Cerdeña — sardos, 1948, Cagliari

Mar Mediterráneo

Palermo, Messina, Sicilia 1946, Catania

www.nato.int/docu/update/index.htm
Noticias actualizadas sobre actividades y acontecimientos de la OTAN.
www.fordham.edu/halsall/mod/modsbook49.html
Europa occidental desde 1945.

La reducción de la tensión internacional en Europa occidental se debió en gran parte al acercamiento entre Francia y Alemania producido a mediados de los años 1950 y sostenido por el compromiso europeo de los sucesivos líderes alemanes y franceses, desde Konrad Adenauer y Charles de Gaulle a finales de los años 1950 hasta Helmut Kohl y François Mitterrand en los 1980. En los años 1960 ambos países aspiraban a la construcción de una fuerte identidad europea.

De Gaulle era hostil a la influencia estadounidense y al mantenimiento de las «relaciones especiales» de Gran Bretaña y EE.UU. en tiempo de guerra. Cuando en 1962 Gran Bretaña solicitó el ingreso en la CEE, De Gaulle lo vetó, y en 1966 retiró de la OTAN las fuerzas francesas.

La integración europea tardó otros diez años en volver a progresar, y para entonces Gran Bretaña, lo mismo que las demás potencias coloniales, se había deshecho de gran parte de su imperio (véase p. 122). Cuando en 1969 De Gaulle se retiró, la nueva generación de políticos de los Estados de la CEE estaba ansiosa por extender el principio de la integración. En 1973 Gran Bretaña, Irlanda y Dinamarca ingresaron en la CEE. Tras un periodo de crisis económica por el incremento de los precios del petróleo en 1973, y seguida por el aumento del desempleo y la inflación, otros Estados aspiraron al ingreso. Grecia entró en 1981; España y Portugal, cinco años más tarde.

Pese a la integración económica de Europa occidental, los vínculos políticos progresaron poco. Los temores a perder soberanía y las discusiones sobre la reforma monetaria y las políticas de bienestar dividían a los miembros de la CEE demasiado nítidamente como para que se cumpliera la promesa política para 1980, hecha en la Cumbre de París en 1972. Entre los Estados miembro existían también diferencias de opinión sobre el futuro político. Mientras que algunos eran favorables a una Europa supranacional, era evidente la disminución del consenso interno de los años 1950 y 1960, que había sostenido al capitalismo del bienestar de posguerra.

La crisis de la identidad nacional era en parte producto del conflicto generacional. A finales de los años 1960 Europa occidental se vio invadida por una oleada de protestas populares lideradas por los estudiantes contra el militarismo y los valores conservadores, y que en gran medida iban dirigidas contra el consumismo y la colaboración de las izquierdas con el capitalismo. Las reformas universitarias mitigaron mucho el descontento de los estudiantes, pero en los años 1970 surgieron grupos terroristas en Italia (las Brigadas Rojas) y Alemania Occidental (la banda Baader-Meinhof) que declararon una violenta guerra contra las autoridades y los empresarios.

Al mismo tiempo, las relaciones laborales empeoraron cuando los sindicatos intentaron mantener los aumentos salariales del periodo de posguerra en una época de inflación. En 1972-1975 una importante oleada de huelgas hizo que en Gran Bretaña, Italia, Francia y Alemania Occidental se perdieran más de 150 millones de días de trabajo. A los Estados que habían ido acostumbrándose a elevadas tasas de empleo y gasto público, el keynesianismo ya no les parecía capaz de sostener el crecimiento. A comienzos de los años 1980 Europa volvió a registrar elevadas tasas de desempleo, mientras los gobiernos comenzaron a recortar el incremento de gastos y a dejar la economía en manos de las fuerzas del mercado. El resultado fueron más disturbios en los sectores industriales de Francia y Gran Bretaña, donde en 1984 una prolongada huelga del carbón se utilizó como una oportunidad para minar la influencia de los sindicatos. Si a finales de los años 1980 Europa occidental era más rica, más segura y más estable políticamente que en los años 1950, quedaban sin embargo elementos subyacentes de crisis e incertidumbre.

1 Europa occidental: nacionalismo y separatismo, 1945–1985

autonomía territorial basada en un grupo étnico, con fecha de la autonomía

administración separada/ autonomía por otras razones

minorías lingüísticas u otras comunidades cuyos miembros han empleado la violencia para lograr una mayor autonomía u otro cambio de estatus político, con zonas habitadas

✕ devolución rechazada por referéndum, con fecha

✓ devolución aprobada por referéndum, con fecha

● partido de base étnica u otra comunidad con representación en parlamento nacional en 1985

1 Aunque los acuerdos posteriores a 1945 dejaron menos margen para la autodeterminación y los nacionalismos minoritarios que el Tratado de Versalles después de 1919, quedaban zonas de conflicto que la guerra y la reconstrucción no tocaron (mapa a la izquierda). El tema del nacionalismo irlandés seguía vivo. En Irlanda del Norte, el Ejército Republicano Irlandés (IRA) abogaba por una unión de Irlanda del Norte con la República de Irlanda, y a finales de los años 1930, a finales de los años 1950 y a partir de 1972 organizó una violenta campaña en Gran Bretaña para presionar al gobierno británico. En España el movimiento separatista vasco ETA mantenía una campaña terrorista contra el gobierno de Franco. En Chipre las comunidades turca y griega recurrieron en 1974 a una guerra civil que llevó a la partición de la isla. El crecimiento de las organizaciones multinacionales y supranacionales en Europa no ha erosionado la fuerza del regionalismo y el irredentismo.

Mientras Europa hacía frente en 1945 a la devastación producida por la guerra, los Estados Unidos salieron del conflicto más ricos, más unidos y deseosos de asumir el protagonismo en la configuración de la economía mundial y el orden internacional. Durante la guerra, el PIB creció de media un 50 por 100 y los ingresos un 75 por 100.

Durante los 25 años siguientes la economía de los EE.UU. siguió creciendo a un ritmo muy vivo, sostenida por la aplicación de la ciencia, el rápido aumento de la población y la demanda mundial de alimentos y maquinaria producidos en los EE.UU. Los estadounidenses eran los consumidores más ricos del mundo, con un nivel de vida que era la envidia del resto. Este nuevo papel conllevó problemas. La Guerra Fría, en gran medida considerada como una lucha entre el bien y el mal, repercutió en la política interior. En 1950 el senador por Wisconsin Joseph McCarthy inició una campaña oficial para erradicar el comunismo de la política y la cultura estadounidenses. El mccarthysmo recibió el apoyo de la derecha nacionalista de los EE.UU., resentida por la pérdida de China en 1949 temerosa de una vasta quinta columna de espías y agentes soviéticos. En 1954-1955 el anticomunismo alcanzó un frenético apoteosis de purgas dirigidas contra cualquier sospechoso de simpatías liberales. Sólo terminó cuando McCarthy se volvió contra el ejército. El presidente Dwight Eisenhower, un héroe de guerra, puso punto final.

Muchos de quienes odiaban a los comunistas odiaban también a los negros. La comunidad negra del sur llevaba años soportando la segregación y la negación de los derechos civiles. La guerra desplazó a muchos de ellos al norte y el oeste del país, y erosionó el racismo en las fuerzas armadas. En 1948 Truman hizo que el ejército se abriera completamente a los negros americanos. En 1954 el Tribunal Supremo dictaminó que la segregación en las escuelas del sur debía terminar. La comunidad no negra del sur se preparó para la lucha. Se crearon consejos de ciudadanos blancos cuyos actos de violencia e intimidación alcanzaron un clímax en Little Rock, Arkansas, en 1957, cuando unos niños negros trataron de ingresar en un instituto de enseñanza secundaria. Las leyes sobre derechos civiles de 1957 y 1960 produjeron escasos efectos en esta discriminación.

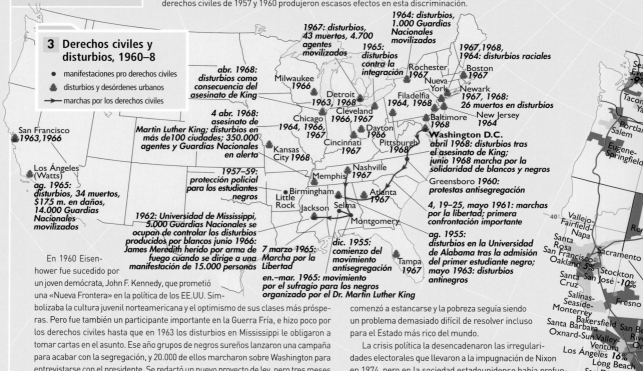

3 Derechos civiles y disturbios, 1960–8

● manifestaciones pro derechos civiles

disturbios y desórdenes urbanos

→ marchas por los derechos civiles

En 1960 Eisenhower fue sucedido por un joven demócrata, John F. Kennedy, que prometió una «Nueva Frontera» en la política de los EE.UU. Simbolizaba la cultura juvenil norteamericana y el optimismo de sus clases más prósperas. Pero fue también un participante importante en la Guerra Fría, e hizo poco por los derechos civiles hasta que en 1963 los disturbios en Mississippi le obligaron a tomar cartas en el asunto. Ese año grupos de negros sureños lanzaron una campaña para acabar con la segregación, y 20.000 de ellos marcharon sobre Washington para entrevistarse con el presidente. Se redactó un nuevo proyecto de ley, pero tres meses más tarde Kennedy fue asesinado. A pesar de la nueva legislación sobre derechos civiles de 1964 y 1965, que finalmente reconoció a los negros del sur el derecho al voto, las comunidades negras del oeste y el norte, unos 7,5 millones de personas en 1960, reaccionaron violentamente contra la pobreza y los guetos. De 1965 a 1968 los disturbios, incendios y saqueos fueron habituales en las ciudades de los EE.UU.

En los años 70, los EE.UU. confiados de los años de posguerra, se vieron por primera vez sumidos en una crisis económica como consecuencia del repentino crecimiento de los precios del petróleo en 1973, y luego en la crisis política provocada por la corrupción de la administración de Nixon y la derrota en Vietnam. La crisis económica tuvo un profundo impacto psicológico. El dólar se vio obligado a flotar, en realidad a devaluarse, mientras los EE.UU. afrontaban un creciente déficit comercial y una intensa competencia por parte de los mismos Estados que habían contribuido a reconstruir en los años 1940. El crecimiento de los ingresos comenzó a estancarse y la pobreza seguía siendo un problema demasiado difícil de resolver incluso para el Estado más rico del mundo.

La crisis política la desencadenaron las irregularidades electorales que llevaron a la impugnación de Nixon en 1974, pero en la sociedad estadounidense había profundas divisiones reveladas por los conflictos de la Guerra de Vietnam, el servicio militar obligatorio y el ascenso de una cultura juvenil alternativa que rechazaba los ideales de la clase media de los años 1950. La creciente sensación de incertidumbre se invirtió en los años 1980 con la sorprendente victoria del republicano Ronald Reagan, basándose en la promesa de una revitalización nacionalista, rebajas fiscales y el antimarxismo. Su presidencia restauró la maltrecha moral de las clases medias blancas e invirtió el estancamiento económico, pero sin restaurar el consenso americano. Los blancos, los latinos, las mujeres y los homosexuales se organizaron en poderosos grupos de influencia. En 1992 el demócrata Bill Clinton fue elegido con el apoyo de muchos de estos grupos, pero se concentró en política exterior a expensas de la reforma interna. Su sucesor, George W. Bush, soportó más presiones económicas y, como Clinton, desafíos externos que distraían la atención de la política interior.

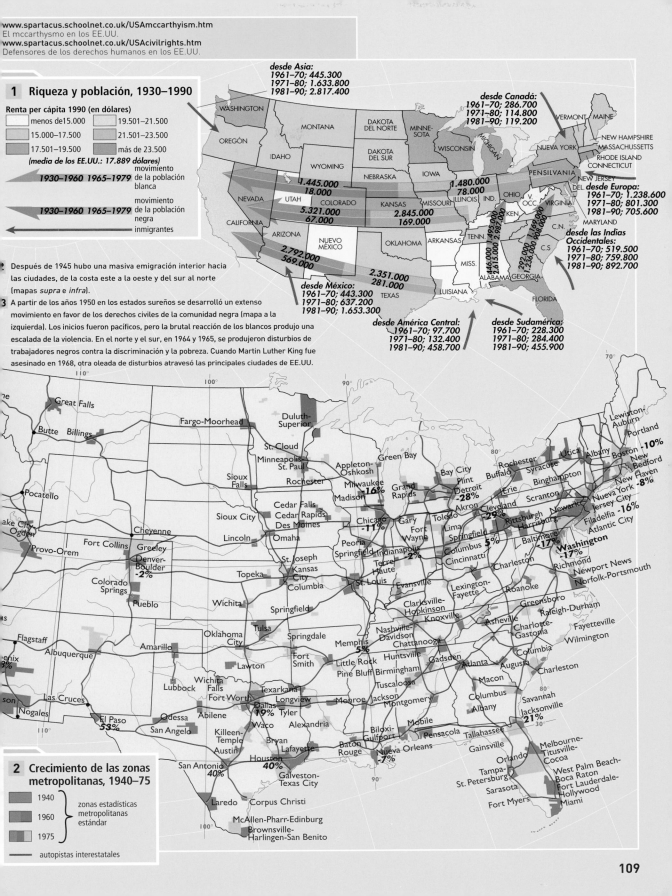

www.spartacus.schoolnet.co.uk/USAmccarthyism.htm
El mccarthysmo en los EE.UU.
www.spartacus.schoolnet.co.uk/USAcivilrights.htm
Defensores de los derechos humanos en los EE.UU.

1 Riqueza y población, 1930–1990

Renta per cápita 1990 (en dólares)

- menos de 15.000
- 15.000–17.500
- 17.501–19.500
- 19.501–21.500
- 21.501–23.500
- más de 23.500

(media de los EE.UU.: 17.889 dólares)

1930–1960 1965–1979 movimiento de la población blanca

1930–1960 1965–1979 movimiento de la población negra

inmigrantes

desde Asia:
1961–70; 445.300
1971–80; 1.633.800
1981–90; 2.817.400

desde Canadá:
1961–70; 286.700
1971–80; 114.800
1981–90; 119.200

desde Europa:
1961–70; 1.238.600
1971–80; 801.300
1981–90; 705.600

desde las Indias Occidentales:
1961–70; 519.500
1971–80; 759.800
1981–90; 892.700

desde México:
1961–70; 443.300
1971–80; 637.200
1981–90; 1.653.300

desde América Central:
1961–70; 97.700
1971–80; 132.400
1981–90; 458.700

desde Sudamérica:
1961–70; 228.300
1971–80; 284.400
1981–90; 455.900

2 Después de 1945 hubo una masiva emigración interior hacia las ciudades, de la costa este a la oeste y del sur al norte (mapas *supra* e *infra*).

3 A partir de los años 1950 en los estados sureños se desarrolló un extenso movimiento en favor de los derechos civiles de la comunidad negra (mapa a la izquierda). Los inicios fueron pacíficos, pero la brutal reacción de los blancos produjo una escalada de la violencia. En el norte y el sur, en 1964 y 1965, se produjeron disturbios de trabajadores negros contra la discriminación y la pobreza. Cuando Martin Luther King fue asesinado en 1968, otra oleada de disturbios atravesó las principales ciudades de EE.UU.

Map labels (states): WASHINGTON, OREGÓN, IDAHO, MONTANA, WYOMING, NEVADA, UTAH, CALIFORNIA, ARIZONA, NUEVO MÉXICO, COLORADO, DAKOTA DEL NORTE, DAKOTA DEL SUR, NEBRASKA, KANSAS, OKLAHOMA, TEXAS, MINNESOTA, IOWA, MISSOURI, ARKANSAS, LUISIANA, WISCONSIN, ILLINOIS, MICHIGAN, IND., OHIO, KEN, TENN., MISS., ALABAMA, GEORGIA, FLORIDA, PENSILVANIA, NUEVA YORK, V. OCC., VIRGINIA, MARYLAND, C.N., C.S, NEW JERSEY, VERMONT, MAINE, NEW HAMPSHIRE, MASSACHUSSETTS, RHODE ISLAND, CONNECTICUT

Map figures: 1.445.000 / 18.000; 1.480.000 / 78.000; 5.321.000 / 67.000; 2.845.000 / 169.000; 2.792.000 / 569.000; 2.351.000 / 281.000

2 Crecimiento de las zonas metropolitanas, 1940–75

- 1940
- 1960
- 1975

zonas estadísticas metropolitanas estándar

autopistas interestatales

Map 2 city labels: Great Falls, Butte, Billings, Pocatello, Lake City-Ogden, Provo-Orem, Fort Collins, Greeley, Denver-Boulder -2%, Colorado Springs, Pueblo, Cheyenne, Flagstaff, Albuquerque, Phoenix, Las Cruces, Nogales, El Paso 53%, Odessa, San Angelo, Amarillo, Lubbock, Wichita Falls, Fort Worth, Abilene, Killeen-Temple, Austin, San Antonio 40%, Laredo, McAllen-Pharr-Edinburg, Brownsville-Harlingen-San Benito, Corpus Christi, Houston 40%, Galveston-Texas City, Bryan, Waco, Tyler, Longview, Texarkana, Dallas 19%, Fort Smith, Oklahoma City, Tulsa, Lawton, Wichita, Springfield, Springdale, Little Rock, Pine Bluff, Monroe, Alexandria, Lafayette, Baton Rouge, Nueva Orleans -7%, Biloxi-Gulfport, Mobile, Pensacola, Tallahassee, Gainsville, Orlando, Tampa-St. Petersburg, Sarasota, Fort Myers, Melbourne-Titusville-Cocoa, West Palm Beach-Boca Raton, Fort Lauderdale-Hollywood, Miami, Jacksonville 21%, Savannah, Columbus, Albany, Montgomery, Tuscaloosa, Birmingham, Huntsville, Gadsden, Atlanta, Augusta, Charleston, Columbia, Macon, Fayetteville, Wilmington, Raleigh-Durham, Greensboro, Charlotte-Gastonia, Asheville, Knoxville, Nashville-Davidson 5%, Chattanooga, Memphis 5%, Clarksville-Hopkinson, Lexington-Fayette, Roanoke, Richmond, Newport News, Norfolk-Portsmouth, Charleston, Cincinnatti, Columbus -5%, Terre Haute, Indianapolis -2%, Springfield, Peoria, St. Louis, Evansville, Springfield, Columbia, St. Joseph, Kansas City, Topeka, Lincoln, Omaha, Des Moines, Cedar Rapids, Cedar Falls, Sioux City, Sioux Falls, Rochester, Minneapolis-St. Paul, St. Cloud, Duluth-Superior, Fargo-Moorhead, Green Bay, Appleton-Oshkosh, Madison, Milwaukee -16%, Chicago -11%, Gary, Fort Wayne, Toledo, Lima, Grand Rapids, Bay City, Flint, Detroit -28%, Akron, Cleveland -29%, Erie, Pittsburgh, Harrisburg, Baltimore -17%, Washington -17%, Scranton, Binghampton, Rochester, Buffalo, Syracuse, Utica, Albany, Boston -10%, Lewiston-Auburn, Portland, New Bedford, New Haven -8%, Nueva York -16%, Jersey City, Newark, Filadelfia, Atlantic City

109

Las **superpotencias**: política exterior de **EE.UU.**

1947 Acuerdo General sobre Aranceles y Comercio (GATT).

1948 Fundación de la Organización de Estados Americanos (OEA).

1954 Alianza de la SEATO.

1954-1994 Los EE.UU. se comprometen en la intervención política directa e indirecta en América Central y del Sur.

1958 Doctrina Eisenhower para Oriente Medio.

1967 Constitución de la ASEAN.

1987 INF entre la URSS y los EE.UU.; eliminación por fases de las armas nucleares de alcance intermedio con base terrestre.

1991-presente Los EE.UU., única superpotencia; asumen el papel de policía mundial, sobre todo contra el terrorismo.

En los albores de la Guerra Fría, los políticos estadounidenses eran conscientes de que tendrían que cargar con responsabilidades en el escenario internacional que antes de 1939 habían rehuido. Esperaban que el nuevo orden americano traería una era de prosperidad y colaboración internacionales. La primera ambición resultó más fácil de cumplir que la segunda.

Los líderes estadounidenses de 1945 estaban resueltos a no volver a los viejos malos tiempos del proteccionismo y el nacionalismo económico de los años 1930. Convencieron al mundo no comunista de la aceptación de una liberación mundial del comercio, que en 1947 produjo el Acuerdo General sobre Aranceles y Comercio (GATT). En Alemania, los EE.UU. insistieron en la descartelización y en la legislación antimonopolio, y la reactivada organización sindical estaba fuertemente influida por el deseo americano de evitar una plataforma para el radicalismo laboral. En Japón, a partir de 1948 los ocupantes estadounidenses iniciaron un programa de reforma para reanimar la economía a la manera capitalista occidental con resultados finales muy notables.

La fortaleza económica de los EE.UU. permitió la práctica de la «diplomacia del dólar» en todo el mundo. Empresas estadounidenses asumieron el liderazgo en todas las áreas de la tecnología moderna, y en los años 1950 y 1960 se convirtieron en nombres familiares: los aviones Boeing; IBM en equipamiento de oficinas; General Electric en los productos domésticos, que transformaron los estilos de vida en todo el mundo occidental. La americanización se exportó junto con los préstamos

1 Después de 1945 los EE.UU. mantuvieron una presencia en el mundo a través de una red de bases militares y pactos de defensa en Europa, Oriente Medio y Asia (mapa *infra*). El deseo de contener la amenaza del comunismo les obligó a asumir el papel de policía mundial y a intervenir militarmente en numerosas ocasiones. Muchos Estados veían esto como un nuevo imperialismo. En Irán y Libia el rechazo de la influencia estadounidense llevó a revoluciones populares anti-imperialistas.

2 Desde que la doctrina Monroe estableció en 1823 la aspiración estadounidense a proteger los intereses del hemisferio occidental, los EE.UU. no han dejado de intervenir en América Latina (mapa a la izquierda). El principal instrumento de colaboración después de 1945 fue la Organización de Estados Americanos, fundada en 1948. Cuando era necesario, los EE.UU. intervenía militarmente o encontraba formas encubiertas de desestabilizar regímenes que consideraba hostiles a sus intereses.

2 Los EE.UU. en América latina, 1945–1985

derrocamiento, o intento, de un régimen de izquierdas por los EE.UU. o fuerzas apoyadas por los EE.UU., con fecha

otro regímenes de izquierdas, con fecha

● relaciones diplomáticas con EE.UU. suspendidas durante los años 1960

países con guerrillas de inspiración cubana activas en los años 1960

■ miembros de la OEA, 1961

▲ ingresos en la OEA hasta 1965

— contribuyente a la Fuerza Inter-Americana de Paz en la República Domicana, 1965

✛ receptores de ayuda estadounidense del programa de la Alianza para el Progreso, 1961–1970

ww.state.gov/www/about_state/history/frus.html
rchivo de las relaciones exteriores de los EE.UU.
ww.zompist.com/latam.html
ronología de las intervenciones de los EE.UU. en América Latina.

dólares y los productos americanos. En EE.UU. se filmaba gran parte de la proucción cinematográfica mundial. La cultura popular americana, desde la Coca-
ola hasta el *rock and roll*, proporcionaba iconos de la modernidad.

El papel de los Estados Unidos en el mundo tenía un lado menos brillante. La
uerra Fría les obligó a intervenir militarmente en Europa (Grecia, 1947), Asia
orea, 1950; Indochina, 1954-1973) y Oriente Medio (Irán, 1955; Líbano, 1958),
onde en enero de 1958 se proclamó la doctrina Eisenhower, que comprometía
los EE.UU. en prevenir la expansión del comunismo en la región. Para cimentar
 estrategia de contener la amenaza soviética y china, los EE.UU. establecieron
umerosos pactos defensivos. En 1951 se firmó en San Francisco un tratado de
az por el que los EE.UU. se comprometían a defender a Japón contra sus vecinos
munistas. Acuerdos similares se alcanzaron con Australia, Nueva Zelanda,
lipinas, Corea del Sur y Taiwán. Éstos se ampliaron hasta convertirse en la
ianza de la SEATO en 1954, el equivalente asiático de la OTAN.

En América Latina la contención adoptó una forma bastante diferente. En 1947
s 21 repúblicas americanas firmaron el Tratado Inter-Americano de Asistencia
utua. Los EE.UU. utilizaron la colaboración como un medio para limitar el radi-
lismo político en la región, lo cual hicieron alentando golpes de Estado de

derechas (Guatemala, 1954; Chile, 1973; Cuba –sin éxito– en 1961) o mediante la
intervención directa (la República Dominicana, 1965; Grenada, 1983). En 1960
Washington creó el Banco para el Desarrollo Inter-Americano a fin de suavizar
con dólares la intervención.

En los años 1980 y 1990 la posición estadounidense en el mundo cambió. La
decadencia del comunismo y el eclipse del poder soviético después de 1989 crearon un orden mundial con los EE.UU. como única superpotencia real, y comenzaron a desempeñar el papel de policía mundial a pesar de los recelos que en el
interior del país se desataron sobre los costes y los riesgos. En la Guerra del
Golfo en 1991, Somalia en 1992, Bosnia en 1995, Kosovo en 1999, Afganistán en
2001 e Iraq en 2003, se comprometieron fuerzas a gran escala. Bajo las presi-
dencias de Clinton y Bush la política exterior estadounidense se volvió más agresiva. La dependencia de sus aliados en la OTAN se hizo menos importante a
medida que los líderes militares y políticos americanos se acostumbraban a las
responsabilidades del excepcional poder estadounidense. El 11 de septiembre de
2001 un masivo ataque terrorista en Nueva York y Washington llevó a los EE.UU. a
la vanguardia de un conflicto global contra el terrorismo.

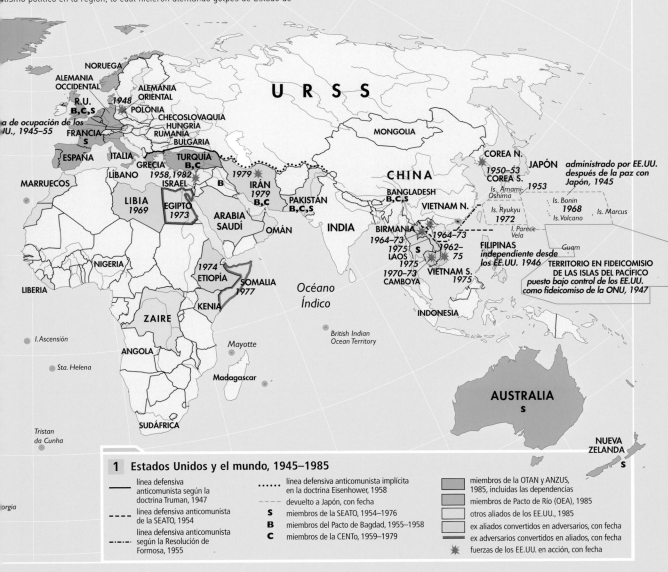

1 Estados Unidos y el mundo, 1945–1985

—— línea defensiva anticomunista según la doctrina Truman, 1947	······ línea defensiva anticomunista implícita en la doctrina Eisenhower, 1958
- - - - línea defensiva anticomunista de la SEATO, 1954	- - - - devuelto a Japón, con fecha
	S miembros de la SEATO, 1954–1976
—·—·— línea defensiva anticomunista según la Resolución de Formosa, 1955	**B** miembros del Pacto de Bagdad, 1955–1958
	C miembros de la CENTO, 1959–1979

miembros de la OTAN y ANZUS, 1985, incluidas las dependencias
miembros de Pacto de Río (OEA), 1985
otros aliados de los EE.UU., 1985
ex aliados convertidos en adversarios, con fecha
ex adversarios convertidos en aliados, con fecha
✳ fuerzas de los EE.UU. en acción, con fecha

1949 Primera prueba de una bomba nuclear soviética.

1953 Muerte de Stalin; revuelta aplastada en Berlín Este.

1956 Khrushchev critica el régimen estalinista; 8-9 millones de prisioneros políticos liberados de los campos de internamiento.

1964 Khrushchev anuncia un nuevo Programa del Partido.

1964 Brezhnev, nuevo líder; el KGB recupera su papel central en la represión de los disidentes.

1980 La Unión Soviética posee casi 10.000 cabezas nucleares.

La Unión Soviética también salió de la Segunda Guerra Mundial como una superpotencia, pero su nuevo estatus lo consiguió a costa de un sacrificio excepcional. Casi la mitad del territorio soviético quedó absolutamente devastado: 20 millones de personas murieron; siete millones de caballos y 17 millones de cabezas de ganado se perdieron; 98.000 granjas colectivas y 4,7 millones de casas quedaron destruidas. La Unión Soviética tenía que reiniciar la revolución económica iniciada en los años 1930.

Primero Stalin tenía cuentas que saldar. Cualquier individuo o grupo clasificado como traidor era liquidado o enviado a la red de campos de trabajo y colonias penales gobernadas por el famoso jefe de policía Lavrenti Beria. Entre las víctimas estaba toda la plana mayor del Partido en Leningrado, que había resistido los 900 días de sitio durante la guerra. En el último periodo del mandato de Stalin, cada año se purgó a 100.000 personas del Partido Comunista. Stalin también tomó venganza de los campesinos soviéticos, que durante la guerra habían conseguido liberarse de la tenaza de la organización agrícola colectiva. En septiembre de 1946 Stalin inició una renovada campaña contra la «especulación» campesina. Sus ahorros fueron eliminados, miles de personas fueron devueltas a las explotaciones colectivas y 14 millones de hectáreas de tierras devueltas a granjas gobernadas por el Estado.

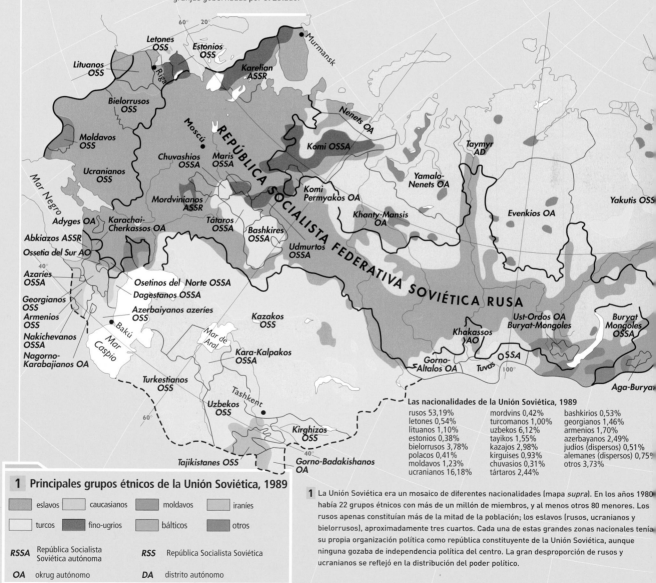

Las nacionalidades de la Unión Soviética, 1989

rusos 53,19%	mordvins 0,42%	bashkirios 0,53%
letones 0,54%	turcomanos 1,00%	georgianos 1,46%
lituanos 1,10%	uzbekos 6,12%	armenios 1,70%
estonios 0,38%	tayikos 1,55%	azerbayanos 2,49%
bielorrusos 3,78%	kazajos 2,98%	judíos (dispersos) 0,51%
polacos 0,41%	kirguises 0,93%	alemanes (dispersos) 0,75%
moldavos 1,23%	chuvasios 0,31%	otros 3,73%
ucranianos 16,18%	tártaros 2,44%	

1 **Principales grupos étnicos de la Unión Soviética, 1989**

- eslavos
- caucasianos
- moldavos
- iraníes
- turcos
- fino-ugrios
- bálticos
- otros

RSSA República Socialista Soviética autónoma

RSS República Socialista Soviética

OA okrug autónomo

DA distrito autónomo

1 La Unión Soviética era un mosaico de diferentes nacionalidades (mapa *supra*). En los años 1980 había 22 grupos étnicos con más de un millón de miembros, y al menos otros 80 menores. Los rusos apenas constituían más de la mitad de la población; los eslavos (rusos, ucranianos y bielorrusos), aproximadamente tres cuartos. Cada una de estas grandes zonas nacionales tenía su propia organización política como república constituyente de la Unión Soviética, aunque ninguna gozaba de independencia política del centro. La gran desproporción de rusos y ucranianos se reflejó en la distribución del poder político.

www.zum.de/whkmla/region/russia/cccp196485dom.html
Política interior bajo el mandato de Leonid Brezhnev, 1964-1985.
www.robertcutler.org/modules/sdp-1791.htm
La política interior de la Unión Soviética.

Mientras aplastaba la agricultura campesina, Stalin lanzó una nueva era de planificación industrial dirigida por el Estado. El proceso de modernización continuó su trayectoria de preguerra. En 1980 los trabajadores rurales suponían solamente un quinto de la fuerza laboral, cuando en 1945 habían constituido más de mitad. En 1960 la población urbana era de 69 millones de personas, pero de 86 millones en 1988, para cuando la población rural había caído de los 109 millones de 1950 a 95 millones. La prioridad pasó a ser la industria pesada y la militar a expensas de los bienes de consumo.

El sistema soviético sufrió una revolución menor cuando, el 5 de marzo de 1953, Stalin falleció. Siguió un periodo de liderazgo colectivo con Malenkov, Khrushchev y Molotov a la cabeza, pero cuando en 1956 se celebró el 20.º Congreso del Partido, en el que Stalin y el estalinismo fueron denunciados desde la base, Khrushchev había asumido el liderazgo personal. La era de desestalinización tuvo efectos importantes aunque limitados. Aproximadamente de ocho a nueve millones de prisioneros políticos fueron liberados de los campos de trabajo. La censura se relajó y el Ministerio del Interior (sede de la policía de seguridad NKVD) se cerró. Khrushchev intentó reformar la agricultura e invertir el empobrecimiento de los campesinos, y descentralizar la planificación económica a fin de restituir incentivos limitados a la industria soviética.

Los resultados fueron desalentadores. La descentralización económica produjo el caos en la industria y la agricultura. Los salarios se estancaron, mientras las expectativas crecían. La relajación del terror policial abrió el tema de la disidencia política y hasta dónde podía el Estado tolerarla y mantener la ascendencia comunista. En 1964 Khrushchev hizo un último intento de conseguir el cambio. En el 22.º Congreso del Partido anunció un nuevo Programa del Partido, el primero desde 1919. Prometió auténtico comunismo en un plazo de 20 años: diez años construyendo la base material para él y diez años redistribuyendo el nuevo producto. Sus colegas no se sintieron impresionados. Tras la vuelta atrás en Cuba (véase p. 100), Khrushchev fue víctima de un golpe interno. En octubre de 1964 cedió el paso a otro periodo de liderazgo colectivo, que en 1966 llevó a la ascensión de Leonid Brezhnev como líder del Partido.

Los años de Brezhnev invirtieron gran parte de la liberalización. Al Ministerio del Interior y a un nuevo servicio de seguridad, el KGB, se les devolvió su papel central en la represión de la disidencia. Se reinstauró la censura. La planificación del Estado central se reintrodujo a fin de asegurar cierto nivel de crecimiento económico. En los años 1970 Brezhnev equilibró la coerción con un incremento en la producción de bienes de consumo, pero persistió una distancia entre las aspiraciones políticas y económicas populares de los ciudadanos soviéticos corrientes y la capacidad del régimen para satisfacerlas. Ninguno de los sucesores de Brezhnev en los años 1980, Yuri Andropov (1982-1984) y Konstantin Chernenko (1984-1985), deseaba arriesgarse a una reforma en profundidad. En los años 1980 la sociedad soviética había entrado en punto muerto.

2 Tras la victoria en la guerra de 1941-1945, los militares soviéticos se convirtieron en una parte central del Estado (mapa *infra*). A gastos militares se dedicaba un quinto del presupuesto, mientras que entre 1952 y 1976 101 líderes militares se convirtieron en miembros plenos del Comité Central del Partido Comunista. A la primera prueba de una bomba nuclear soviética en 1949 siguió un sorprendente desarrollo. En 1955 la Unión Soviética poseía solamente 24 misiles y 324 cabezas nucleares. En 1980 había 3.017 misiles con base terrestre y marítima, y 9.653 cabezas nucleares.

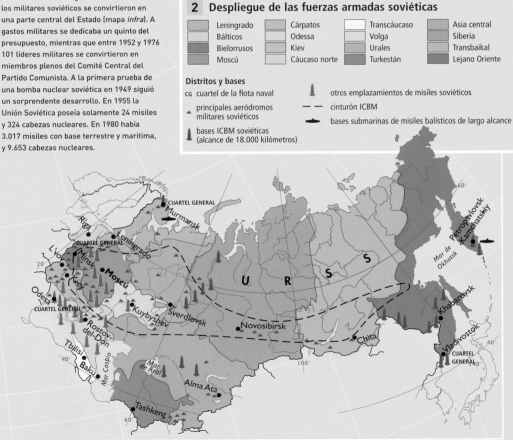

2 Despliegue de las fuerzas armadas soviéticas

Leningrado	Cárpatos	Transcáucaso	Asia central
Bálticos	Odessa	Volga	Siberia
Bielorrusos	Kiev	Urales	Transbaikal
Moscú	Cáucaso norte	Turkestán	Lejano Oriente

Distritos y bases

cg cuartel de la flota naval

▲ principales aeródromos militares soviéticos

▲ bases ICBM soviéticas (alcance de 18.000 kilómetros)

▲ otros emplazamientos de misiles soviéticos

— — cinturón ICBM

◣ bases submarinas de misiles balísticos de largo alcance

Las **superpotencias:** política exterior de la **URSS**

Cuando los ejércitos de Hitler llegaron a los suburbios de Moscú en diciembre de 1941, el comunismo parecía agotado como fuerza en la política mundial. La victoria soviética cuatro años después fue un triunfo para el estilo estalinista de comunismo, y la URSS trató de exportar su política a las zonas liberadas por el Ejército Rojo. Fue un proceso llevado a cabo paso a paso, que se apoyó en los grandes y populares partidos comunistas existentes en gran parte de Europa oriental.

Se toleró un sistema multipartidista, pero a las organizaciones comunistas y socialistas se les dio preferencia especial. En 1947 1948 el pluralismo político fue erradicado, y en Polonia. Rumanía, Checoslovaquia, Albania, Bulgaria y Hungría se proclamaron repúblicas populares, gobernadas por un único bloque de partidos pro-soviéticos. En septiembre de 1947 se creó una organización internacional comunista, el Cominform, dominada desde Moscú. En junio de 1948 la Yugoslavia de Tito fue expulsada por negarse a plegarse a las directrices de Moscú, aunque en 1957 se restauraron unas mejores relaciones entre Yugoslavia y la URSS post-estalinista.

El triunfo del comunismo en China el año 1949, en Corea del Norte y, en 1954, en el Vietnam, aumentaron el prestigio y la influencia internacionales de la URSS. Khrushchev saludó el comunismo como la «ola del futuro» y manifestó su confianza en que triunfar en todo el mundo no capitalista en desarrollo. En los años 1950, la URSS y el bloque soviético europeo trataron de establecer víncul

2 Entre 1944 y 1948, en Europa oriental se creó un bloque comunista prosoviético (mapa a la izquierda). Se estacionaro fuerzas soviéticas en todo el bloque, que se mantuvo unido mediante acuerdos económicos (COMECON, 1949) y una alianza militar (Pacto de Varsovia, 1955). En junio de 1948 la Yugoslavia de Tito rompió sus vínculos con Moscú. Todos los demás intentos de desafiar el dominio soviético en los años 1950 y 1960 –en Alemania Oriental, en Hungría y en Checoslovaquia– fueron aplastados.

2 La Europa comunista del Este hasta 1985

zona soviética de ocupación en Austria, 1945-1955

C miembros del Cominform, 1947

Telón de Acero, 1948

····· incidentes fronterizos, 1950-2

frontera fijada por el tratado germanooriental-polaco, 1950

Pacto de los Balcanes, 1954 (no en funciones a partir de 1955)

Parto de Varsovia desde 1955

despliegues de tropas soviéticas en Hungría, 1956

partícipe en la invasión de Checoslovaquia, 1968

despliegue del Pacto de Varsovia en Checoslovaquia, 1968

éxodo masivo de refugiados

● sublevaciones, 1953

● sublevaciones, 1956

● protestas masivas, 1968

○ protestas y huelgas masivas, 1970-1985

fronteras, 1950

…ás estrechos. En 1955 Egipto, al mando del coronel Nasser, …tuvo ayudas y asistencia técnica soviéticas: un movimiento que …volucionó la política de la región. Siguieron acuerdos con Af-…anistán, Siria, Túnez y Yemen, aunque ninguno de ellos pasó de …stado receptor a miembro del bloque soviético. Los países en …esarrollo desconfiaban de los motivos soviéticos casi tanto co-…o de los estadounidenses.

En los años 1960 la expansión de la influencia soviética se …ncontró con límites significativos. En la Europa dominada por …s soviéticos hubo problemas. En 1953 se produjeron huelgas y …sturbios en Polonia y Alemania Oriental. En 1956 una insurrec-…ón más grave tuvo lugar en la Hungría liderada por el comunis-… liberal Imre Nagy. Éste prometió elecciones multipartidistas y …tiró a Hungría de la alianza militar con la URSS. En noviembre …0.000 soldados y 5.000 tanques soviéticos reimpusieron el …oder soviético. Dos años más tarde aparecieron las primeras …rietas en las relaciones con China, y en 1960 Mao declaró a la …RSS culpable de «desviación burguesa» y situó a China a la ca-…eza del movimiento revolucionario comunista mundial. En …lbania, el Lejano Oriente y partes de América Latina los comu-…stas siguieron a China más que a la URSS. Durante los años …960 los Estados del bloque europeo se embarcaron en una …rma más independiente, nacionalista, de desarrollo, lo cual

acabó en 1968 con otra serie de protestas contra la hegemonía soviética y la invasión soviética de Checoslovaquia.

En los años 1970 se hicieron renovados esfuerzos por frenar la influencia soviética. Cuba se sumó al bando de la URSS tras la revolución de Castro en 1959. A finales de los años 1970 se cal-culaba en 40.000 el número de efectivos cubanos que en África apoyaban a regímenes y guerrillas comunistas, y en 8.000 el de consejeros militares soviéticos. Pero en otras partes, en Oriente Medio, en Latinoamérica y Asia, la Unión Soviética, lo mismo que los EE UU, fue víctima de un nacionalismo local popular y de la restauración islámica simbolizada por la revolu-ción iraní de 1979 y las revueltas musulmanas en Afganistán que llevaron a la intervención soviética allí en 1979. En gran parte del mundo en desarrollo, el comunismo era violentamente perse-guido; en los Estados desarrollados fue perdiendo su condición de fuerza electoral importante. En Francia el Partido Comunista fue el partido de izquierdas más importante desde 1945 hasta comienzos de los años 1980, cuando se vio eclipsado por una mo-derada socialdemocracia. En Italia la izquierda fue dominada por el comunismo moderado hasta los años 1980, cuando los social-demócratas aumentaron su cuota electoral. El derrumbe del bloque soviético en 1989 (véanse pp. 140-141) resultó fatal para el comunismo occidental.

1 En el periodo que siguió a la guerra, la Unión Soviética se puso a la cabeza del comunismo mundial (mapa *infra*). Urdió la transición a regímenes comunistas en Europa oriental, y en los años 1950 trató de dominar el comunismo chino y en el este de Asia. Una red de agentes, consejeros militares y técnicos soviéticos se desplegó por todo el mundo en desarrollo, especialmente en África y Oriente Medio, donde la Unión Soviética estableció bases militares durante un breve periodo.

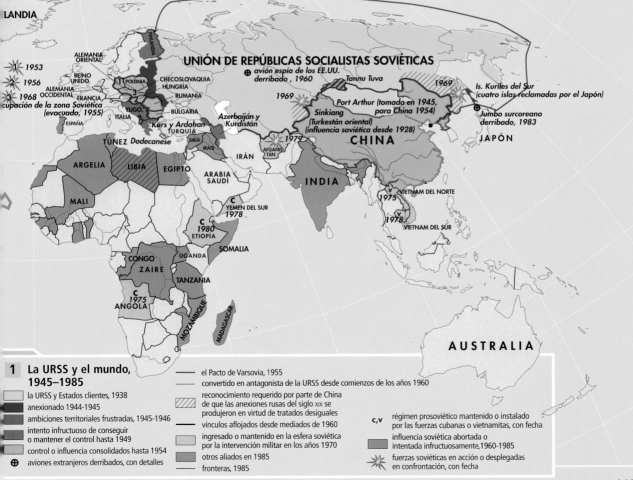

1 **La URSS y el mundo, 1945–1985**

- la URSS y Estados clientes, 1938
- anexionado 1944-1945
- ambiciones territoriales frustradas, 1945-1946
- intento infructuoso de conseguir o mantener el control hasta 1949
- control o influencia consolidados hasta 1954
- ⊕ aviones extranjeros derribados, con detalles

- ⸺ el Pacto de Varsovia, 1955
- ⸺ convertido en antagonista de la URSS desde comienzos de los años 1960
- ▨ reconocimiento requerido por parte de China de que las anexiones rusas del siglo XIX se produjeron en virtud de tratados desiguales
- ⸺ vínculos aflojados desde mediados de 1960
- ingresado o mantenido en la esfera soviética por la intervención militar en los años 1970
- otros aliados en 1985
- ⸺ fronteras, 1985

- **c,v** régimen prosoviético mantenido o instalado por las fuerzas cubanas o vietnamitas, con fecha
- influencia soviética abortada o intentada infructuosamente, 1960-1985
- ✺ fuerzas soviéticas en acción o desplegadas en confrontación, con fecha

La **larga expansión**

1947 GATT (Acuerdo General sobre Aranceles y Comercio).

1958 Desarrollo del microchip de silicona en los EE.UU.

1960 Primer láser construido en Houston, Texas.

1964 Licencias de Gran Bretaña para el desarrollo del petróleo y el gas en el mar del Norte.

1968 Intelsat 3: lanzamiento de satélites de nueva generación.

1972 Se fabrican las primeras calculadoras de bolsillo.

1973 La OPEP triplica el precio del petróleo; la crisis acaba con la expansión económica.

La Guerra Fría se libró sobre un trasfondo de extraordinaria recuperación económica de la devastación de la Segunda Guerra Mundial. Desde los años 1940 hasta comienzos de los 1970, el mundo vivió la «larga expansión»: 25 años de crecimiento ininterrumpido y a un ritmo jamás antes conocido. En Europa la renta per cápita creció más rápidamente en 20 años que en los 150 anteriores. Las tasas de desempleo en todo el mundo desarrollado eran bajas, apenas por encima del 3 por 100. Los ciclos económicos fueron sustituidos por el milagro del crecimiento casi continuo.

La expansión tuvo muchas causas. La guerra misma contribuyó a al crear las condiciones favorables en los EE.UU., la mayor economía del mundo. Al mismo tiempo, la demanda europea de alimentos, materiales y armas estimuló la producción en los países en desarrollo. La guerra también obligó a los EE.UU. a asumir el liderazgo en la economía mundial, un desarrollo que el sentimiento aislacionista había impedido antes de 1939. Los EE.UU. se convirtieron en la mayor fuente de fondos de inversión y ayuda. Algo más importante, los políticos de los EE.UU. se comprometieron a invertir la deriva de preguerra hacia el proteccionismo y las guerras arancelarias mediante la reinstauración de un mercado mundial más abierto, con monedas estables.

La restauración de un clima saludable para el comercio fue la causa más importante de la expansión. En octubre de 1947, 23 países firmaron el Acuerdo General sobre Aranceles y Comercio, que generó una ronda de negociaciones sobre la reducción de la protección. La primera ronda se ocupó de 45.000 productos sometidos a control arancelario, produjo 123 acuerdos y afectó a más de la mitad del comercio mundial. A mediados de los años 1950 sólo los EE.UU. habían reducido los niveles arancelarios en un 50 por 100 entre economías desarrolladas. El comercio mundial creció al 6 por 100 anual entre 1948 y 1960, y al 9 por 100 entre 1960 y 1973. En Europa, entre 1950 y 1970 el comercio creció de 18 a 129 mil millones de dólares.

La segunda causa fue técnica. Después de 1945 la aplicación de la ciencia moderna a la industria y la agricultura produjo una oleada de nuevos productos y métodos de producción. La mecanización y la moderna genética vegetal tuvieron como consecuencia una llamada Segunda Revolución Agrícola, que estimuló la producción de alimentos en las regiones menos desarrolladas. Los métodos modernos de producción en masa y la organización racional de las fábricas, ambas estimuladas por la guerra, se aplicaron en todo el mundo desarrollado, lo cual elevó notablemente la productividad y produjo un rápido incremento de los beneficios y los salarios.

El tercer factor era político. Antes de 1939 los Estados habían comenzado a intervenir mucho más en la regulación de sus economías a fin de hacer frente a la recesión. Tras la guerra había un deseo general de mantener la regulación, o incluso de incrementar los niveles de planificación y subsidio en previsión de otra depresión. Entre los años 1930 y los 1950, en las economías desarrolladas los gastos del Estado aproximadamente se duplicaron. En general, la ayuda estatal fue bien recibida por las empresas, deseosas como estaban de recuperar la estabilidad, y por los sindicatos, que trataban de evitar altas tasas de desempleo. A comienzos de los años 1970 la mayoría de las economías no comunistas eran «economías mixtas», que combinaban la iniciativa privada y la regulación estatal a fin de maximizar el crecimiento.

Fue justamente en este momento cuando la expansión de posguerra cesó. Las tasas de innovación y de crecimiento de los beneficios y de la productividad sufrieron una brusca ralentización. Las economías desarrolladas comenzaron a anquilosarse, con grandes sectores estatales, costosos programas de bienestar y altos costes salariales. El repentino incremento de los precios del petróleo en 1973 hizo que se pasara de una modesta tasa de inflación mundial a una escalada de precios, mientras que el incremento de la competencia y las nuevas tecnologías ocasionaban elevados niveles de desempleo. El lento crecimiento y la alta inflación –la «estanflación»– pincharon la burbuja de una expansión aparentemente infinita.

NORTEAMÉRICA
13.180 20.020 26.220 35.660 59.520

EE.UU.
6.697 10.977

SUDAMÉR
7.540 9.240 9.950

1 Desde los años 1940 hasta comienzos de los 1970 la economía mundial vivió un excepcional periodo de expansión. La producción mundial se duplicó y las exportaciones se cuadruplicaron. Las zonas en desarrollo recibieron de las economías más ricas crecientes cantidades de ayuda que ayudaron a su modernización económica (mapa *supra*). La expansión trajo consigo empleo y precios altos para los productores de materias primas.

CANADÁ 60
URSS
R.U. 340 EUROPA OCCIDENTAL
157 895
EE.UU. 1 ORIENTE MEDIO 1.522
26 8 LIBIA 232 SUDESTE ASIÁTICO 35
788 8 138 43 INDONESIA
VENEZUELA 1.172 166 47 ÁFRICA 2 3
2 42 52 AUSTRALIA
SUDAMÉRICA

1950

2 **Flujos internacionales de petróleo, 1950–1973**
175 → flujos de petróleo en miles de barriles por día

www.ciesin.org/TG/PI/TRADE/gatt.html
Acuerdo General sobre Aranceles y Comercio, desde 1947.
www.users.globalnet.co.uk/~semp/bdecline.htm
La decadencia económica de Gran Bretaña durante la posguerra.

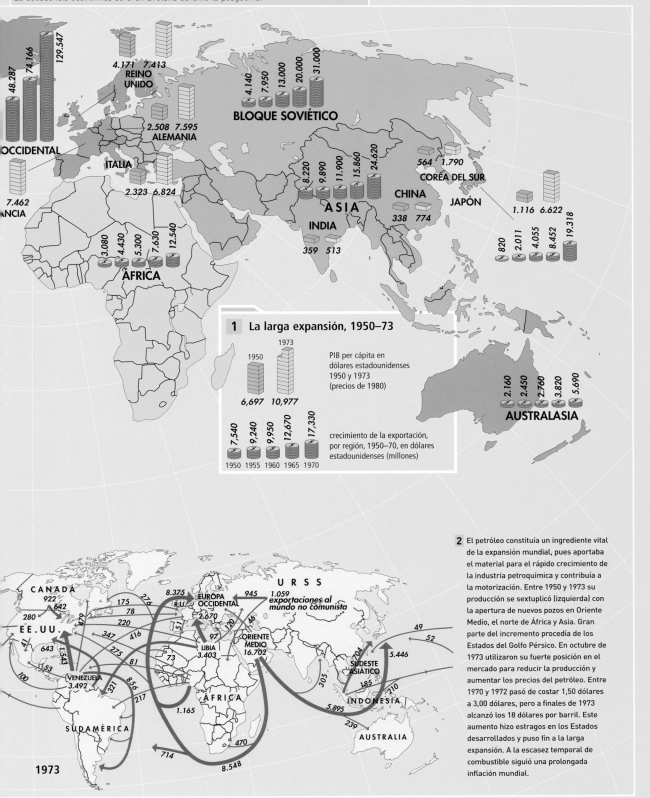

1 La larga expansión, 1950–73

PIB per cápita en dólares estadounidenses 1950 y 1973 (precios de 1980)

1950: 6,697 1973: 10,977

crecimiento de la exportación, por región, 1950–70, en dólares estadounidenses (millones)

7.540 (1950) 9.240 (1955) 9.950 (1960) 12.670 (1965) 17.330 (1970)

OCCIDENTAL 48.287 74.166 129.547 7.462
FRANCIA
REINO UNIDO 4.171 7.413
ALEMANIA 2.508 7.595
ITALIA 2.323 6.824
BLOQUE SOVIÉTICO 4.140 7.950 13.000 20.000 31.000
ÁFRICA 3.080 4.430 5.300 7.630 12.540
ASIA 8.220 9.890 11.900 15.860 24.620
INDIA 359 513
CHINA 338 774
COREA DEL SUR 564 1.790
JAPÓN 1.116 6.622
820 2.011 4.055 8.452 19.318
AUSTRALASIA 2.160 2.450 2.760 3.820 5.690

1973

CANADÁ 922
642 280
EE.UU. 41 643 1.543 53 100
VENEZUELA 3.492
SUDAMÉRICA
175 78 220 347 416 275 81 73
856 321 217
EUROPA OCCIDENTAL 8.375 27 51 2.670 97 120
R.U.
LIBIA 3.403
ÁFRICA 1.165 470 714
ORIENTE MEDIO 16.702
46 305
8.548
URSS 945 1.059
exportaciones al mundo no comunista
SUDESTE ASIÁTICO 704 185 210
5.446 49 52
INDONESIA 5.895 239
AUSTRALIA

2 El petróleo constituía un ingrediente vital de la expansión mundial, pues aportaba el material para el rápido crecimiento de la industria petroquímica y contribuía a la motorización. Entre 1950 y 1973 su producción se sextuplicó (izquierda) con la apertura de nuevos pozos en Oriente Medio, el norte de África y Asia. Gran parte del incremento procedía de los Estados del Golfo Pérsico. En octubre de 1973 utilizaron su fuerte posición en el mercado para reducir la producción y aumentar los precios del petróleo. Entre 1970 y 1972 pasó de costar 1,50 dólares a 3,00 dólares, pero a finales de 1973 alcanzó los 18 dólares por barril. Este aumento hizo estragos en los Estados desarrollados y puso fin a la larga expansión. A la escasez temporal de combustible siguió una prolongada inflación mundial.

China

1945-1985

1946 Guerra civil (hasta 1949).

1949 Victoria comunista en la China.

1955 «Plan quinquenal» para el crecimiento económico.

1958 Gran Salto Adelante (hasta 1961).

1966 Revolución Cultural (hasta 1976).

1976 Muerte de Mao Tse-tung; juicio a la Banda de los Cuatro.

1977 Deng Ziaoping comienza el impulso a la modernización.

1979 Movimiento del «Muro de la Democracia».

El comunismo de la China de posguerra tenía raíces diferentes de las del bloque soviético y seguía un curso muy diferente. Cuando en 1945 terminó la guerra con el Japón, los negociadores de los EE.UU. intentaron reconciliar al líder nacionalista Chiang Kai-shek y al comunista Mao Tse-tung. En la primavera siguiente, cuando las fuerzas soviéticas evacuaron Manchuria, estalló una guerra civil a gran escala entre comunistas y nacionalistas.

Las victorias iniciales convencieron a Chiang de que podía acabar con el comunismo. Los comunistas se esforzaron por recabar el apoyo de los campesinos, y su ejército aumentó en número. A finales de 1948 los nacionalistas fueron derrotados en Manchuria, y en septiembre de 1949 la causa nacionalista se había derrumbado. Cuando en octubre de 1949 Mao Tse-tung se convirtió en cabeza visible de una nueva república comunista, Chiang huyó a Taiwán.

En 1949 el Partido Comunista instauró una «dictadura democrática» con Mao a su frente. Aunque había otros partidos tolerados, los comunistas dominaban. Los 4,5 millones de miembros del Partido ascendieron hasta los 17,5 millones en 1961 (y hasta los 46 millones en 1988). La prioridad era la agricultura. En septiembre de 1950 se anunció una Ley de Reforma Agraria, como consecuencia de la cual 300 millones de campesinos se beneficiaron de la redistribución de 700 millones de *mou* (= 0,0675 hectáreas) de fincas de terratenientes. En 1957 se colectivizaron las aldeas, donde se ponían en común los recursos pero se conservaba la propiedad privada. El lento ritmo de los cambios animó a Mao a apostar por lo que se conoció como el Gran Salto Adelante. Iniciado en febrero de 1958, un programa para la modernización de China en tres años, basado en el concepto maoísta de la comuna del pueblo. En noviembre de 1958 el mundo rural se organizó en 26.000 comunas, cada una de ellas responsable de la abolición de la propiedad privada y encargada de producir inmensos (y muy poco realistas) incrementos en la producción agrícola e industrial.

1 Cuando los comunistas accedieron al poder, la economía china arrastraba l daños causados por 12 años de guerra. Mao inició una modernización liderada por Estado a la fuerza (mapa *infra*), basada en los Planes Quinquenales. En los años 1950 el PIB chino se duplicó en los años 1960 se volvió a incrementar en un tercio. El crecimiento se ralentizó com resultado de las revueltas sociales de los años 1960. L producción de acero creció d los 1,5 millones de toneladas de 1952 a los 18,6 millones d toneladas de 1960, pero en 1976 la cifra no superó los 2 millones. Sólo tras la muerte de Mao inició China un periodo sostenido de desarrollo económico.

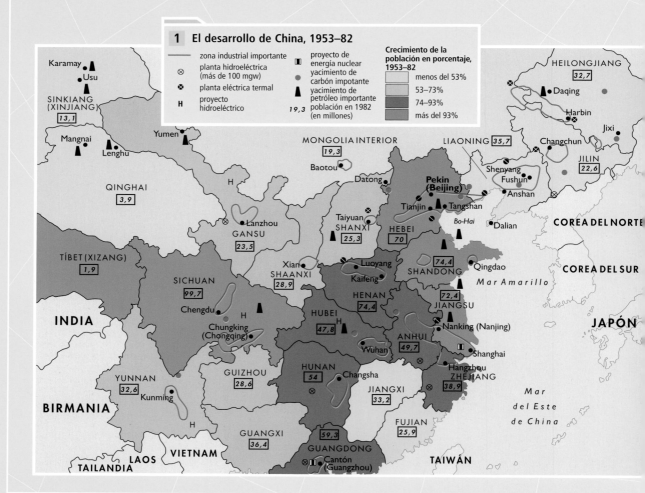

1 El desarrollo de China, 1953–82

zona industrial importante

⊗ planta hidroeléctrica (más de 100 mgw)

⊗ planta eléctrica termal

H proyecto hidroeléctrico

▮ proyecto de energía nuclear

● yacimiento de carbón impotante

▲ yacimiento de petróleo importante

19,3 población en 1982 (en millones)

Crecimiento de la población en porcentaje, 1953–82

menos del 53%

53–73%

74–93%

más del 93%

www-chaos.umd.edu/history/prc.html
La República Popular China, desde 1947.
news.bbc.co.uk/hi/english/static/special_report/1999/09/99/china_50/cult.htm
Un glosario de la revolución comunista china.

2 Tras la derrota de Japón, los nacionalistas y los comunistas chinos compitieron por la administración de las zonas liberadas (mapa *infra*). Los comunistas dominaban Manchuria y el norte. En 1947 estalló una guerra civil a gran escala entre ambos bandos. En 1948 los ejércitos nacionalistas fueron derrotados en Manchuria, y en Suchow de noviembre de 1948 a enero de 1949. En octubre de 1949 se proclamó una república comunista, y en mayo de 1950 los últimos nacionalistas huyeron a Taiwán.

2 La guerra civil china, 1946–50

- ocupado por los ejércitos comunistas en el momento del estallido de la guerra civil
- ocupado en julio 1946–junio de 1948
- ocupado en julio 1948–junio de 1949
- ocupado en 1950
- guerrillas comunistas, 1945–49
- → avance de las fuerzas comunistas
- *abr. 1946* fecha de la captura por los comunistas
- ★ batallas, con fecha

Fue la época del «horno en el patio trasero», cuando en las aldeas y pueblos de toda China se instalaron 600.000 altos hornos en miniatura.

El Gran Salto Adelante fue un grotesco fracaso: la producción industrial descendió abruptamente; una rigurosa hambruna mató a 20 millones de personas. Mao, que en 1959 había dimitido como presidente de la república para concentrarse en el desarrollo de su aportación ideológica a la revolución, se encontró aislado por los elementos moderados del Partido, liderados por Liu Shao-ch'i, que quería reemplazar las utopías maoístas por el realismo socialista de inspiración soviética. En 1961, a pesar de los temores de Mao a que una elite burocrática y revisionista se hiciera con el poder en el partido, el Gran Salto Adelante se abandonó.

Sin inmutarse, en 1966, aliado con el ejército y el líder de éste, Lin Piao, Mao lanzó una segunda oleada revolucionaria. Apoyado por entusiastas comunistas jóvenes que compartían sus temores de que la marea revolucionaria refluyera y que seguían fielmente *Los pensamientos del presidente Mao* (una recopilación de ideas revolucionarias de la que se distribuyeron millones de ejemplares), Mao alentó la erradicación de los desviacionistas. Su esposa, Chiang Ch'ing, se puso al frente del Comité Revolucionario Cultural, responsable de imponer la conformidad con el maoísmo y que cometió incontables atrocidades en nombre de la pureza ideológica.

En 1968 la violencia amenazaba con el completo desmoronamiento de la vida china. Lin Piao fue llamado por Mao para que restaurara el orden. Al año siguiente un congreso del Partido eligió por unanimidad a Mao como presidente del mismo, y *Los pensamientos del presidente Mao* se adoptaron como línea oficial del Partido. Se preparó a Lin Piao como sucesor de Mao, y el ejército pasó a desempeñar un papel prominente en la política nacional. Una vez más, Mao temió por su posición política. En 1970 aisló a Lin políticamente, y en 1971 superó un intento de golpe militar que terminó con la muerte de Lin Piao en un accidente aéreo ocurrido en septiembre en la Mongolia Exterior. Mao, ahora enfermo, fue incapaz de impedir que su joven y ambiciosa esposa y sus aliados del Comité Revolucionario Cultural continuaran una radical carrera maoísta. Cuando Mao murió el 9 de septiembre de 1976, Chiang y su «Banda de los Cuatro» intentaron hacerse con el control del Estado.

En 1976 el ejército y gran parte de la elite estaban hartos de ultraizquierdismo. Chiang y sus compañeros de conspiración fueron arrestados, juzgados y expulsados del Partido. Un liderazgo más moderado, deseoso de lograr la modernización económica, emergió con Hua Guofeng a su cabeza. Gracias a la *détente* con los EE.UU., que en octubre de 1971 condujo a su ingreso en Naciones Unidas, China pudo basar su modernización en vínculos más estrechos con la comunidad internacional. En 1978 la Revolución Cultural fue oficialmente abandonada. En los años 1980 China comenzó a desenredar el legado de la opresión y la mala administración económica maoístas.

La **Guerra Fría** en **Asia**

1945–1975

1946 Comienzo de la lucha vietnamita contra Francia.

1950 Inicio de la Guerra de Corea (hasta 1953).

1954 Vietnam queda dividido tras la derrota francesa.

1955 Conferencia de Bandung.

1959 Guerra entre Vietnam del Norte y del Sur.

1961 Creciente participación de los EE.UU. en Vietnam.

1973 Las fuerzas de los EE.UU. se retiran de Vietnam del Sur.

1975 Los comunistas se apoderan de Vietnam, Laos y Camboya.

---

3 Vietnam, 1966–68

Zonas de control, a comienzos de 1966

controlado por el Vietcong

bajo influencia del Vietcong

controlado por el gobierno surivietnamita

bajo influencia del gobierno

zonas de fuerte oposición

✱ ofensiva del Tet, 1968

• Vinh

• Dong Hoi

Vinh Linh

Hue

campaña de Ho Chi Minh

Da Nang

Chu Lai

LAOS

Qui Nhon

VIETNAM DEL SUR

CAMBOYA

Phnom Penh

Saigón

🚢 7.ª flota de los EE.UU.,

China no fue la única zona en caer bajo control comunista tras el desmoronamiento del Imperio japonés. En Corea, dividida en 1945 entre las fuerzas de ocupación soviéticas y estadounidenses, en septiembre de 1948 se instaló un régimen comunista en el norte de influencia soviético. En el Sureste asiático, bajo la influencia de la teoría maoísta de la movilización de las masas campesinas, el comunismo se instauró en el norte de Vietnam en 1954, y hasta 1975 se fue extendiendo por toda Indochina.

En junio de 1959, confiando en que los Estados Unidos no intervendrían tras haber retirado sus fuerzas en junio de 1949, Corea del Norte invadió el sur. Tras algunas victorias iniciales, las fuerzas comunistas fueron rechazadas hasta la frontera china por tropas de las Naciones Unidas enviadas por 20 Estados, pero sobre todo por los Estados Unidos. Un contraataque chino, que en enero de 1951 llegó más allá de Seúl, amenazó con convertir el conflicto coreano en una guerra importante. Cuando las fuerzas de la ONU repelieron a los chinos hasta la frontera original entre el norte y el sur, el presidente. Truman aceptó una propuesta soviética de entablar conversaciones. Dos años después se firmó por fin un armisticio que dejaba ambos Estados como en 1950, salvo por 2.400 kilómetros cuadrados concedidos al sur.

En el Sudeste asiático Vietnam se convirtió en el centro de la actividad comunista. En 1946 los comunistas vietnamitas liderados por Ho Chi Minh (el Vietminh) proclamaron una República Democrática del Vietnam, pero los franceses estaban decididos a imponer el control colonial. En noviembre de 1946 fuerzas francesas bombardearon la capital de Ho en Hanoi, matando a 6.000 personas. El Vietminh desencadenó una guerra de guerrillas contra los franceses que terminó en mayo de 1954, con una espectacular derrota francesa en Dien Bien Fu. Según los acuerdos firmados en Ginebra en julio de 1954, se estableció un régimen comunista al norte del paralelo 17, y un régimen pro-americano liderado por Ngo Dinh Diem se fundó en el sur, con su capital en Saigón. Diem ignoró los acuerdos de Ginebra y se negó a convocar elecciones en 1956. En 1957 el norte lanzó una guerra de guerrillas, y en 1960, como reacción a la brutal dictadura de Diem, sus opositores surivietnamitas crearon el Frente de Liberación Nacional, apoyado desde Hanoi. En FLN o Vietcong controlaba la mayor parte del país y recibía armas desde el norte. En 1963 Diem fue asesinado por sus propios generales, y durante los siguientes 12 años Vietnam del Sur padeció una dura y desestabilizadora guerra civil.

En 1960 los Estados Unidos aumentaron su ayuda a Vietnam y su apoyo a Laos y Camboya, dos Estados monárquicos que habían obtenido la independencia de Francia en 1954. La intervención de los EE.UU. provocó a Hanoi. En 1964 cañoneras norvietnamitas dispararon contra destructores estadounidenses en el golfo de Tonking, y el Congreso aprobó una resolución que virtualmente equivalía a una declaración de guerra. Durante nueve años la ayuda militar de los EE.UU. mantuvo vivos los débiles regímenes pro-occidentales en Vietnam del Sur, Laos y Camboya. Cuando por fin los EE.UU. se retiraron, toda la región cayó en manos de un comunismo popular de base campesina. La unión de Vietnam se produjo en abril de 1975, tras la caída de Saigón.

Camboya (Kampuchea) cayó bajo el control de los Jmeres Rojos liderados por Pol Pot. Inspirado por la Revolución Cultural de Mao, desencadenó una campaña de exterminio contra los enemigos del Partido. Una quinta parte de la población, sobre todo urbana, fue masacrada. En diciembre de 1978 Vietnam pasó a alinearse estrechamente con la Unión Soviética, invadió Camboya y derribó a Pol Pot. China, disconforme con el apoyo soviético a Vietnam y con la política de discriminación de la minoría china llevada a cabo por Hanoi, invadió Vietnam en enero de 1971, pero se vio obligada a retirarse. El comunismo vietnamita predominó en toda Indochina, pero el conflicto político y racial persistió hasta los años 1990.

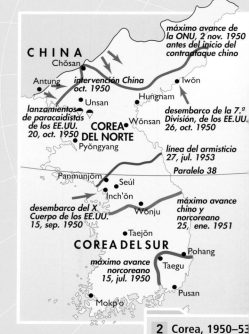

CHINA

Chosan

Antung

intervención China oct. 1950

Unsan

Iwon

Hungnam

máximo avance de la ONU, 2 nov. 1950 antes del inicio del contraataque chino

lanzamientos de paracaidistas de los EE.UU. 20, oct. 1950

Wonsan

desembarco de la 7.ª División, de los EE.UU. 26, oct. 1950

COREA DEL NORTE

Pyongyang

línea del armisticio 27, jul. 1953

Paralelo 38

Panmunjom

Seúl

Inch'on

máximo avance chino y norcoreano 25, ene. 1951

desembarco del X Cuerpo de los EE.UU. 15, sep. 1950

Wonju

Taejon

COREA DEL SUR

máximo avance norcoreano 15, jul. 1950

Pohang

Taegu

Mokp'o

Pusan

---

2 Corea, 1950–53

2 Tras la derrota japonesa en 1945, Corea fue ocupada por fuerzas soviéticas y estadounidenses, que dividieron la península en el paralelo 38. En 1948 se establecieron regímenes favorables a sus intereses: u norte comunista bajo Kim Il Sung y un sur prooccidental bajo Syngman Rhee. En junio de 1950, el norte lanzó un ataque sorpresa contra el su (arriba). Una fuerza de la ON compuesta sobre todo por tropas y aviación de EE.UU., y dirigida por MacArthur, repelió a las fuerzas comunistas hasta la frontera china, siendo objeto de un ataque chino (200.000 efectivos) en octubre de 1950 En junio de 1951 comenzaron las negociaciones, y dos años más tarde se recuperó la frontera en el paralelo 38 y s creó una zona desmilitarizad entre los dos Estados.

---

3 En 1954 se alcanzó en Ginebra un acuerdo entre el gobierno francés y los insurgentes sobre la independencia de Vietnam, que quedó dividido por el paralelo 17 entre un norte comunista y un sur pro-occidental. Desde 1957 las fuerzas comunistas libraron en el sur una guerra de guerrillas que en 1960 llevó a una ayuda de los EE.UU. a gran escala. El gobierno surivietnamita controlaba las zonas urbanas, las guerrillas la mayor parte del campo (izquierda). En 1968 las guerrillas lanzaron contra las ciudades la ofensiva del «Tet». En 1973 las tropas de los EE.UU. abandonaron Vietnam, y dos años más tarde todo el país estaba unido bajo control del gobierno comunista.

www.fact-index.com/d/di/division_of_korea.html
Trasfondo de la división de Corea en 1945.
www.english.uiuc.edu/maps/vietnam/causes.htm
Las causas de la Guerra del Vietnam.

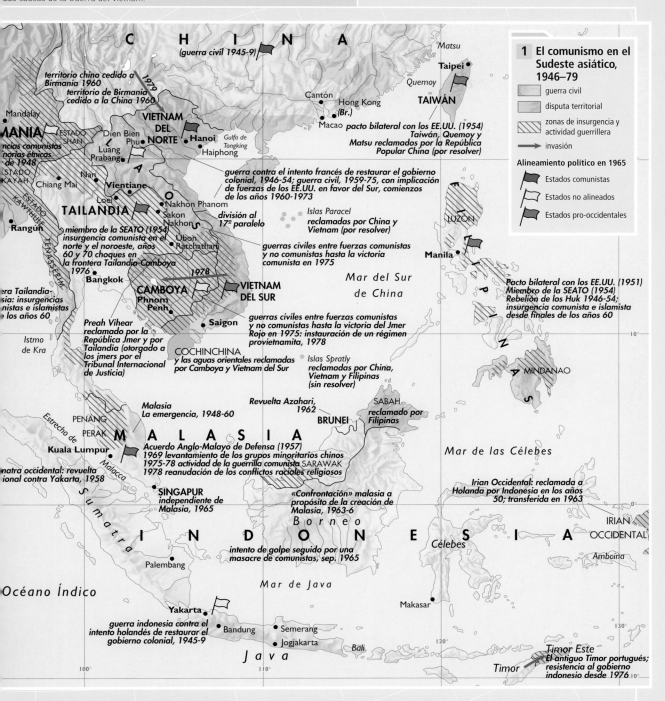

1 El comunismo en el Sudeste asiático, 1946–79

- guerra civil
- disputa territorial
- zonas de insurgencia y actividad guerrillera
- → invasión

Alineamiento político en 1965

- Estados comunistas
- Estados no alineados
- Estados pro-occidentales

territorio chino cedido a Birmania 1960
territorio de Birmania cedido a la China 1960

VIETNAM DEL NORTE

guerra civil 1945-9)

TAIWÁN

pacto bilateral con los EE.UU. (1954) Taiwán, Quemoy y Matsu reclamados por la República Popular China (por resolver)

guerra contra el intento francés de restaurar el gobierno colonial, 1946-54; guerra civil, 1959-75, con implicación de fuerzas de los EE.UU. en favor del Sur, comienzos de los años 1960-1973

TAILANDIA

miembro de la SEATO (1954) insurgencia comunista en el norte y el noroeste, años 60 y 70 choques en la frontera Tailandia-Camboya 1976

división al 17º paralelo

Islas Paracel reclamadas por China y Vietnam (por resolver)

guerras civiles entre fuerzas comunistas y no comunistas hasta la victoria comunista en 1975

Pacto bilateral con los EE.UU. (1951) Miembro de la SEATO (1954) Rebelión de los Huk 1946-54; insurgencia comunista e islamista desde finales de los años 60

era Tailandia- ...sia: insurgencias ...nistas e islamistas ...e los años 60

CAMBOYA Phnom Penh

Saigon

Preah Vihear reclamado por la República Jmer y por Tailandia (otorgado a los jmers por el Tribunal Internacional de Justicia)

COCHINCHINA y las aguas orientales reclamadas por Camboya y Vietnam del Sur

guerras civiles entre fuerzas comunistas y no comunistas hasta la victoria del Jmer Rojo en 1975: instauración de un régimen provietnamita, 1978

Islas Spratly reclamadas por China, Vietnam y Filipinas (sin resolver)

Mar del Sur de China

Istmo de Kra

Malasia La emergencia, 1948-60

Revuelta Azahari, 1962

SABAH reclamado por Filipinas

BRUNEI

Mar de las Célebes

MALASIA
Acuerdo Anglo-Malayo de Defensa (1957)
1969 levantamiento de los grupos minoritarios chinos
1975-78 actividad de la guerrilla comunista
1978 reanudación de los conflictos raciales religiosos

...natra occidental: revuelta ...ional contra Yakarta, 1958

Irian Occidental: reclamada a Holanda por Indonesia en los años 50; transferida en 1963

SINGAPUR independiente de Malasia, 1965

«Confrontación» malasia a propósito de la creación de Malasia, 1963-6

Borneo

IRIAN OCCIDENTAL

INDONESIA

Kuala Lumpur

intento de golpe seguido por una masacre de comunistas, sep. 1965

Océano Índico

Yakarta

guerra indonesia contra el intento holandés de restaurar el gobierno colonial, 1945-9

Mar de Java

Makasar

Amboina

Timor Este El antiguo Timor portugués; resistencia al gobierno indonesio desde 1976

Java

Timor

1 En todo el Sudeste asiático los movimientos comunistas Nativos lucharon contra la restauración del gobierno colonial a partir de 1945 (mapa *supra*). La guerra de guerrillas comunista fue derrotada en Malasia en 1960, y el comunismo suprimido de Indonesia y las Filipinas en los años 1960. En Indochina el comunismo alcanzó el poder en Vietnam del Norte en 1954, pero hasta 1975 los comunistas no controlaron Vietnam del Sur. Ese mismo año, las guerrillas comunistas de Camboya, los Jmeres Rojos, tomaron el control con respaldo chino, y en Laos el

movimiento comunista Pathet Lao derrocó a la coalición gubernamental. Vietnam, con apoyo soviético, extendió su influencia a Laos en julio de 1977, y luego invadió Camboya (Kampuchea) en diciembre de 1978. Los EE.UU. trataron de contener el comunismo en Camboya mediante intensos bombardeos de la capital, Pnomh Penh en 1973 *(supra)*. Tras su retirada, las tropas del gobierno fueron incapaces de resistir. En abril de 1975 los Jmeres Rojos derrotaron al régimen pro-americano e impusieron un gobierno brutal.

La **retirada** del **imperio**

La Segunda Guerra Mundial creó oportunidades para el comunismo, pero constituyó el toque de difuntos por el colonialismo. En 1945 los imperios italiano, japonés y alemán quedaron destruidos.

Las colonias del este de Asia habían sido invadidas por los japoneses, y los nacionalistas locales no tenían ningún entusiasmo por volver a la dependencia colonial. Ni los Estados Unidos ni la Unión Soviética estaban dispuestos a tolerar la supervivencia de un imperialismo sin reformas. Sólo el Imperio británico, uno de las más importantes vencedores en 1945, sobrevivía relativamente intacto, y fue aquí, paradójicamente, donde se hicieron las mayores concesiones en la primera década de la posguerra.

En la India los años de guerra acabaron con el breve experimento de autogobierno parcial iniciado en 1937. El Congreso nacionalista se negó a participar en el esfuerzo de guerra con el argumento de que no había sido consultado sobre la declaración de guerra de la India a Alemania. Algunos miembros iniciaron una campaña de «Abandonad la India» que llevó a su arresto y encarcelamiento. A final de la guerra estaba claro para los británicos que no podían conservar la India en las condiciones de preguerra. Un vasto movimiento musulmán, con el respaldo de una resolución de la Sociedad de Naciones adoptada en 1940 que aprobaba un Estado separado para la población islámica de la India, reclamaba la partición. El Congreso aceptó de mal grado, y el 15 de agosto de 1947 se concedió la independencia a dos Estados: India y Pakistán.

En las otras posesiones británicas en Asia, los nacionalistas y los comunistas inspirados por el ejemplo de Mao en China constituían una amenaza. En Malasia una amplia guerra de contrainsurgencia derrotó a los comunistas, pero en 1957 los elementos nacionalistas más moderados consiguieron la independencia. En

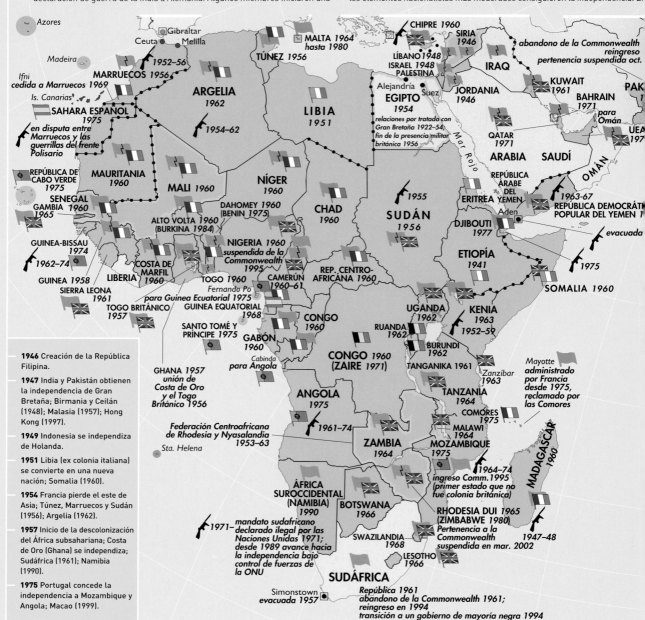

1946 Creación de la República Filipina.

1947 India y Pakistán obtienen la independencia de Gran Bretaña; Birmania y Ceilán (1948); Malasia (1957); Hong Kong (1997).

1949 Indonesia se independiza de Holanda.

1951 Libia (ex colonia italiana) se convierte en una nueva nación; Somalia (1960).

1954 Francia pierde el este de Asia; Túnez, Marruecos y Sudán (1956); Argelia (1962).

1957 Inicio de la descolonización del África subsahariana; Costa de Oro (Ghana) se independiza; Sudáfrica (1961); Namibia (1990).

1975 Portugal concede la independencia a Mozambique y Angola; Macao (1999).

Birmania, el gobierno británico fue violentamente rechazado, y en 1948 se le concedió la independencia. Franceses y holandeses afrontaron el mismo problema en el Lejano Oriente. Holanda nunca recuperó el control de las Indias Holandesas tras la retirada de los japoneses, y en 1949 les concedió la independencia. Francia intentó aplicar una estrategia de asimilación con el poder metropolitano o de concesión de estatus asociados. No obstante, el gobierno francés fue rechazado en Indochina. La administración restaurada en Vietnam se encontró en un conflicto frontal con un movimiento nacionalista y comunista de masas. La derrota militar en Dien Bien Fu el año 1954 (véase página 120) convenció a los líderes franceses de la conveniencia de abandonar totalmente el imperio en el Lejano Oriente.

La ocupación de las colonias en el norte de África por fuerzas británicas y estadounidenses durante la guerra creó también problemas cuando se restauró el poder francés. En 1956 se concedió la independencia a Túnez y Marruecos. Tras ocho años de brutal guerra civil entre los colonos franceses, los nacionalistas argelinos y los insurgentes islámicos por un lado y el ejército francés por el otro, en 1962 el presidente francés, Charles de Gaulle, puso fin al conflicto concediendo la plena independencia a Argelia ante el riesgo de una guerra civil en la metrópoli. Las antiguas posesiones de Italia fueron puestas bajo control de las Naciones Unidas. Libia se convirtió en una nueva nación

en 1951, Somalia en 1960. En Oriente Medio, Gran Bretaña abandonó Palestina, que formó el núcleo del nuevo Estado de Israel creado en 1948. Las guerras civiles en Chipre y Aden precipitaron la retirada de Gran Bretaña en 1960 y 1967. En 1968 el gobierno británico anunció el final de la presencia británica al este de Suez.

En el África subsahariana hubo menos desafíos al poder europeo. Los problemas económicos en Europa animaron a una explotación vigorosa de los recursos africanos, mientras que en el África oriental y meridional había importantes comunidades de colonos blancos ansiosas de obstaculizar los movimientos independentistas negros. Pero también aquí fue la violencia la que obligó a que las potencias coloniales dieran su brazo a torcer. La Costa de Oro fue liberada en 1957, Nigeria en 1960. La sangrienta rebelión mau-mau en Kenia fue seguida por la independencia para Kenia y Tanganika en 1964 y, en el África central, para Nyasaland (Malaui) y el norte de Rhodesia (Zambia). Bélgica se retiró del Congo en 1960, y Francia de sus posesiones africanas tropicales entre 1958 y 1960. Portugal fue el último Estado en abandonar el imperio. Tras una cruenta guerra de guerrillas, Angola y Mozambique se liberaron del gobierno portugués en 1975. Con la pérdida de las zonas coloniales más importantes, el imperio había tocado a su fin, dejando tras sí un legado de inestabilidad política, conflicto religioso y tribal, empobrecimiento y opresión. Sólo pocos de los nuevos Estados se vieron exentos de violencia.

1 El mundo poscolonial

☐ territorios independientes desde 1939, con fechas

Posesiones coloniales en 1996

● Gran Bretaña   ● EE.UU.   ● Portugal

● Francia   ● Australia   ● España

● Holanda   ● Nueva Zelanda   ● soberanía compart. por EE.UU., Australia y Nueva Zelanda

⚑ Estados de la Commonwealth

⚑ Estados que abandonaron la Commonwealth

⚑ Estado de la Comunidad Francesa

⚑ Estado que abandonaron la Comunidad Francesa

•••• conflicto fronterizo

⚑ ex potencia colonial

🔫 zonas de conflicto colonial

☐ estaciones y bases en ultramar

— miembros de federaciones frustradas

1 En los 30 años posteriores al final de la guerra en 1945, las potencias europeas renunciaron a los imperios coloniales (mapas *supra* e *infra*). La hostilidad estadounidense y soviética al colonialismo presionó a Europa, pero lo que acabó por erosionar el imperialismo europeo fue la imposibilidad de defenderse contra los movimientos nacionalistas en las zonas coloniales.

El **Oriente Medio**

1945–1967

1946 Siria obtiene la independencia de Francia.

1948 Gran Bretaña abandona Palestina; se funda el Estado de Israel; primera guerra árabe-israelí.

1951 Petróleo iraní nacionalizado; golpe de Estado militar (1953).

1952 Revuelta militar en Egipto; se proclama la república (1953).

1954 Derrocamiento en Egipto del rey Faruk; Nasser se convierte en primer ministro.

1956 Crisis de Suez; invasión anglo-francesa del Canal; segunda guerra árabe-israelí.

1958 Fuerzas de los EE.UU. intervienen en Líbano; fundación de la República Árabe Unida (Siria y Egipto); Kassem acaba con la república en Iraq.

1964 Fundación de la Organización para la Liberación de Palestina.

El **Oriente Medio era la más inestable de las regiones postimperiales después de 1945. Desde el desmoronamiento del poder otomano a comienzos de siglo, la ambición de los pueblos árabes era la creación de nuevos Estados-nación árabes.**

El nacionalismo árabe produjo un Iraq independiente en 1932, y en 1936 se estableció un Estado egipcio, aunque con continua presencia militar británica. El mismo año los franceses aceptaron renunciar a su mandato sobre Siria en el plazo de tres años. Estos logros se consolidaron después de 1945; Siria y Líbano obtuvieron la independencia total en 1945 y 1946; la Transjordania consiguió la independencia en marzo de 1946; Libia en 1951. En 1951 Egipto abandonó el tratado firmado con Gran Bretaña en 1936 y se llegó a un acuerdo para la retirada de las tropas británicas. Pese a los esfuerzos por mantener la presencia militar europea en una zona de importancia estratégica para Occidente, en 1956 la región árabe era totalmente independiente del poder europeo.

El tema más difícil de tratar de todos era el del Mandato Palestino, concedido por la Sociedad de Naciones a Gran Bretaña en 1920. Los nacionalistas árabes consideraban esta tierra árabe, y demandaban la independencia. Pero en noviembre de 1917 el político británico Arthur Balfour hizo pública una declaración que comprometía a Gran Bretaña con la concesión al pueblo judío de una patria en la región de Palestina. La organización sionista mundial, creada en los años 1890, exigió que Gran Bretaña cumpliera esta promesa. Como resultado, en los años 1930 la administración británica se encontró atrapada entre un nacionalismo árabe militante, inspirado por la idea de la *yihad* o guerra santa, y la exigencia judía de una patria. En 1937 activistas judíos crearon la Irgun Zvai Leumi (Organización Militar Nacional). En 1940 la Estrella de Abraham fundó los Combatientes por la Libertad de Israel. Ambos grupos emprendieron actos de terrorismo contra objetivos árabes y británicos. En 1945 había en Palestina 100.000 soldados británicos para hacer frente a la amenaza.

Vilipendiados por ambos lados, los británicos lucharon por mantener el orden. En julio de 1946 la voladura del hotel Rey David de Jerusalén por terroristas judíos produjo 91 víctimas. En Gran Bretaña la opinión pública se volvió contra el mantenimiento del Mandato. En 1947 Gran Bretaña pidió a las Naciones Unidas que zanjaran el asunto, y el 29 de noviembre de 1947 una resolución de la ONU dividió Palestina en un Estado judío y uno árabe. Gran Bretaña se retiró apresuradamente en mayo de 1948, mientras la milicia judía ponía sitio a Jaffa y Jerusalén. El 14 de mayo David Ben-Gurion proclamó la fundación del Estado de Israel y se convirtió en su primer ministro con Chaim Weizmann, líder del movimiento sionista mundial, como primer presidente de Israel.

Al día siguiente, el nuevo Estado fue invadido por Siria, Transjordania y Egipto, y por una fuerza de voluntarios árabes. Tras violentos combates, a comienzos de 1949 se llegó a un acuerdo de alto el fuego. Entre 600.000 y 750.000 palestinos se convirtieron en refugiados, apiñados en la Franja de Gaza y la Ribera Occidental. Transjordania se anexionó la Ribera Occidental y el Estado Árabe de Palestina desapareció. Siguió una tregua precaria. Los Estados árabes nunca aceptaron la supervivencia de Israel, que se debía en gran medida al apoyo estadounidense. Los ataques terroristas se sucedieron en Israel hasta que en octubre de 1956, con apoyo británico y francés, Israel invadió la península del Sinaí y derrotó a las fuerzas egipcias allí estacionadas. La fuerte presión internacional obligó a Israel a retirarse, pero la península fue puesta bajo control de la ONU y desmilitarizada.

Siguió una década de paz precaria. Los vecinos árabes de Israel emprendieron programas de modernización económica o reformas políticas. Egipto y Siria fundaron en 1958 una República Árabe Unida como núcleo de un movimiento arabista más amplio, pero la unidad árabe resultó superficial. La República se desmembró en 1961. El régimen árabe establecido en Iraq el año 1958 bajo el liderazgo de Abdel-karim Kassem amenazó la independencia de Kuwait en 1961 hasta que otros Estados árabes le disuadieron. En Yemen una guerra civil entre monárquicos y republicanos dividió aún más el campo árabe. Arabia Saudí respaldó a los monárquicos, Egipto a los republicanos. El intento de Nasser de ponerse al frente de un movimiento árabe más amplio se vio frustrado por el nacionalismo local y la división entre los regímenes monárquicos (Arabia Saudí, Jordania, Libia y movimientos republicanos más radicales).

Nasser hizo un último intento de revivir el movimiento panarabista. A finales de los años 1960, Egipto y Siria establecieron estrechos lazos con la Unión Soviética, que los proveyó de consejeros militares y armas modernas. Nasser esperaba utilizar esas relaciones como apoyo para completar la extinción de Israel, pero, por el contrario, propició una fuerte ayuda militar de los Estados Unidos a Israel y los Estados árabes antisoviéticos, y una división aún mayor en el campo árabe. En mayo de 1967 Nasser exigió la salida de las fuerzas de paz de la ONU en el Sinaí, cosa que se produjo poco tiempo después. Luego bloqueó las rutas marítimas que llegaban a Israel por el golfo de Aqaba. La ausencia de una respuesta por parte de Israel se interpretó como un signo de debilidad. Nasser llamó a un ajuste de cuentas definitivo con el sionismo.

2 **Israel: la guerra de la independencia, 1948**

el Estado judío tal como fue propuesto por las Naciones Unidas, noviembre de 1947

territorio conquistado por Israel, 1948–49

principales ataques árabes, mayo de 1948

Israel según los acuerdos de armisticio, 1949

2 Tras la declaración de un Estado independiente de Israel, fuerzas de los Estados árabes de alrededor invadieron la antigua Palestina a fin de restablecer las reivindicaciones árabes en la zona (izquierda). Tras siete meses de guerra, se acordó un alto el fuego con los palestinos. Posteriores acuerdos supusieron para Israel un 21 por 100 más de territorio del que controlaba en 1948.

1 Entre los años 1930 y 1960 Oriente Medio y el norte de África se liberaron del poder europeo y fundaron Estados árabes independientes (derecha), a excepción del Estado judío de Israel, creado en 1948. La región ha sido inestable desde siempre, primero por los conflictos antieuropeos y antiisraelíes, luego por el petróleo árabe y el crecimiento en toda la región.

www.mideastweb.org/mandate.htm
El mandato palestino de la Sociedad de Naciones.
www.globalsecurity.org/military/world/war/israel-inde.htm
La guerra de la independencia de Israel.

1 Oriente Medio a partir de 1945

→ invasión   ✊ actividad guerrillera

✸ conflictos más importantes

1969 Aumento de la actividad guerrillera palestina
1975 Guerra civil en El Líbano
1976 Invasión siria
1978 Invasión israelí
1982 Ataque israelí a Beirut
1985 Retirada formal de las tropas israelíes
1992 Los cristianos boicotean las primeras elecciones celebradas en 20 años
2002 Las fuerzas israelíes se retiran de la zona de seguridad en el sur del Líbano

1946 Retirada de las tropas francesas
1958–61 Unión con Egipto (República Árabe Unida)
1963 El Partido Baaz toma el poder
1967 Guerra de los Seis Días; Siria pierde los Altos del Golán
1970 El general Hafez el-Assad asume el poder
1973, octubre Guerra del Yom Kippur; Siria y Egipto atacan Israel; las fuerzas sirias son expulsadas de los Altos del Golán y fuerzas israelíes ocupan territorio sirio
1976 Fuerzas sirias intervienen en la guerra civil libanesa
1980 Tratado de Amistad y Cooperación con la URSS
1991 Se firma la paz con el Líbano
2000 Muerte del presidente Hafez el-Assad, al que sucede su hijo Basir el-Assad

1955 Pacto antisoviético de Bagdad
1958 La dinastía jasemita es derrocada por un golpe militar que da el poder al general Abdel-karim Kassem
1963 Un golpe militar desaloja a Kassem del poder
1968 El Partido Baaz toma el poder
1972–75 Luchas intermitentes con los kurdos y el gobierno
1974–75 Guerra Irán-Iraq; Irán recibe apoyo de los kurdos; la rebelión kurda fracasa
1979 Saddam Hussein accede a la presidencia
1980–88 Guerra Iraq-Irán
1990 Iraq invade Kuwait
1991 Una coalición de la ONU expulsa al ejército iraquí de Kuwait; rebeldes shiíes y kurdos tratan de derrocar a Saddam; Saddam ordena represalias brutales; Occidente impone sanciones; en el norte se establece un Estado de facto kurdo
1991–98 Las sanciones occidentales se mantienen en vigor. Inspectores de la ONU tratan de localizar y neutralizar armas iraquías de destrucción masiva
1998 Los inspectores de la ONU se retiran. Operación «Zorro del Desierto»; ataques aéreos a gran escala contra Iraq
2002 Los inspectores de la ONU vuelven a Iraq
2003 Fuerzas lideradas por los EE.UU. invaden y derrocan a Saddam
2003–04 Actos continuos de insurgencia contra las fuerzas de la coalición liderada por los EE.UU.

TURQUÍA

CHIPRE

Alepo

Hama

Beirut

LÍBANO

SIRIA

Éufrates

Damasco

ISRAEL

Jerusalén

Amman

El Cairo

IRAQ

Bagdad

Tigris

Teherán

IRÁN

1941 Abdicación de Shah Reza Pahlevi tras la ocupación anglo-rusa de Irán; su hijo Mohammed Reza Pahlevi se convierte en sha
1951 Nacionalización de la industria petrolera; deterioro de las relaciones con el Reino Unido
1953–54 El primer ministro Mossadeq asume de facto el gobierno; el sha huye, pero luego es rehabilitado por fuerzas militares monárquicas con apoyo encubierto de los EE.UU.; se llega a un acuerdo en la disputa por el petróleo
1961 El sha proclama la «Revolución Blanca»
1975 El acuerdo de Argel con Iraq reconoce la supremacía de Irán en el Golfo
1978–79 Revolución; el sha marcha al exilio; el ayatollah Jomeini regresa del exilio; Irán se convierte en una república islámica
1980–88 Guerra Irán-Iraq
1989 Jomeini muere, Rafsanjani presidente
1995 Los EE.UU. imponen sanciones económicas
1997 El moderado Jatami elegido presidente
2001 Jatami reelegido presidente
2004 Derrota de los reformistas en las elecciones parlamentarias

EGIPTO

. Lidera la coalición árabe contra Israel
 La monarquía es derrocada; gobierno
ar liderado por Nasser desde 1952
. Nacionalización de la Compañía del
al de Suez; invasión tripartita de Gran
aña, Francia e Israel
–61 Unión con Siria (República Árabe Unida)
, 1973 Guerras con Israel
 Nasser muere; Sadat asume la presidencia
 Tratado de paz egipcio-israelí
 Asesinato de Sadat; Mubarak asume
residencia
. Egipto es readmitido en la Liga Árabe
. Egipto envía tropas a una coalición anti-Iraq

JORDANIA

1952 El rey Husein sube al trono
1970 El ejército jordano trata de destruir la OLP (Septiembre Negro)
1990 El rey Husein se niega a unirse a la coalición contra Iraq
1994 Firma de un acuerdo de paz y establecimiento de relaciones diplomáticas plenas con Israel
1999 Muere el rey Husein

KUWAIT

Kuwait

1990 Invadido por Iraq; Crisis del Golfo
1991 Liberado por fuerzas de una coalición de la ONU

Golfo Pérsico

BAHRAIN

QATAR

Doha

Abu Dhabi

EAU

Muscat

1971 Creación a partir de los antiguos Trucial States bajo protectorado, tras la evacuación británica

OMÁN

1965–75 La insurgencia marxista de la República Democrática Popular es derrotada con ayuda británica e iraní
1970 El sultán Qaboos sube al trono
1999 Se promulgan los «Estatutos Básicos del Estado»; primera constitución escrita de Omán

ARABIA SAUDÍ

Medina

Riad

Mar Rojo

La Meca

1951 Acuerdo de Defensa Mutua con los EE.UU.
1960 Fundación de la Organización de Países Exportadores de Petróleo
1981 Creación del Consejo de Cooperación del Golfo (con Bahrain, Kuwait, Omán, Qatar y los EAU)
1973 Arabia Saudí impone embargos a las exportaciones de petróleo a los EE.UU.; el precio del crudo se dispara
1990 Base de los ataques de la coalición de la ONU contra Iraq
1992 Pasos vacilantes hacia la apertura política
1996 Abdicación temporal del rey Fahd

SUDÁN

Nilo

3 Un acuerdo anglo-egipcio pone fin al condominio
ánico de 1899
5 Sudán obtiene la independencia
8 Golpe de Estado del general Ibrahim Abboud
3–72 Guerra civil entre los gobernantes árabes
ulmanes del norte y los africanos cristianos y animistas del sur
9 Abboud depuesto; el coronel Gaafar Mohammed
limeiri asume el poder
3 La guerra civil se reanuda; las carestías de
entos aumentan
5 Un golpe militar derroca a Nimeiri
1 Golpe militar; el Frente Islámico Nacional
ne el control
0–91 La hambruna empeora; informes de ayuda
ar procedente de Irán
4–95 Alto el fuego entre las fuerzas
gubernamentales enemigas del sur
8 Los EE.UU. atacan una supuesta
rica de armas químicas
9–2001 Suspensión del Parlamento
1 Arresto de Hassan al-Turabi, portavoz
Parlamento y fundador del Frente Islámico Nacional
3– La guerra civil continúa en Darfur y otras regiones
dentales; la hambruna se extiende

REPÚBLICA ÁRABE DEL YEMEN

San'a

1962–69 Guerra civil
1972–79 Guerra intermitente con Aden

REPÚBLICA DEMOCRÁTICA POPULAR DEL YEMEN

Aden

1967 El Frente de Liberación Nacional da un golpe del Estado; guerra civil; las tropas británicas se retiran de Aden
1968 Derrocamiento de Ali Nasar Muhammad como presidente por Haidar al Attas

YEMEN

1948 Asesinato del imam Yahya; su hijo asume el poder
1959 Creación de los Emiratos Árabes del Sur (más tarde la Federación de Arabia del Sur)
1962 Guerra civil y revolución en San'a; instauración de la República Árabe del Yemen (Yemen del Norte)
1967 Retirada de las fuerzas británicas; proclamación de la República Democrática Popular del Yemen (Yemen del Sur)
1990 La RAY y la RDPY se unen
1994 Estalla una guerra civil; la República Democrática del Yemen declara la secesión (derogada en julio)
1999 Ali Abdallah Salih gana las primeras elecciones presidenciales directas

1963–74 Choques intermitentes entre comunidades
1974 Invasión y ocupación turca de parte de la isla

Oriente Medio

1967 Tercera guerra árabe-israelí (Guerra de los Seis Días).

1968 Sadam Hussein sube al poder en Iraq.

1970 Assad sube al poder en Siria.

1973 Cuarta guerra árabe-israelí; crisis OPEP.

1975 Guerra civil en el Líbano; invasión de Siria (1976).

1977 Conversaciones egipcio-israelíes (Camp David, 1978).

1979 Caída del sah de Irán; instauración de una república islámica bajo el liderazgo del ayatolá Jomeini.

En junio de 1967, entre Israel y sus vecinos árabes estalló una guerra, pero no la guerra esperada por Nasser. El gobierno israelí, nervioso por la escalada desencadenada por Nasser, ordenó un ataque preventivo. El 5 de junio la fuerza aérea israelí destruyó la fuerza aérea egipcia en tierra. El ejército ocupó la Franja de Gaza y la península del Sinaí en tres días. Jordania, Iraq y Siria se apresuraron a apoyar a Egipto, pero sus fuerzas fueron derrotadas en otros tres días de combates.

Israel arrebató a Jordania la Ribera Occidental y la mitad árabe de Jerusalén. El 10 de junio Israel ocupó los Altos del Golán en la frontera sirio-israelí, aunque la anexión oficial se retrasó hasta 1982. La guerra precipitó un nuevo y más grave problema palestino. Ahora había casi un millón de árabes bajo su gobierno directo. Hasta 250.000 huyeron de la Ribera Occidental a Jordania. En Líbano vivían 400.000 refugiados. En los campos, jóvenes palestinos formaron movimientos guerrilleros dedicados a la recuperación de las zonas perdidas en 1967. La Organización para la Liberación de Palestina (OLP), fundada en 1964, asumió el liderazgo de la lucha y utilizó los campos como base para una campaña terrorista dirigida contra Israel.

En el plazo de cinco años la amenaza egipcia volvió a renacer. El sucesor de Nasser en 1970, Anuar el Sadat, ambicionaba vengar la humillación sufrida por Egipto en 1967. En 1972 decidió atacar a Israel, de nuevo en colaboración con Siria.

Tras 11 años de preparación, atacaron el 6 de octubre de 1973, la fiesta judía del Yom Kippur. Tras algunas victorias iniciales de los árabes en el Sinaí y los Altos del Golán, Israel contraatacó con éxito. El 24 de octubre se acordó un armisticio bajo presión estadounidense y soviética. Egipto se resignó a la realidad. En 1974 y 1975 se llegó a un acuerdo con Israel sobre la retirada de tropas en el Sinaí, y en 1977, a pesar de la hostilidad unánime del resto del mundo árabe, Sadat acabó por negociar un acuerdo de paz. El 19 de noviembre viajó a Israel, cuyo parlamento estaba dominado por el bloque del Likud, partidario de la línea dura bajo el liderazgo de Menahem Begin, donde

2 Guerra del Yom Kippur, 1973: los Altos del Golán y el Canal de Suez

Los Altos del Golán

——— fronteras de facto antes de la guerra

▬▬▬ ocupado por Israel al final de la Guerra de los Seis Días, 1967

➡ avances árabes

➡ máximo avance árabe en territorio israelí

➡ contraofensivas israelíes

▬▬▬ territorio sirio bajo control de Israel en el momento del alto el fuego, 24 de octubre.

El Canal de Suez

☐ ocupado por Israel al final de la Guerra de los Seis Días, 1967

——— frontera de facto antes de la guerra

➡ avances egipcios

➡ máximo avance egipcio en territorio en poder israelí

➡ contraofensivas israelíes

☐ territorio israelí pasado a control egipcio en el momento del alto el fuego, 24 de octubre

☐ territorio egipcio bajo control de Israel en el momento del alto el fuego, 24 de octubre

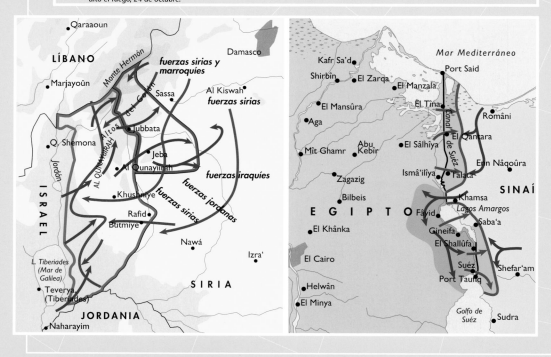

2 La Guerra del Yom Kippur, en octubre de 1973, cogió casi enteramente por sorpresa a las fuerzas israelíes cuando Egipto y Siria lanzaron un ataque en territorios en poder israelí (mapa a la izquierda). La fuerza aérea israelí restableció la posición en los Altos del Golán y amplió los territorios bajo su control militar. Cuando las fuerzas egipcias se adentraron en el Sinaí fuera del alcance de sus sistemas de defensa con misiles, la cooperación aire-tierra israelí rompió la línea egipcia y llevó al ejército israelí a ochenta kilómetros de El Cairo. El 24 de octubre entró en vigor un alto el fuego después de que los EE.UU. pusieran sus fuerzas en alerta nuclear.

www.fsmitha.com/h2/ch28isl.html
Historia del conflicto musulmán-israelí hasta la guerra de 1967.
www.mideastweb.org/briefhistory.htm
Historia de Israel y Palestina.

ofreció el reconocimiento de Israel y la firma de un tratado de paz. En septiembre de 1978 ambos bandos se encontraron en Camp David, EE.UU., donde, en presencia del presidente Jimmy Carter, Sadat y Begin acordaron la paz entre sus respectivos Estados.

El movimiento de Sadat produjo indignación en el mundo árabe. Egipto fue expulsado de la Liga Árabe y sometido a un boicot político y económico. En la práctica, esta división no hizo sino añadir un conflicto más a un mundo árabe cualquier cosa menos unido. En 1970, en Jordania estalló una guerra civil entre los palestinos y el ejército del rey Hussein. Pese a la ayuda siria a los refugiados, cientos de ellos fueron expulsados por la fuerza. Durante los años 1970 hubo breves brotes de violencia entre Egipto y Libia, entre Irán e Iraq y entre Iraq y Siria. En Líbano las divisiones entre cristianos y musulmanes, entre libaneses y palestinos y entre las formas suní y chií de islam crearon un microcosmos de las tensiones más amplias en el mundo árabe. En abril de 1975, en el Líbano estalló una guerra civil a gran escala, y en 1976, preocupada por la reacción israelí, Siria ocupó Líbano e introdujo una fuerza pacificadora árabe. En 1978 Israel invadió el sur como represalia contra las incursiones de la OLP, y Líbano quedó de hecho partido en dos.

La crisis libanesa puso de relieve un nuevo fenómeno en Oriente Medio: el ascenso del islam revolucionario. En los años 1970 la tensión de la Guerra Fría entre los Estados árabes conservadores y radicales dio paso a una nueva tensión entre el nacionalismo árabe secular y el fundamentalismo islámico. El movimiento islámico se remontaba a la fundación de la Hermandad Musulmana en 1928, pero fue revitalizado por los fracasos contra Israel en 1967 y 1973. Los movimientos radicales se extendieron por todo el mundo árabe: en 1974, en el Líbano el imán Musa al-Sadir fundó Amal, comprometido en la defensa violenta del islam chií; en noviembre de 1979, un grupo liberado por un autotitulado *mahdi* (mesías) se apoderó de la Gran Mezquita de la Meca y la ocupó hasta que fue expulsado por la policía saudí. Los musulmanes militantes declararon una *yihad* (guerra santa) contra los secularistas y occidentalistas árabes y el «imperialismo cultural» occidental.

1 Guerra de los Seis Días, 1967

— fronteras antes de la guerra

★ ataque aéreos israelíes

➤ avances israelíes

▽ ataques de paracaidistas

Líneas fronterizas
5 de junio
6 de junio
7 de junio
8 de junio
9–10 de junio

1 En junio de 1967, como consecuencia de las crecientes amenazas procedentes de sus vecinos árabes, Israel desencadenó un ataque preventivo contra Egipto, cuyas fuerzas fueron derrotadas en tres días. Los intentos de ayudar a Egipto por parte de Siria, Jordania e Iraq acabaron en una rápida derrota de sus fuerzas (mapa *supra*) y en una multiplicación por cinco del territorio bajo control israelí.

África tras la independencia

En 1965, la mayoría de los países africanos eran independientes, pero sobrevivía un puñado de colonias, sobre todo en el sur de África, donde dominaban regímenes de minorías blancas que detentaban el poder político y económico. La dictadura portuguesa consideraba sus colonias africanas de Angola, Mozambique y Guinea-Bissau como provincias integrantes del Estado en ultramar. Los recursos de las colonias contribuían al enriquecimiento de la débil economía de Portugal, y eran varios cientos de miles los portugueses que se habían instalado en Angola y Mozambique. En 1974 un golpe de Estado en Lisboa derrocó a la dictadura y al año siguiente se concedió la independencia a las colonias. Sin embargo, en Angola y Mozambique los ejércitos nacionalistas lucharon entre sí en atroces guerras civiles.

En 1965 la escasa población blanca en el sur de Rhodesia, liderada por Ian Smith, aprobó una Declaración Unilateral de Independencia con la oposición del gobierno británico y de los líderes de la mayoría negra. La consecuencia fue una guerra de guerrillas que en 1980 llevó al abandono del gobierno blanco y la instauración de un Estado independiente liderado por el nacionalista marxista Robert Mugabe. Namibia (ex África del Suroeste) fue ocupada por Sudáfrica en desafío de las Naciones Unidas. Los ataques de las guerrillas nacionalistas de Angola, apoyadas por tropas cubanas, arrastraron a Sudáfrica a una guerra fronteriza. Namibia acabó por obtener su independencia en 1990.

En Sudáfrica, el Estado subsahariano más desarrollado económicamente, desde 1948 la minoría blanca venía imponiendo ininterrumpidamente una política de desarrollo separado (apartheid). La actividad política africana era reprimida, y partidos como el Congreso Nacional Africano (CNA) estaban proscritos y eran forzados al exilio. Sin embargo, la oposición africana continuó, especialmente en las zonas urbanas en expansión. La oposición también procedía de los recién independizados «Estados fronterizos», y para asegurar su supervivencia el régimen sudafricano atacó a sus vecinos del norte en un intento de desestabilizar sus gobiernos y economías. El régimen blanco afrontó un creciente malestar interno, dificultades económicas y una hostilidad internacional que hacían cada vez más difícil mantener el sistema.

La mayoría de los Estados africanos heredaron economías débiles y crearon apresuradamente sistemas parlamentarios de gobierno. Muchos fueron rápidamente derribados por golpes militares o por la creación de dictaduras unipartidistas o unipersonales. Los conflictos étnicos y políticos eran endémicos en el Cuerno de África, pero desde los años 1950 han marcado la historia de muchos otros países: el Congo entre 1960 y 1965; Nigeria desde 1967 hasta 1970; el sur de Sudán desde 1956; Uganda entre 1971 y 1980. Las guerras y las grandes sequías y hambrunas produjeron grandes contingentes de refugiados. Estos conflictos se convirtieron con frecuencia en el centro de rivalidades relacionadas con la Guerra Fría y produjeron intervenciones desde el exterior.

Comparadas con las de los países de Asia y América Latina de los años 1970 y 1980, las economías de la mayoría de los Estados africanos eran frágiles. Adolecían de todos los índices de bajo nivel de bienestar social: rápido crecimiento demográfico, elevadas tasas de mortandad infantil, bajos niveles de expectativa de vida y lo que Julius Nyerere, presidente de Tanzania, llamó «pobreza, ignorancia y enfermedad». Lo fiaban todo a la exportación de una o más materias primas cuya demanda y precio se determinaban en capitales extranjeros. Su capital, formación y bienes manufacturados dependían también en gran medida de países extranjeros. Los Estados de la Guerra Fría del este y el oeste podían utilizar la ayuda exterior para obtener influencia en África. Esto tuvo la desafortunada consecuencia de hipotecar el desarrollo económico de África al inestable equilibrio de fuerzas que se daba en la política mundial. En sus intentos por conseguir una mayor independencia económica y política, muchos Estados africanos siguieron políticas socialistas dirigidas por el Estado que fracasaron invariablemente.

1976 Marruecos ocupa la mitad norte, y en 1979 ocupa todo el Sáhara Occidental

1976–79 Mauritana ocupó la mitad sur

1963–74 resistencia armada al gobierno portugués

1958 Única colonia francesa que votó «No» en el referéndum de De Gaulle sobre la independencia

1958–84 Gobierno de Sekou Touré

1980 El presidente Tolbert es depuesto por el sargento mayor Doe

1957 primera colonia subsahariana que obtuvo la independencia

1966 Nkrumah es depuesto

1 África desde la independencia hasta 1985

- 1951 — fecha de la independencia
- golpe de Estado
- insurrección violenta y guerra
- actividad guerrillera organizada
- disputas fronterizas
- movimientos de refugiados
- límite sur del predominio musulmán

2 La crisis del Congo, 1960–5

- zona de secesión de Katanga, 1960–63
- máxima área de avance rebelde, 1964
- *BAKUSU* — principales grupos étnicos
- bases de tropas de la ONU
- ferrocarriles
- intervención belga
- centro de la rebelión de 1953–54
- intervención de paracaidistas belgas en 1964
- fronteras estatales

2 El Congo (Zaire) se disolvió en el conflicto tras la independencia (jun. 1960) (izquierda) y hasta la intervención de la ONU en 1963 se instauró el Estado escindido de Katanga. En 1964, una segunda revuelta fue reprimida, y en 1965 el ejército tomó el poder.

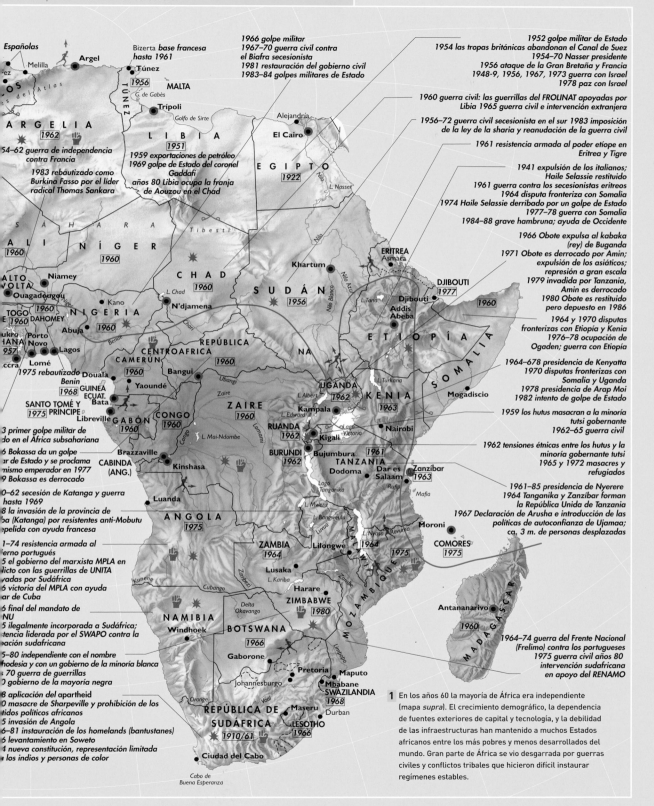

www.bbc.co.uk/worldservice/africa/features/storyofafrica/index.shtml
Todos los aspectos de la historia de África.
www-sul.stanford.edu/depts/ssrg/africa/history.html
Todos los aspectos de África al sur del Sahara.

1966 golpe militar
1967–70 guerra civil contra el Biafra secesionista
1981 restauración del gobierno civil
1983–84 golpes militares de Estado

1952 golpe militar de Estado
1954 las tropas británicas abandonan el Canal de Suez
1954–70 Nasser presidente
1956 ataque de la Gran Bretaña y Francia
1948-9, 1956, 1967, 1973 guerra con Israel
1978 paz con Israel

1960 guerra civil: las guerrillas del FROLINAT apoyadas por Libia 1965 guerra civil e intervención extranjera

1956–72 guerra civil secesionista en el sur 1983 imposición de la ley de la sharia y reanudación de la guerra civil

1961 resistencia armada al poder etíope en Eritrea y Tigre

1941 expulsión de los italianos; Haile Selassie restituido
1961 guerra contra los secesionistas eritreos
1964 disputa fronteriza con Somalia
1974 Haile Selassie derribado por un golpe de Estado
1977–78 guerra con Somalia
1984–88 grave hambruna; ayuda de Occidente

1966 Obote expulsa al kabaka (rey) de Buganda
1971 Obote es derrocado por Amin; expulsión de los asiáticos; represión a gran escala
1979 invadida por Tanzania, Amin es derrocado
1980 Obote es restituido pero depuesto en 1986

1964 y 1970 disputas fronterizas con Etiopía y Kenia
1976–78 ocupación de Ogaden; guerra con Etiopía

1964–678 presidencia de Kenyatta
1970 disputas fronterizas con Somalia y Uganda
1978 presidencia de Arap Moi
1982 intento de golpe de Estado

1959 los hutus masacran a la minoría tutsi gobernante
1962–65 guerra civil

1962 tensiones étnicas entre los hutus y la minoría gobernante tutsi
1965 y 1972 masacres y refugiados

1961–85 presidencia de Nyerere
1964 Tanganika y Zanzíbar forman la República Unida de Tanzania
1967 Declaración de Arusha e introducción de las políticas de autoconfianza de Ujamaa; ca. 3 m. de personas desplazadas

1964–74 guerra del Frente Nacional (Frelimo) contra los portugueses
1975 guerra civil años 80 intervención sudafricana en apoyo del RENAMO

Bizerta base francesa hasta 1961

Españolas
Melilla
Argel
Túnez
1956
G. de Gabès
MALTA
Trípoli
Golfo de Sirte
Alejandría
El Cairo

A R G E L I A
1962
54–62 guerra de independencia contra Francia
1983 rebautizado como Burkina Fasso por el líder radical Thomas Sankara

L I B I A
1951
1959 exportaciones de petróleo
1969 golpe de Estado del coronel Gaddafi
años 80 Libia ocupa la franja de Aouzou en el Chad

E G I P T O
1922
L. Nasser
Nilo

S Á H A R A
Tibesti

A L I
1960
N Í G E R
1960
Niamey
Kano

ALTO VOLTA
Ouagadougou
TOGO
1960
DAHOMEY
Abuja
Porto Novo
Lagos
Lomé
1975 rebautizado Benin
1968
GUINEA ECUAT.
Bata
1975
SANTO TOMÉ Y PRINCIPE
Libreville
GABÓN
1960

C H A D
1960
L. Chad
N'djamena
Chari

S U D Á N
1956
Khartum
Nilo
Nilo Blanco
Nilo Azul

ERITREA
Asmara
DJIBOUTI
1977
Djibouti
1960
L. Tana
Addis Abeba

E T I O P Í A

S O M A L I A
Mogadiscio

REPÚBLICA CENTROAFRICA
1960
Bangui
Ubangi
Zaire

CAMERÚN
1960
Douala
Yaoundé

Z A I R E
1960
Kampala
L. Albert
L. Edward
UGANDA
1962
L. Turkana

K E N I A
1963
Nairobi
Lago Victoria

RUANDA
1962
Kigali
BURUNDI
1962
Bujumbura

CONGO
1960
Brazzaville
Kinshasa
CABINDA (ANG.)

TANZANIA
Dodoma
Dar es Salaam
Zanzíbar
1963
L. Mai-Ndombe
Lomami
Congo
Lago Tanganika
Rufiji
Mafia

Luanda
A N G O L A
1975

L. Mweru
L. Bangweulu
Luvua
Luapula

ZAMBIA
1964
Lusaka
L. Kariba
Harare

Moroni
COMORES
1975

Lilongwe
1964
MALAWI
L. Nyasa
Rovuma

Antananarivo
1960
M A D A G A S C A R

NAMIBIA
Windhoek
Delta Okavango
Cubango
Kunene
Zambezi

ZIMBABWE
1980

BOTSWANA
1966
Gaborone
Limpopo

Pretoria
Maputo
Mbabane
SWAZILANDIA
1968
Johannesburgo
Orange
Vaal
Maseru
LESOTHO
1966
Durban

REPÚBLICA DE SUDÁFRICA
1910/61

Ciudad del Cabo

Cabo de Buena Esperanza

MOZAMBIQUE
1975

3 primer golpe militar de do en el África subsahariana
6 Bokassa da un golpe ur de Estado y se proclama mismo emperador en 1977
9 Bokassa es derrocado
0–62 secesión de Katanga y guerra hasta 1969
8 la invasión de la provincia de ba (Katanga) por resistentes anti-Mobutu epelida con ayuda francesa

1–74 resistencia armada al erno portugués
5 el gobierno del marxista MPLA en licto con las guerrillas de UNITA yadas por Sudáfrica
6 victoria del MPLA con ayuda ar de Cuba
6 final del mandato de NU
5 ilegalmente incorporada a Sudáfrica; tencia liderada por el SWAPO contra la ación sudafricana
5–80 independiente con el nombre hodesia y con un gobierno de la minoría blanca
70 guerra de guerrillas
0 gobierno de la mayoría negra
aplicación del apartheid
0 masacre de Sharpeville y prohibición de los tidos políticos africanos
5 invasión de Angola
6–81 instauración de los homelands (bantustanes)
6 levantamiento en Soweto
4 nueva constitución, representación limitada los indios y personas de color

1 En los años 60 la mayoría de África era independiente (mapa *supra*). El crecimiento demográfico, la dependencia de fuentes exteriores de capital y tecnología, y la debilidad de las infraestructuras han mantenido a muchos Estados africanos entre los más pobres y menos desarrollados del mundo. Gran parte de África se vio desgarrada por guerras civiles y conflictos tribales que hicieron difícil instaurar regímenes estables.

El **sur** de **Asia**

1947 Independencia de India y Pakistán en medio de disturbios; 500.000 muertos.

1948 Ghandi asesinado; disputa indo-pakistaní sobre Cachemira.

1956 Pakistán declarado Estado islámico.

1965 Guerra indo-pakistaní.

1971 Secesión de Pakistán oriental (Bangladesh).

1977 Golpe de Estado en Pakistán; el general Zia asume el poder (1978).

1979 La URSS invade Afganistán.

1984 Indira Ghandi asesinada; se reanuda el conflicto indo-pakistaní sobre Cachemira.

El sur de Asia, como África, afrontó los mismos problemas de construcción de nuevos Estados-nación modernos cuando la presencia imperial finalizó en los años 1940. Cuando en 1947 India y el separado Pakistán musulmán se instauraron como Estados independientes, las fronteras nacionales aún no se habían definido con claridad.

El acuerdo posterior llevó a la transferencia de hasta 15 millones de personas de un Estado al otro, y a un conflicto religioso entre musulmanes, hindúes y sijs en el que murieron hasta 500.000 personas. El reasentamiento de los refugiados resultó sumamente gravoso para los Estados recién nacidos, y las tensiones entre las comunidades residentes e inmigrantes aún persisten. En la India el nuevo Estado también tuvo que definir el papel de 600 pequeños Estados principescos que sobrevivían en el subcontinente. La mayoría se unió a la India o a Pakistán, pero en 1948 la absorción del Nizam musulmán de Hyderabad en la India tuvo que producirse por la fuerza. En Cachemira, predominantemente musulmana pero gobernada por hindúes, los dos nuevos Estados libraron una guerra desde octubre de 1947 a diciembre de 1948, cuando la ONU impuso un alto el fuego y dividió la zona entre la India y Pakistán. La solución no gustó a ninguna de las partes, y en 1965 estalló una segunda guerra también a propósito del tema de la frontera, tras los esfuerzos de Pakistán por infiltrar tropas en las partes de Cachemira bajo control indio. En Tashkent se alcanzó un acuerdo de paz que restauraba el *status quo*, pero la región de Cachemira sigue siendo una zona de fricción.

Las disputas étnicas, religiosas y lingüísticas persistieron incluso en el interior de los nuevos Estados. En la India alrededor del 10 por 100 de la población pospartición era musulmana. La India tenía asimismo 23 grupos lingüísticos importantes, entre los que los hablantes del hindi constituían el 40 por 100 del total. El intento del gobierno de Nehru de hacer del hindi el idioma nacional encontró resistencia en el sur dravidiano. En 1956 los estados de la India se reorganizaron según criterios lingüísticos. En el noroeste los pueblos tribales, liderados por los nagas y los mizos, insistían en reivindicar la condición de Estados. En el Punjab el ascenso del sijismo militante llevó en los años 1980 a la demanda del Estado sij independiente del Khalistán.

Las tensiones entre las mitades occidental y oriental de Pakistán, provocadas por el resentimiento bengalí a propósito de su subordinación económica y política y su oposición a la dictadura militar impuesta en 1958 por el general Ayub Khan, llevaron en 1971 a su separación en dos Estados separados. En Ceilán la creciente dominación de la mayoría budista provocó la hostilidad de los tamiles hindúes en el norte. Aunque la isla era una democracia, 800.000 trabajadores tamiles estaban privados del derecho a voto como descendientes de inmigrantes indios. Durante los años 1980 los militantes tamiles trataron de instaurar un Estado separado, Eelam, y desataron una guerra terrorista contra las autoridades sinalesas que propició la intervención india de 1987 a 1990. En Birmania la democracia cedió en 1962 el paso a una revolución militar socialista, y los gobiernos militares se convirtieron en la norma.

El desarrollo económico de la región se ha visto dificultado por las elevadas tasas de crecimiento demográfico, los bajos ingresos y la dependencia de fuentes externas de capital y de ayuda tecnológica y financiera. Bajo el mandato de Nehru, la India se embarcó en una serie de planes quinquenales que contribuyeron a crear un pequeño núcleo industrial, pero la mayoría de los indios seguía viviendo de la agricultura campesina o de la artesanía y el comercio tradicionales.

1 India y Pakistán entraron en un período de rápida modernización económica y elevadas tasas de crecimiento (derecha). El crecimiento se ha visto dificultado por las elevadas tasas de crecimiento demográfico y por la presencia de profundas diferencias religiosas y étnicas.

3 Dos días después de la independencia de India y Pakistán, una Comisión Fronteriza informó de la partición del Punjab (izquierda) y recomendó una división que obligaba 6 millones de musulmanes a emigrar a Pakistán y a 4,5 millones de sijs a buscar refugio en la India.

4 El Estado moderno de Bangladesh, formado en 1972 en la mitad oriental de Pakistán, fue producto de la división de Bengala en 1947 (*infra* a la derecha). La provincia, mayoritariamente musulmana, era la sede de la Liga Musulmana, fundada en 1906. 1,6 millones de hindúes pasaron a la India y unos 1,2 millones de musulmanes de Calcuta y este de la India a Bengala oriental.

3 La Participación de Punjab, 1947

— fronteras nacionales
— fronteras nacionales después de 1960

El maharajá consiguió un acuerdo de «paralización» en ag. 1947, luego ante la invasión tribal se unió a la India en oct. 1947: conflicto detenido por el alto el fuego de la ONU en 1949. Resolución incumplida de la ONU en favor de un plebiscito

TERRITORIOS DEL NORTE

invasión tribal, sep. 1947

línea de alto el fuego

Srinagar

JAMMU Y CACHEMIRA

AFGANISTÁN

PROVINCIA NOROCCIDENTAL

Un plebiscito de todos los votantes vota sí a la unión con Pakistán

AZAD (CACHEMIRA LIBRE)

Jammu

línea de Radcliffe

Lahore ● ● Amritsar

BALUCHISTÁN
El Khan de Kalat se unió al Pakistán; la reunión de tribus y la municipalidad de Quetta se declaran en favor del Pakistán

P U N J A B

La mayoría musulmana votó sí, la minoría shii votó sí, la minoría hindú votó no

Partición decidida por Sir Cyril Radcliffe tras el fracasado intento de llegar a un acuerdo por parte de los jueces musulmanes, hindúes y shiíes

ESTADO DE BAHAWALPUR

● Delhi

P A K I S T Á N

Indo

ESTADO DE KHAIRPUR

Ingresa en el Pakistán por decisión de los gobernadores principescos

Jaipur ●

S I N D
Ingresa en el Pakistán por votación de los miembros de la legislatura 1947

I N D I A

Karachi ●

Rann de Kutch

Ausencia de una frontera exacta: problema resuelto por un arbitraje internacional, 1968

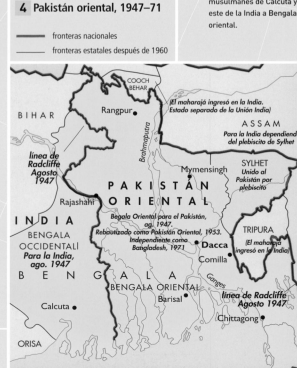

4 Pakistán oriental, 1947–71

— fronteras nacionales
— fronteras estatales después de 1960

COOCH BEHAR

BIHAR

Rangpur ●

(El maharajá ingresó en la India. Estado separado de la Unión India)

Brahmaputra

A S S A M
Para la India dependiendo del plebiscito de Sylhet

línea de Radcliffe Agosto 1947

Mymensingh

SYLHET
Unido al Pakistán por plebiscito

Rajashahi ●

P A K I S T Á N O R I E N T A L

I N D I A

BENGALA OCCIDENTAL
Para la India, ago. 1947

Begala Oriental para el Pakistán, ag. 1947. Rebautizado como Pakistán Oriental, 1953. Independiente como Bangladesh, 1971

● Dacca

TRIPURA
(El maharajá ingresó en la India)

Comilla ●

B E N G A L A

BENGALA ORIENTAL

Barisal ●

Ganges

línea de Radcliffe Agosto 1947

Calcuta ●

Chittagong ●

ORISA

www.sscnet.ucla.edu/southasia/History/mainhist.html
Historia, cultura, política y religión del subcontinente indio.
www.cnn.com/WORLD/9708/India97/
India y Pakistán desde la independencia.

1 Conflictos en el sur de Asia, 1947–71

Estado creado tras una campaña en favor de la autonomía regional

estados gobernados por partidos

- - - muy deshabitado

▶ presa

☆ choques entre hindúes y musulmanes

TAMIL idioma

▨ proyecto de irrigación

☘ pruebas nucleares

━━ fronteras

── fronteras estatales

PERSIA

AFGANISTÁN

Invasión rusa 1979–89.
Los rebeldes afganos toman el
poder en 1992, pero las luchas entre los
moderados y los fundamentalistas
islámicos continúa
1996 Los talibanes ocupan
Kabul y forman gobierno
2001 Campaña de bombardeos
de EE.UU. contra los talibanes
en consecuencia del ataque
del 11 sep. a Nueva

2001 Kabul
humanos de los
talibanes antitalibanes

PAKISTÁN

Gilgit

Movimiento separatista de Cachemira
en conflicto con las fuerzas
armadas indias desde 1990.
Graves choques fronterizos, 1999
conflicto budista-musulmán 1989

Línea del alto
el fuego de
la ONU 1948

Aksai
Chin

Reclamado por la India;
bajo ocupación
China

Ladakh

Srinagar **JAMMU Y CACHEMIRA** (en disputa)

Kabul

Islamabad

Kohat

Rawalpindi

PUSHTU

PROVINCIA FRONTERIZA DEL NOROESTE

Zona reivindicada
como pakhtunistán
por el Afganistán
(para el río Indo)

Colinas de Chagai:
pruebas nucleares 1998

BALUCHIS

Muscat cede
Gwadar al
Pakistán 1956

SINDHI

SIND

URDUS

Choques entre sindis
migrantes muhajires

Karachi

Jammu

Mangla

Bakra-Nangal

Más de 2
millones de
refugiados
1980–87

PUNJABI

Lahore

Amritsar

Multan

Disputa entre Haryana y
el Punjab por el agua

1996 Choques
entre shiíes y
suníes

BHOTIA

HIMACHAL PRADESH

Lucha en favor del Estado separado
sij (Khalistán). Acción del ejército
indio contra los insurgentes
sij 1984

Violencia entre las comunidades
hindú y musulmana 1992-93
tras la destrucción de una
mezquita de Ayodhya en
dic. 1992

PUNJAB

HARYANA

UTTARANCHAL

Mirat

Delhi

UTTAR PRADESH

disturbios
antishiíes 1984

Agra

Lucknow

Kanpur

Ayodhya

Allahabad

Benarés

Disputa indo-nepalí por
cuestiones comerciales y
tarifarias 1989–90

Kathmandú

NEPAL

NEPALÍES

CHINA

1990 Manifestaciones en favor de la democracia
1994 El Partido Marxista y Leninista
Unido gana las elecciones
1996 El maoísta Frente Popular
Unido inicia la insurgencia
2001 El príncipe Dipendra
mata a tiros a su padre
Birendra; su tío Gyamendra
sube al trono

TÍBET

TIBETANOS

Zona de guerra
Indo-China 1962

ARUNACHAL PRADESH

revueltas
Kachinas

Pokhran: pruebas
nucleares 1998

Jaipur

RAJASTAN

HINDIS

SIKKIM

BHUTÁN

ASSAM

MEGHALAYA KHASI

GARO

NAGALANDIA

ESTADO KACHIN

KACHIN

Disputa
India-
Bangladesh
por el Ganges

Patna

BIHAR

HINDI

JHARKHAND

Jamshedpur

BENGALA OCCIDENTAL

Dhaka/Dacca

BANGLADESH

TRIPURA

MIZORAM

Movimientos
separatistas

MANIPUR

Chittagong

BENGALÍES

CHIN SPECIAL DIVISION

Mandalay

BIRMANIA (MYANMAR)

Bhopal

MADHYA PRADESH

Dic. 1984 un escape de gas
tóxico de la Union Carbide Corporation
mata a ca. 2.000 personas

CHHATTISGARH

Rourkela

ORISA

Disturbios contra los inmigrantes
bengalíes 1983
Reanudación de la violencia
étnica con miles de víctimas
en feb. 1993; más problemas
en julio 1994

ESTADO DE ARAKÁN

BURMESES

ESTADO DE KAYAH

KACHIN

Ahmadabad

GUJARAT

GUJARATIS

Baroda

Conflicto entre
la India y el Pakistán
en la frontera del Kurtch, 1965

Rann de
Kutch

Nagpur

ORIYAS

Refugiados musulmanes
huyen de la persecución
en Burma 1992

Trombay

Bombay

MAHARASHTRA

MARATHIS

Disturbios del Shiv Sena
contra los trabajadores
inmigrantes

Pune

TELUGU

Hyderabad

ANDHRA PRADESH

INDIA

Nueva constitución enero 1974; manifestaciones en
favor de la democracia 1990; mayo 1990, primeras
elecciones libres con pluralidad de partidos celebradas en
30 años, pero los militares se niegan a abandonar el poder;
1995 el líder opositor Aung San Suu Kyi, bajo arresto domiciliario
desde 1989, es liberado; nueva constitución enero 1974; manifestaciones
en favor de la democracia 1990; mayo 1990, primeras elecciones
libres con pluralidad de partidos celebradas en 30 años, pero los
militares se niegan a abandonar el poder; 1995, el líder
opositor Aung San Suu Kyi, bajo arresto domiciliario
desde 1989, es liberado
Sep. 2000–Mayo 2002 Nueva detención de
Aung San Suu Kyi

Bassein

Rangún

ESTADO DE MON

KARNATAKA

Territorio portugués
anexionado a
la India 1961

GOA

KANNADA

Bangalore

Mysore

Madrás

Disturbios
antihindis

Pondicherry

Conflicto a propósito
de los tamiles inmigrantes
1990–91

Disputa entre los karnataka y los tamiles
nadu a propósito de las aguas del Kaveri

Calcuta

TAMILES

TAMIL NADU

Apoyo a la lucha separatista
tamil en Sri Lanka

KERALA

Cochin

Madurai

MALAYALAM

Jaffna

Trincomalee

Cabo Comorin

Colombo

Kandy

SRI LANKA
(Ceylán hasta 1972)
véase recuadro

OCÉANO ÍNDICO

2 Sri Lanka (Ceilán)

■ 900.000 cristianos, sobre todo en la costa

▲ 1 m. trabajadores del té

Insurgencia desde 1985 en apoyo de las
demandas de un Estado tamil separado
(Eelam); fuerza pacificadora india 1987-90.
La guerra civil prosigue en los años 90

Población (1992): 15 millones de
tamiles (principalmente hindúes):
15% de sinaleses (principalmente
budistas): 70%

Jaffna

TAMILES

Trincomalee

Anuradhapura

Puttalam

Batticaloa

SINHALA

Kandy

Colombo **TAMILES** ▲▲▲

El acuerdo entre la India y Sri Lanka en 1987
permite la intervención del ejército indio en el norte de Sri Lanka
Mayo 1993: El presidente Ranasinghe muerto
en un ataque con bombas de tamiles rebeldes
Feb. 2002: Alto el fuego entre los Tigres tamiles y el gobierno
2002—03 Conversaciones de paz auspiciadas por Noruega

2 Ceilán (Sri Lanka desde 1972) se independizó el 4 de febrero de 1948 (*infra* a la derecha). Cuando en 1956 llegó al poder un partido sinalés populista, la tensión entre los hindúes tamiles y los mayoritarios sinaleses budistas produjo violencia en 1958 y de nuevo en 1977. Los separatistas tamiles provocaron una virtual guerra civil con los sinaleses después de 1983. En 1987 el ejército indio restableció el orden, pero la guerra persistió hasta 2002 y las subsiguientes conversaciones de paz.

Los Estados del sur de Asia no desarrollaron importantes movimientos comunistas ni se vieron envueltos en la Guerra Fría, excepto Afganistán, ocupado por la Unión Soviética entre 1979 y 1989. Durante los años 90 en múltiples confesiones religiosas aumentaron las tensiones internas y externas. En Pakistán y Afganistán las comunidades suní y chií se enfrentaron violentamente debido al ascenso de una generación joven de fundamentalistas. En Afganistán un régimen fundamentalista extremo, el de los talibán, tomó el poder en 1996, hasta que en noviembre de 2001 fue expulsado por fuerzas rebeldes ayudadas por los Estados Unidos y Gran Bretaña. En la India los choques entre hindúes y musulmanes provocaron brotes regulares de violencia, y la reivindicación sij de independencia persistió. Una frágil frontera religiosa en Cachemira llevó a las amenazas de guerra entre la India y Pakistán. En 1998 ambos Estados llevaron a cabo pruebas nucleares de advertencia. En 2002 estuvieron muy cerca de la guerra abierta a propósito del territorio cachemir en disputa y la rivalidad religiosa en este. Las tensiones y los problemas de la partición persisten desde hace más de cincuenta años.

América Latina

Después de 1945 América Latina, que no se había visto afectada por la descolonización, siguió su propio curso. La principal preocupación de todos los países latinoamericanos la constituía el impulso a la industrialización. Pero mientras que otras zonas en desarrollo se integraron en la larga expansión producida en el mundo industrializado, los Estados latinoamericanos siguieron aplicando las políticas del nacionalismo económico –aranceles, sustitución de las importaciones, gestión económica estatal– heredadas de los años 1930.

El deseo de industrialización presentaba dificultades económicas y políticas. Las economías latinoamericanas dependían desde hacía mucho tiempo de la exportación de alimentos y materias primas. Con el cambio a la industrialización interna, los regímenes trataron de limitar esa tradicional dependencia de las exportaciones, con lo cual se granjearon la hostilidad de las ricas elites agrarias que controlaban el comercio de mercancías. En Colombia, desde los años 1940 a los 1960 los modernizadores industriales y los conservadores agrarios libraron una virtual guerra civil –la Violencia– que dejó 200.000 muertos. El fomento de la industria también había menester un fuerte mercado interno, pero más de dos tercios de la población latinoamericana eran trabajadores rurales pobres. Desde los años 1940 se hicieron esfuerzos por redistribuir la tierra o por reformar las prácticas agrícolas, pero esto generó conflictos con las elites rurales, y en Chile y Perú llevó al desplome de la producción agrícola. Millones de campesinos emigraron a las ciudades, donde las condiciones de vida precarias y el aumento del desempleo crearon otra serie de problemas.

En los años 1960 las elevadas tasas de expansión industrial se desmoronaron de repente. La preferencia de los Estados por la industria llevó a un descenso de los ingresos procedentes de la exportación en el comercio tradicional de mercancías. Entre 1948 y 1960 la participación de América Latina en el comercio mundial cayó del 10,3 al 4,8 por 100. En 1961 la administración Kennedy auspició una Alianza para el Progreso con América Latina a fin de fomentar las reestructuración económica y las reformas sociales, pero con la inflación rampante (más del 46 por 100 anual en Brasil entre 1960 y 1970), altas tasas de desempleo y los crecientes conflictos de clases, los logros fueron escasos. El rápido crecimiento urbano y la decadencia del mundo rural crearon las condiciones para la difusión del comunismo, que hasta los años 1960 había tenido una fuerza minúscula. Los reformistas comunistas, inspirados por la Revolución cubana de Castro en 1959, ofrecían un modelo alternativo al crecimiento dirigido por el Estado y una transformación social. Bajo la presión simultánea de la crisis económica y la amenaza revolucionaria, muchos Estados latinoamericanos se vieron abocados al desplome político. El limitado constitucionalismo practicado desde 1945 dio paso a un gobierno militar en Brasil (1964–85), Argentina (1966–84), Perú (1968–80), Chile (1973–89) y Uruguay (1973–85). Donde los militares no gobernaban directamente, llevaban a cabo campañas contra las guerrillas comunistas –incluido el argentino «Che» Guevara, muerto en Bolivia el año 1967– o ayudaban al sostenimiento de sistemas autoritarios de partidos. En 1975 sólo Colombia, Venezuela y Costa Rica tenían gobiernos electos.

Los gobiernos fuertes hicieron poco por mitigar los problemas. Durante los años 1970 los regímenes latinoamericanos sobrevivían a costa de la acumulación de enormes deudas con el mundo desarrollado. Lo mismo que en Europa del Este, América Latina alumbró ineficaces economías dominadas por el Estado y que controlaban las consecuencias con enormes burocracias y opresión policial. En los años 1980 el declinante sistema se desplomó. En 1982 México no saldó su deuda internacional, que en total sobrepasaba los 85.000 millones de dólares. Los demás Estados deudores se declararon insolventes. Los latinoamericanos ricos, temiendo el desplome financiero, mandaron su dinero al extranjero, con lo cual empeoraron una mala situación. Los Estados acreedores insistieron en la renegociación de los pagos y en el rigor financiero. Los gobiernos recortaron sus programas de gastos: el nivel de vida cayó drásticamente. En 1987 América Latina había devuelto 121.000 millones de dólares a costa del empobrecimiento del continente.

El resultado fue una crisis política. Sin el apoyo del crecimiento económico, las dictaduras no tenían nada que ofrecer. Cayeron una por una cuando movimientos reformistas populares, respaldados por nuevas clases urbanas, se pusieron a reclamar, y a ganar, elecciones libres. La nueva generación de políticos rechazó la estrategia de industrialización con respaldo estatal y autarquía practicada desde los años 1930, y promovió unas reformas liberalizadoras del mercado que reintrodujeron a América Latina en el sistema mundial. Entre 1988 y 1990, en México, Argentina, Chile, Brasil, Uruguay y Perú aparecieron nuevos gobiernos comprometidos con la democracia y la reforma económica, pero la persistencia de la crisis económica, la inflación, la corrupción política y los conflictos civiles dejaron en todo el continente un desigual legado político.

www.unl.edu/LatAmHis/LatAmLinks.html
Estudios sobre América Latina en internet.
www.lib.washington.edu/subject/History/tm/latin.html
Historia de América Latina.

ESTADOS UNIDOS DE AMÉRICA
intervención de los EE.UU.

República Dominicana
Granada 1983
Haití 1915-34 1944, 1994
Cuba 1921-23, 1933, 1961
Panamá 1903-18, 1989
Nicaragua 1912-33
Guatemala 1954
México 1914

MÉXICO
5.000

Revolución mexicana Ciudad de
1910-40   México
Revolución zapatista, 1994
Puebla
Veracruz
BELICE

750 M
GUAT.
Ciudad de Guatemala
Revolución guatemalteca 1944-54
EL SALVADOR
HONDURAS
Tegucigalpa
NICARAGUA
Junta Militar 1979
San José
Managua
125 M
COSTA RICA
Revolución sandinista 1979-90;
democratización 1990
1.000 M
PANAMÁ
Panamá
City
500 M
Figueres 1948
Pacto Liberal-Conservador 1957

300 M
Movimientos guerrilleros
de inspiración cubana
1959-68

La Habana
CUBA
125.000 M
HAITÍ
n/a M

1.400
REP. DOMINICANA
PUERTO
RICO
(EE.UU.)

Mar Caribe
GRENADA
Cartagena
Caracas
Puerto España
VENEZUELA
Georgetown
8.000 M
GUYANA
100 M SUR.
Paramaribo
Cayenne
GUYANA FR.

Macapá
Amazonas
Manaus
Belém

Bogotá
COLOMBIA
11.000 M/P
Quito
ECUADOR
1.200 M/P
Guayaquil
Piura
Trujillo
3.500 M/P
PERÚ
Huánuco
Callao
Lima
Cuzco

BRASIL
7.000 M/P

Fortaleza
Recife
Salvador (Bahía)
Brasília

Intermitente militarista hasta 1978
Elección de un gobierno reformista 1978

1 América Latina desde 1945

El cambio político en América
Latina desde 1945

Revolución social. Cambio fundamental
(intentado o conseguido) por movimientos
nacionalistas o marxistas en la estructura
económica y social.

Reformismo. Cambio o modernización
socioeconómico moderado en favor de
un proceso democrático o de otra índole.

Populismo. Estado intervencionista
basado en una alianza multiclasista en
favor de una política de desarrollo.

Democracia cristiana. Cambio
socioeconómico radical llevado a
cabo por partidos cristiano-demócratas.

Militarismo no reformado. Dictadura
militar de derechas sin programa
social o modernizador.

Movimientos guerrilleros indígenas.
Guerrillas urbanas desde finales de los años
1960 como consecuencia del fracaso de las
guerrillas rurales de inspiración cubana.

El comunismo en América Latina,
1974

70.000   afiliación a partidos
comunistas

M/P   lealtad (a Moscú/a Pekín)

Estatus de los partidos comunistas

en el poder
oposición legal
ilegal

Militarismo radical 1968
Sendero Luminoso desde 1980
Retorno al gobierno civil 1980
El presidente Fujimori suspende
la constitución 1992

Revolución boliviana 1952-64
Che Guevara (asesinado 1967)
Militares 1980; democratización 1982

La Paz
BOLIVIA
Sucre
3.200 M/P
Arequipa

Eduardo Frei 1964-70
Salvador Allende (Unidad Popular)
1970-73
Pinochet 1973-88
Democratización 1989

120.000 M
Antofagasta
Copiapó
Tucumán
Córdoba   Santa Fe
Valparaíso   Mendoza
Santiago
Concepción
Valdivia
Osorno

Belo Horizonte
Rio de Janeiro
São Paulo
Santos
PARAGUAY
Asunción

Florianópolis
Porto Alegre
Rio Grande
Fray
Bentos
URUGUAY   22.000 M
Montevideo

Buenos Aires
ARGENTINA
70.000 M
Bahía
Blanca
Rawson
Comodoro
Rivadavia
Santa Cruz
Stanley
Tierra
del Fuego

1 Durante gran parte del periodo que se inicia en 1945
los Estados latinoamericanos estuvieron gobernados
por dictaduras militares o formas de partido único.
Durante los años 1960 el comunismo surgió como la
mayor oposición política (mapa a la izquierda),
respaldada por el bloque soviético o por China, y con
la ayuda del único Estado comunista en la región, la
Cuba de Fidel Castro. Cuando los movimientos
populares se enfrentaron a las elites represivas en
todo el continente, los programas de ayuda se vieron
como una manera de incrementar la influencia
comunista y el comercio. Desde los años 1970, se han
dado importantes pasos hacia una mayor democracia,
especialmente en Chile, Brasil y Argentina.

Revolución cubana 1959
Rómulo Betancourt 1945-48,
1959-64; Carlos Andrés Pérez 1974-79
Rafael Caldera 1969-74;
Luis Herrera Campins 1979;
Jaime Lusinchi 1984
Hugo Chávez 1998-
Getulio Vargas 1930-45; 1950-54
João Goulart 1961-64
Militarismo modernizador 1964
Gobierno civil 1985;
Democratización 1986

Dictadura militar
Stroessner 1954
Rodríguez 1989

Batllismo
1903-33
Militares 1973
Tupamaros
Gobierno civil 1985;
Democratización 1986
Montoneros

Juan Domingo Perón 1943-55, 1973-74
Militares 1976-83
Democratización y gobierno civil 1984

Falkland Islands (Islas Malvinas)
ocupadas por Argentina 1982:
la Fuerza Expedicionaria del R.U.
pone fin a la ocupación junio 1982

Nuevas **superpotencias económicas: Alemania**

1945–2000

1950 La República Federal de Alemania, liberada de las restricciones de posguerra al desarrollo económico; se inicia el milagro económico.

desde 1951 Balanza comercial con superávit permanente.

1955 Alemania Occidental ingresa en la OTAN.

1961 Alemania Oriental construye el Muro de Berlín.

1970 Alemania Occidental firma acuerdos con sus vecinos orientales.

1982 Kohl forma gobierno en Alemania Occidental.

1986 Alemania se convierte en el mayor exportador mundial.

1990 Reunificación de Alemania.

1999 Instaurada la moneda única en Alemania.

2 La escasez de mano de obra en los años 1960 produjo una invasión de trabajadores inmigrantes. Con el aumento del desempleo en los años 1980, muchos volvieron a casa (mapa *infra*), pero los *Gastarbeiter* siguieron siendo un rasgo de la sociedad alemana, lo cual propició ataques racistas y una hostilidad nacionalista con ecos de los años 1930.

En 1945 pocas personas habrían predicho la rapidez con que Alemania iba a recuperarse de los desastrosos efectos económicos de la Segunda Guerra Mundial. En el año de la derrota la producción industrial se hundió hasta situarse en un tercio del nivel de preguerra. Una vez más, la moneda alemana era víctima de la alta inflación. Alemania fue ocupada y dividida por Estados decididos a obtener reparaciones y a limitar la recuperación industrial alemana. En 1946 los Estados vencedores acordaron un «Plan de nivel industrial» diseñado para reducir la producción alemana de acero a ocho millones de toneladas (un cuarto de su nivel durante la guerra), restringir el comercio y prohibir la fabricación de una serie de productos modernos.

El futuro económico de Alemania dependía de desarrollos políticos fuera del control alemán. El inicio de la Guerra Fría produjo una división territorial de Alemania en dos Estados: una República Federal (Alemania Occidental) creada en cooperación con los aliados occidentales, y un Estado residual mucho más pequeño bajo dominio soviético, la República Democrática Alemana (Alemania Oriental). El Estado occidental, instaurado en 1949, no tardó en integrarse en la economía capitalista. En 1950 la RFA fue liberada de la mayoría de las restricciones de posguerra al desarrollo económico e inició el «milagro económico». La Alemania Oriental (RDA) adoptó el modelo estalinista. Allí el desarrollo fue en general superior al del resto del bloque soviético, pero muy inferior a los logros económicos de la Occidental.

En los años 1950 y 1960 la economía federal estuvo dominada por la teoría, normalmente asociada al ministro de Economía Ludwig Erhard, de la economía social de mercado. Ésta propugnaba la construcción de un Estado efectivo del bienestar, pero sin demasiada dirección estatal. La recuperación económica se convirtió en la principal ambición de la sociedad alemana. Liberados de 30 años de guerra y restricciones en tiempos de paz, los alemanes se sumaron con entusiasmo a la carrera por el crecimiento. Los logros fueron sobresalientes. En el plazo de 20 años el producto nacional casi se cuadruplicó. En los años 1950 la economía germano-occidental recuperó el camino perdido con la derrota y las ocupaciones. Desde los años 1960 a los 1980 Alemania Occidental se convirtió en un país rico que superó a los demás países europeos. Las regiones con más éxito cuadruplicaron la producción. El Banco Central Alemán comenzó a acumular grandes cantidades de capital, a apoyar al FMI y a actuar como la economía industrial más importante de la CE. En 1986 Alemania se convirtió en el primer exportador mundial.

El comercio exterior fue clave para el éxito alemán. En los años 1950 la reconstrucción produjo una demanda vigorosa de aquellos productos en que precisamente se especializó Alemania: maquinaria de alta calidad, productos químicos, bienes electrotécnicos, automóviles. El Estado hizo a las industrias exportadoras concesiones fiscales y de inversión, mientras la industria alemana se concentraba en una comercialización eficaz y los servicios posventa a fin de competir con los rivales más poderosos. Desde 1951 la balanza comercial no dejó de arrojar saldos positivos. Gracias al constante crecimiento de la productividad, los precios alemanes se mantuvieron en niveles competitivos a pesar de las reapreciaciones regulares del marco desde 1961.

La baja inflación fue otro importante puntal en la política económica federal. En los años 1950 y 1960 el crecimiento de los salarios fue modesto, pues los trabajadores aceptaron la necesidad del crecimiento y del empleo como prioritaria frente a los altos niveles de consumo. Los recuerdos de la hiperinflación de 1923 estaban profundamente enraizados en la sociedad alemana. La estabilidad financiera se aceptaba como un elemento esencial en la estrategia económica del Estado. La inflación permaneció baja y, como resultado, los productos alemanes gozaron de ventajas permanentes en los mercados mundiales.

En 1990 la economía federal afrontó un nuevo desafío. La RDA se desplomó y fue integrada en el Estado occidental. Las provincias orientales eran pobres en comparación con los niveles federales, y sus industrias poco competitivas. Los costes de la transición se reflejaron en altas tasas de desempleo y un crecimiento de la deuda pública. A comienzos de los años 2000, el radicalismo político y la violencia contra los inmigrantes resurgieron en Alemania, y el consenso que subyacía al «milagro económico» dio paso a nuevas inseguridades sobre el futuro alemán.

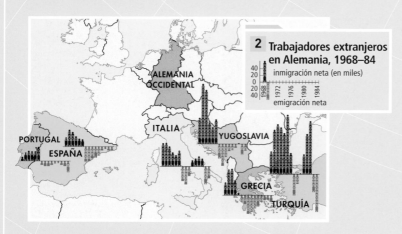

2 Trabajadores extranjeros en Alemania, 1968–84
inmigración neta (en miles)
40 20 0 20 40
1968 1972 1976 1980 1984
emigración neta

ALEMANIA OCCIDENTAL
PORTUGAL
ESPAÑA
ITALIA
YUGOSLAVIA
GRECIA
TURQUÍA

Exportaciones alemanas 1950–90
marcos alemanes (miles de millones)
0　200　400　600
1950
1955
1960
1965
1970
1975
1980
1985
1990

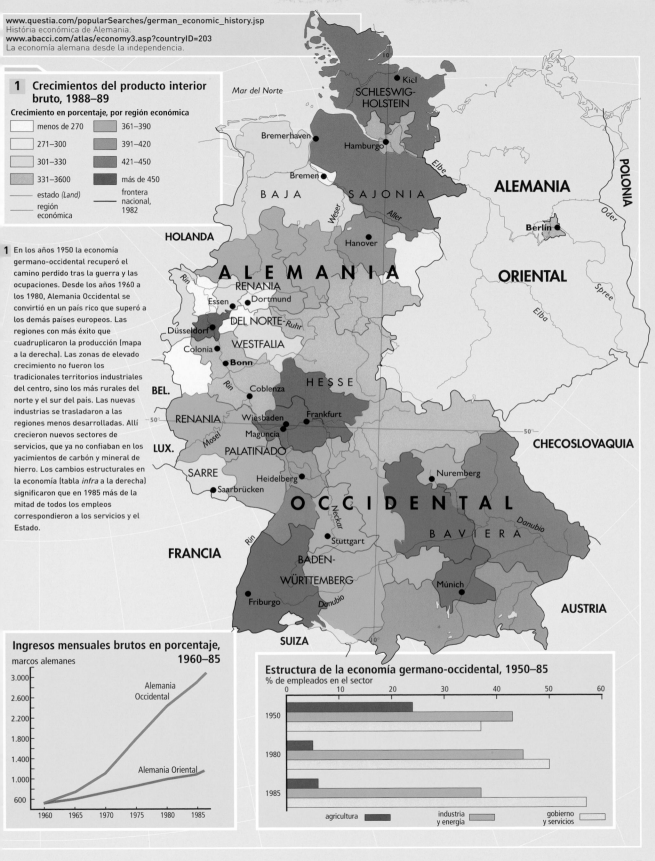

1 Crecimientos del producto interior bruto, 1988–89

Crecimiento en porcentaje, por región económica

menos de 270	361–390
271–300	391–420
301–330	421–450
331–3600	más de 450

— estado (Land)
— región económica
— frontera nacional, 1982

1 En los años 1950 la economía germano-occidental recuperó el camino perdido tras la guerra y las ocupaciones. Desde los años 1960 a los 1980, Alemania Occidental se convirtió en un país rico que superó a los demás países europeos. Las regiones con más éxito que cuadruplicaron la producción (mapa a la derecha). Las zonas de elevado crecimiento no fueron los tradicionales territorios industriales del centro, sino los más rurales del norte y el sur del país. Las nuevas industrias se trasladaron a las regiones menos desarrolladas. Allí crecieron nuevos sectores de servicios, que ya no confiaban en los yacimientos de carbón y mineral de hierro. Los cambios estructurales en la economía (tabla *infra* a la derecha) significaron que en 1985 más de la mitad de todos los empleos correspondieron a los servicios y el Estado.

Ingresos mensuales brutos en porcentaje, 1960–85

marcos alemanes

- Alemania Occidental
- Alemania Oriental

Estructura de la economía germano-occidental, 1950–85

% de empleados en el sector

1950
1980
1985

agricultura — industria y energía — gobierno y servicios

135

Nuevas **superpotencias económicas: Japón**

1945–2000

1952 Los EE.UU. ponen fin a la ocupación de Japón.

1955 «Plan Quinquenal» japonés para el crecimiento económico.

1956 Japón ingresa en la ONU.

1969 Los japoneses producen los primeros robots en serie.

años 1970 Los japoneses luchan por el liderazgo en el nuevo mercado informático.

1978 Tratado de Amistad chino-japonés.

años 1980 Milagro económico japonés.

1998 Crisis financiera en Asia. Las monedas se devalúan. Japón inicia un periodo de 10 años de declive y deflación.

EUROPA
HOLANDA
33.500
800
ALEMANIA OCCIDENTAL
400
8.424 34.710
2.500
R.U.
1.800 LUX.
FRANCIA
330
BLOQUE SOVIÉTICO
860 2.288
U R S S
6.576
62
4.868
COREA DEL SUR
650
JAPÓ
ÁSIA
404.700
CHINA
1.200
TAIWÁN
370
ORIENTE MEDIO
12.000
54
15.565 57.239
TAILANDIA
250
MALASIA
160
HONG KONG
1.100
ÁFRICA
27.100
ARABIA SAUDÍ
272
SINGAPUR
500
INDONESIA
550
OCEAN
26.400
LIBERIA 267
4.162 4.244
2.163 6.
AUSTRALIA
1.200

UNIÓN SOVIÉTICA
MONGOLIA
Mar de Okhotsk
Pekín
COREA N.
COREA S. Seúl
606
JAPÓN
Tokio
Shanghai
Osaka
CHINA
438
Cantón
Is. Bonin
BIRMANIA
Hanoi
Chiangmai
Rangún
TAILANDIA
Taipei
TAIWÁN
494
Hong Kong
1.898
1.276
FILIPINAS
202
Is. Carolinas
Bangkok
1978
Phnom Penh
1979
Pen-
ang
673
MALASIA
Kota Kinabulu
Johor Bahru
BRUNEI
Medan
1978
1982
SINGAPUR
1.902
Borneo
Celebes
631
Is. Bismarck
OCÉANO PACÍFICO
KIRIBATI
Kuala Lumpur
Sumatra
Java
Bali
INDONESIA
Nueva Guinea
PAPÚA NUEVA GUINEA
TUVALU
Jakarta
Timor
Mar de Timor
Darwin
Cabo York
Port Moresby
IS. SALOMÓN
Is. Santa Cruz
VANUATU
FIJI
Mar de Coral
Townsville
Nueva Caledonia
AUSTRALIA
Brisbane
Perth
Adelaide
Sydney
Auckland
Melbourne
Wellington
NUEVA ZELANDA
Hobart
Christchurch

1/2 Durante los años 1970 y 1980 la presencia económica de Japón e el extranjero se expandió much (mapas *supra* y a la izquierda). ▶ 1987 las inversiones en ultrama habían alcanzado los 139.000 millones. El comercio exterior llegó a los siete mil millones de yenes en 1970, pero en 1993 había ascendido a los 40.000 millones. El déficit comercial de los EE.UU. con Japón ascendió e 1987 a 60.000 millones de dólares, más de un tercio del déficit comercial total. El grueso de las exportaciones japonesas, lo constituían la maquinaria y el equipamiento.

2 Japón, Australia y Asia hasta 1989

631	inversión directa japonesa,1989 (millones de dólares estadounidenses)
○ Bangkok 1978	importante proyecto japonés de transporte/infraestructura, con fecha
▲	proyectos piloto japoneses de transporte/infraestructura
✈	aeropuertos internacionales importantes
—	principales rutas aéreas
▨	corredores de desarrollo

www.fsmitha.com/h2/ch27jp.htm
Recuperación económica de Japón desde 1945.
www.japan-guide.com/e/e644.html
Guía actual de la economía japonesa.

1 Inversiones japonesas en ultramar, 1970–89

	comercio con la región, 1970–4 y 1985–9 (millones de yenes)
15.565 57.239	
6.576 →	inversión directa japonesa en una región extranjera, 1987 (millones de dólares estadounidenses)
1.200	inversión directa japonesa en un país extranjero, 1987 (millones de dólares estadounidenses)
404.700	trabajadores en empresas japonesas afiliadas, 1980

CANADÁ
650

AMÉRICA DEL NORTE
83.900

EE.UU.
14.700
17.170 75.190

5.357

4.814

BAHAMAS
730

ISLAS CAIMÁN 1.200

PANAMÁ
2.300

LATINOAMÉRICA
128.100

BRASIL
230

2.024 2.372

En gran medida Japón se encontró en la misma posición que Alemania al final de la Segunda Guerra Mundial. No sólo sus principales ciudades habían sido destruidas durante la ofensiva de bombardeos, sino que sus islas estaban ocupadas por fuerzas estadounidenses, su economía se hallaba en ruinas y los aliados pretendían que Japón pagara reparaciones a los países que había ocupado durante la guerra.

Los Estados Unidos querían impedir la recuperación de una economía industrial fuerte y mantener a Japón desarmado. Cuarenta años más tarde, Japón era una de las nuevas superpotencias económicas mundiales y tenía las cuartas mayores fuerzas armadas del mundo. Los ocupantes estadounidenses contribuyeron de manera importante a esta recuperación. El 6 de marzo de 1946 Japón se vio obligado a aceptar una nueva constitución que permitía sindicatos libres, creaba un genuino sistema parlamentario y excluía la guerra como solución para el arreglo de disputas. La modernización por la fuerza de la sociedad y la política japonesas se vio acompañada por una generosa ayuda para la recuperación de la economía. Con la Guerra de Corea, los Estados Unidos cambiaron de táctica y comenzaron a alentar la reconstrucción de la industria japonesa a fin de que contribuyera al esfuerzo de guerra. Las reparaciones se aparcaron, en 1951 se firmó en San Francisco un tratado de paz y Japón fue saludado como el baluarte capitalista asiático contra el avance del comunismo en aquel continente.

Las autoridades japonesas aprovecharon la oportunidad. Durante los años 1950 aplicaron una política consciente de «nivelación» con Occidente. En 1955 el primer ministro Ichiro Hatoyama lanzó un «Plan Quinquenal para la Autoconfianza Económica», planeado y organizado, como toda la expansión subsiguiente, por el Ministerio de Comercio Internacional e Industria (MCII). La estrategia industrial se basaba en la priorización de zonas escogidas de crecimiento en sectores de la industria pesada y la alta tecnología. La ayuda al desarrollo, los subsidios, las facilidades para la exportación y los aranceles se utilizaron para obtener un alto crecimiento interior e importantes beneficios de la exportación. Los sindicatos libres, inicialmente controlados por comunistas japoneses, fueron sustituidos por «sindicatos de empresa», que creaban estrechos vínculos entre la gestión y la fuerza laboral y contribuían a lograr un notable crecimiento de la productividad. La pro-

ducción de Japón creció al 9,5 por 100 anual en los años 1950 y al 10,5 por 100 anual en los años 1960.

La sociedad japonesa tenía una serie de rasgos favorables para el elevado crecimiento de posguerra. Se hizo mucho hincapié en la educación técnica. En 1974 Japón tenía 330.000 estudiantes de ingeniería en la universidad, un quinto de todos los estudiantes. En Gran Bretaña aquel mismo año sólo había 24.000. El *ethos* de la gran empresa disuadía del individualismo y propiciaba la lealtad a la empresa y la colaboración efectiva para el logro de objetivos de crecimiento. El nivel de la actividad huelguista era mínimo. Los trabajadores aceptaban salarios bajos y una rígida disciplina laboral. Los logros económicos se convirtieron en uno de los rasgos definitorios de la política japonesa de posguerra.

Cuando Japón fue alcanzado por la crisis del petróleo de 1973, esta fortaleza le permitió adaptarse rápidamente. En 1971 el MCII preparó unas «Visiones para los años 1970», que constituyeron la base para la reorientación de la economía alejándola de la industria pesada y los productos de consumo masivo para aproximarla a los sectores con porvenir. En 1969 los ingenieros japoneses produjeron los primeros robots fabricados en serie; en los años 1970 lucharon tenazmente por el liderazgo en el nuevo mercado informático. A finales de los años 1970 la producción y las exportaciones japonesas se habían reestructurado. El acero, los barcos y los productos químicos cedieron el paso a la tecnología de alta calidad –maquinaria y equipamiento electrónico–, que en los años 1980 produjeron un segundo «milagro económico». En los años 1990 los problemas de Japón han sido los que produce el éxito: altas expectativas con respecto a su fuerza laboral, la osificación de la elite financiera y la competencia de las economías asiáticas que había estimulado en los 80. A finales de los años 1990 la larga historia de éxito económico en Japón había llegado a su fin.

Los años 1980 y comienzos de los 1990 fueron testigos de cambios fundamentales en la política mundial y en el equilibrio del poder económico. La confrontación de la Guerra Fría desapareció con el desplome del bloque soviético a partir de 1989 y el eclipse del comunismo soviético. Al menos parcialmente, como resultado la democracia popular avanzó a grandes pasos en muchas partes del mundo: en las ex repúblicas soviéticas mismas, en América Latina y en el sur de África. Igualmente importantes fueron los cambios en el equilibrio del poder económico que comenzaron a producirse. En China y en toda la cuenca del Pacífico surgieron nuevas potencias económicas que desafiaban el monopolio desde hacía mucho tiempo detentado por el mundo industrial desarrollado, comenzando por la inversión de uno de los principales rasgos del siglo: el imperialism económico occidental. Al mismo tiempo, en los asuntos mundiales se desarrollaron dos tendencias contrarias. Por un lado hubo un movimiento hacia una mayor globalización: en las comunicaciones, en las finanzas, en la industria manufacturer y, a través de las actividades de la ONU y otras organizaciones internacionales, también en la política. Por otro, la fragmentación y los conflictos políticos se aceleraron. La revitalización del nacionalismo, el crecimiento del fundamentalismo religios y la expansión del terrorismo y la corrupción han contribuido un mundo más violento e inestable.

La caída del Muro de Berlín, 10–11 de noviembre de 1989.

PARTE V

HACIA EL NUEVO ORDEN MUNDIAL

El **desmoronamiento** del **comunismo**

En marzo de 1985 Mikhail Gorbachov se convirtió en líder de la Unión Soviética. Miembro joven y popular del Politburo, veía claramente que el bloque soviético había llegado a un punto de no retorno. Durante los cinco años siguientes intentó modernizar el socialismo mediante un paquete de reformas económicas y políticas. El resultado fue el desmoronamiento de la URSS y la desaparición del bloque soviético en Europa.

En los años 1980 el sistema soviético se vio ante dilemas críticos. La escalada en el coste de los sistemas modernos de defensa hacía difícil mantener el nivel en la carrera de armamentos sin reducir los niveles de vida interiores, estancados en gran parte del bloque soviético. En 1985 Gorbachov tomó la iniciativa en contra de una oposición enconada. Trató de entablar serias conversaciones de desarme a fin de que la Unión Soviética pudiera reducir sus enormes gastos militares sin poner en riesgo la seguridad. Los recursos así liberados habían de satisfacer las demandas de reformas económicas y mejora del nivel de vida por parte de la población. En octubre de 1986 Gorbachov se entrevistó con el presidente Reagan en Reykiavik, pero el acuerdo definitivo sobre el control armamentístico no se alcanzó hasta el 8 de diciembre de 1987 en Washington. El tratado eliminaba un quinto de las armas nucleares existentes, incluidas muchas armas nucleares de alcance medio. En 1988 ambas partes anunciaron más recortes en el arsenal nuclear de largo alcance. El programa de reformas económicas no podía aplicarse sin ciertas reformas políticas. En 1988 el sistema soviético se convirtió en una democracia limitada.

Los planes de Gorbachov afectaron profundamente al resto del bloque oriental. Gorbachov consideraba a los otros Estados comunistas como una sangría para la economía soviética. Les animó a pensar en reformas económicas y políticas que redujeran su dependencia de la Unión Soviética. El cambio en las actitudes soviéticas se produjo en una época difícil para los demás Estados del bloque oriental, cuyo desarrollo económico se había visto gravemente afectado por la recesión en Occidente y por las reducciones en el comercio y las ayudas resultantes de las renovadas presiones de la Guerra Fría. En los años 1980 la modernización económica se ralentizó y provocó un creciente malestar popular, especialmente en Polonia. Allí, en 1989 se instauró una dictadura militar que reprimió el movimiento democrático y se anticipó a una posible intervención militar soviética. En Rumanía el aislado y empobrecido régimen de Nicolae Ceaucescu se volvió aún más extravagantemente represivo. En Alemania Oriental la *Stasi* (policía secreta) ponía freno a cualquier signo de disensión.

En los años 1980 hubo poca oposición popular pero también un limitado entusiasmo por los regímenes vigentes incluso entre elementos de los movimientos comunistas. En Checoslovaquia, el movimiento Carta 77 de Václav Havel mantenía viva la lucha por los derechos civiles. En Polonia el sindicato ilegal Solidaridad mantenía una red de oposición católica y obrera. Cuando en 1989 Gorbachov presionó a sus colegas comunistas para que cogieran por los cuernos el toro de la reforma, las protestas populares aumentaron rápidamente. Sin el respaldo soviético y en general poco dispuestos a provocar guerras civiles, los regímenes comunistas fueron cayendo uno tras otro: en Hungría los partidos de la oposición se legalizaron en enero de 1989; en agosto de 1989 Polonia conoció el primer gobierno no comunista desde 1948. En Checoslovaquia las manifestaciones acabaron con el régimen comunista en noviembre de 1989, y en Alemania Oriental en octubre. En Rumanía Ceaucescu luchó hasta el final utilizando sus agentes de la *Securitate* para aplastar la resistencia, y el día de Navidad de 1989 fue fusilado y reemplazado por un gobierno del Frente de Salvación Nacional, compuesto en su mayoría por ex comunistas.

En 1990 las elecciones multipartidistas habían llevado al poder gobiernos de coalición que compartían el compromiso con la liberación económica y la reforma democrática. Muchos ex comunistas siguieron en política, y tanto el cambio político como el económico resultaron más lentos y problemáticos de lo esperado. Pero para 2004 el cambio estaba lo suficientemente avanzado para garantizar el ingreso en la UE de siete Estados ex pertenecientes al bloque oriental, con lo cual se reconocía que la histórica división este-oeste provocada por la Guerra Fría había sido por fin superada.

Sep. 1989: un éxodo masiv[o]
políticos llega a Occidente a[...]
Hungría; el liderazgo comun[...]
Oct.–Nov. 1989: grandes m[...]
contra los líderes políticos
Nov. 9, 1989: cae el Muro[...]
de Berlín   D[...]
Mar. 1990: elecciones libre[...]
Julio 1990: unión monetari[...]
Alemania Occidental
Oct. 1990: reunificación c[...]
Alemania Occidental

HOLANDA
BÉLGICA   ALEM[...]
•Bonn

Dic. 1989: guerra económ[...]
entre el gobierno de Belgr[...]
Abr. 1990: elecciones libre[...]
Junio 1991: declaración d[...]
independencia; el ejército
yugoslavo intenta recuper[...]
control de Eslovenia
Julio 1991: el acuerdo de [...]
fin a los combates en Eslov[...]
ejército yugoslavo se retir[...]

SUIZA

Abr.–May 1990: eleccione[...]
Dic. 1990: las zonas habit[...]
serbios declaran la indepe[...]
Junio 1991: declaración d[...]
independencia; los comba[...]
Eslovenia se extienden a C[...]
cuando los serbios intenta[...]
territorio en Croacia y Bos[...]

1987: huelgas masivas co[...]
congelación salarial y la c[...]
del nivel de vida; creciente
serbia contra las minorías
Julio 1990: abolición de la[...]
provinciales
1990–91: tensión creciente
de Belgrado y Eslovenia y [...]

En.–mayo 1990: los líder[...]
emprenden reformas deme[...]
Mar. 1991: elecciones libre[...]

Entre 1989 y 1991 el bloque soviético se transformó de un imperio comunista monolítico en un mosaico de Estados independientes, la mayoría de los cuales se convirtieron en Estados con pluralidad de partidos (mapa *infra*). El proceso comenzó en Polonia y Hungría en enero de 1989, cuando se iniciaron conversaciones con los partidos no comunistas de la oposición, pero se aceleraron en septiembre con la huida de miles de germano-orientales a Hungría, Polonia y Checoslovaquia. Entre octubre y diciembre, los regímenes comunistas fueron reemplazados en Alemania Oriental, Checoslovaquia, Bulgaria y Rumanía. La Unión Soviética se desintegró en sus partes constituyentes durante 1991, y fue oficialmente disuelta en diciembre de 1991.

1 El desmoronamiento del comunismo, 1985–91

- Europa oriental dominada por los soviéticos hasta 1989
- la Unión Soviética hasta 1991
- Yugoslavia hasta 1991
- agregado a la República Federal de Alemania, 1990
- independencia alcanzada, 1991
- otros Estados ex comunistas, 1991
- Estados independientes de facto, a finales de 1991, en territorios antes pertenecientes a la Unión Soviética, internacionalmente no reconocidos
- invadido por el ejército yugoslavo, julio–diciembre de 1991
- fronteras, 1991

985: Solidaridad lidera
ición al comunismo
989: elecciones
mente libres
39: toma posesión un
o liderado por Solidaridad
0: disolución del Partido
sta
91: elecciones libres

FINLANDIA

SUECIA

Mar Báltico

Tallinn •
ESTONIA

Mar. 1990: formación del Congreso de Estonia, que declara ilegal el gobierno soviético
Mar. 1991: se aprueba la independencia en referéndum
Ag. 1991: declaración de independencia
Sep. 1991: la URSS reconoce la independencia

Riga •
LETONIA

1989: masivas manifestaciones anticomunistas
Mar. 1991: se aprueba la independencia en referéndum
Ag. 1991: declaración de independencia
Sep. 1991: la URSS reconoce la independencia

LITUANIA
Vilnius •

1989: masivas manifestaciones anticomunistas
Mar. 1991: declaración de independencia
Abr.–Junio 1990: la URSS impone un embargo económico
Sep. 1991: la URSS reconoce la independencia

• Moscú

TATARSTÁN

RUSIA FEDERAL

POLONIA

• Varsovia

Minsk •
BIELORRUSIA

Junio 1989: fundación del Frente Popular
Ag. 1991: declaración de independencia
Dic. 1991: miembro fundador de la Comunidad de Estados Independientes

FEDERACIÓN RUSA

Mar. 1985: Mikhail Gorbachov asume el liderazgo del Partido Comunista; inicia la perestroika y la glasnost, relaja el control soviético de los Estados satélite
Junio 1991: Boris Yeltsin elegido presidente de la Federación Rusa
Ag. 1991: fallido intento de golpe de Estado contra Gorbachov por parte de comunistas de la línea dura
Nov. 1991: el Partido Comunista es declarado ilegal
Dic. 1991: disolución de la URSS

a partir de 1988: manifestaciones antigubernamentales
Nov. 1989: manifestaciones masivas ponen fin al régimen comunista
Abr. 1990: nueva constitución; conversión en una federación
Junio 1990: elecciones libres

• Kiev

UCRANIA

1989: surgen movimientos opositores de masas
Ag. 1991: declaración de independencia
Dic. 1991: se aprueba la independencia en referéndum; miembro fundador de la Comunidad de Estados Independientes

SLOVAQUIA
• Bratislava

desde 1987: el régimen comunista relaja el control
Sep. 1989: permite a los alemanes orientales viajar a Occidente
Oct. 1990: el régimen comunista se disuelve pacíficamente
Mar.–Apr. 1990: elecciones libres

• Budapest
HUNGRÍA

MOLDAVIA

TRANSNISTRIA

Junio 1989: El Frente Popular obtiene el 75% de los votos en las elecciones
Ag. 1991: declaración de independencia

En. 1990: declaración de estado de emergencia; intervención de tropas soviéticas
Oct. 1991: declaración de independencia

Nov. 1991: declaración de independencia

• Belgrado

GAGAUZIA

Nov. 1988: manifestaciones masivas contra la rusificación
Mar. 1991: aprobada en referéndum la independencia
Abr. 1991: declaración de independencia

CHECHENIA
• Grozny

Sep. 1991: declaración de independencia

RUMANÍA
Bucarest •

Dic. 1989: manifestaciones masivas llevan a levantamientos armados y al derrocamiento del régimen de Ceaucescu
Junio 1991: elecciones libres
Nov. 1991: aprobación de una nueva constitución

GEORGIA

• Sarajevo
YUGOSLAVIA

KOSOVO

BULGARIA
• Sofía

Sep. 1989: Azerbayán impone un embargo económico
Sep. 1991: un referéndum aprueba la independencia; declaración de independencia

Tirana •
ALBANIA
• Skopje

Nov. 1989: derrocamiento del presidente Zhivkov
Junio 1990: elecciones libres
Julio 1991: elecciones libres tras la aprobación de una nueva constitución

AZERBAYÁN
NAGORNO-KARABAJ
ARMENIA

El **desmoronamiento** de la **Unión Soviética**

La marea que acabó con los regímenes comunistas de Europa del Este fue consecuencia directa de las fuerzas de cambio inspiradas por el liderazgo de Mikhail Gorbachov en la Unión Soviética. En el plazo de dos años, se tragó a Gorbachov y el régimen que éste había tratado de reformar.

Gorbachov no pretendía destruir el sistema, sino hacer que funcionara mejor. Confió en la *glasnost* (apertura) y la *perestroika* (reestructuración). El aparato dirigente en la Unión Soviética resultó resistente a ambas, pero más en particular a los planes de Gorbachov para descentralizar la economía y favorecer el individualismo económico. En 1988 esta resistencia llevó a Gorbachov a unirse a los elementos reformistas del Partido. En el Congreso del Partido celebrado en junio se tomó la decisión de sustituir el Soviet Supremo por un Congreso de los Diputados del Pueblo, dos tercios de los cuales lo serían por elección popular. En mayo de 1989 el Congreso eligió un parlamento de 450 miembros, y Gorbachov se convirtió en presidente. El sistema distaba de ser plenamente democrático, pero provocó expectativas de un cambio más fundamental.

Las discusiones sobre el ritmo de las reformas y la creciente incertidumbre económica llevaron en 1990 a un vuelco en el crecimiento económico. Se produjeron crecientes disturbios nacionalistas en cuanto las repúblicas de la URSS bajo dominio ruso percibieron la oportunidad de emular la declaración de independencia de los Estados de la Europa del Este. Gorbachov dudaba entre una reforma más radical y la vuelta al antiguo autoritarismo. A fin de apuntalar la tambaleante estructura, se enviaron tropas soviéticas a los Estados bálticos y al Cáucaso.

La crisis no tenía retorno posible. En abril de 1990 el elemento militar del Pacto de Varsovia se desintegró, y el 1 de julio de 1991 el Pacto de Varsovia en su conjunto entró en crisis. El bloque comercial del COMECON llegó a su fin en junio de 1991. Mientras tanto, el presidente de la República Rusa, Boris Yeltsin, elegido en mayo de 1990, urgió a Gorbachov a conceder más independencia a las repúblicas soviéticas. No tardó en producirse un contragolpe reaccionario. El 19 de

1 Durante 1991 la ex URSS comenzó a desintegrarse bajo el impacto de las reformas económicas y políticas de Gorbachov. Las repúblicas soviéticas que habían constituido la URSS dominada por Moscú asumieron mayores responsabilidades en los asuntos locales. Los Estados bálticos y Ucrania comenzaron a demandar una independencia auténtica, que se alcanzó a finales de 1991. En diciembre de 1991 las repúblicas se reunieron en Alma Alta, Kazajistán, para fundar la Comunidad de Estados Independientes. En el seno de la Comunidad las autoridades rusas crearon una Federación Rusa compuesta de 21 zonas republicanas y otras 69 definidas (mapa *infra*). Desde entonces Tatarstán ha conseguido la independencia efectiva, mientras que Chechenia trató de separarse completamente, lo que llevó a sangrientas guerras contras las fuerzas rusas desde 1994 hasta 1996, y de nuevo desde 1999.

1 La Federación Rusa, 1991–6

— la Federación Rusa

repúblicas constituyentes de la Federación Rusa, marzo de 1992 (por idiomas nacionales)

unido a Rusia mediante tratado, 15 de febrero de 1994

independencia declarada, noviembre de 1991; en guerra con Rusia desde diciembre de 1994

en estrecha unión política y económica con Rusia, 2 de abril de 1996 (Comunidad de Estados Independientes, CEI)

en estrecha unión económica con Rusia, 30 mar. 1996

otros miembros de la CEI

60% porcentaje de rusos en otros miembros de la Federación Rusa

a KARACHAY-CHERKESSIA **42%**   c OSETIA DEL NORTE **30%**
b KABARDINO-BALKARIA **39%**   d CHECHENIA-INGUSHETIA **23%**

www.fsmitha.com/h2/ch33.htm
La desintegración de la Unión Soviética, incluidos los acontecimientos que la produjeron.
www.bbc.co.uk/history/war/coldwar/soviet_end_01.shtml
Un ensayo sobre el final del Estado soviético.

gosto de 1991 un grupo de comunistas de la línea dura puso a Gorbachov bajo arresto domicilia-
io en Crimea e intentó dar un golpe de Estado en Moscú. Yeltsin reprimió la revuelta, pero el fra-
aso del golpe de Estado marcó el final del orden existente. Las repúblicas no rusas se declararon
ndependientes. Cuando en el referéndum celebrado en diciembre de 1991 Ucrania aprobó por
brumadora mayoría su independencia, Gorbachov se plegó a la realidad. La URSS se disolvió el
1 de diciembre, sustituida por una Comunidad de Estados Independientes (la CEI) que coopera-
an en asuntos militares y económicos pero ya no controlados desde Moscú.

Sin ningún país que gobernar ya, la figura de Gorbachov se oscureció. Rusia adoptó una forma
e democracia presidencialista, con Yeltsin como primer presidente. Algunas repúblicas –Bie-
orrusia, Uzbekistán, Kazajistán, Turkmenistán– conservaron gobiernos comunistas reformados;
as demás optaron por alguna forma de democracia. En Rusia la democracia dio lugar a una frag-
nentada colección de pequeños partidos políticos. En las elecciones parlamentarias de 1993 los
artidarios de Yeltsin pasaron a controlar sólo una fracción de la nueva patria. El mayor porcen-
aje de votos lo cosechó Vladimir Zhirinovski, de extrema derecha. En 1999 la llama prendida por
ste ya se había apagado, y el Partido Comunista, liderado por Gennady Zyuganov, volvía a ser una
uerza política importante.

La revigorización del comunismo en Rusia fue una respuesta a los años de crisis vividos desde
991. La economía de mercado, introducida en todo el bloque ex soviético, comportó desempleo,
ajos salarios, un descenso del bienestar y una oleada de delitos económicos y corrupción. La
ragmentación de la URSS produjo numerosas crisis en «el Extranjero Próximo», el círculo de
stados que una vez formaron parte de la Unión. Las discusiones entre Rusia y Ucrania sobre la
lota soviética en el mar Negro y el arsenal nuclear en suelo no ruso se resolvieron pacíficamente.
ero en el Cáucaso los conflictos eran endémicos desde 1988. Rusia ha establecido una inestable
oalición primero bajo el liderazgo de Boris Yeltsin, luego de su sucesor desde 1999, el ex funcio-
ario de la KGB Vladimir Putin. Éste hizo grandes esfuerzos por enfrentarse al crimen organizado
la economía sumergida, y por hacer de Rusia un jugador más eficaz en los asuntos mundiales.
os problemas económicos y medioambientales de Rusia han seguido siendo una amenaza para
odos los esfuerzos por producir un Estado sucesor eficaz y próspero.

2 Los Estados sucesores de la URSS hasta 1999

——	concentración importante de minorías rusas
30%	porcentaje de población rusa
——	zonas autónomas
71	nivel calculado de PIB real, 1997 (1989=100)
5.8%	inflación, 1996
★	conflictos entre Estados
▨	guerras civiles
●	declaración infructuosa e independencia
✊	conflictos étnicos
↓	Estados con armas nucleares, 1991
┴┴	tropas rusas desplegadas con guardias fronterizos
●	tropas rusas implicadas en conflicto o desplegadas en misión de pacificación
○	fuerza de CEI liberada por Rusia del lado del gobierno en la guerra civil en Tayikistán
○	miembro del GUUAM (Georgia, Ucrania, Uzbekistán, Azerbaiyán y Moldavia), 1999
▢	independiente de 1991, miembro fundador de la CEI (8 de diciembre de 1991)
▢	independiente de 1991, ingreso en la CEI a finales de diciembre de 1991
▢	indep. en 1991, ingreso en la CEI en 1993
▢	independiente en 1991
▢	independiente de facto en 1991

2 Cuando la URSS se desmoronó, unos 25 millones de rusos quedaron fuera de la Federación
Rusa, formada en marzo de 1992 (mapa *supra*). Fueron víctimas de discriminación, una vez ya no
tenían la protección directa de Rusia. Los conflictos étnicos en Moldavia, los Estados bálticos, el
Cáucaso y Kazajistán contribuyeron a la inestabilidad de los nuevos Estados. Cada vez más, los
nuevos países intentaron obtener su independencia de Rusia mediante acuerdos de cooperación
como el GUUAM.

La **guerra civil** de **Yugoslavia**

La principal víctima del desmoronamiento del bloque comunista fue Yugoslavia. La federación de varias repúblicas (Serbia, Croacia, Bosnia-Herzegovina, Eslovenia y Montenegro) la había mantenido unida el aparato comunista. En vida de Tito, fundador de la Yugoslavia comunista, la federación pareció funcionar bien. Tras su muerte en 1980, las divisiones internas comenzaron a aparecer.

En los años 1980 la economía estaba en declive, lastrada por una deuda internacional de 18 mil millones de dólares por el crecimiento de la inflación y el desempleo. El detonante del conflicto fue la aparición de un nacionalismo agresivo. En 1987 tras la elección de Slobodan Milosevic como líder de Serbia, las tensiones entre las repúblicas aumentaron. Reprimió a la minoría albanesa de Kosovo y luego emprendió la expansión de la influencia de Serbia en el conjunto de la federación, donde había numerosas minorías serbias. Eslovenia y Croacia avanzaron hacia el separatismo, y la influencia comunista se evaporó. En 1990 se celebraron en todas las repúblicas elecciones con pluralidad de partidos que llevaron a los nacionalistas al primer plano en Eslovenia y Croacia y allanaron el camino para su simultánea declaración de independencia el 25 de junio de 1991. Para entonces el conflicto étnico ya había estallado entre los croatas y la minoría serbia de Krajina, que temía por su futuro bajo el nuevo líder croata Franjo Tudjman. Siguieron una breve guerra en Eslovenia a finales de junio y comienzos de julio de 1991, y luego un prolongado conflicto entre croatas y serbios que sólo la intervención diplomática estadounidense detuvo en enero de 1992. Para entonces en Croacia había fuerzas de paz de la ONU y se había reconocido internacionalmente su independencia. El 27 de abril de 1992 Serbia y Montenegro formaron una nueva República Federal de Yugoslavia, mientras en Bosnia-Herzegovina estallaba una guerra civil a gran escala.

Bosnia estaba gobernada por un frágil gobierno multiétnico liderado por Alija Izetbegovic. El desmoronamiento de Yugoslavia desestabilizó la república más diversa desde el punto de vista étnico. Los serbios de Bosnia, liderados por Radovan Karadzic, querían mantener la unión con Belgrado, mientras que los musulmanes bosnios y los croatas aspiraban a la independencia. El reconocimiento internacional en abril de 1992 llevó

a una guerra civil librada con brutalidad por cuanto cada grupo étnico trató de «limpiar» las zonas bajo su control de la población de los grupos opositores. Los musulmanes se vieron atrapados entre los croatas, que ambicionaban la creación de un Estado de Herzeg-Bosnia en las zonas croatas de Bosnia, y los serbios, que fundaron una República Srpska serbia con la intención de partir en dos Bosnia. En 1993 los serbios controlaban alrededor del 70 por 100 de Bosnia y los musulmanes alrededor de un 10 por 100, principalmente en las ciudades. De 1992 a noviembre de 1995 los serbios de Bosnia sitiaron la capital, Sarajevo, en poder de un gobierno dominado por los musulmanes, pero el enclave musulmán resistió a pesar de la escasez de alimentos y armas y de la enorme cantidad de bajas que sufrieron.

Contra todo pronóstico, Bosnia sobrevivió. En 1992 la intervención internacional de la Comunidad Europea y la ONU mantuvo una cuerda de salvamento con Bosnia. Durante gran parte de 1993 y 1994 se celebraron intermitentemente conversaciones, en un intento de encontrar una solución. En la misma Serbia se produjeron discusiones entre los líderes políticos sobre el futuro de Bosnia y los costes de la guerra, mientras que el débil estado de la economía serbia hacía difícil completar la tarea de dividir Bosnia. En marzo de 1994 el presidente Clinton consiguió que los musulmanes y croatas de Bosnia formaran una federación. El mismo mes los rusos presionaron a Serbia y Croacia para que pusieran fin a las hostilidades. Los serbios de Bosnia se negaron a cualquier compromiso. En el verano de 1995 su jefe miliar, Ratko Mladic, emprendió un último asalto a los enclaves musulmanes. Su espectacular éxito provocó, en agosto de 1995, la intervención armada de la OTAN a la que acompañó una ofensiva de tropas de tierra croatas (que recuperaron la región serbia de Krajina). En noviembre, ante la derrota militar y sin contar ya con el pleno apoyo de

2 La crisis de Kosovo, 1999

→ huida de los refugiados albano-kosovares, marzo-mayo 1999

✳ localidades bombardeadas por las fuerzas de la OTAN, marzo-junio de 1999

⊕ lugares de importancia religiosa para serbios

▦ zona de ocupación por la OTAN con nacionalidad de la fuerza ocupante

2 En 1990 el gobierno de Milosevic canceló la autonomía de Kosovo. En 1998 una guerra de guerrillas entre el ELK y las fuerzas serbias conoció una rápida escalada. En las conversaciones de paz de 1998–9 el bando albanés aceptó y los serbios rechazaron las condiciones de paz. El 24 de marzo la OTAN inició una campaña de ataques contra Serbia de 11 semanas de duración. Las fuerzas yugoslavas respondieron obligando a los albaneses a abandonar sus casas, saqueando y matando. En junio, Milosevic capituló: sus fuerzas abandonaron Kosovo, cediendo el paso a 40.000 efectivos de las tropas de pacificación de la OTAN.

La ex república federal yugoslava de Bosnia y Herzegovina proclamó su independencia en marzo de 1992. Siguieron tres años y medio de guerra civil entre las poblaciones musulmana, serbia y croata (mapa *infra* a la derecha), con intervenciones de Croacia y Serbia. En 1992 las Naciones Unidas enviaron fuerzas de pacificación, y en noviembre de 1995 la OTAN intervino como fuerza de interposición entre los pueblos en guerra y para imponer un acuerdo de paz.

1 La guerra civil yugoslava, 1991–5

- Croacia, junio de 1991
- ocupado por el ejército yugoslavo y fuerzas serbo-croatas en diciembre de 1991
- Bosnia-Herzegovina, marzo de 1992
- bajo control del ejército yugoslavo y las fuerzas serbo-bosnias en diciembre de 1992
- bajo control de fuerzas bosnio-croatas, diciembre 1992
- bajo control de fuerzas bosnio-croatas, diciembre 1992
- avances croatas, enero de 1993
- avances de la Federación de Bosnia y Herzegovina, octubre-noviembre de 1994
- avances croatas y de la Federación de Bosnia y Herzegovina, primavera de 1995
- avances serbo-bosnios, verano de 1995
- avances croatas y de Federación de Bosnia y Herzegovina, agosto-octubre 1995
- territorio mayoritariamente musulmán, 1991; presencia musulmana no significativa en 1996
- Provincia Autónoma de Bosnia Occidental, septiembre de 1993–agosto de 1994
- mantenido bajo control serbio por el Acuerdo de Dayton, noviembre de 1995
- devuelto a control croata en enero de 1998 por el Acuerdo de Erdut de noviembre de 1995
- «áreas de seguridad» designadas por la ONU

Milosevic, los serbios de Bosnia se plegaron a las presiones respaldadas por los E.UU. para que aceptaran un acuerdo por el cual el frágil Estado bosnio quedó dividido entre los tres grupos étnicos y absolutamente devastado por los cuatro años de guerra. Pese a los esfuerzos internacionales, Bosnia sigue siendo frágil. El electorado no ha dejado de votar en función de la pertenencia étnica, como mostraron las elecciones de 1996 y 1998. Nikola Poplasen, un nacionalista elegido presidente de la República Serbia de Bosnia, fue destituido en marzo de 1999 por Carlos Westenburg, el Alto Representante de la ONU para Bosnia, al mismo tiempo que la disputada localidad de Brøko era declarada zona neutral. Ambas decisiones fueron mal recibidas por los serbios de Bosnia, mientras que las tensiones entre los croatas de Bosnia y el gobierno de Sarajevo volvieron a aumentar.

Tras más de un año de combates esporádicos entre las fuerzas serbias de seguridad y el Ejército de Liberación de Kosovo (ELK), el conflicto conoció una vertiginosa escalada en la provincia serbia de Kosovo. Las conversaciones celebradas en Rambouillet y París en el invierno de 1998–9 ofrecieron a los albaneses de Kosovo plena autonomía dentro de Serbia, con la posibilidad de un referéndum sobre la independencia tras un periodo de tres o cinco años, pero el gobierno de Belgrado se opuso a esto y al despliegue de tropas de infantería de la OTAN para controlar el alto el fuego entre las fuerzas yugoslavas y el ELK. La respuesta de la OTAN fue el lanzamiento de ataques aéreos contra Yugoslavia el 24 de marzo de 1999. Los ataques pretendían obligar a Belgrado a firmar el acuerdo de paz, detener la represión de los albaneses de Kosovo y debilitar al presidente yugoslavo Slobodan Milosevic. Sin embargo, las fuerzas serbias aceleraron un programa de «limpieza étnica» contra los albaneses de Kosovo. Hasta 600.000 personas abandonaron el país y muchos más fueron desplazados dentro de la provincia. Los pueblos fueron saqueados y quemados. Tras más de dos meses de bombardeos de la OTAN –con el gobierno serbio aislado internacionalmente y la economía gravemente deteriorada–, Milosevic cedió y a comienzos de junio de 1999 dio su consentimiento a un plan de paz que incorporaba la mayoría de las exigencias de la OTAN. Una fuerza de pacificación dirigida por la OTAN (la Kfor) entró en la provincia, todas las fuerzas yugoslavas salieron y el ELK fue desarmado. Tras la guerra el descontento serbio con los costes de la dictadura de Milosevic llevó a la caída de éste; en 2001 fue entregado para ser sometido a juicio por crímenes de guerra en el Tribunal de La Haya. Bajo el mando de un nuevo primer ministro, Zoran Djindjic, en 2003 Serbia y Montenegro se convirtieron en Estados virtualmente independientes. En marzo de 2003 Djindjic fue asesinado por una banda de mafiosos de Belgrado, en una demostración de la continua violencia y corrupción entre las que se mueve la política serbia.

Europa en la era de la **unión monetaria**

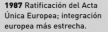

desde 1981

1987 Ratificación del Acta Única Europea; integración europea más estrecha.

1989 Margaret Thatcher consigue que Gran Bretaña quede exenta de las cláusulas sobre política social del Acta.

1991 Tratado de Maastricht sobre la integración europea.

1993 Gran Bretaña ratifica el Tratado de Maastricht.

1995 Instauración de la Unión Europea (UE); Austria, Suecia y Finlandia ingresan en la UE.

1999 Creación de la moneda única europea.

2002 La moneda europea comienza a circular en 12 naciones de la Unión Europea.

2004 Publicación de la Constitución Europea.

Mientras que el bloque comunista se desintegraba después de 1989, Europa occidental avanzaba hacia una mayor integración. A comienzos de los años 1980 la Comunidad Económica Europea ampliada se estaba estancando. En un intento de reformarla, se llegó más cerca de la realización del ideal de unión económica y política, concebido por primera vez en los años 1940.

El impulso hacia la reforma derivó de las crisis económicas de los años 1970 y comienzos de los 1980: las tasas de crecimiento e la CEE alcanzaban solamente la mitad de los niveles del periodo 1957–73. Para afrontar la crisis, los Estados miembro había introducido en el comercio y los movimientos de capitales nuevas restricciones que desafiaban la naturaleza misma del mercad Las dudas sobre la eficacia de las instituciones de la Comunidad crecieron.

En julio de 1981 el Parlamento Europeo estableció un Comité Institucional, con Altiero Spinelli al frente, que recomendó a Comunidad un nuevo tratado complementario del Tratado de Roma. Las propuestas en el borrador se trataron en una conferenc intergubernamental celebrada en Luxemburgo a finales del 1985, y constituyeron la base del Acta Única Europea, ratificada por lo Estados miembro en 1987. El Acta allanó el camino para el logro de una plena Unión Europea, en la que se derribarían las barrera económicas que quedaban, se darían pasos hacia la unión política, y las políticas exterior y de defensa se combinarían. Se creard dos nuevas comisiones: una, al mando del enérgico presidente de la Comunidad, Jacques Delors, para la instauración de la unió monetaria europea; la segunda, para el establecimiento de un marco para la unión política.

Las propuestas provocaron una fuerte discusión, en especial sobre la perspectiva de crear una auténtica unión monetaria y sob el Capítulo Social, una propuesta de unir las provisiones de asistencia social de los Estados miembro en un único formato. En 198 Margaret Thatcher consiguió que Gran Bretaña quedara exenta de las cláusulas sobre política social del Acta Única Europea. A fina les de 1991 el trabajo de ambas comisiones había terminado, y el 9 de diciembre de 1991 los jefes de gobierno se reunieron en la ciuda holandesa de Maastricht para redactar un Tratado de la Unión Europea. Más de 300 directivas de legislación se necesitaron para com pletar la unión económica. Como fecha para el final de las fronteras económicas se fijó el 31 de diciembre de 1992, pero Gran Bretañ siguió paralizando la unión europea, y para convencer a los indecisos, fue necesaria una cumbre final en Edimburgo. Gran Bretaña rat ficó el Tratado en junio de 1993.

Las perspectivas de unión política fueron más infructuosas. Aunque la Unión Europea (como pasó a llamarse en 1995) se ampl a 15 Estados, con otros 13 que habían presentado sus solicitudes de adhesión, la fusión política seguía provocando fuertes reserva Los problemas para crear unas políticas de defensa y exterior comunes quedaron de manifiesto con la desintegración de Yugoslavi

1 Durante el período 1986–99 la Comunidad Económica Europea (desde 1995 la Unión Europea) se amplió más allá de Europa occidental para crear una estructura de alcance continental de miembros plenos y asociados (mapa a la derecha). El ingreso, en 2004, de otros 10 países provocó más dificultades para el logro de consenso en los órganos decisorios de la Unión.

1 La expansión de la Unión Europea, 1981–2004

- miembros de la CEE, enero de 1981
- ingresado en enero de 1986
- admitido en octubre de 1990
- ingresado en enero de 1995
- ingresado en 2004, con fecha de solicitud
- países con ingreso en la UE previsto para 2007, con fecha de solicitud
- otros países solicitantes del ingreso

La Zona Económica Europea (ZEE)
- miembros de la ZEE, junio de 1996

www.historiasiglo20.org/europe/acta.htm
El Acta Única Europea y el Tratado de la Unión Europea, 1986-92.
www.ex.ac.uk/~RDavies/arian/euro.html
Puntos de vista sobre la unión monetaria europea.

uando Alemania reconoció unilateralmente la independencia de Croacia y Eslovenia, y luego con
as guerras civiles en Bosnia en 1992–5 y en Kosovo en 1998–9. Ambas crisis revelaron hasta qué
unto Europa seguía dependiendo de los Estados Unidos incluso para arreglar sus propios proble-
as. La OTAN, no la UE, aportó el instrumento para la resolución de ambas disputas. En 2003 la
ecisión estadounidense de atacar Iraq puso de manifiesto otras divisiones en Europa a propósito
el alcance del apoyo a la política exterior estadounidense.

La UE también tenía problemas internos. En 1999 la Comisión tuvo que dimitir debido a las
ruebas de corrupción generalizada, y la baja participación en las elecciones de ese año reflejó el
ada vez menor interés de la gente. En 2002 el ex presidente francés Giscard D'Estaing presidió
na comisión encargada de redactar una constitución para la UE ampliada, pero la crisis de la
uerra de Iraq y la continua oposición británica a asumir un papel más importante en Europa
usieron en cuestión la visión promovida en Maastricht.

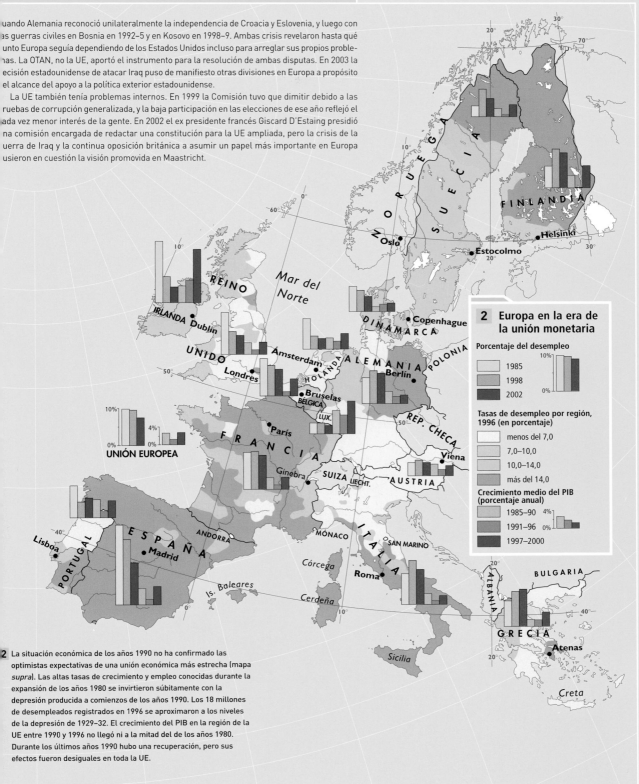

2 Europa en la era de la unión monetaria

Porcentaje del desempleo

- 1985
- 1998
- 2002

Tasas de desempleo por región, 1996 (en porcentaje)

- menos del 7,0
- 7,0–10,0
- 10,0–14,0
- más del 14,0

Crecimiento medio del PIB (porcentaje anual)

- 1985–90
- 1991–96
- 1997–2000

2 La situación económica de los años 1990 no ha confirmado las
optimistas expectativas de una unión económica más estrecha (mapa
supra). Las altas tasas de crecimiento y empleo conocidas durante la
expansión de los años 1980 se invirtieron súbitamente con la
depresión producida a comienzos de los años 1990. Los 18 millones
de desempleados registrados en 1996 se aproximaron a los niveles
de la depresión de 1929–32. El crecimiento del PIB en la región de la
UE entre 1990 y 1996 no llegó ni a la mitad del de los años 1980.
Durante los últimos años 1990 hubo una recuperación, pero sus
efectos fueron desiguales en toda la UE.

China después de Mao

Tras la muerte de Mao en 1979, China emprendió reformas económicas. Inicialmente concebidas como cambios modestos en la economía dirigida heredada de la era maoísta, con el tiempo se convirtieron en una transición a la economía de mercado.

Apuntadas por Deng Xiaoping, en los primeros cinco años las reformas llevaron a cabo una completa descolectivización de la economía rural, la apertura de China al comercio y las inversiones exteriores, y el inicio de una transformación radical del sector industrial radical. En 1980 el gobierno creó cuatro Zonas Económicas Especiales (ZEE) cerca de Hong Kong, Macao y Taiwán (Hainan fue la quinta en 1988). Las ZEE son zonas administrativas especiales que ofrecen un conjunto de incentivos para atraer la inversión extranjera directa. Entre 1978 y 1998 la tasa media de crecimiento anual del PIB chino superó el 9,5 por 100. Las exportaciones se multiplicaron por 19 desde los 9.800 millones de 1978 hasta los 182.700 millones de dólares en 1997, que hicieron de China la décima potencia comercial. En el campo, la tierra de propiedad colectiva se parceló a partir de 1979 en arrendamientos de entre 15 y 20 años de duración, luego renovados. En 1984 casi toda la tierra se cultivaba en régimen de arrendamiento, y en seis años la producción agrícola había crecido en un 52,6 por 100. La reforma del sector industrial estatal comenzó en 1984 y, a diferencia de la de la economía rural, ha sido tortuosa y aún no ha terminado. Aunque las empresas estatales siguen siendo importantes, la industria china es ahora diversa en cuanto a la propiedad, y China ya no es, en efecto, una economía planificada. No obstante sus éxitos, la economía china afronta importantes problemas de empresas estatales deficitarias, el creciente desempleo urbano, la necesidad de dar trabajo a los agricultores excedentes y las grandes disparidades regionales en cuanto a renta.

1 Desde los años 1970 la China comunista normalizó las relaciones con el mundo exterior. Japón reconoció a China en 1972, y en 1979 se reanudaron las relaciones diplomáticas formales con los Estados Unidos. Se alcanzó un acuerdo sobre la transferencia de Hong Kong y Macao a la soberanía china. En diciembre de 1978 se inició una política «Puertas Abiertas» que dio a China un acceso a la ciencia, tecnología y el capital occidentales. También se admitieron las ideas y la cultura occidentales, y llevaron a una escalada de disturbios que alcanzó su cima en 1989 (mapa *infra*).

1 China, 1976–99

- países comunistas a finales de 1978
- aliados de la URSS, 1976
- régimen pro-soviético instaurado mediante conquista
- Estados amigos de China, 1976
- ataque punitivo chino, febrero–marzo de 1979
- soberanía disputada con los Estados vecinos
- **1987** tratado fronterizo firmado (con fecha)
- reivindicado como parte del territorio nacional
- países que en 1996 habían mejorado sus relaciones con China
- movimiento Muro de la Democracia, 1979
- manifestaciones estudiantiles, 1986
- región o provincia con manifestaciones de minorías nacionales o religiosas
- provincias con importantes disturbios sociales

Etiquetas del mapa:

KAZAJISTÁN
KYRGYZSTÁN
TAYIKISTÁN
AFGAN.
PAKISTÁN
INDIA
NEPAL
BHUTÁN
Tien Shan
Ürümqi
XINJIANG
Musulmanes: abr. 1990
Montes Musulmanes
Tibetanos: oct. 1987, mar., dic. 1988, mar. 1989, mar. 1992, mayo 1993
Himalaya
1979
TÍBET
Lhasa
Ley marcial Oct. 1987–mayo 1990
QINGHAI
Musulmanes, oct. 1993
Desierto del Gobi
1987
Ulan Bator
MONGOLIA
1994
Harbin
Vladivostok
Changchun
Shenyang
Ley marcial mayo 1989–en. 1990, masacre partidarios de la democrácia manifestantes pro-democrácia 4 de junio, 1989
Pekín
Tianjin
Baoding
Disturbios en apoyo de la Banda de los Cuatro reprimidos por las tropas, 29 dic. 1976
Lanzhou
Taiyuan
Jinan
Zibo
Zhengzhou
Xi'an
Hefei
Nanjing
Shanghai
Wuhan
Hangzhou
Campesinos, junio 1993 Obreros, nov. 1994
Chengdu
Chongqing
SECHUÁN
COREA DEL NORTE
Pyongyang
Seúl
COREA DEL SUR
Mar del Japón
Mar Amarillo
Mar del Sur de China
Uso de tropas contra los revoltosos, nov. 1976
Kunming
FUJIAN
Taipei
TAIWAN
Cantón
Shenzhen
Hong Kong
Macao (Port.)
Ejercicios militares chinos para influir en el electorado taiwanés, marzo 1996
Acuerdo de 1984: soberanía devuelta a China en 1997
Pasa a China, dic. 1999 según el acuerdo alcanzado en 1987
BIRMANIA
VIETNAM
Hanoi
LAOS
Hainan
Is. Paracel
TAILANDIA
Bangkok
CAMBOYA
Phnom Penh
Ciudad de Ho Chi Minh
Guerrillas de los Jmeres Rojos apoyados por la China, 1979–90
Ocasionales disturbios
Is. Spratly
FILIPINAS
Manila
JAPÓN
Tratado de paz y amistad con China ag. 1978 Firma de protocolos de seguridad entre los EE.UU. y el Japón, 1999

www.chinatown-online.co.uk/pages/culture/history/
Historia, política y cultura chinas.
www.china.org.cn/e-china/openingup/sez.htm
Las zonas económicas y la apertura de las ciudades costeras a la inversió extranjera.

La reforma política, aunque no ausente, va por detrás de la reforma económica. Formalmente el Estado unipartidista sigue intacto, pero sometido a presiones para que se realicen cambios sociales. El periodo desde 1979 ha alternado entre una relajación y una intensificación del control político y la camisa de fuerza ideológica. Con el final de la era maoísta, en 1978–9 surgieron demandas de que una «Quinta Modernización» –la democracia– acompañara las Cuatro Modernizaciones (agricultura, industria, defensa y ciencia y tecnología). El «Muro de la Democracia», con carteles que contenían expresiones no censuradas, fue acallado y su líder, Wei Jingsheng, condenado a 15 años de prisión. Tras una relajación del control político y las críticas contra el Partido formuladas por el astrofísico Fang Lizhi, en 1986 hubo en 15 importantes ciudades chinas manifestaciones en demanda de más democracia. Deng Xiaoping, que en otro tiempo había hablado de reformas políticas, respondió con drásticas medidas. Los conservadores en el partido lanzaron una campaña «anti-polución espiritual» para contrarrestar la infiltración del liberalismo «burgués». La muerte de Hu Yaobang en abril de 1989 actuó como catalizador de las manifestaciones contra la corrupción y en favor de la reforma política. Apoyados por la gente, los estudiantes ocuparon la plaza de Tiananmén. Las manifestaciones terminaron con la entrada del ejército en Pekín el 4 de junio y llevaron a la dimisión del entonces secretario general del partido, Zhao Zyang, y al nombramiento de Jiang Zemin como su sucesor. En el periodo previo al 10.º aniversario en 1999, los nervios de los líderes produjeron el arresto de los disidentes que trataron de registrar nuevos partidos políticos.

Tras Tiananmén las reformas económicas se detuvieron. Temiendo una inversión de las reformas económicas, en 1992 Deng Xiaoping lanzó una nueva oleada de liberalización económica, cuya aceleración de las tasas de crecimiento dejaron sin argumentos a los críticos conservadores de la liberalización. En su congreso de 1997, el Partido decidió la transición a una economía de mercado y la consiguiente renuncia de una vez por todas a la anticuada economía planificada. En los últimos años se han producido campañas contra la corrupción. El Congreso Nacional del Pueblo (el Parlamento chino), antes una barrera, ha crecido en estatura y comenzado a desempeñar un papel en la formulación de las leyes, al tiempo que se han celebrado elecciones directas de líderes campesinos. China ha comenzado a desempeñar un papel más importante en Asia. En 2002 se hicieron los primeros esfuerzos por restablecer las relaciones con la Taiwán nacionalista. En 2003 China fue el primer Estado importante en condenar la guerra contra Iraq. A diferencia de Rusia, China es una superpotencia con una economía floreciente y unas fuerzas armadas bien organizadas, lo cual puede llevarle a desempeñar un papel mucho más importante en el escenario mundial.

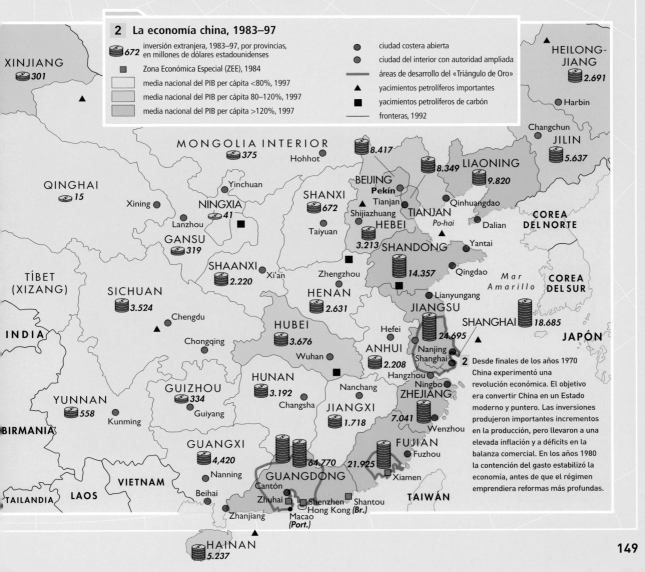

2 La economía china, 1983–97

- **672** inversión extranjera, 1983–97, por provincias, en millones de dólares estadounidenses
- Zona Económica Especial (ZEE), 1984
- media nacional del PIB per cápita <80%, 1997
- media nacional del PIB per cápita 80–120%, 1997
- media nacional del PIB per cápita >120%, 1997
- ciudad costera abierta
- ciudad del interior con autoridad ampliada
- áreas de desarrollo del «Triángulo de Oro»
- ▲ yacimientos petrolíferos importantes
- ■ yacimientos petrolíferos de carbón
- fronteras, 1992

2 Desde finales de los años 1970 China experimentó una revolución económica. El objetivo era convertir China en un Estado moderno y puntero. Las inversiones produjeron importantes incrementos en la producción, pero llevaron a una elevada inflación y a déficits en la balanza comercial. En los años 1980 la contención del gasto estabilizó la economía, antes de que el régimen emprendiera reformas más profundas.

149

La revolución económica en **Asia:** el **Pacífico**

1976 Japón y los Cuatro Dragones, 60 por 100 de las exportaciones industriales.

1978 Tratado de Amistad chino-japonés.

años 1980 La China comunista y Vietnam comienzan a modernizar sus economías.

años 1990 La revolución económica en Asia altera el equilibro económico mundial.

1997 China recupera la soberanía sobre Hong Kong.

1998 Crisis financiera en Asia. Las monedas se deprecian.

1999 Tailandia, Malasia y Corea del Sur comienzan a remontar.

2003 Japón empieza a salir de 10 años de deflación.

FEDERACIÓN RUSA

MONGOLIA

CHINA

Pekin
Tianjin
Qingdao
Dalian
Shanghai
Cantón
Xiamen

COREA DEL SUR
6,5 9,1 9,2
40
Seúl
Pusan
Kobe
Osaka
Kita
Kyushu
Toklo
Nagoya

JAPÓN
9,7 5,7 4,4
30
Tomakomai
Yokohama

11,7 8,5 6,5

HONG KONG
57

Taipei
TAIWÁN
Kaohsiung
59
9,8 9,1 9,1

LAOS

7,4 7,0 10,1
TAILANDIA
Bangkok
VIETNAM
CAMBOYA
65

Manila
FILIPINAS
5,2 4,9 3,6
52
Iloilo
Cebú
Cagayán de Oro
Davao

Guam

OCÉANO

Penang

Kuala Lumpur
Port Klang
MALASIA
Kuching
6,8 7,2 5,2
59
Kota Kinabalu

58
SINGAPUR
4,9 9,2 8,2

Yakarta
Tanjung Priok
INDONESIA
49

1,7 6,8 6,3

PAPÚA NUEVA GUINEA
Kieta
Lae
Port Moresby

FIJI
Nadi

OCÉANO
ÍNDICO

Townsville
Nueva Caledonia
Nouméa

AUSTRALIA

Fremantle
Adelaida
Sydney
Brisbane
Melbourne
Burnie

Auckland
NUEVA ZELANDA
Napier
Wellington
Lyttelton
Dunedin
Otago

1 La cuenca del Pacífico

- - - - conexiones de fibra óptica

———— principales conexiones aéreas

princ. puertos para contenedores

———— principales rutas de cargueros

corredores de desarrollo

5,2 / 4,9 / 3,6 tasa medias de crecimiento, 1960–65, 1965–85, 1985–92

52 proporción de importaciones de los otros productores de la Cuenca del Pacífico, 1992

1 Durante los años 1980 y comienzos de los 1990 la cuenca del Pacífico era la zona económica de crecimiento más rápido del mundo (mapa a la izquierda). Basada en una compleja y moderna red de comunicaciones y en centros urbanos de rápido crecimiento, la región se caracteriza por la elevada inversión, la producción industrial a gran escala y unas tasas de crecimiento global bastante elevadas. La crisis de 1997 golpeó con especial dureza a las economías del Sudeste asiático, pero en 1999 se veían signos de recuperación, aunque la economía de Hong Kong siguió envuelta en la recesión, y en Indonesia el crecimiento, aunque positivo, seguía siendo lento.

Japón y China han sido los dos actores más importantes en la transición de la cuenca asiática del Pacífico de una situación de estancamiento económico en los años 1950 a su conversión en el centro del comercio mundial en los años 1990.

La región del este de Asia cuadruplicó su renta per cápita en 25 años. En 1995 Hong Kong y Singapur se contaban entre los diez Estados con mayor renta per cápita del mundo, por delante de Francia y Gran Bretaña.

La economía de la cuenca del Pacífico se desarrolló en una serie de oleadas. En los años 1950 Japón fue el primer país asiático en aumentar espectacularmente su prosperidad. Espoleados por su ejemplo, los llamados «Cuatro Dragones» –Corea del Sur, Hong Kong, Singapur y Taiwán– iniciaron una segunda oleada de expansión. Los cuatro Estados carecían de las ventajas necesarias para recorrer el camino de la industrialización. Tenían escasez de capital, exceso de población, poca tierra cultivable y pocas reservas de materias primas. Optaron por concentrarse en el crecimiento basado en las exportaciones, los bajos salarios y el capital prestado para conseguir mejores precios en sus productos textiles y bienes de consumo ligeros. Su éxito fue fenomenal. En 1978 Japón y los Cuatro Dragones producían el 60 por 100 de las exportaciones industriales mundiales.

Cuando en los años 1970 el crecimiento del mundo se ralentizó, Japón y los Cuatro Dragones comenzaron a hacer grandes inversiones en los Estados en desarrollo del Sudeste asiático –Malasia, Tailandia, Indonesia y las Filipinas–, ricos en materias primas y suministros alimentarios. Estos Estados, organizados desde 1967 en la Asociación de Naciones del Sudeste Asiático (ASEAN), dieron su propia versión del milagro económico asiático, emulando a sus vecinos más ricos del norte mediante la producción de exportaciones a bajo precio en cantidades enormes. La región desarrolló una economía cada vez más integrada: Japón y los Cuatro Dragones producían productos manufacturados de alta calidad y alto coste; la ASEAN producía la mayoría de los bienes de consumo baratos comercializados en Asia y los EE UU. Los Estados de la cuenca del Pacífico se convirtieron en los mejores mercados los unos para los otros. Cuando en los años 1980 la China comunista y Vietnam comenzaron a expandir y modernizar sus economías, se abrieron enormes mercados nuevos. El resto de la cuenca –Australia, Nueva Zelanda, el oeste de Canadá y Estados Unidos– fueron arrastrados como consumidores y escenario económico de más rápido crecimiento del mundo.

El éxito de los nuevos gigantes industriales se debió en parte a unas favorables circunstancias económicas. La aparición de ricos mercados extranjeros en el mundo desarrollado y la globalización del comercio y las finanzas crearon un marco muy favorable para el rápido crecimiento de las exportaciones. La moderna tecnología electrónica se transfería fácilmente entre los Estados, y los productos basados en el microchip eran muy adecuados para economías que carecían de una sólida base industrial. Muchas sociedades asiáticas disfrutaban también de importantes ventajas. Comenzaron con una fuerza laboral barata, la voluntad de trabajar muchas horas por salarios bajos y la flexibilidad ante las nuevas tecnologías. La ética cultural, con su hincapié en la frugalidad, la lealtad al grupo, el respeto por la jerarquía y por los logros educativos, han constituido un estímulo para los niveles altos de ahorro y la escasez de disturbios laborales. Los gobiernos gastaban menos en bienestar e infraestructura, y más en educación y fomento de la exportación. En los años 1990, el 80 por 100 de las personas de 18 años en Taiwán y el 85 por 100 en Corea del Sur se dedicaban todavía a su educación a tiempo completo. Las tasas de alfabetismo en toda la cuenca del Pacífico eran muy superiores a las del sur de Asia, África o América Latina.

A comienzos de los años 1990 la revolución económica en el este de Asia había alterado el equilibrio de la economía mundial. Pero desde el verano de 1997 la mayoría de las economías de la región sucumbieron al contagio de una crisis financiera sin precedentes. Las economías de Tailandia, Corea del Sur, Indonesia y Malasia vieron desplomarse sus monedas y un gran descenso de sus ingresos nacionales. Ni siquiera Singapur y Hong Kong, con sus robustos sistemas financieros, escaparon. Desde comienzos de 1999 tres de los cuatro más afectados (Tailandia, Malasia y Corea del Sur) comenzaron a remontar. Las perspectivas políticas y económicas para Indonesia siguen siendo inciertas. La plena recuperación quizá lleve algunos años.

África

desde 1985

1986 Los EE.UU. bombardean Libia en represalia por actividades terroristas.

1991 Estallido de la guerra civil en Sierra Leona.

1992 EE.UU. interviene para poner fin a la hambruna y la guerra civil en Somalia.

1992 Argelia anula los resultados electorales tras los éxitos fundamentalistas; estalla una sangrienta guerra civil.

1994 Conflictos en Ruanda.

1995 Nigeria expulsada de la Commonwealth por violar los derechos humanos.

1997 Mobutu derrocado en el Zaire; Laurent Kabila, presidente de la rebautizada República Democrática del Congo; rebelión contra Kabila (1998).

1998–99 Guerra entre Eritrea y Etiopía.

1999 En Zimbabue, «veteranos de guerra» comienzan a confiscar fincas agrícolas propiedad de blancos; Zimbabue abandona la Commonwealth (2003).

2002 Muere Jonas Savimbi; final de la guerra civil en Angola.

2002 Se instaura la *sharia* en el norte de Sudán.

2004 Libia renuncia a las armas de destrucción masiva y accede a cooperar con Occidente.

La pobreza y los conflictos militares han sido rasgos distintivos de gran parte de África desde 1985. El desmoronamiento de la Unión Soviética en 1989 y el final de la Guerra Fría comportaron la disminución de la importancia internacional de África.

El final del poder soviético también contribuyó a la aceleración de los cambios en Sudáfrica y al definitivo desmantelamiento del sistema del *apartheid*. El gobierno de Sudáfrica ya no podía jugar con los temores occidentales a una revolución de inspiración comunista. Nelson Mandela, líder del Congreso Nacional Africano, fue excarcelado y su partido ganó las elecciones de 1994 (véanse pp. 154–5). En el escenario africano, la estatura política de Mandela le permitió actuar como agente pacificador en diversos conflictos de todo el continente.

Por comparación con la mayoría de los países no industrializados del resto del mundo, la pobreza de África se incrementó durante los años 1980 y 1990. La población, la urbanización y la dependencia de los suministros extranjeros de comestibles no cesaron de crecer. El nivel de endeudamiento de los gobiernos africanos con los países occidentales alcanzó también cotas muy elevadas. Gran parte del dinero lo aportaron el FMI y el Banco Mundial, que emplearon la morosidad en la devolución de las deudas para forzar cambios económicos, que comportaron graves penurias a corto plazo para comunidades ya muy pobres. Al final, la ayuda exterior no produjo un crecimiento económico significativo. En 1998, África tenía la mitad de la población mundial, pero menos de

1 Todo el Cuerno de África ha sido escenario de cruentas guerras civiles (mapa *infra*). Los militares tomaron el poder en Somalia en 1970, en Etiopía en 1974 y en Sudán en 1969. En Etiopía, el gobierno marxista-leninista de Mengistu Haile Mariam libró una larga guerra contra los movimientos independentistas de Eritrea y Tigre, hasta que en 1991 fue derrocado, así como una guerra con Somalia a propósito de la región de Ogaden. En 1998–9, Etiopía estuvo en guerra contra el Estado de Eritrea por el control de zonas fronterizas en disputa. En 1999, el Estado central somalí había dejado de existir efectivamente, con la separación del noroeste como «Somalilandia» y el sur dividido entre caudillos rivales.

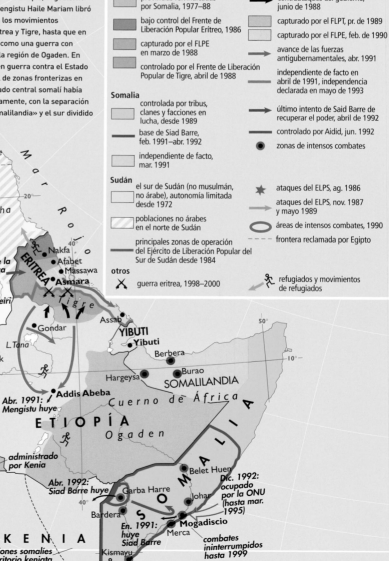

1 Etiopía, Somalia y Sudán, 1985–2000

Etiopía
- provincias reivindicadas por Somalia, 1977–88
- bajo control del Frente de Liberación Popular Eritreo, 1986
- capturado por el FLPE en marzo de 1988
- controlado por el Frente de Liberación Popular de Tigre, abril de 1988

Somalia
- controlada por tribus, clanes y facciones en lucha, desde 1989
- base de Siad Barre, feb. 1991–abr. 1992
- independiente de facto, mar. 1991

Sudán
- el sur de Sudán (no musulmán, no árabe), autonomía limitada desde 1972
- poblaciones no árabes en el norte de Sudán
- principales zonas de operación del Ejército de Liberación Popular del Sur de Sudán desde 1984

otros
- guerra eritrea, 1998–2000

- contraataques del gobierno, junio de 1988
- capturado por el FLPT, pr. de 1989
- capturado por el FLPE, feb. de 1990
- avance de las fuerzas antigubernamentales, abr. 1991
- independiente de facto en abril de 1991, independencia declarada en mayo de 1993
- último intento de Said Barre de recuperar el poder, abril de 1992
- controlado por Aidid, jun. 1992
- zonas de intensos combates
- ataques del ELPS, ag. 1986
- ataques del ELPS, nov. 1987 y mayo 1989
- áreas de intensos combates, 1990
- frontera reclamada por Egipto
- refugiados y movimientos de refugiados

Mapa

EGIPTO
Zona de Halaib
L. Nasser
Mar Rojo
Nubia
Nilo
Bedzha

SUDÁN

1993, 1995: infiltración de la Jihad islámica

Nakfa
Afabet
Massawa
ERITREA
Asmara
Tigre
Jartoum
Abr. 1985: depuesto Numeiri

Nilo Azul
Nilo Blanco
Kurmuk

Gondar
L. Tana
Assab
YIBUTI
Yibuti
Berbera

Bentiu
Malakal
Hargeysa
Burao
SOMALILANDIA

BAHR EL GHAZAL
gran hambruna en el sur del Sudán 1999
Waú
Rumbek
ALTO NILO

Cuerno de África

Addis Abeba
Abr. 1991: Mengistu huye

ETIOPÍA
Ogaden

EQUATORIA
Juba
Yei
Torit
administrado por Kenia

UGANDA

hasta Julio 1992: cuartel general de la facción del SPLA liderada por Garang cuando fue capturado por las fuerzas gubernamentales

Abr. 1992: Siad Barre huye
Garba Harre
Bardera
En. 1991: huye Siad Barre

Belet Huen
Johar
Dic. 1992: ocupado por la ONU (hasta mar. 1995)

SOMALIA
Mogadiscio
Merca
combates ininterrumpidos hasta 1999

KENIA
Kismayu
reivindicaciones somalíes de territorio keniata

REP. CENTROAFRICANA

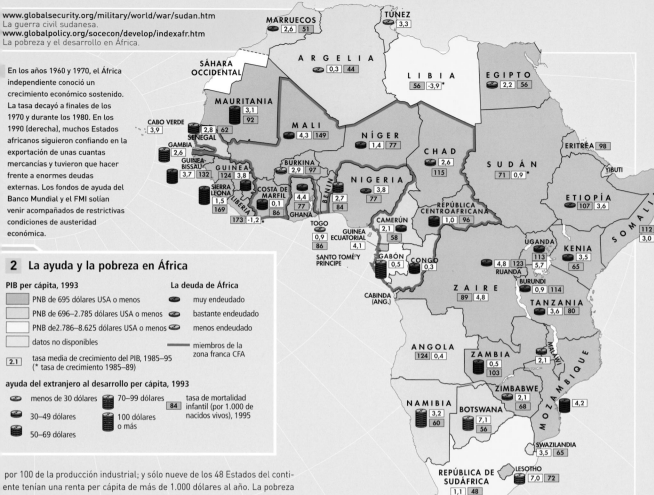

www.globalsecurity.org/military/world/war/sudan.htm
La guerra civil sudanesa.
www.globalpolicy.org/socecon/develop/indexafr.htm
La pobreza y el desarrollo en África.

En los años 1960 y 1970, el África independiente conoció un crecimiento económico sostenido. La tasa decayó a finales de los 1970 y durante los 1980. En los 1990 (derecha), muchos Estados africanos siguieron confiando en la exportación de unas cuantas mercancías y tuvieron que hacer frente a enormes deudas externas. Los fondos de ayuda del Banco Mundial y el FMI solían venir acompañados de restrictivas condiciones de austeridad económica.

2 La ayuda y la pobreza en África

PIB per cápita, 1993

PNB de 695 dólares USA o menos

PNB de 696–2.785 dólares USA o menos

PNB de 2.786–8.625 dólares USA o menos

datos no disponibles

2.1 tasa media de crecimiento del PIB, 1985–95 (* tasa de crecimiento 1985–89)

La deuda de África

muy endeudado

bastante endeudado

menos endeudado

miembros de la zona franca CFA

ayuda del extranjero al desarrollo per cápita, 1993

menos de 30 dólares

30–49 dólares

50–69 dólares

70–99 dólares

100 dólares o más

84 tasa de mortalidad infantil (por 1.000 de nacidos vivos), 1995

por 100 de la producción industrial; y sólo nueve de los 48 Estados del continente tenían una renta per cápita de más de 1.000 dólares al año. La pobreza está directamente relacionada con tasas excepcionalmente altas de crecimiento demográfico, cuya media no dejó de superar el 2,5 por 100 anual desde 1985. El crecimiento urbano fue también rápido y la mayoría de Estados tuvieron que importar comestibles para alimentar a sus poblaciones; los niveles de malnutrición infantil iban del 25 al 50 por 100 en gran parte del África subsahariana. La infección por VIH/SIDA es alta, especialmente en ciertas partes del África oriental, central y del sur. Las disputas sobre este modesto pastel económico han estado en la raíz de gran parte de la inestabilidad política y la violencia en el continente desde la independencia.

Los conflictos étnicos y la guerra en el cuerno de África no cesaron después de 1985. En el sur de Sudán, la larga guerra entre el norte islámico y los pueblos del sur seguía sin resolverse. El régimen marxista de Etiopía se desmoronó en 1991 y Eritrea se convirtió en el primer Estado africano en obtener la independencia de otro Estado africano. En la vecina Somalia, la guerra civil estalló a comienzos de los años 1990 y dejó el país políticamente dividido y empobrecido. La peor violencia étnica se produjo en 1994 en Ruanda, donde milicianos de la mayoritaria población hutu masacraron a los minoritarios tutsi. Murieron hasta un millón de personas y dos millones huyeron del país. En 1996, una rebelión puso fin en el Zaire al largo y corrupto gobierno del presidente Mobutu. Unos meses después, Laurent Kabila, el nuevo presidente de la República del Congo, tuvo que afrontar en el este del país una nueva revuelta de tutsis insatisfechos con sus políticas. Su gobierno sólo pudo mantenerse gracias a la intervención de tropas de otros Estados africanos, mientras que a comienzos de 1999 había perdido el control de un 60 por 100 del país.

En los años 1980, en muchos países africanos el Estado se había debilitado y corrompido. Algunos eran gobernados como grandes empresas «criminales» cuyas elites y facciones malversaban de la riqueza nacional. En Angola, Liberia y

Sierra Leona, rivales armados se disputaron el control de las ricas zonas productoras de diamantes, petróleo y minerales. Como resultado, miles de personas murieron, mientras otras huyeron y las economías se arruinaron. Sin embargo, la larga guerra civil de Mozambique, alimentada por las políticas sudafricanas de desestabilización, terminaron con la eliminación del *apartheid*. Como resultado de la guerra –y los conflictos suelen exacerbar la escasez de alimentos y las hambrunas–, África tiene proporcionalmente más refugiados que cualquier otro continente. El problema de los desplazados ha alcanzado la máxima gravedad en el Cuerno de África y el sur de Sudán.

Durante los últimos años 1980 y los 1990, la oposición al corrupto partido único y al gobierno militar aumentó, particularmente entre los habitantes de zonas urbanas y los líderes religiosos. En general, en muchos Estados africanos se abandonó la dictadura unipartidista o unipersonal, y el sistema de gobierno fue sustituido por una política de elecciones multipartidistas. Sin embargo, la «democratización» no significó necesariamente un auténtico cambio entre los gobernantes, los medios o los métodos por los que los países eran gobernados. Los gobiernos arbitrarios seguían sin respetar en gran medida los derechos humanos. Las rivalidades religiosas entre musulmanes y cristianos contribuyeron a la violencia en el sur de Sudán y en otros Estados a uno y otro lado de la frontera cristiano-musulmana. En los años 1980 y 1990, el islam y el cristianismo aumentaron el número de sus adeptos, con grandes incrementos en la cantidad de protestantes en el sur de Ghana y Nigeria y en zonas del África oriental y central.

153

desde 1985

1985 Disturbios civiles en Sudáfrica; estado de emergencia; suspendidos los derechos civiles y la libertad de prensa.

1989 De Klerk sustituye a Botha como presidente de Sudáfrica.

1990 El gobierno de Sudáfrica hace movimientos para un acuerdo con el CNA; libera a Mandela; (1991) anuncia la intención de desmantelar el *apartheid*.

1994 El CNA gana las elecciones; Mandela asume la presidencia.

1996 De Klerk dimite como vicepresidente de Sudáfrica.

1999 El CNA gana las elecciones; Thabo Mbeki se convierte en presidente (también en 2004).

2003 El gobierno sudafricano aprueba un importante programa para combatir el VIH/SIDA.

En ninguna parte ha costado más establecer la democracia que en el África subsahariana. Concepto tardíamente importado por las potencias coloniales, el modelo europeo de gobierno parlamentario no tenía mucho sentido en el contexto de los conflictos étnicos, lingüísticos y religiosos heredados por los Estados independientes de África.

La única excepción, Sudáfrica, tenía una numerosa comunidad minoritaria blanca de origen británico y holandés (los *afrikaner*), en la que el gobierno parlamentario para los blancos estaba plenamente establecido en 1930. En este insólito escenario, el mayor avance de la democracia en África se produjo cuando en 1994 sus 30 millones de habitantes negros fueron admitidos en el sistema parlamentario. La lucha por la emancipación de la población no blanca se remontaba a comienzos de siglo, pero cobró impulso con la elección del gobierno del Partido Nacional Afrikaner en 1948. El PN adoptó la ideología de desarrollo racial separado o *apartheid*. El poder económico, político y militar se concentraba en manos blancas. Se crearon los «bantustanes» africanos: estos fragmentados, superpoblados y empobrecidos Estados étnicos negros estaban destinados a la «independencia».

Desde los años 1970, cuando la política de desarrollo separado alcanzó su clímax, el régimen blanco tuvo que hacer frente a presiones crecientes. En los distritos africanos la protesta popular aumentó, respaldada por una campaña de violencia desencadenada por el CNA y el Congreso Panafricano. La independencia de Angola y Mozambique y el traspaso de poder en Zimbabue ponían a Sudáfrica ante fronteras hostiles en las que las guerrillas podían operar, y arrastraron al país a brutales guerras de contra-insurgencia. En los años 1980 el gobierno de

P. W. Botha se hizo cada vez más militarista y dictatorial en la lucha contra los enemigos internos y externos. La opinión pública extranjera se endureció contra las violaciones de los derechos humanos por parte del régimen, y en 1986 los EE.UU. y la UE impusieron sanciones económicas. El resultante aislamiento económico dañó la economía sudafricana justo en el momento en que la marea de protestas violentas había alcanzado un nivel que las fuerzas de seguridad apenas podían contener.

El resultado fue un lento movimiento hacia la reforma y la estabilización. En 1984, a las comunidades de color y asiáticas se les concedió una participación en el poder, aunque el gobierno blanco intentó mantener el control. En 1988 Botha accedió a negociar una suspensión de las guerras antiguerrilla en Angola y Namibia. En septiembre de 1989 Botha fue sucedido por F. W. de Klerk, que, con el respaldo de importantes sectores de la comunidad blanca, abrió la puerta a la reforma. En 1990 los partidos de oposición fueron legalizados y el líder del CNA, Nelson Mandela, excarcelado. En el extranjero las sanciones se suspendieron y el CNA abandonó la violencia. En 1991 un referéndum entre la población blanca dio a De Klerk una mayoría de dos a uno en favor de una nueva constitución democrática. Al año siguiente una Convención para una Sudáfrica Democrática redactó una constitución transitoria, y el poder pasó a un Consejo Ejecutivo multirracial. Todo el proceso fue rechazado por los partidos Afrikaner extremos y por la numerosa minoría zulú, liderada por el jefe Mangosuthu Buthelezi, cuya gente temía por su identidad étnica en un Estado dominado por no zulúes. Buthelezi fue convencido para unirse al proceso democrático, pero no antes de que en sus choques interétnicos murieran unas 15.000 personas.

En abril de 1994 las elecciones multirraciales y con pluralidad de partidos dieron al CNA de Mandela el 63 por 100 de los votos, al Partido Nacional el 20 por 100 y al Partido por la Libertad Inkatha el 10 por 100. Mandela se convirtió en presidente y De Klerk en vicepresidente (hasta que en 1996 el Partido Nacional se retiró de la coalición). En Zululandia-Natal persistió un estado de casi guerra civil entre los partidarios del CNA y del PLI. Una Comisión para la Verdad y la Reconciliación presidida por el arzobispo Tutu hizo un informe en 1998. Trataba de hacer públicos y reconciliar a todos aquellos que habían estado implicados en los enconados conflictos de las décadas anteriores.

El estatus del gobierno del CNA se benefició del prestigio internacional del presidente Mandela, pero tuvo que hacer frente a graves problemas económicos y sociales, y tras su elección se vio obligado a retractarse de su programa socialista y admitir la economía de mercado. Mandela se retiró tras las elecciones de junio de 1999, en las que el CNA obtuvo una mayoría incrementada. Fue sucedido por Thabo Mbeki.

---

2 Guerras civiles en Angola, 1975–91, 1993–99

- ⬚ zona étnica de Bakongo
- ⬚ zona étnica de Bambundu
- ⬚ zona étnica de Ovimbundu

Controlado en febrero de 1975 por

- ⬚ el FLNA (base en Bakongo, prooccidental)
- ⬚ el MPLA (base en Bambundu, prosoviético)
- ⬚ UNITA (base en Ovimbundu, prochino, luego prooccidental)

- ➡ avance de las fuerzas FLNA-UNITA, 1975
- ➡ zona controlada por el MPLA, a mediados de 1976
- ➡ incursiones apoyadas por el MPLA
- ━ límite noroeste de la actividad de UNITA, desde 1976 hasta el alto el fuego de 1991
- ⇨ ataque del MPLA a UNITA, 1990
- ➡ ataques de UNITA, 1998–99
- ⬭ intensos combates desde las elecciones de 1992 hasta acuerdo de paz de Lusaka, 1994
- ┄ límite norte de las incursiones sudafricanas, 1976–88
- ◇ diamantes
- ⬙ oro   ⚓ petróleo

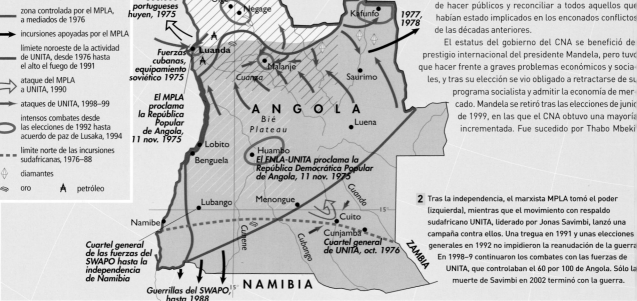

Brevemente invadido por los secesionistas del FLEC, sep. 1999

El MPLA ayuda al gobierno del Kabila en la República Democrática del Congo, 1998–99

Cabinda

ZAIRE/ CONGO

Soyo

Uíge

300.000 portugueses huyen, 1975

Negage

Kafunfo

1977, 1978

Fuerzas cubanas, equipamiento soviético 1975

Luanda

El MPLA proclama la República Popular de Angola, 11 nov. 1975

Cuanza

Malanje

Saurimo

A N G O L A

Bié Plateau

Luena

Lobito

Huambo

Benguela

El FNLA-UNITA proclama la República Democrática Popular de Angola, 11 nov. 1975

Lubango

Menongue

Cuito

Cuando

Namibe

Cunene

Cubango

Cunjamba
Cuartel general de UNITA, oct. 1976

ZAMBIA

Cuartel general de las fuerzas del SWAPO hasta la independencia de Namibia

N A M I B I A

Guerrillas del SWAPO, hasta 1988

2 Tras la independencia, el marxista MPLA tomó el poder (izquierda), mientras que el movimiento con respaldo sudafricano UNITA, liderado por Jonas Savimbi, lanzó una campaña contra ellos. Una tregua en 1991 y unas elecciones generales en 1992 no impidieron la reanudación de la guerra. En 1998–9 continuaron los combates con las fuerzas de UNITA, que controlaban el 60 por 100 de Angola. Sólo la muerte de Savimbi en 2002 terminó con la guerra.

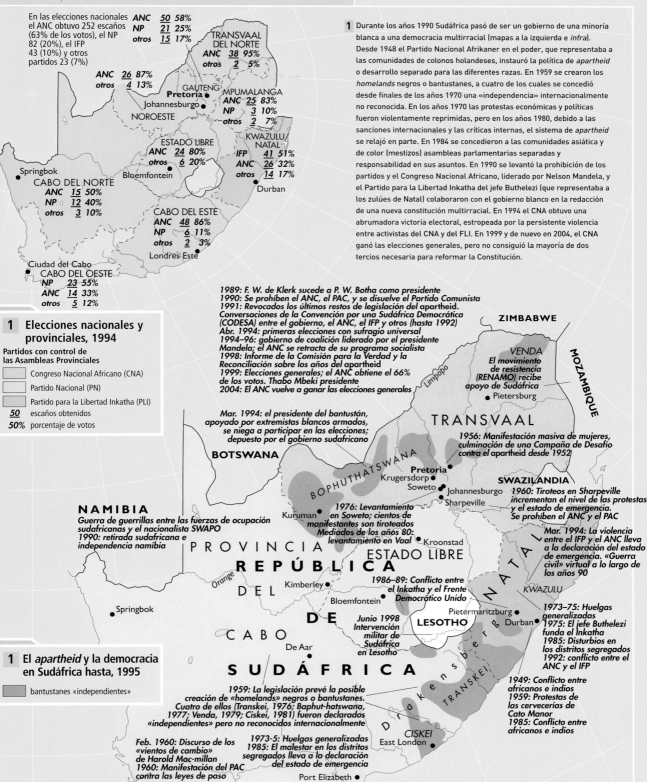

En las elecciones nacionales el ANC obtuvo 252 escaños (63% de los votos), el NP 82 (20%), el IFP 43 (10%) y otros partidos 23 (7%)

ANC 50 58%
NP 21 25%
otros 15 17%

TRANSVAAL DEL NORTE
ANC 38 95%
otros 2 5%

ANC 26 87%
otros 4 13%

GAUTENG
Pretoria
Johannesburgo
NOROESTE

MPUMALANGA
ANC 25 83%
NP 3 10%
otros 2 7%

ESTADO LIBRE
ANC 24 80%
otros 6 20%

KWAZULU/ NATAL
IFP 41 51%
ANC 26 32%
otros 14 17%

Springbok

CABO DEL NORTE
ANC 15 50%
NP 12 40%
otros 3 10%

Bloemfontein

Durban

CABO DEL ESTE
ANC 48 86%
NP 6 11%
otros 2 3%

Londres Este

Ciudad del Cabo
CABO DEL OESTE
NP 23 55%
ANC 14 33%
otros 5 12%

1 Elecciones nacionales y provinciales, 1994

Partidos con control de las Asambleas Provinciales

	Congreso Nacional Africano (CNA)
	Partido Nacional (PN)
	Partido para la Libertad Inkatha (PLI)

50 escaños obtenidos
50% porcentaje de votos

1 Durante los años 1990 Sudáfrica pasó de ser un gobierno de una minoría blanca a una democracia multirracial (mapas a la izquierda e *infra*). Desde 1948 el Partido Nacional Afrikaner en el poder, que representaba a las comunidades de colonos holandeses, instauró la política de *apartheid* o desarrollo separado para las diferentes razas. En 1959 se crearon los *homelands* negros o bantustanes, a cuatro de los cuales se concedió desde finales de los años 1970 una «independencia» internacionalmente no reconocida. En los años 1970 las protestas económicas y políticas fueron violentamente reprimidas, pero en los años 1980, debido a las sanciones internacionales y las críticas internas, el sistema de *apartheid* se relajó en parte. En 1984 se concedieron a las comunidades asiática y de color (mestizos) asambleas parlamentarias separadas y responsabilidad en sus asuntos. En 1990 se levantó la prohibición de los partidos y el Congreso Nacional Africano, liderado por Nelson Mandela, y el Partido para la Libertad Inkatha del jefe Buthelezi (que representaba a los zulúes de Natal) colaboraron con el gobierno blanco en la redacción de una nueva constitución multirracial. En 1994 el CNA obtuvo una abrumadora victoria electoral, estropeada por la persistente violencia entre activistas del CNA y del FLI. En 1999 y de nuevo en 2004, el CNA ganó las elecciones generales, pero no consiguió la mayoría de dos tercios necesaria para reformar la Constitución.

1989: F. W. de Klerk sucede a P. W. Botha como presidente
1990: Se prohíben el ANC, el PAC, y se disuelve el Partido Comunista
1991: Revocados los últimos restos de legislación del apartheid. Conversaciones de la Convención por una Sudáfrica Democrática (CODESA) entre el gobierno, el ANC, el IFP y otros (hasta 1992)
Abr. 1994: primeras elecciones con sufragio universal
1994–96: gobierno de coalición liderado por el presidente Mandela; el ANC se retracta de su programa socialista
1998: Informe de la Comisión para la Verdad y la Reconciliación sobre los años del apartheid
1999: Elecciones generales; el ANC obtiene el 66% de los votos. Thabo Mbeki presidente
2004: El ANC vuelve a ganar las elecciones generales

ZIMBABWE

VENDA
El movimiento de resistencia (RENAMO) recibe apoyo de Sudáfrica
Pietersburg

MOZAMBIQUE

Limpopo

TRANSVAAL

Mar. 1994: el presidente del bantustán, apoyado por extremistas blancos armados, se niega a participar en las elecciones; depuesto por el gobierno sudafricano

1956: Manifestación masiva de mujeres, culminación de una Campaña de Desafío contra el apartheid desde 1952

BOTSWANA

BOPHUTHATSWANA
Krugersdorp
Pretoria
Soweto
Johannesburgo
Sharpeville
Kruman

SWAZILANDIA

1960: Tiroteos en Sharpeville incrementan el nivel de las protestas y el estado de emergencia. Se prohíben el ANC y el PAC

1976: Levantamiento en Soweto; cientos de manifestantes son tiroteados
Mediados de los años 80: levantamiento en Vaal
Kronstad

Mar. 1994: La violencia entre el IFP y el ANC lleva a la declaración del estado de emergencia. «Guerra civil» virtual a lo largo de los años 90

NAMIBIA
Guerra de guerrillas entre las fuerzas de ocupación sudafricanas y el nacionalista SWAPO
1990: retirada sudafricana e independencia namibia

PROVINCIA

REPÚBLICA

Orange

DEL

Kimberley

Bloemfontein

ESTADO LIBRE

KWAZULU

NATAL

1973–75: Huelgas generalizadas
1975: El jefe Buthelezi funda el Inkatha
1985: Disturbios en los distritos segregados
1992: conflicto entre el ANC y el IFP

1986–89: Conflicto entre el Inkatha y el Frente Democrático Unido

Junio 1998 Intervención militar de Sudáfrica en Lesotho

Pietermaritzburg
LESOTHO
Durban

1949: Conflicto entre africanos e indios
1959: Protestas de las cervecerías de Cato Manor
1985: Conflicto entre africanos e indios

DE

CABO

De Aar

SUDÁFRICA

1 El *apartheid* y la democracia en Sudáfrica hasta, 1995

	bantustanes «independientes»

1959: La legislación prevé la posible creación de «homelands» negros o bantustanes. Cuatro de ellos (Transkei, 1976; Baphut-hatswana, 1977; Venda, 1979; Ciskei, 1981) fueron declarados «independientes» pero no reconocidos internacionalmente

TRANSKEI

Drakensberg

CISKEI
East London

1973-5: Huelgas generalizadas
1985: El malestar en los distritos segregados lleva a la declaración del estado de emergencia

Feb. 1960: Discurso de los «vientos de cambio» de Harold Mac-millan
1960: Manifestación del PAC contra las leyes de paso
Ciudad del Cabo

Port Elizabeth

Oriente Medio

1979 Caída del sah de Irán; instauración de una república islámica liderada por el ayatolá Jomeini (en 1989).

1980 Guerra de Irán–Iraq (hasta 1988); masacre de peregrinos iraníes en La Meca (1987).

1988 5.000 iraquíes kurdos muertos en Halabja; elecciones en Kurdistán auspiciadas por la ONU (1992).

1991 Guerra del Golfo; una coalición de fuerzas de la ONU ataca Iraq y libera Kuwait.

1997 El reformista Jatami accede a la presidencia de Irán (reelegido en 2001).

2001 El régimen de los talibán es derrocado en Afganistán.

2002 George W. Bush califica a Irán, Iraq y Corea del Norte como el Eje del Mal.

2003 Guerra de Iraq; Sadam Hussein es capturado.

2003 En Irán un terremoto destruye la ciudad de Bam.

2004 En Iraq se crea un régimen provisional; la guerra civil continúa.

En Oriente Medio, la guerra, los conflictos civiles y la represión persistieron lo mismo que en África. La causa principal ya no era el conflicto árabe-israelí, que había producido cuatro guerras en una generación, sino la amenaza que para toda la región suponía la revolución en Irán.

En los años 1970 Irán estaba gobernado por el sah Reza Pahlevi, cuyo corrupto régimen político se mantenía en el poder gracias al apoyo occidental y a la policía secreta SAVAK. Se le oponían los comunistas y los fundamentalistas chiíes. Uno de sus líderes, el gran ayatolá Ruhollah Jomeini, hizo a los fieles desde su exilio en Iraq un llamamiento público a la revolución. En 1978 alcanzó su punto de ebullición la hostilidad al sah, que el 16 de enero de 1979 abandonó Irán. En febrero Jomeini declaró a Irán una república islámica e impuso un régimen islámico militante. La ola revolucionaria produjo muchas muertes, el encarcelamiento de los opositores políticos y los simpatizantes de Occidente, y la imposición de una dura ley coránica.

Según la teología de Jomeini, la revolución tenía que exportarse. Más que un mundo de Estados-nación, a lo que él aspiraba era a una comunidad religiosa islámica más amplia o *umma:* Irán tenía el sagrado deber de liderar la lucha mundial por la difusión del mensaje del islam. Durante los años 1980 el empeño de Irán por lograr sus objetivos desestabilizó todo Oriente Medio. A comienzos de los años 1980 el terrorismo y la subversión pusieron a Bahrain y Kuwait en el punto de mira. En Siria el apoyo a los opositores islámicos militantes del régimen de Hafez al-Assad llevó en 1982 a la masacre de 15–20.000 fundamentalistas en la ciudad de Hama. En Líbano, Irán respaldó al Partido de Dios (*Hezbollah*), fundado en 1983 con el fin de librar una guerra terrorista contra Israel.

Los mayores esfuerzos se reservaron para el vecino inmediato de Irán, Iraq, donde existía una considerable comunidad chií gobernada por Sadam Hussein y el panarabista movimiento

Baaz. Ante el riesgo de una revolución islámica interna, Hussein invadió Irán el 23 de septiembre de 1980. Jomeini llamó a los fieles a la batalla y miles de hombres mal armados y entrenados se unieron a las milicias islámicas –*basij*–. Una larga guerra de desgaste, en la que ningún bando consiguió ningún avance sustancial, terminó en el verano de 1988 por agotamiento mutuo. Hussein se veía a sí mismo como el defensor del mundo árabe contra el extremismo iraní, en el mismo papel que en los años 1950 había ocupado Nasser como líder de la causa árabe.

Sin embargo, la guerra con Irán había llevado a Iraq a la quiebra. En 1988 la deuda exterior era de 80.000 millones de dólares USA y la reconstrucción suponía costes enormes. Hussein volvió sus ojos hacia su diminuto vecino rico en petróleo, Kuwait. Se lanzó un ultimátum que pedía a Kuwait la concesión a Iraq de una donación de 30.000 millones de dólares USA y un subsidio de 10.000 millones, el cese de la utilización de yacimientos petrolíferos reivindicados por Iraq y la instauración de un «Plan Marshall» para Iraq. Ante la negativa de Kuwait, el 2 de agosto de 1990 Iraq invadió y se anexionó el emirato y las vastas riquezas de éste. Aunque Occidente había apoyado a Iraq en su guerra contra Irán, esta invasión supuso una grave crisis en una región en la que Occidente tenía muchos intereses petrolíferos. El día de la invasión, la ONU aprobó la resolución 600, que amenazaba a Iraq con el envío de una fuerza militar si no abandonaba inmediatamente Kuwait.

Sadam Hussein se negó a abandonar Kuwait, en parte porque no creía que la ONU pudiera desencadenar una guerra total, en parte porque no podía arriesgarse a perder la cara y la consecuente crisis política interna. El 16 de enero de 1991 una coalición de fuerzas que incluía a una serie de Estados árabes lanzó la operación para expulsar de Kuwait a las fuerzas iraquíes. Tras un mes de ataques aéreos, la coalición inició una ofensiva terrestre. Entre el 24 y el 27 de febrero la reconquista de Kuwait City costó la vida de 150 soldados de la coalición. La

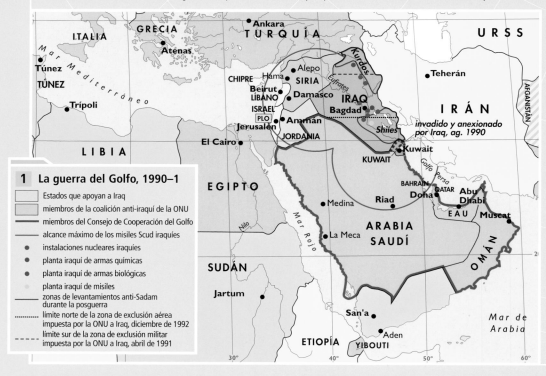

1 El 2 de agosto de 1990 Iraq invadió el Estado petrolífero de Kuwait y el 8 de agosto proclamó la unión de los dos Estados. Tras la condena de la ONU, en enero y febrero de 1991 una coalición de Estados emprendió la Operación Tormenta del Desierto con el objetivo de expulsar de Kuwait al ejército iraquí (izquierda). El grueso de las fuerzas lo aportaron los EE.UU. El 28 de febrero Iraq se retiró sin condiciones.

Otros miembros de la coalición de la ONU:

Alemania	Francia
Argentina	Holanda
Australia	Hungría
Bangladesh	Nigeria
Bélgica	Noruega
Canadá	N. Zelanda
Checoslovaquia	Polonia
Dinamarca	Reino Unido
España	Rumanía
Estados Unidos	Senegal

1 La guerra del Golfo, 1990–1

- ☐ Estados que apoyan a Iraq
- ▨ miembros de la coalición anti-iraquí de la ONU
- ── miembros del Consejo de Cooperación del Golfo
- ── alcance máximo de los misiles Scud iraquíes
- ● instalaciones nucleares iraquíes
- ● planta iraquí de armas químicas
- ● planta iraquí de armas biológicas
- ● planta iraquí de misiles
- ── zonas de levantamientos anti-Sadam durante la posguerra
- ····· límite norte de la zona de exclusión aérea impuesta por la ONU a Iraq, diciembre de 1992
- ‒ ‒ límite sur de la zona de exclusión militar impuesta por la ONU a Iraq, abril de 1991

2 La guerra Irán–Iraq, 1980–8

- países no beligerantes que apoyaban a Iraq
- países no beligerantes que apoyaban a Irán
- penetración iraquí, diciembre de 1980–junio de 1982
- límite sur de la zona de exclusión marítima declarada por Iraq, agosto de 1982
- penetración iraní, con fechas
- bombardeado o atacado por misiles
- centros de la industria petrolera
- línea fronteriza en el momento del alto el fuego, julio de 1988
- zonas étnicas kurdas
- zonas étnicas árabes en Irán
- territorio habitado por chiíes en Iraq

2 En septiembre de 1980 la invasión de Irán por Iraq desencadenó una guerra de desgaste que duró ocho años (mapa a la izquierda), hasta julio de 1988, cuando Irán pidió un armisticio. Se calcula que la guerra costó 400.000 muertos y 750.000 heridos, y cargó a ambos Estados de enormes deudas. La zona en disputa fue pequeña y los resultados poco concluyentes.

pérdidas de Iraq se calcularon en más de 200.000 bajas. Iraq fue obligado a aceptar unas humillantes condiciones de armisticio. Los daños causados a objetivos iraquíes destruidos por la aviación de la coalición se estimaron en 170.000 millones de dólares USA. La guerra dividió al mundo árabe: Egipto, Siria, Arabia Saudí y Marruecos enviaron tropas para ayudar a la coalición de la ONU, mientras que Jordania, Yemen, Libia, Sudán, Argelia, Túnez y la OLP prestaron apoyo moral, pero ninguna ayuda militar, a Iraq. Sadam Hussein sobrevivió a la crisis de posguerra y siguió ostentando el poder en un Estado empobrecido y aislado. Sus intentos de detener el fundamentalismo islámico y luego presentarse como en nuevo líder panarabista fracasaron. Durante los años 1990 Iraq se vio sometido a estrictas regulaciones impuestas por la ONU en materia de armas e instalaciones militares. En 2002 el incumplimiento de las sanciones de la ONU comportó que los EE.UU. y Gran Bretaña exigieran el inmediato desarme de Iraq, y en la primavera siguiente una fuerza expedicionaria mayoritariamente anglo-americana invadió Iraq, sin apoyo explícito de la ONU, y derrocó al régimen de Hussein.

3 A Sadam Hussein se le permitió sobrevivir a la Guerra del Golfo de 1991, pero sin un consenso internacional sobre cuál debía ser la siguiente acción contra su régimen. En 2002 los EE.UU. acusaron a Iraq de «violación flagrante» de las resoluciones de la ONU sobre armas de destrucción masiva. En 2003 una coalición liderada por los EE.UU. invadió Iraq (mapa a la derecha) y produjo la caída del régimen de Hussein.

3 Iraq, 2003

- avance de las fuerzas terrestres de los EE.UU.
- avance de las fuerzas terrestres del Reino Unido
- avance de las fuerzas especiales kurdas y de coalición
- ataques aéreos de la coalición
- portaviones y buques y submarinos dotados con misiles Tomahawk, con base en el Mediterráneo, el Golfo y el mar Rojo
- campamentos de Ansar-al-Islam y terroristas

Mapa izquierdo (etiquetas)

L. Urmia
Tabriz
Mar Caspio
Rasht
mar. 1987
Mosul
Rawandiz
Arbil
Kirkuk
feb. 1986
Kifri
abr. 1987
Baqubah
Tigris
Éufrates
Bagdad
controlado por Iraq, mayo–julio 1986
Teherán
Hamadan
Bakhtaran
Nahavand
Borujerd
Qom
Khorramabad
Mehran
Al Kut
evacuado por Iraq después del alto el fuego
Dehloran
Dezful
Isfahan
An Najaf
feb. 1984–mar. 1985
Susangerd
Masjed Soleyman
Isla de Majnun
Ahvaz
Ramhormoz
IRÁN
en. 1987
Basra
Khorramshahr
Umm Qasr
Abadan
Bandar Khomeini
feb. 1986
Faw
KUWAIT
Kuwait
Isla de Kharg
Shiraz
Bushehr
mayo 1987: misil Iraquí disparado por accidente mata a 37 marines de los EE.UU. del buque Stark
1986–87: Irán e Iraq atacan a los buques mercantes
desde 1987: buques de guerra occidentales protegen el tráfico marítimo internacional
mayo 1988: El Vincennes derriba por error un avión de pasajeros iraquí
ARABIA SAUDÍ
Riad
Manama
BAHRAIN
Isla de Sirri
El Golfo
QATAR
Doha
EAU

Mapa derecho (etiquetas)

TURQUÍA
asegurado, abr. 11
36 N (zona norte de exclusión aérea de preguerra)
Turquía bloquea la entrada de tropas terrestres de los EE.UU. feb. 2003
fuerzas especiales de la coalición activas desde el 19 de marzo y durante todo el conflicto
Mosul
Arbil
26 mar. 173.ª Brigada Aerotransportada de los EE.UU.
asegurado, abr. 9
Kirkuk
Sulaymaniyah
Halabja
31 mar.: destruido por fuerzas de los EE.UU. y kurdos
IRÁN
Tikrit
Tigris
SIRIA
Beirut
LÍBANO
Damasco
2002–03: aumento de la presión diplomática de los EE.UU.; se acuerda cerrar las oficinas de las organizaciones terroristas 2003
Éufrates
Samarra
Ar Ramadi
Bagdad
asegurado, Abr. 16
19 de mar.: 1.er ataque aéreo
3 de abr.: ciudad alcanzada por fuerzas terrestres
9 de abr.: la ciudad cae
ISRAEL
Karbala evitada, 1 abr.
Karbala
33 N (zona sur de exclusión aérea)
Kut
B-52 bombarderos desde R.U.
Ammán
Jerusalén
Najaf
B-52, B-1, B-2 bombarderos procedentes de Diego García, Océano Índico
fuerzas especiales toman el aeródromo; utilizado por la Coalición mar. 26
fuerzas especiales de la Coalición activas antes del 19 de mar. y durante todo el conflicto
JORDANIA
Samawah
Nasiriyah
asegurado, abr. 7
ralentizado por una tormenta de arena (mar. 25–27)
Basra
Umm Qasr
la vanguardia de la 3.ª División de Infantería de los EE.UU. evita las ciudades; luego se produce la entrada de la 101.ª División de Asalto Aéreo
Kuwait
desembarcos anfibios de la Coalición
KUWAIT
ARABIA SAUDÍ
EE.UU. y R.U. combaten contra la aviación desde Kuwait y los EAU
defensas antimisiles Patriot de los EE.UU.

La búsqueda de la paz en **Oriente Medio**

desde **1979**

1979 Egipto reconoce el Estado de Israel.

1987 1987 Comienzo de la intifada en la Franja de Gaza.

1988 La OLP reconoce los Estados palestino y judío en Israel.

1992 La OLP y el gobierno israelí firman una Declaración de Principios sobre el autogobierno provisional para la Franja de Gaza y la Ribera Occidental.

1994 El rey Hussein llega a un acuerdo de paz con Israel.

1995 Acuerdos de Oslo.

1995 Un extremista judío asesina al primer ministro israelí Rabin.

1996 Los israelíes eligen un gobierno del derechista Likud; en las zonas ocupadas se construyen asentamientos judíos.

2001 Israel inicia una nueva oleada de intervenciones militares en zonas palestinas.

2003 Publicada la «Hoja de Ruta» para un acuerdo en Oriente Medio.

2004 Muere Yaser Arafat.

Como consecuencia de la intensificación de la crisis iraní en los años 1980, la posición de Israel en la política de Oriente Medio comenzó a cambiar. La decisión de Egipto de reconocer a Israel en los acuerdos de paz alcanzados entre ellos en 1979, aunque inicialmente provocó un boicot árabe a Egipto, creó un marco que permitió el gradual relajamiento de la tensión entre Israel y los Estados árabes vecinos.

En 1983 Jordania restableció sus relaciones con Egipto, pero no fue hasta noviembre de 1987 cuando los demás Estados árabes fueron convencidos en Amman de hacer lo mismo. El reconocimiento formal de Israel costó más tiempo, pero en julio de 1994 el rey Hussein de Jordania acabó con el prolongado estado de guerra, y ese septiembre alcanzó un acuerdo de paz global. Siria, que durante los años 1980 había liderado la campaña contra el reconocimiento egipcio de Israel, acabó por restaurar relaciones con El Cairo en diciembre de 1989, y en 1995 accedió a establecer conversaciones con Israel.

La ruptura más significativa se produjo como consecuencia del reconocimiento por parte de la OLP en noviembre de 1988 de dos Estados en Palestina, uno judío y otro árabe. A comienzos de 1989 se iniciaron en Túnez conversaciones exploratorias sobre un acuerdo en Palestina. La razón de la revolución en la posición de la OLP fue su precaria situación económica. En 1982 Israel ocupó el sur de Líbano en un esfuerzo por acabar con los ataques palestinos desde el otro lado de la frontera. La derrota militar llevó al traslado de la OLP a una base en Túnez, muy lejos del lugar del conflicto. El fracaso de la OLP también supuso el distanciamiento de muchos jóvenes palestinos, que comenzaron a ingresar en grupos más radicales –Hezbollah, Hamas y la Yihad Islámica–, todos con la destrucción física de Israel como su objetivo principal. La debilidad de la OLP animó asimismo a los palestinos de Gaza y la Ribera Occidental a hacerse por sí mismos cargo del conflicto político. En diciembre de 1987 los violentos enfrentamientos entre los árabes y las fuerzas israelíes en la Franja de Gaza tuvieron como consecuencia la intifada, una rebelión popular y con frecuencia violenta en las zonas ocupadas contra la ocupación israelí. La tesis de la OLP de que un Estado palestino y un Estado judío podían convivir formaba parte de un

2 El tema de la independenc[ia] de los kurdos se remonta a la incumplida promesa de una patria independiente que se contenía en el Tratado de Sèvres, de 192[0.] Desde 1961 los kurdos, apoyados por las minorías kurdas de Irán y Turquía, han luchado contra el régimen iraquí por su independencia nacional (mapa *infra*). Tras la Guerr[a] del Golfo de 1991, Sadam Hussein produjo millones [de] refugiados, pero los kurdo[s] consiguieron la instauració[n] de la zona autónoma en el norte de Iraq.

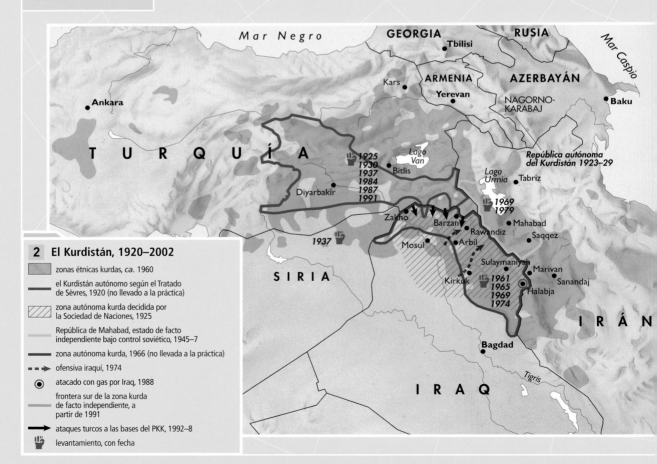

2 **El Kurdistán, 1920–2002**

zonas étnicas kurdas, *ca.* 1960

el Kurdistán autónomo según el Tratado de Sèvres, 1920 (no llevado a la práctica)

zona autónoma kurda decidida por la Sociedad de Naciones, 1925

República de Mahabad, estado de facto independiente bajo control soviético, 1945–7

zona autónoma kurda, 1966 (no llevada a la práctica)

ofensiva iraquí, 1974

atacado con gas por Iraq, 1988

frontera sur de la zona kurda de facto independiente, a partir de 1991

ataques turcos a las bases del PKK, 1992–8

levantamiento, con fecha

esfuerzo concertado por Yaser Arafat y el liderazgo de la OLP para no perder contacto con las bases del movimiento de liberación.

Entre la OLP e Israel se hicieron pocos progresos, no porque no hubiera en Israel círculos deseosos de abordar el tema palestino, sino porque el gobierno israelí de Isaac Shamir se oponía a cualquier idea de pérdida de control sobre las zonas ocupadas. En octubre de 1991 el presidente estadounidense George Bush consiguió convocar en Madrid una cumbre que reunió a las partes en conflicto, incluida la OLP, representada por el político de Gaza Haydar al-Shafi. Los progresos se aceleraron cuando en julio de 1992 Shamir fue sustituido por el primer ministro socialista Isaac Rabin. En la primavera de 1993 la OLP y el gobierno israelí se reunieron en secreto para sentar las bases de un acuerdo. En septiembre ambos bandos firmaron una Declaración de Principios sobre un autogobierno provisional para la Franja de Gaza y la Ribera Occidental. En mayo de 1994 Israel se retiró de Jericó y de la Franja de Gaza, y la Autoridad Nacional Palestina, con Arafat al frente, asumió el gobierno de estas zonas. Repetidos ataques terroristas llevados a cabo con la intención de perturbar el proceso de paz desbarataron la segunda fase de los Acuerdos de Oslo, que no se firmaron hasta septiembre de 1995 pero que llevaron a la retirada israelí de algunas zonas de la Ribera Occidental y a la ampliación del limitado autogobierno palestino hasta 1999.

Los acuerdos encontraron una enconada oposición en varios distritos. Hamas, la Yihad Islámica y Hezbollah desencadenaron una campaña de terror. Incluso los palestinos moderados estaban divididos sobre el cambio de opinión de Arafat. Los fundamentalistas judíos eran también profundamente hostiles. El Gush Emunim (Bloque de los Fieles), creado tras la guerra de 1973, mantuvo su oposición implacable a cualquier pérdida territorial en la sagrada tierra de Israel. En febrero de 1994 un pistolero ultranacionalista fue responsable del asesinato de 29 musulmanes que se hallaban rezando en Hebrón. El mismo Rabin fue víctima de un extremista judío en noviembre de 1995. Los temas de los asentamientos judíos en la Ribera Occidental y el futuro de Jerusalén no se resolvieron en Oslo y se convirtieron en serios escollos tras la elección en mayo de 1996 de un gobierno del derechista Likud con Benjamin Netanyahu a su cabeza.

Bajo el mando de Netanyahu, las relaciones con los líderes palestinos se tensaron. El Acuerdo de Wye sobre otra retirada israelí de la Ribera Occidental, firmado en los EE.UU. en octubre de 1998, nunca se aplicó. Los esfuerzos de su sucesor Ehud Barak, elegido en 1999, por revivir el proceso de paz no dieron ningún resultado. Bajo el mando de Ariel Sharon, elegido en 2001, Israel inició una nueva oleada de intervenciones militares en las zonas palestinas. En 2004 el líder espiritual de Hamas, el jeque Yassim, fue asesinado por fuerzas israelíes, lo cual provocó otra oleada de violencia en la larga Guerra de Oriente Medio.

1 En 1993, el gobierno israelí y la OLP acordaron en Oslo un limitado autogobierno palestino y una retirada israelí por fases de Gaza y la Ribera Occidental (mapa a la derecha). Tras un breve período de limitado autogobierno, la persistencia de la violencia llevó al ejército israelí a intervenir en ambas zonas. En 2003 el gobierno de Sharon comenzó a construir una valla de seguridad para separar los asentamientos árabes y judíos en la Ribera Occidental. En 2004 se produjo una nueva escalada de la violencia entre ambos bandos.

1 El acuerdo palestino-israelí, 1993–2004

- bajo pleno control palestino desde mayo de 1994
- bajo pleno control palestino desde mayo 1995–97
- bajo control administrativo palestino desde 1995
- ■ asentamientos judíos en territorios ocupados
- patrullado por los militares israelíes
- patrullado por fuerzas conjuntas palestino-israelíes
- ☆ puestos policiales israelíes
- ■ oficinas de coodinación
- Jerusalén Este
- secciones completadas de la valla de seguridad, abril de 2004
- secciones proyectadas de la valla de seguridad, abril de 2004
- ● aldeas palestinas detrás de la valla de seguridad

Las **Naciones Unidas**

A lo largo de todos los años de crisis en Oriente Medio, las Naciones Unidas han desempeñado un papel protagonista, desde las guerras árabe-israelíes de 1948 hasta los problemas en Líbano y Palestina en los años 1990. La ONU no ha conseguido impedir las guerras en la región, pero sí contener la violencia y paliar sus consecuencias en Oriente Medio y en otros lugares.

Las raíces de la Organización de las Naciones Unidas se hunden en la Segunda Guerra Mundial. El secretario de Estado de Roosevelt, Cordell Hull, que más tarde recibió el premio Nobel por sus esfuerzos, trabajó tras las bambalinas para transformar la coalición anti-Eje de la guerra en una organización mundial permanente. En Dumbarton Oaks, Washington, en agosto de 1944 las principales potencias redactaron los estatutos preliminares de una organización que Roosevelt insistió en que debería llamarse Naciones Unidas.

La conferencia fundacional de la ONU se celebró en San Francisco en abril de 1945. Se acordó que la Organización debería tener una Asamblea General, un Consejo de Seguridad más pequeño y con algunas grandes potencias como miembros permanentes, y un secretariado permanente. La estructura difería poco de la de la Sociedad de Naciones, que cooperó en el desarrollo de su sucesora. Al cabo de dos meses, se alcanzó un acuerdo sobre los estatutos. El millonario estadounidense John D. Rockefeller ofreció gratis un solar en la ciudad de Nueva York para que en él se construyera un edificio de la ONU, y la sede permanente se estableció allí como un signo del compromiso de los Estados Unidos con la paz mundial. La pertenencia estaba abierta a todos, pero las excepciones no se hicieron esperar. Suiza seguía siendo neutral y no ingresó; en 1955 Japón e Italia fueron admitidos gracias a la presión ejercida por los EE.UU. sobre la URSS; los dos Estados alemanes no ingresaron hasta 1975. Los dos Estados coreanos se negaron a ingresar, pues cada uno de ellos reivindicaba el territorio del otro. Taiwán fue miembro bajo el nombre de República China tras la Revolución china, pero en 1971 la China comunista ocupó su lugar y Taiwán fue formalmente expulsado.

El objetivo primordial de la ONU era el mantenimiento de la paz. Casi inmediatamente se vio envuelta en la guerra civil griega (1947), y en 1948 en la guerra entre Israel y sus vecinos árabes. La organización de supervisión de las treguas –UNTSO– sigue allí, 50 años después. La mayor prueba se presentó en 1950, cuando Corea del Norte invadió Corea del Sur. La URSS declaró ilegal la intervención de la ONU, pero prefirió seguir dentro del sistema al riesgo de una ruptura abierta. Desde Corea, la ONU se ha visto activamente envuelta en la mayoría de conflictos y ha desempeñado algún papel en su resolución, aunque el éxito ha dependido más de la buena voluntad de los implicados que de la fuerza militar.

El elemento clave en la actividad de la ONU fue el apoyo por parte de los EE.UU., que contribuyeron de manera desproporcionada a los presupuestos de la ONU. Los gobiernos estadounidenses colaboraron estrechamente con la ONU en los años 1950, pero durante los secretariados de U Thant (1961–71) y del austríaco Kurt Waldheim (1971–81) los EE.UU. se distanciaron de la ONU, hicieron caso omiso de sus resoluciones y tendieron a actuar unilateralmente. La causa de este cambio de actitud

fueron las duras críticas de la ONU a la intervención estadounidense en Vietnam, más el desequilibrio de la Asamblea General en favor del mundo desarrollado y sus problemas. A mediados de los años 1980, el Congreso hizo movimientos en el sentido de recortar la contribución de los EE.UU. al presupuesto, lo cual le creó una grave crisis al nuevo secretario general, el peruano Javier Pérez de Cuéllar. En 1988 el presidente Reagan dio por fin un nuevo aval a la ONU tras sus éxitos en Afganistán, al acabar con la guerra Irán–Iraq y al obtener la independencia para Namibia. En los años 1990 durante el mandato de Boutros Boutros Ghali y su sucesor como secretario general, Kofi Annan, la ONU se encontró desempeñando un mayor papel político en la crisis de zonas clave. En los Balcanes, Afganistán y Oriente Medio las resoluciones de la ONU sirvieron de base para las acciones lideradas por los EE.UU. con el objetivo de acabar con guerras civiles o promover el desarme.

UNPROFOR
UN
Mar. 1992–
Dic. 1995
(EX YUGOSLAVIA)

UNCRO
UN
Mar. 1995–
En. 1996
(CROACIA)

UNTAES
UN
En. 1996–
En. 1998
(CROACIA)

UNPSG
UN
En 1998–
Oct. 1998
(CROACIA)

UN
Dic
Dic
(BOS

CANADÁ
198

MINUGUA
UN
En.–
Mayo 1997
(GUATEMALA)

EE.UU.

ONUSAL
UN
Julio 1991–
Abr. 1995
(EL SALVADOR)

UNMIH
UN
Sep. 1993–
Junio 1996

UNSMIH
UN
Julio 1996–
Julio 1997

UNTMIH
UN
Ag.–
Nov. 1997

MIPO
UN
Dic.
28

MÉXICO

HAITÍ   REPÚBLICA
DOMINICANA

HONDURAS
NICARAGUA

VENEZUELA

COLOMBIA

BRASIL

DON
UN
May
Oct.

UNO
(SIERR
UN
Julio
Oct.

UN
UN
Oct.

17.500

UNO
UN
Sep
Sep

ONUCA
UN
Nov. 1989–
En. 1992

BOLIVIA
204

CHILE   URUGUAY
1.591

ARGENTINA
463

www.un.org/Depts/dpko/dpko/home.shtml
Operaciones pacificadoras de la ONU.
www.mapleleafweb.com/features/military/peace_keeping/history.html
Una cronología de las misiones pacificadoras de la ONU.

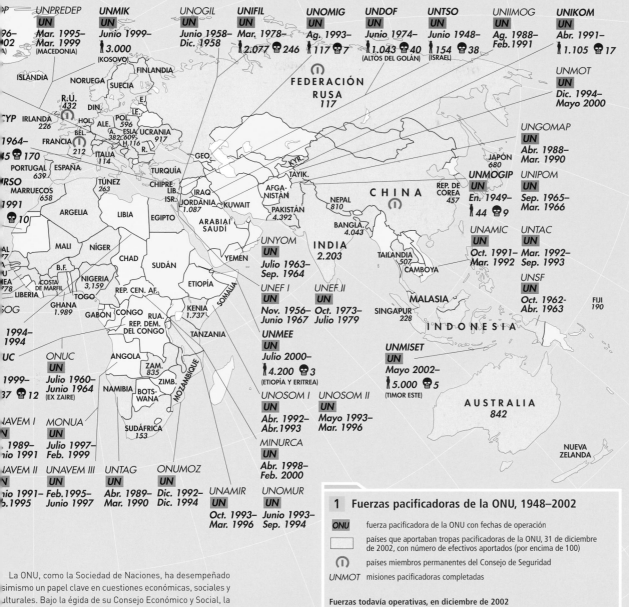

UNPREDEP · UN · Mar. 1995– Mar. 1999 (MACEDONIA)

UNMIK · UN · Junio 1999– · 3.000 (KOSOVO)

UNOGIL · UN · Junio 1958– Dic. 1958

UNIFIL · UN · Mar. 1978– · 2.077 · 246

UNOMIG · UN · Ag. 1993– · 117 · 7

UNDOF · UN · Junio 1974– · 1.043 · 40 (ALTOS DEL GOLÁN)

UNTSO · UN · Junio 1948– · 154 · 38 (ISRAEL)

UNIIMOG · UN · Ag. 1988– Feb. 1991

UNIKOM · UN · Abr. 1991– · 1.105 · 17

UNMOT · UN · Dic. 1994– Mayo 2000

UNGOMAP · UN · Abr. 1988– Mar. 1990

UNMOGIP · UN · En. 1949– · 44 · 9

UNIPOM · UN · Sep. 1965– Mar. 1966

UNAMIC · UN · Oct. 1991– Mar. 1992

UNTAC · UN · Mar. 1992– Sep. 1993

UNSF · UN · Oct. 1962– Abr. 1963

UNYOM · UN · Julio 1963– Sep. 1964

UNEF I · UN · Nov. 1956– Junio 1967

UNEF II · UN · Oct. 1973– Julio 1979

UNMEE · UN · Julio 2000– · 4.200 · 3 (ETIOPÍA Y ERITREA)

UNOSOM I · UN · Abr. 1992– Abr. 1993

UNOSOM II · UN · Mayo 1993– Mar. 1996

MINURCA · UN · Abr. 1998– Feb. 2000

UNMISET · UN · Mayo 2002– · 5.000 · 5 (TIMOR ESTE)

ONUC · UN · Julio 1960– Junio 1964 (EX ZAIRE)

MONUA · UN · Julio 1997– Feb. 1999

UNTAG · UN · Abr. 1989– Mar. 1990

ONUMOZ · UN · Dic. 1992– Dic. 1994

UNAMIR · UN · Oct. 1993– Mar. 1996

UNOMUR · UN · Junio 1993– Sep. 1994

FEDERACIÓN RUSA 117

ISLANDIA · NORUEGA · SUECIA · FINLANDIA · R.U. 432 · IRLANDA 226 · DIN. · HOL. · ALE. · L.E. · POL. 596 · BÉL. 382 · ESLA. 609 · UCRANIA 917 · FRANCIA 212 · ITALIA 114 · ESPAÑA · PORTUGAL 639 · TÚNEZ 263 · MARRUECOS 658 · ARGELIA · LIBIA · EGIPTO · MALI · NÍGER · CHAD · SUDÁN · B.F. · NIGERIA 3.159 · COSTA DE MARFIL · GHANA 1.989 · TOGO · GABÓN · CONGO · REP. CEN. AF. · RUA. · REP. DEM. DEL CONGO · ANGOLA · ZAM. 835 · ZIMB. · NAMIBIA · BOTS- WANA · SUDÁFRICA 153 · LIBERIA · TANZANIA · KENIA 1.737 · ETIOPÍA · SOMALIA · MOZAMBIQUE

GEO. · TURQUÍA · CHIPRE 263 · ISR. · LIB. · JORDANIA 1.087 · IRAQ · KUWAIT · ARABIA I SAUDÍ · YEMEN · KYR. · TAYIK. · AFGA- NISTÁN · PAKISTÁN 4.392 · NEPAL 810 · BANGLA. 4.043 · INDIA 2.203 · JAPÓN 680 · CHINA · REP. DE COREA 457 · TAILANDIA 507 · CAMBOYA · MALASIA · SINGAPUR 228 · INDONESIA · FIJI 190

AUSTRALIA 842 · NUEVA ZELANDA

CYP · 1964– · 170 · RSO · 1991 · 10

La ONU, como la Sociedad de Naciones, ha desempeñado asimismo un papel clave en cuestiones económicas, sociales y culturales. Bajo la égida de su Consejo Económico y Social, la ONU ha ayudado proveyendo ayudas al desarrollo, ayudas a la educación y colaboración cultural, y ha tomado iniciativas sobre los derechos humanos, los problemas de los refugiados y temas de drogas, salud y medioambientales. Es sobre todo en estas zonas de preocupación global, en las que se gasta el 8 por 100 de su presupuesto, donde la ONU ha conseguido convertirse en un habitante indispensable de la aldea global.

1 Fuerzas pacificadoras de la ONU, 1948–2002

ONU — fuerza pacificadora de la ONU con fechas de operación

☐ — países que aportaban tropas pacificadoras de la ONU, 31 de diciembre de 2002, con número de efectivos aportados (por encima de 100)

(꞉) — países miembros permanentes del Consejo de Seguridad

UNMOT — misiones pacificadoras completadas

Fuerzas todavía operativas, en diciembre de 2002

UNTSO — fuerza operativa

👤 — tamaño de la fuerza · 💀 — bajas de la ONU sufridas en 2002

1 Las Naciones Unidas se vieron implicadas en el mantenimiento de la paz desde el mismo inicio de su vida formal. En enero de 1946, en la primera reunión del Consejo Seguridad, Irán pidió a la ONU que obligara a la URSS a la retirada de sus fuerzas allí estacionadas durante la guerra, lo cual consiguió. Desde entonces, la ONU se ha visto implicada en el mantenimiento de la paz en todo el mundo (mapa *supra*). Sus esfuerzos han conseguido resultados desiguales, pues su poder para desplegar fuerzas se ha ejercido moderadamente. Como la de la Sociedad de Naciones, su eficacia ha dependido de la buena voluntad de los principales actores en el sistema internacional. La pacificación ha sido cara. La acción de la ONU en Yugoslavia en 1994 costó 1.600 millones de dólares.

El **mundo** en el **siglo** XXI

desde 2000

2001 Al-Qaeda ataca Nueva York y Washington.

2002 Los talibán derrocados en Afganistán; moneda única europea; bombas terroristas en Bali; crisis indo-pakistaní a propósito de Cachemira.

2003 Coalición liderada por EE.UU. derroca a Sadam Hussein.

2004 Enorme incremento del terrorismo islámico en Oriente Medio; bombas terroristas en Madrid; masacre de Beslan.

2004 (26 de diciembre) Un maremoto mata a más de 150.000 personas en el Sudeste asiático, sobre todo Indonesia, Sri Lanka, Tailandia, la India y las islas Andaman y Nicobar.

2 Con la revigorización de las principales confesiones religiosas, se han reanudado los conflictos (mapa *infra*) dirigidos tanto contra gobiernos seculares como contra otros grupos religiosos. La combinación del fundamentalismo religioso y el nacionalismo promete ser un peligro muy considerable en el siglo XXI.

Desde 1990 el mundo ha vivido libre de la sombra de la Guerra Fría. Rusia ha decaído rápidamente como potencia militar. Los Estados ex comunistas de Europa del Este se han convertido en miembros de la OTAN. El antiguo conflicto ha sido sustituido por un sistema unipolar basado en la creciente confianza en el colosal poder militar de los Estados Unidos.

La esperanza de los años 1980 en que Europa se convertiría en una «tercera fuerza» entre los Estados Unidos y el bloque soviético se evaporó. Las crisis de Kosovo en 1999, de Afganistán en 2001 y de Iraq en 2003 pusieron de manifiesto las crecientes divisiones en el seno de Europa sobre la política exterior estadounidense. China y Rusia han comenzado a desempeñar un papel más importante en el intento de poner freno a la conducta estadounidense. La decisión de los EE.UU. de librar una guerra global contra el «terrorismo» subrayó la cambiante naturaleza de las amenazas que pesan sobre el orden mundial.

El nuevo orden mundial lentamente surgido en la década posterior al desmoronamiento del comunismo soviético ha visto un paradójico contraste entre la creciente globalización económica y cultural, por un lado, y una tendencia a la creación de bloques económicos y los conflictos regionales, por otro. La esperanza en que el desmoronamiento del comunismo comportaría el triunfo mundial del capitalismo sólo se ha visto parcialmente realizada. El rico mundo industrializado sigue gozando de los mismos privilegios económicos de siempre, mientras que en Rusia y en la Europa oriental, en toda África e incluso en las economías «tigre» de rápido crecimiento en el Asia oriental se ha experimentado la deslocalización e incluso la decadencia económica.

La crisis económica se ha visto acompañada por una revigorización de profundos conflictos étnicos y religiosos que desde 1990 han producido violencia terrorista, guerras civiles e insurrecciones. En Chechenia, los chechenos libraron una larga y brutal guerra de independencia contra el dominio ruso; en Israel los combates entre israelíes y palestinos volvieron a agravarse. Los esfuerzos por alcanzar un acuerdo en ambas regiones fracasaron en el siglo XXI y provocaron una nueva ola de ataques terroristas y represalias brutales. En la ex Yugoslavia las divisiones étnicas y las animosidades religiosas produjeron tres años de bárbara guerra civil entre los musulmanes y los serbios cristianos, y entre los serbios y los croatas. En 1995 las fuerzas de la OTAN habían puesto fin a la violencia, pero ésta resurgió en Serbia cuando los albano-kosovares trataron de separarse. La OTAN volvió a intervenir para imponer la paz en 1999. La campaña kosovar motivó el mayor despliegue de fuerzas visto en Europa desde 1945.

En Oriente Medio afloraron otros conflictos, alimentados por el resurgimiento del fundamentalismo islámico. A lo largo de los años 1990 fueron muchos los conflictos en los que desempeñó un papel capital el renacimiento religioso sobre la base de un rechazo de los valores religiosos tradicionales. En Afganistán los talibán impusieron una interpretación rigorista de la ley coránica, pero los movimientos en pro del renacimiento islámico se han dado en zonas que van desde Marruecos hasta Indonesia. En India los conflictos entre hindúes, musulmanes y sij tienen un origen fundamentalmente religioso. En 1999 fuerzas

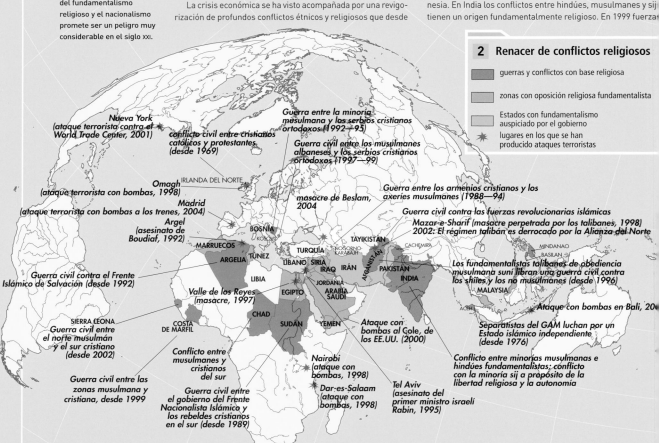

2 Renacer de conflictos religiosos

- guerras y conflictos con base religiosa
- zonas con oposición religiosa fundamentalista
- Estados con fundamentalismo auspiciado por el gobierno
- lugares en los que se han producido ataques terroristas

Nueva York *(ataque terrorista contra el World Trade Center, 2001)*

conflicto civil entre cristianos católicos y protestantes *(desde 1969)*

Guerra entre la minoría musulmana y los serbios cristianos ortodoxos *(1992—95)*

Guerra civil entre los musulmanes albaneses y los serbios cristianos ortodoxos *(1997—99)*

Omagh *(ataque terrorista con bombas, 1998)*

IRLANDA DEL NORTE

Guerra entre los armenios cristianos y los axeríes musulmanes *(1988—94)*

masacre de Beslam, 2004

Madrid *(ataque terrorista con bombas a los trenes, 2004)*

Argel *(asesinato de Boudiaf, 1992)*

Guerra civil contra las fuerzas revolucionarias islámicas
Mazar-e-Sharif *(masacre perpetrada por los talibanes, 1998)*
2002: El régimen talibán es derrocado por la Alianza del Norte

BOSNIA
KOSOVO
MARRUECOS
ARGELIA
TÚNEZ
LIBIA
TURQUÍA
NAGORNO-KARABAJH
CACHEMIRA
LÍBANO SIRIA
IRAQ
IRÁN
JORDANIA
ARABIA SAUDÍ
EGIPTO
TAYIKISTÁN
AFGANISTÁN
PAKISTÁN
INDIA
MINDANAO
BASILAN
MALAYSIA
ACEH

Los fundamentalistas talibanes de obediencia musulmana suní libran una guerra civil contra los shiíes y los no musulmanes *(desde 1996)*

Guerra civil contra el Frente Islámico de Salvación *(desde 1992)*

Valle de los Reyes *(masacre, 1997)*

Ataque con bombas en Bali, 20

SIERRA LEONA
Guerra civil entre el norte musulmán y el sur cristiano *(desde 2002)*

COSTA DE MARFIL

CHAD

SUDÁN

YEMEN

Ataque con bombas al Cole, de los EE.UU. *(2000)*

Separatistas del GAM luchan por un Estado islámico independiente *(desde 1976)*

Guerra civil entre las zonas musulmana y cristiana, desde 1999

Conflicto entre musulmanes y cristianos del sur

Nairobi *(ataque con bombas, 1998)*

Dar-es-Salaam *(ataque con bombas, 1998)*

Tel Aviv *(asesinato del primer ministro israelí Rabin, 1995)*

Conflicto entre minorías musulmanas e hindúes fundamentalistas; conflicto con la minoría sij a propósito de la libertad religiosa y la autonomía

Guerra civil entre el gobierno del Frente Nacionalista Islámico y los rebeldes cristianos en el sur *(desde 1989)*

ndias y pakistaníes volvieron a entablar combates en Cachemira a propósito de esta línea de falla clave entre el islam y el hinduismo. El renacimiento del islam ha provocado una creciente reacción de las comunidades cristianas en Occidente. En los Estados Unidos los fundamentalistas cristianos han llegado a ver los conflictos en términos que se hacen eco de las cruzadas medievales.

Gran parte de la violencia en todo el mundo ha sido alimentada por una gran expansión en la producción y el suministro de armas desde los Estados desarrollados más ricos. En Oriente Medio y en el este y el sur de Asia se han encontrado nuevos grandes mercados con los que compensar la decadencia de las fuerzas militares en Europa y los Estados Unidos. El desmoronamiento del bloque ex soviético también tuvo como consecuencia un gran comercio, con frecuencia ilícito, de tecnología punta. La facilidad para procurarse armas sofisticadas ha animado al caudillismo local y al terrorismo. En Occidente hay temor a ataques terroristas con armas nucleares, biológicas o químicas, muchas de ellas paradójicamente producidas y vendidas en los mercados occidentales.

La combinación de crecientes desigualdades económicas, conflictos religiosos y facilidad de acceso a las armas constituye un cóctel letal para el nuevo siglo. La inestabilidad política en Rusia y el creciente nacionalismo en China significan que el mundo es un lugar potencialmente más peligroso y desordenado de lo que fue jamás durante la Guerra Fría. Mientras que los Estados ricos se hacen más ricos, fuerzas impredecibles y violentas pueden acabar con la prosperidad y seguridad de que disfruta la minoría privilegiada del mundo.

1 Tras el final de la Guerra Fría la preocupación por la extensión de armas de destrucción masiva (mapa *infra*) por la venta de datos técnicos o tecnología para las armas nucleares no hizo sino crecer. De hecho, el 98 por 100 de las cabezas nucleares existentes pertenecen a sólo cinco potencias, de las cuales los EE.UU. y Rusia cuentan con el 92 por 100, más que suficiente para destruir el planeta.

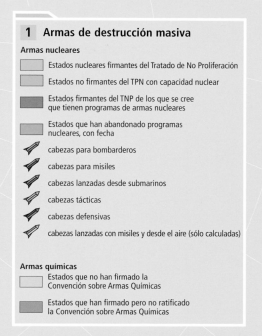

1 Armas de destrucción masiva

Armas nucleares

Estados nucleares firmantes del Tratado de No Proliferación

Estados no firmantes del TPN con capacidad nuclear

Estados firmantes del TNP de los que se cree que tienen programas de armas nucleares

Estados que han abandonado programas nucleares, con fecha

cabezas para bombarderos

cabezas para misiles

cabezas lanzadas desde submarinos

cabezas tácticas

cabezas defensivas

cabezas lanzadas con misiles y desde el aire (sólo calculadas)

Armas químicas

Estados que no han firmado la Convención sobre Armas Químicas

Estados que han firmado pero no ratificado la Convención sobre Armas Químicas

El siglo XX **ha sido testigo de una revolución** en las vidas de las personas corrientes. Las mejoras sanitarias, en las comunicaciones terrestres y aéreas, en las telecomunicaciones y en la educación han contribuido a aumentar el número, el alfabetismo y la información de la población. En 1900 la mayoría de las personas vivía de la tierra. En el año 2000 la mayoría de las personas vive en las ciudades, con todos los problemas de servicios, sobrepoblación y contaminación que las ciudades generan. Los costes de la transformación social e industrial han de sopesarse con las ganancias económicas y en oportunidades, que se han distribuido de manera desigual entre las zonas desarrolladas y en desarrollo del mundo. En 1995 los Estados Unidos contaban con un millón de millonarios. En África, Sudáfrica y América Latina son millones las personas que siguen viviendo en un nivel mínimo de subsistencia y han visto sus modos tradicionales de vida perturbados o destrozados por la implacable modernización. Los cambios rápidos y la gestión de esos cambios constituyen las señas de identidad de la vida del siglo XX.

El astronauta John W. Young, del Apolo XVI, saluda a la bandera estadounidense sobre la superficie lunar.

PARTE VI   **EL SIGLO REVOLUCIONARIO: TEMAS**

La **explosión demográfica, riqueza** y **pobreza**

1 La explosión demográfica iniciada en los años 60 presentó algunos signos de ralentización en los años 90. Se espera que a mediados del siglo XXI la población se estabilice en torno a los 9.000 millones. La ralentización ha sido causada parcialmente por las mejoras en las técnicas contraceptivas y los esfuerzos de los Estados por restringir el tamaño de las familias. La enfermedad y el hambre también han desempeñado su papel. Las familias más pequeñas producirán también un crecimiento estable.

El siglo XX es el siglo del crecimiento demográfico. Es un siglo de riqueza y pobreza extremas. En sus inicios la población global era de 1.600 millones de personas. A su término supera los 6.000 millones. Este crecimiento tiene sus causas en parte en la eficacia agrícola y en parte en la apertura de nuevas zonas de cultivo.

Estos desarrollos se han combinado con cambios en la asistencia sanitaria que han incrementado las expectativas de vida y, en particular, han disminuido la mortalidad infantil. Las expectativas de vida aumentaron primero en los prósperos países de Norteamérica y Europa occidental, luego en la Europa oriental y meridional, y finalmente en los países menos desarrollados. El crecimiento demográfico supuso una presión creciente sobre la tierra y alentó a los campesinos a desplazarse a las ciudades en busca de trabajo. Estas migraciones estimularon más crecimiento económico y pusieron de nuevo en marcha el ciclo demográfico.

Sin embargo, el aumento de la población no ha sido ni universal ni uniforme. El crecimiento demográfico suele ir ligado a unas particulares circunstancias sociales. Las sociedades en las que las personas tienen la expectativa de depender de sus hijos cuando lleguen a la vejez, son propicias a las familias numerosas. Así sucede en los países en los que se da una industrialización rápida, donde hay una fuerte demanda de mano de obra, especialmente de trabajo infantil. Los sistemas de herencia de la tierra pueden influir de manera considerable en las decisiones sobre el tamaño de las familias. En Francia, la legislación garantizaba que la tierra se dividiera en partes iguales entre todos los herederos. Los campesinos tenían que limitar el tamaño de las familias con el fin de evitar que sus tierras se vieran divididas en parcelas demasiado pequeñas para sostenerlas. En parte como resultado de ello, la población de Francia se mantuvo justo por debajo de los 40 millones de personas durante todo el periodo de 1870 a 1940. Por contra, los jornaleros de las grandes fincas del sur de Italia, España o Hungría no tenían tierras ni por consiguiente ningún incentivo para limitar la población. Para los campesinos rusos había un incentivo positivo para tener familias numerosas: la tierra comunal se distribuía entre ellos según el número de hijos que tuvieran para trabajarla: entre 1880 y 1910 la población rusa creció en más de un 50 por 100.

El control sobre el tamaño de las familias se ejercía de diversos modos. En muchos países las mujeres solteras se ocupaban de la casa o eran recluidas en un convento. En el siglo XX los preservativos y la píldora facilitaron el control de la natalidad. El control demográfico despertó el interés de muchas instituciones. La Iglesia católica se oponía al control de la natalidad y consiguió introducir sus puntos de vista en la legislación de países como Irlanda e Italia. Los Estados preocupados por los empleos militares de una población numerosa trataban a veces de impedir el control de la natalidad.

En ocasiones se intentaba aumentar las tasas de natalidad entre ciertas partes de la población mientras se rebajaba en otras. Desde comienzos del siglo hubo eugenistas que creían que la fortaleza de la «raza» se veía socavada por el hecho de que los pobres y, por tanto, los «menos aptos» eran quienes más hijos tenían. El gobierno de la Alemania nazi institucionalizó tal pensamiento y alentó las altas tasas de natalidad entre los «racialmente aptos» y el aborto y la esterilización entre los que consideraba menos deseables. Después de 1945, cuando la economía pasó a constituir la principal preocupación, los Estados comenzaron a buscar tasas bajas de natalidad. El gobierno chino intentó disuadir a sus ciudadanos de tener más de un hijo. Los esfuerzos por influir en el tamaño de la población se vinculan ahora a los problemas de la consolidación de un adecuado desarrollo económico y social, uno de los principales temas de los que se trató en la cumbre sobre la población celebrada por la ONU en El Cairo el año 1995.

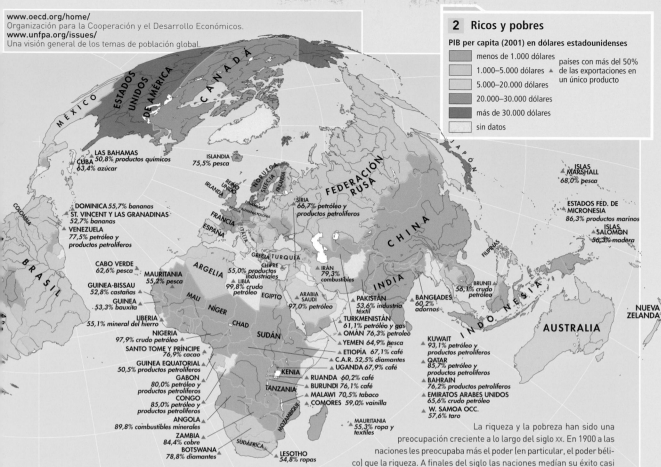

www.oecd.org/home/
Organización para la Cooperación y el Desarrollo Económicos.
www.unfpa.org/issues/
Una visión general de los temas de población global.

2 Ricos y pobres

PIB per capita (2001) en dólares estadounidenses

- menos de 1.000 dólares
- 1.000–5.000 dólares ▲ países con más del 50% de las exportaciones en un único producto
- 5.000–20.000 dólares
- 20.000–30.000 dólares
- más de 30.000 dólares
- sin datos

LAS BAHAMAS 50,8% productos químicos
CUBA 63,4% azúcar
ISLANDIA 75,5% pesca

DOMINICA 55,7% bananas
ST. VINCENT Y LAS GRANADINAS 52,7% bananas
VENEZUELA 77,5% petróleo y productos petrolíferos

CABO VERDE 62,6% pesca
MAURITANIA 55,2% pesca
GUINEA-BISSAU 52,8% castañas
GUINEA -53,3% bauxita
LIBERIA 55,1% mineral del hierro
NIGERIA 97,9% crudo petróleo
SANTO TOME Y PRÍNCIPE 76,9% cacao
GUINEA EQUATORIAL 50,5% productos petrolíferos
GABON 80,0% petróleo y productos petrolíferos
CONGO 85,0% petróleo y productos petrolíferos
ANGOLA 89,8% combustibles minerales
ZAMBIA 84,4% cobre
BOTSWANA 78,8% diamantes
LESOTHO 54,8% ropas

SÍRIA 66,7% petróleo y productos petrolíferos
CHIPRE 55,0% productos industriales
LIBIA 99,8% crudo petróleo
ARABIA SAUDI 97,0% petróleo
IRÁN 79,3% combustibles
PAKISTÁN 53,6% industria téxtil
TURKMENISTÁN 61,1% petróleo y gas
OMÁN 76,3% petróleo
YEMEN 64,9% pesca
ETIOPÍA 67,1% café
C.A.R. 52,5% diamantes
UGANDA 67,9% café
RUANDA 60,2% café
BURUNDI 76,1% café
MALAWI 70,5% tabaco
COMORES 59,0% vainilla
MAURITANIA 55,3% ropa y textiles

BANGLADES 60,2% adornos
BRUNEI 56,1% crudo petróleo
KUWAIT 93,1% petróleo y productos petrolíferos
QATAR 85,7% petróleo y productos petrolíferos
BAHRAIN 76,2% productos petrolíferos
EMIRATOS ARABES UNIDOS 65,6% crudo petróleo
W. SAMOA OCC. 57,6% taro

ISLAS MARSHALL 68,0% pesca
ESTADOS FED. DE MICRONESIA 86,3% productos marinos
ISLAS SALOMON 56,3% madera

---

2 La distribución de la riqueza mundial ha cambiado poco a lo largo del periodo de expansión conocido tras la Segunda Guerra Mundial, aunque ahora le corresponde a Asia una tajada mayor gracias al rápido crecimiento de los Estados de la cuenca del Pacífico (mapa *supra*). El mundo desarrollado tiene poblaciones menores, mayores ingresos per cápita y economías más diversas. La supervivencia de muchas economías en desarrollo depende de la comercialización de un solo producto.

---

1 La población mundial hacia el milenio (a la izquierda)

el tamaño de las familias y el crecimiento demográfico

- crecimiento muy rápido (más de 5 hijos por familia)
- crecimiento intermedio (2,1–5 hijos por familia)
- crecimiento lento (menos de 2,1 hijos por familia)

poblaciones de más rápido crecimiento (% anual)		poblaciones de más lento crecimiento (% anual)	
4,5%	2000–05	-4,5%	2000–05
4,0%	2045–50 (proyección)	-4,0%	2045–50 (proyección)
48,6	% de la población de menos de 15 años		

JAPÓN 9 — países con población de 50 millones o más en 2000, por orden

JAPÓN (15) — países con población de 50 millones o más en 2050 (proyección), por orden

JAPÓN -13,6 — países con decrecimiento proyectado de la población 2000–50, con porcentaje

Tokio 26,4 ● ciudades con poblaciones de más de 10 millones en 2000 (con población)

Tokio (27,2) ● ciudades con poblaciones de más de 10 millones en 2050 (con población proyectada)

La riqueza y la pobreza han sido una preocupación creciente a lo largo del siglo XX. En 1900 a las naciones les preocupaba más el poder (en particular, el poder bélico) que la riqueza. A finales del siglo las naciones medían su éxito casi por entero en términos económicos. Una superpotencia militar como Rusia se vio obligada a humillarse ante el poder del Fondo Monetario Internacional, mientras que un Estado con casi ninguna ambición militar –el Japón– era unánimemente considerado como un triunfador.

Cambios semejantes se produjeron en la manera de pensar de las personas sobre la riqueza. A comienzos del siglo el estatus, el rango o la casta (conceptos a menudo ligados al poder militar) eran más importantes. A finales del siglo habían sido sustituidos por un creciente entusiasmo por la magnitud de la riqueza. El debate sobre las reparaciones tras la Primera Guerra Mundial propició que muchas naciones calcularan con un nuevo celo su potencial económico. Las descolonizaciones de los años 60 alteraron las discusiones sobre la distribución internacional de la riqueza. Los Estados recién creados en África solían ser muy pobres, y la pertenencia a instituciones como las Naciones Unidas les daba cierta capacidad para hacer que se reconociera su difícil situación. También se prestó atención a los abismos que separaban a los ricos y a los pobres dentro de las naciones. La movilización de recursos durante las dos guerras mundiales obligó a los Estados ricos a interesarse por la dieta y el alojamiento de sus ciudadanos más pobres, aunque fuera a fin de asegurarse su disponibilidad como soldados. El interés por la riqueza y la pobreza por el que se ha caracterizado la historia reciente no ha producido ningún consenso sobre la definición de tales condiciones. La mortandad infantil y el consumo de calorías pueden ser indicios de los niveles de vida en el Tercer Mundo. Sin embargo, la mortalidad infantil puede ser también elevada en una zona como el sur del Bronx en Nueva York.

La evaluación más significativa de la riqueza y la pobreza es una cuestión siempre relativa. Fuera del África subsahariana pocos han experimentado una merma absoluta en sus tesoros. El rápido crecimiento económico tras la Segunda Guerra Mundial enmascaró el tema de las privaciones relativas porque la prosperidad creciente beneficiaba a casi todos. Un crecimiento económico más lento desde la crisis petrolífera de 1973 ha producido una intensificación de la conciencia de la distribución de la riqueza y de los conflictos en torno a ella. La globalización de la economía ha creado imperios económicos que atraviesan las fronteras. En los Estados Unidos, el Japón y Alemania los ricos tienen mucho en común; los pobres de Etiopía y de Europa, casi nada.

Los **refugiados**

desde 1900

- **1920** Se crea en Moscú el Comintern.
- **hasta 1921** Unos 800.000 refugiados huyen de la URSS.
- **1922-23** Más de 150.000 musulmanes huyen a Turquía.
- **desde 1933** La persecución racial causa una ola de refugiados en Alemania.
- **años 60/70** Oleada de refugiados que huyen de Indochina tras la llegada de los comunistas.
- **1990-5** Más de 11 millones de refugiados repatriados en el mundo.
- **1992** La «limpieza étnica» en Bosnia-Herzegovina produce olas de refugiados musulmanes.

2 Tras la Revolución rusa, miles de antiguos súbditos imperiales huyeron al extranjero. En 1922 hubo una cifra estimada de 863.000 de refugiados, la mayoría en Alemania, el antiguo enemigo de Rusia. Algunos consiguieron la nacionalidad de los países a los que huyeron, pero en 1937 todavía había una cifra estimada de 450.000 refugiados rusos no asimilados, lo cual los convertía en la población de refugiados más importante del mundo antes de 1939. La decisión de crear un Alto Comisionado de la Sociedad de Naciones para los Refugiados se debió en gran medida a la diáspora rusa.

La distinción entre los refugiados que huyen de la persecución política y los emigrantes que tratan de mejorar su nivel de vida es difícil de establecer. El poema de Emma Lazarus que acompañó a la Estatua de la Libertad hablaba de «masas apiñadas ansiosas por respirar libremente», pero la mayoría de quienes entraron en los Estados Unidos en el periodo anterior a 1914 no parece que tuvieran como preocupación principal la de mejorar económicamente.

Los refugiados más evidentes durante este periodo fueron los judíos del este de Europa que huían del antisemitismo del Imperio zarista y Rumanía. Sin embargo, incluso ellos a veces volvieron a su tierra natal tras haber ahorrado dinero trabajando en el extranjero. Las guerras de los Balcanes y sus secuelas marcaron el comienzo de un problema de refugiados a gran escala en Europa. En 1922 y 1923, 177.000 refugiados musulmanes huyeron a Turquía; en el mismo periodo, más de un millón de griegos entraron en tromba en Grecia desde el este y el norte de Turquía. La Primera Guerra Mundial y la Revolución rusa crearon más refugiados, especialmente en Europa oriental; en 1921 había unos 800.000 refugiados sólo de la Unión Soviética. Ese año, el explorador noruego Fridtjof Nansen fue nombrado Alto Comisionado de la Sociedad de Naciones para los Refugiados de Rusia. La conciencia de un «problema de refugiados» específico fue exacerbada por dos factores. En primer lugar, las condiciones económicas ya no permitían la absorción de grandes cantidades de trabajadores extranjeros que antes de 1914 había parecido posible en muchos países. En segundo lugar, el creciente hincapié en la identificación oficial de la nacionalidad mediante pasaportes y documentos de identidad acentuó la distinción entre refugiados y ciudadanos.

Las persecuciones políticas y raciales en la Alemania nazi después de 1933 crearon más oleadas de refugiados, y los gobiernos europeos respondieron a esto con creciente pánico. A finales de los años 30 incluso el tradicionalmente tolerante gobierno francés estaba comenzando a encarcelar a refugiados políticos en campos de concentración creados especialmente. Los refugiados llegaron a constituir elementos importantes en la resistencia antinazi durante la Segunda Guerra Mundial: los republicanos españoles derrotados desempeñaron un papel destacado en la resistencia francesa.

La Segunda Guerra Mundial y sus secuelas llevaron a su punto álgido el problema de los refugiados en Europa. Millones de europeos habían huido de sus casas o eran liberados de los campos de concentración en una época en la que sus familias, sus comunidades o quizá sus países enteros habían dejado de existir. Sin embargo, a largo plazo la Europa de posguerra no padeció una crisis de refugiados comparable a la que la había afligido antes de la guerra. El rápido crecimiento de las economías de Europa Occidental permitió absorber laboralmente a los refugiados. De hecho, los millones de alemanes étnicos de Europa Oriental que huyeron a Alemania Occidental después de 1945 y el millón más o menos de *pieds noirs* europeos que huyeron de Argelia después de que ésta obtuviera la independencia en 1962 resultaron casi beneficiosos para las economías en las que se integraron: aliviaron la escasez de mano de obra, al tiempo que su deseo de reconstruir la maltrecha prosperidad hizo con frecuencia de ellos personas emprendedoras y dinámicas. El cierre de fronteras entre Europa Oriental y Occidental, que limitó la cantidad de refugiados capaces de buscar la libertad en Occidente, constituyó otra ayuda para los gobiernos de Europa Occidental.

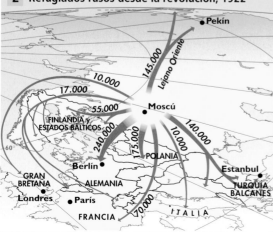

ALASKA

CANADÁ

ESTADOS UNIDOS DE AMÉRICA

MÉXICO

1960-8 900.00 cubano

GUATEMALA EL SALVADOR / NICARAGUA

BELICE / CUBA

1970-80: 500.000 salvadoreños, guatemaltecos y nicaragüenses

1 No todos los refugiados se permanecen en su lugar de asilo. La tabla (abajo a la izquierda) muestra la gran cantidad de retornados, muchos de los cuales encuentran graves problemas para reconstruir sus vidas dadas las maltrechas infraestructuras, las hambrunas y la continua inestabilidad política. La necesidad de ayuda a largo plazo para estos grupos es tan importante como la que se concede a los refugiados mismos.

2 Refugiados rusos desde la revolución, 1922

Pekín

145.000

10.000

17.000

55.000

FINLANDIA y ESTADOS BÁLTICOS

Lejano Oriente

Moscú

140.000

240.000

175.000

10.000

Berlín

POLANIA

GRAN BRETAÑA

Londres

ALEMANIA

París

Estanbul

TURQUÍA BALCANES

70.000

ITALIA

FRANCIA

Principales repatriaciones de refugiados, 2002

Origen	Países de origen	Numeros
Afganistán	Pakistán/Irán	26.100
Bosnia & Herzegovina	Yugoslavia/Croacia/ Alemania	18.700
Burundi	Tanzania	27.900
Timor Este	Indonesia	18.200
Eritrea	Sudán	32.700
FYR Macedonia	Yugoslavia/Albania	90.000
Ruanda	R.D. Congo/Tanzania	21.000
Sierra Leona	Guinea/Liberia	92.300
Somalia	Etiopía	51.300
Yugoslavia	Alemania/Bosnia & Herzegovina/Ex Rep. Yug. de Macedonia	25.600

Origen de las mayores poblaciones de refugiados, 2002

País de origen	Número de refugiados
Afganistán	3.809.600
Angola	470.600
Bosnia & Herzegovina	426.000
Burundi	554.000
R.D. Congo	392.100
Eritrea	333.100
Iraq	530.100
Somalia	439.900
Sudán	489.500
Vietnam	353.200

www.unhcr.ch/cgi-bin/texis/vtx/home
La agencia de la ONU para los refugiados.
www.ecre.org/
Consejo Europeo para los Refugiados y Exiliados.

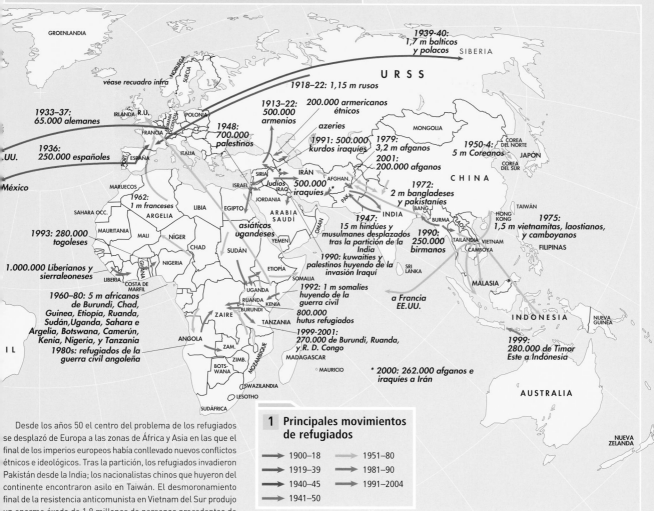

Mapa de movimientos de refugiados (mundial):

1939–40: 1,7 m bálticos y polacos — SIBERIA

1918–22: 1,15 m rusos

GROENLANDIA

NORUEGA SUECIA

véase recuadro infra

1933–37: 65.000 alemanes

IRLANDA R.U. POLONIA

ALEMANIA OCCIDENTAL

FRANCIA ITALIA

PORT. ESPAÑA

EE.UU.

1936: 250.000 españoles

México

1913–22: 500.000 armenios

200.000 armenicos étnicos

azeries

1948: 700.000 palestinos

1991: 500.000 kurdos iraquíes

1979: 3,2 m afganos
2001: 200.000 afganos

1950–4: 5 m Coreanos

MONGOLIA

COREA DEL NORTE JAPÓN
COREA DEL SUR

SIRIA
ISRAEL
Judíos
JORDANIA

IRÁN
AFGHAN.
IRAQ
500.000 iraquíes

PAK

CHINA

1972: 2 m bangladeses y pakistaníes

BANG.

HONG KONG

TAIWÁN

1975: 1,5 m vietnamitas, laosianos, y camboyanos

MARRUECOS

SAHARA OCC.

ARGELIA LIBIA EGIPTO

1962: 1 m franceses

MAURITANIA MALI NÍGER CHAD

ARABIA SAUDÍ

YEMEN

OMAN

BURMA LAOS

INDIA

1947: 15 m hindúes y musulmanes desplazados tras la partición de la India

1990: 250.000 birmanos

TAILANDIA VIETNAM CAMBOYA

FILIPINAS

1993: 280.000 togoleses

1.000.000 Liberianos y sierraleoneses

asiáticos ugandeses

NIGERIA
GHANA
COSTA DE MARFIL
LIBERIA

SUDÁN

ETIOPÍA
SOMALIA

1990: kuwaities y palestinos huyendo de la invasión Iraquí

SRI LANKA

MALASIA

INDONESIA

NUEVA GUINEA

1960–80: 5 m africanos de Burundi, Chad, Guinea, Etiopía, Ruanda, Sudán, Uganda, Sahara e Argelia, Botswana, Camerún, Kenia, Nigeria, y Tanzania
1980s: refugiados de la guerra civil angoleña

UGANDA
RUANDA KENIA
BURUNDI
ZAIRE
TANZANIA

1992: 1 m somalíes huyendo de la guerra civil

800.000 hutus refugiados

1999-2001: 270.000 de Burundi, Ruanda, y R. D. Congo

a Francia EE.UU.

1999: 280.000 de Timor Este a Indonesia

ANGOLA
ZAM.
ZIMB.
MOZAMBIQUE
BOTSWANA

MADAGASCAR
MAURICIO

* 2000: 262.000 afganos e iraquíes a Irán

AUSTRALIA

SWAZILANDIA
LESOTHO
SUDÁFRICA

NUEVA ZELANDA

Desde los años 50 el centro del problema de los refugiados se desplazó de Europa a las zonas de África y Asia en las que el final de los imperios europeos había conllevado nuevos conflictos étnicos e ideológicos. Tras la partición, los refugiados invadieron Pakistán desde la India; los nacionalistas chinos que huyeron del continente encontraron asilo en Taiwán. El desmoronamiento final de la resistencia anticomunista en Vietnam del Sur produjo un enorme éxodo de 1,8 millones de personas procedentes de Indochina, la mayoría de las cuales reanudaron su vida en Europa o América. En África, la guerra civil ha producido un problema crónico de refugiados. En 1991 había unos cinco millones de refugiados, la mayoría de los cuales vivía en condiciones muy precarias en asentamientos y campos de concentración sostenidos por agencias internaciones de socorro porque las naciones anfitrionas simplemente no podían asumir la carga. En Sudán, Etiopía y Somalia toda una generación ha crecido sin conocer otra vida que la de los cientos de campos de refugiados improvisados como consecuencia de años de conflictos civiles.

No todos los refugiados se quedan permanentemente en una tierra de nadie política. En los últimos 20 años millones de refugiados han sido repatriados, algunos voluntariamente, otros (por ejemplo, los *boat people* vietnamitas) por la fuerza. Según cifras de la ONU, entre 1990 y 1995 se repatrió a más de 11 millones de refugiados. Durante la crisis de Kosovo, donde más de 700.000 albaneses huyeron a campos de concentración en los Estados de alrededor, el objetivo de la comunidad internacional fue la repatriación de los refugiados. Los Estados occidentales ya no acogen grandes cantidades de refugiados; en lugar de eso, en los años 90 han tratado de modificar las circunstancias políticas que producen las crisis de refugiados.

1 **Principales movimientos de refugiados**

- 1900–18
- 1919–39
- 1940–45
- 1941–50
- 1951–80
- 1981–90
- 1991–2004

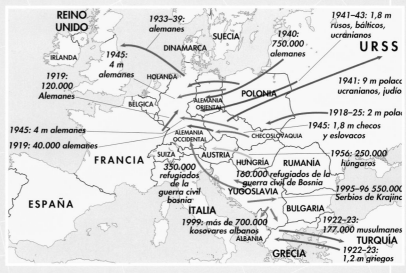

Mapa de Europa (recuadro):

REINO UNIDO

1933–39: alemanes

1941–43: 1,8 m rusos, bálticos, ucranianos

URSS

IRLANDA

SUECIA
DINAMARCA

1940: 750.000 alemanes

1945: 4 m alemanes

HOLANDA

ALEMANIA ORIENTAL

POLONIA

1941: 9 m polacos, ucranianos, judíos

1919: 120.000 Alemanes

BÉLGICA

1918–25: 2 m polacos

1945: 4 m alemanes

1919: 40.000 alemanes

ALEMANIA OCCIDENTAL

CHECOSLOVAQUIA

1945: 1,8 m checos y eslovacos

FRANCIA

SUIZA AUSTRIA

350.000 refugiados de la guerra civil bosnia

HUNGRÍA RUMANÍA

1956: 250.000 húngaros

160.000 refugiados de la guerra civil de Bosnia

1995–96 550.000 Serbios de Krajina

ESPAÑA

ITALIA

1999: más de 700.000 kosovares albanos

ALBANIA

YUGOSLAVIA

BULGARIA

1922–23: 177.000 musulmanes

TURQUÍA

1922–23: 1,2 m griegos

GRECIA

La **salud** y la **enfermedad**

1 En 1967 se lanzó un programa mundial para la erradicación de la viruela, que era endémica en gran parte de África y del sur de Asia. En el plazo de una década se había virtualmente acabado con la enfermedad. Se conservan muestras del virus en algunos laboratorios.

2 La incidencia de la poliomelitis se ha visto enormemente reducida como consecuencia del impulso dado a la vacunación eficaz desde los años 60. Los casos han descendido aproximadamente el 85 por 100 desde el inicio en 1988 de una campaña de la Organización Mundial de la Salud. Durante 1995 se vacunó a más de 300 millones de niños en 51 países. La polio ha desaparecido por entero en las Américas, donde el último caso se registró en Perú en 1991. El subcontinente indio tiene más de dos tercios de todos los casos, con la mayoría de los demás en África y el Oriente Medio.

La salud es un tema estrechamente ligado al desarrollo económico. Las mejoras en la salud y en la atención sanitaria durante el siglo han dependido de las mejoras en el nivel general de prosperidad y de los adelantos en la ciencia médica posibilitados por caros programas de investigación avanzada. A lo largo del siglo XX el nivel de salud general y las perspectivas de supervivencia han sido, por consiguiente, más elevadas en las regiones desarrolladas del mundo.

A comienzos del siglo XX había poca cooperación internacional en temas de salud, muchos de los cuales todavía no habían sido adecuadamente identificados o comprendidos. En 1907 se creó en París una Oficina Internacional de Higiene Pública para abordar y aconsejar sobre cuestiones de salud pública, y en 1919 la Sociedad de Naciones estableció en Ginebra una Organización Sanitaria permanente. Cuando en 1945 se reunió en San Francisco la conferencia de la ONU, Brasil propuso la creación de una institución sanitaria internacional autónoma, que el día 7 de abril de 1948 –ahora celebrado como el Día Mundial de la Salud– se convirtió en la Organización Mundial de la Salud (OMS). Su misión consistía en ocuparse del estado mundial de la salud, aconsejar sobre sanidad y coordinar los esfuerzos nacionales para promover la salud y erradicar las enfermedades. El principal fruto de sus primeros trabajos fue la publicación en 1969 de las Regulaciones Sanitarias Internacionales, que los Estados miembros debían observar.

Hasta los años 70 los logros de la OMS fuera del mundo desarrollado fueron modestos, pero en 1973 el papel de la OMS se fortaleció a fin de permitirle participar plena y activamente en el establecimiento de una sanidad eficaz en las regiones desfavorecidas. La organización asumió el liderazgo en el combate contra las principales enfermedades epidémicas. Su éxito más notable fue la erradicación de la viruela entre 1967 y 1977, cuando se dio en Somalia el último caso registrado.

En 1977 la OMS lanzó el programa «Salud para todos para el año 2000», que aspiraba a aumentar el nivel de la atención sanitaria primaria en el globo. El objetivo de la campaña no era sólo erradicar la enfermedad, sino combatir mediante la educación las mejoras medioambientales y el desarrollo de la economía las causas básicas de la mala salud y las deficiencias en higiene. La OMS se comprometía a aumentar las ayudas para la identificación y el tratamiento de las enfermedades mentales, que se calculaba que afectaban a más de 50 millones de personas en todo el mundo. En los años 80 este programa trató de aplicarse mediante un Programa de Inmunización global, lanzado en 1974 y que principalmente ponía en su punto de mira las enfermedades más mortíferas: la tuberculosis, el sarampión y la polio. La tasa de vacunaciones en el mundo en vías de desarrollo se cuadruplicó en diez años, con resultados notables. En 1982, en la India e Indonesia la tasa de vacunación contra el sarampión/TB era del 0,1 por 100. En 1987–90 había aumentado hasta el 86 por 100. La excepción a esta mejora se dio en la Unión Soviética, donde en el mismo periodo los niveles de vacunación cayeron del 95 al 68 por 100. Simultáneamente, los años 80 fueron declarados la «Década Internacional del Suministro de Agua Potable y la Salubridad». En el plazo de diez años, 1.590 millones de personas en el mundo en desarrollo disponían de agua potable: una cobertura del 68 por 100 comparado con el 29 por 100 en 1980. En 1988 la OMS se embarcó en otra lucha contra seis importantes infecciones, incluidas la polio, la lepra y el tétanos, que afectaban a más de 30 millones de personas. El objetivo era erradicarlas para el año 2000.

El impacto global de las mejoras sanitarias ha sido el rápido incremento de la esperanza de vida en 40 años. En las zonas en desarrollo la esperanza media de vida era de casi 60 años en 1990, frente a los 41 de 1948. Entre el mundo desarrollado y en desarrollo sigue habiendo marcadas diferencias en condiciones sanitarias. Los costes de la sanidad han crecido vertiginosamente, e incluso en los Estados desarrollados hay diferencias en los niveles de previsión. De los 17 millones de profesionales sanitarios existentes en 1990, 11,5 millones se encontraban en Europa y Norteamérica. En 1988, en los Estados en desarrollo el gasto sanitario totalizaba el 4 por 100 del PIB; en las economías

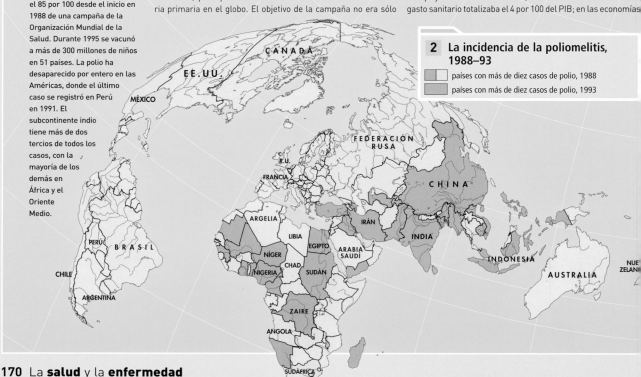

2 La incidencia de la poliomelitis, 1988–93

países con más de diez casos de polio, 1988

países con más de diez casos de polio, 1993

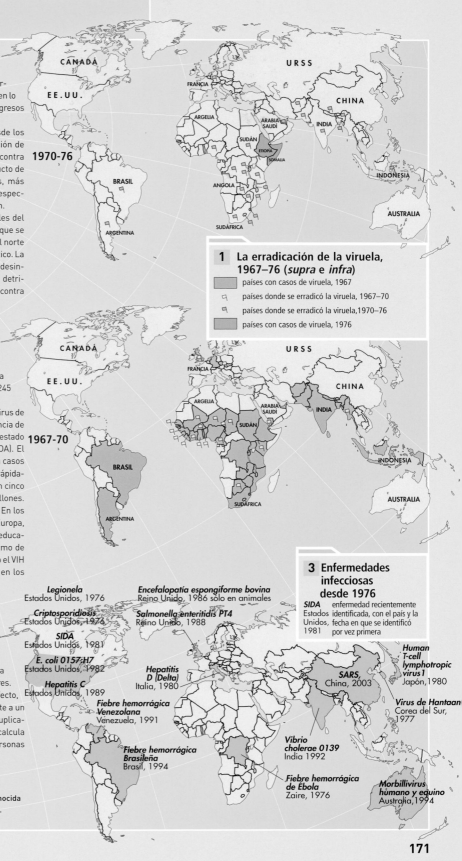

www.who.int/en/
Página web de la Organización Mundial de la Salud.
www.unaids.org/en/default.asp
Programa conjunto de la ONU para el VIH/SIDA.

desarrolladas la cifra era del 12,6 por 100. En estas circunstancias, la «Salud para Todos» para el milenio, pese a los notables avances en el control de las infecciones mortales y debilitantes, todavía no ha cumplido sus objetivos en lo que por otro lado ha sido un siglo de extraordinarios progresos médicos.

La revolución sanitaria que la OMS ha liderado desde los años 70 se ha comprometido no sólo con la erradicación de enfermedades seculares, sino también con la lucha contra otra serie de nuevas epidemias, algunas de ellas producto de mutaciones en los virus y bacterias existentes, otras, más peligrosas, consecuencia de la creciente inmunidad al espectro de antibióticos empleados para contener la infección.

Nuevas cepas de microbios han sido las responsables del resurgimiento del cólera y la difteria. El brote de cólera que se produjo en el sur de la India en 1992 se extendió hacia el norte hasta invadir la mayor parte de la China y el Sudeste Asiático. La difteria se desarrolló en el bloque ex soviético, donde la desintegración de los sistemas estatales comunistas fue en detrimento de los programas de vacunación y la lucha eficaz contra la enfermedad.

En los años 80 nuevas enfermedades con tasas de mortalidad excepcionalmente altas y sin cura conocida aparecieron acompañando a las cepas de bacterias resistentes. El virus Ébola, aparecido por primera vez en el Zaire en 1977, regresó al sur del Zaire en 1995, pero la rápida respuesta de las autoridades locales y la OMS limitaron el brote a sólo 316 casos, de los cuales 245 tuvieron resultado de muerte.

De los nuevos virus, el más mortal y extendido fue el Virus de Inmunodeficiencia Humana (VIH), que reduce la resistencia de los cuerpos humanos a las infecciones y puede llevar al estado fatal del Síndrome de Inmunodeficiencia Adquirida (SIDA). El VIH se identificó por vez primera en 1981, basándose en casos aislados registrados en los años 70. El virus se extendió rápidamente. En 1990 el número de infectados se calculaba en cinco millones; en 1991, en nueve millones; en 1996, en 24 millones. La mayoría de ellos estaban en el África subsahariana. En los años 80 la epidemia se propagó a los Estados Unidos y Europa, y provocó importantes programas de investigación y de educación sanitaria que han tenido el efecto de reducir el ritmo de crecimiento de la enfermedad. En el mundo desarrollado el VIH estaba íntimamente ligado al estilo de vida. En 1988, en los EE.UU. el 89 por 100 de los infectados de SIDA procedía de las comunidades homosexuales masculinas o de drogadictos.

En el mundo desarrollado el SIDA no era la única enfermedad cuya propagación estaba estrechamente vinculada a la conducta social. Los bajos niveles de mortalidad de las enfermedades infecciosas ponía de relieve otras importantes causas de muerte prematura como el consumo de tabaco y de alcohol, y las dietas pobres. En Rusia la esperanza de vida de los varones cayó, en efecto, del 65 por 100 de 1986 al 59 de 1993, debido en gran parte a un vertiginoso incremento en el consumo de alcohol y a la duplicación de los índices de homicidios. Para el año 2020 se calcula que el consumo de tabaco matará a diez millones de personas al año.

3 Desde 1973 se han identificado treinta enfermedades infecciosas, la mayoría de las cuales no tienen cura conocida y son difíciles de controlar o evitar (mapa a la derecha).

1970-76

1967-70

1 La erradicación de la viruela, 1967–76 (*supra* e *infra*)

- países con casos de viruela, 1967
- países donde se erradicó la viruela, 1967–70
- países donde se erradicó la viruela, 1970–76
- países con casos de viruela, 1976

3 Enfermedades infecciosas desde 1976

SIDA enfermedad recientemente
Estados identificada, con el país y la
Unidos, fecha en que se identificó
1981 por vez primera

Legionela
Estados Unidos, 1976

Criptosporidiosis
Estados Unidos, 1976

SIDA
Estados Unidos, 1981

E. coli O157:H7
Estados Unidos, 1982

Hepatitis C
Estados Unidos, 1989

Encefalopatía espongiforme bovina
Reino Unido, 1986 sólo en animales

Salmonella enteritidis PT4
Reino Unido, 1988

Hepatitis D (Delta)
Italia, 1980

Fiebre hemorrágica Venezolana
Venezuela, 1991

Fiebre hemorrágica Brasileña
Brasil, 1994

SARS,
China, 2003

Human T-cell lymphotropic virus1
Japón, 1980

Virus de Hantaan
Corea del Sur, 1977

Vibrio cholerae O139
India 1992

Fiebre hemorrágica de Ébola
Zaire, 1976

Morbillivirus humano y equino
Australia, 1994

171

Las **comunicaciones**

1876 Bell inventa el teléfono.

1903 Los hermanos Wright realizan el primer vuelo a motor.

1919 1.er vuelo transatlántico.

1928 GEC desarrolla las primeras imágenes de televisión.

1948 Desarrollo del transistor.

1948 Gran Bretaña desarrolla el primer ordenador informático.

1959 Invención del chip de silicona.

1962 Lanzamiento del primer satélite de telecomunicaciones.

1969 Primer vuelo del *Concorde*; ARPANET (precursor de internet) comienza a funcionar.

1991 Lanzamiento de la *World Wide Web* (www).

2 El transporte aéreo organizado comenzó en los EE.UU. y Europa, y ya en 1939 había una red de rutas de alcance mundial. La llegada de los aviones a reacción en los años 50 transformó la industria. Los viajes baratos y seguros crecieron rápidamente a partir de los años 60. Entre 1970 y 1990 las distancias recorridas en los EE.UU. se quintuplicaron. Las rutas más transitadas siguen encontrándose en el 1.er mundo.

El siglo xx ha sido testigo de una profunda revolución en las comunicaciones de todo tipo. Los vehículos a motor y los aviones han hecho accesible todo el globo, han moldeado la moderna economía de crecimiento y han transformado la vida social y el ocio. La era de las comunicaciones electrónicas de masas ha abierto posibilidades en las que no cabía soñar hace un siglo.

Esta revolución en las comunicaciones ha transformado prácticamente todos los aspectos de la vida cotidiana. Tales cambios fueron fruto de la serie de extraordinarios avances científicos producidos en los cuarenta años que antecedieron a la Primera Guerra Mundial: el teléfono, inventado por Alexander Bell en 1876; los primeros automóviles propulsados por motores de combustión interna, que tuvieron a Karl Benz y Gottlieb Daimler como pioneros en la década de 1880; el transmisor de radio, desarrollado por Guglielmo Marconi en 1896; el descubrimiento del electrón por Joseph Thomson en 1897; y el desarrollo de la aviación a motor, iniciado por los hermanos Wright en 1903. El desarrollo del microchip de silicona a finales de los años 50 completó esta base científica.

El desarrollo del transporte motorizado por tierra y por aire dependía del desarrollo de un motor lo bastante potente y eficiente. El motor de combustión interna, alimentado con petróleo refinado, fue clave en este sentido. Las mejoras en la tecnología de los motores hicieron posible la evolución de un transporte aéreo con grandes motores y de alto rendimiento. Los vehículos a motor y los aviones dieron al transporte una flexibilidad y una velocidad fuera del alcance de los trenes y los caballos.

La motorización comenzó en Europa y los Estados Unidos antes de la Primera Guerra Mundial. Henry Ford abrió en 1903 su fábrica de automóviles, que una década después se había convertido en el mayor productor de vehículos a motor en serie. La mayor expansión de la riqueza fomentó un vertiginoso crecimiento del parque automovilístico en los EE.UU., donde en 1930 se producía la mayoría de los vehículos a motor existentes en el mundo. El aumento de los ingresos tras 1945 provocó el crecimiento de la demanda en todo el mundo. En 1959 había 119 millones de vehículos en funcionamiento; en 1974 la cifra ascendía a 303 millones. El transporte motorizado transformó el comercio y la industria, produjo un brusco cambio en las pautas sociales y acabó con el aislamiento de las zonas rurales. La motorización hizo también posible el ocio y el turismo de masas.

En 1919, aprovechando la experiencia de los años de la guerra para producir aviones más grandes y más seguros, se abrieron en Europa las primeras líneas aéreas. Boeing y Douglas fueron las primeras compañías aéreas que en los años 30 desarrollaron modernos monoplanos con varios motores. En 1939 comenzaron a prestarse los primeros servicios transatlánticos de pasajeros. El transporte aéreo creció rápidamente a partir de los años 50 gracias al desarrollo de una nueva generación de aviones con motores a reacción de alto rendimiento y fuselaje ancho. El primer avión a reacción, el británico Comet, voló en 1952, pero en lo sucesivo el mercado mundial de aviones fue dominado por una sucesión de modelos Boeing.

La aviación ha hecho del mundo un lugar más pequeño. Viajes que en el siglo xix costaban meses ahora se realizan en

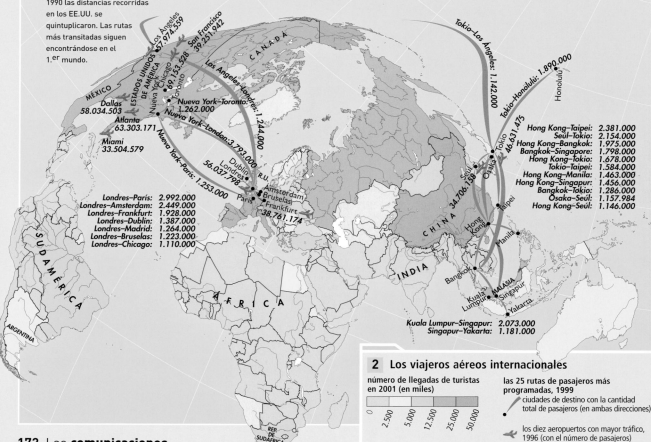

2 Los viajeros aéreos internacionales

número de llegadas de turistas en 2001 (en miles)

0 · 2.500 · 5.000 · 12.500 · 25.000 · 50.000

las 25 rutas de pasajeros más programadas, 1999
ciudades de destino con la cantidad total de pasajeros (en ambas direcciones)

los diez aeropuertos con mayor tráfico, 1996 (con el número de pasajeros)

Los Ángeles 57.974.559
San Francisco 39.251.942
Chicago 69.153.528
Nueva York–Toronto 1.262.000
Dallas 58.034.503
Atlanta 63.303.171
Miami 33.504.579
Nueva York–London: 3.793.000
Nueva York–Paris: 1.253.000
Nueva York–Toronto 1.262.000
Dublín–Londres 56.037.798
Frankfurt 38.761.174
Tokio–Los Ángeles: 1.142.000
Tokio–Honolulú: 1.890.000
Tokio 46.631.475
34.706.158
Hong Kong

Londres–París: 2.992.000
Londres–Amsterdam: 2.449.000
Londres–Frankfurt: 1.928.000
Londres–Dublín: 1.387.000
Londres–Madrid: 1.264.000
Londres–Bruselas: 1.223.000
Londres–Chicago: 1.110.000

Hong Kong–Taipei: 2.381.000
Seúl–Tokio: 2.154.000
Hong Kong–Bangkok: 1.975.000
Bangkok–Singapore: 1.798.000
Hong Kong–Tokio: 1.678.000
Tokio–Taipei: 1.584.000
Hong Kong–Manila: 1.463.000
Hong Kong–Singapur: 1.456.000
Bangkok–Tokio: 1.286.000
Osaka–Seúl: 1.157.984
Hong Kong–Seúl: 1.146.000

Kuala Lumpur–Singapur: 2.073.000
Singapur–Yakarta: 1.181.000

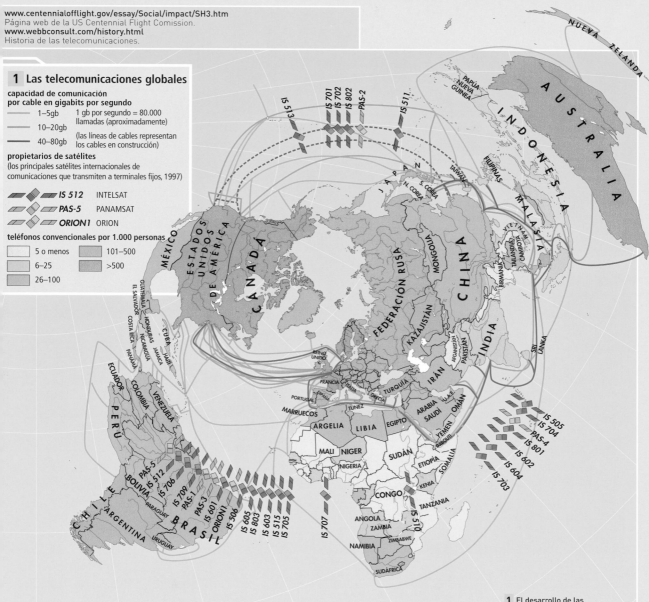

1 Las telecomunicaciones globales

capacidad de comunicación
por cable en gigabits por segundo

1–5gb	1 gb por segundo = 80.000 llamadas (aproximadamente)
10–20gb	
40–80gb	(las líneas de cables representan los cables en construcción)

propietarios de satélites
(los principales satélites internacionales de comunicaciones que transmiten a terminales fijos, 1997)

IS 512 — INTELSAT
PAS-5 — PANAMSAT
ORION1 — ORION

teléfonos convencionales por 1.000 personas

5 o menos	101–500
6–25	>500
26–100	

menos de un día. Para las poblaciones de los Estados desarrollados más ricos la posibilidad de viajar por el mundo se da por supuesta. Mientras tanto, ahora son muchos los Estados más pobres que dependen del turismo como su principal fuente de ingresos. La reducción de las distancias ha llevado al surgimiento de una cultura global común. Lo exótico está al alcance, pero las comunicaciones y el consumo modernos se han constituido en auténticos desafíos a su misma supervivencia.

Las telecomunicaciones han cambiado más rápidamente que cualquier otra forma de comunicación. El uso del teléfono se expandió rápidamente a partir de la década de 1880: en 1930 sólo había 50 millones en todo el mundo, mientras que en 1975 había 350 millones. Mientras tanto, en los años 20 se desarrolló la televisión, cuyas primeras emisiones públicas datan de los años 30. El desarrollo del programa espacial tras la Segunda Guerra Mundial animó a la investigación de nuevas formas de comunicación. El desarrollo del microchip abrió un nuevo mundo de comunicaciones avanzadas; permitió el desarrollo de siste-

mas informáticos pequeños y cada vez más eficientes, y de toda una moderna red telefónica de alcance mundial. En 1962 entraron en servicio los primeros de muchos satélites de telecomunicaciones. En los años 90 se generalizó el empleo de los satélites para las comunicaciones informáticas, televisivas y telefónicas. A comienzos de los años 90 el crecimiento de internet abrió a millones de usuarios un mundo de información electrónica instantánea.

La revolución electrónica ha encogido los mundos de las finanzas, el comercio y la educación. Para transferir miles de millones de dólares o yens basta con apretar un botón. La información está disponible de manera instantánea. El siglo XXI verá más cambios en el estilo de vida y el trabajo en cuanto los microchips realicen tareas previamente reservadas al trabajo humano rutinario.

1 El desarrollo de las comunicaciones vía satélite desde los años 60 y la revolución en la tecnología del microchip a partir de los años 70 han creado una red global de comunicaciones electrónicas por teléfono, fax, televisión y ordenador. En los años 90 el crecimiento de internet hizo posible la comunicación instantánea con todo el mundo a través del ordenador. Sin embargo, la expansión ha sido muy desigual, con la mayoría de los equipos electrónicos concentrados en el Primer mundo.

La **religión**

1947 Descubrimiento de los Rollos del Mar Muerto.

1948 Asesinato de Mahatma Ghandi.

1959 Junto con unos 100.000 tibetanos, el 14.º Dalai Lama huye del Tíbet ocupado por China y establece una comunidad de exiliados en la India. Los chinos destruyen casi todos los monasterios tibetanos y persiguen a los budistas.

1962 Comienza el Vaticano Segundo, el concilio más importante desde Trento, con el fin de promover nuevas actitudes y prácticas en el catolicismo.

1975–79 Los comunistas de Pol Pot intentan destruir el budismo en Camboya. En 1978 casi todos los monjes o intelectuales religiosos habían sido asesinados o se hallaban en el exilio, y casi todos los templos y bibliotecas habían sido destruidos.

En 1900 parecía razonable suponer que la religión estaba perdiendo el poder del que había gozado anteriormente. Una opinión educada en ideas liberales en gran parte del mundo había realizado importantes movimientos en contra de la primacía de la religión, especialmente contra su tradicional influencia sobre la conducción de los asuntos públicos. La religión parecía enfrentarse a poderosas fuerzas orientadas hacia el progreso y la racionalidad. La competencia entre las fuerzas progresistas y la Iglesia católica fue particularmente aguda. La declaración de la infalibilidad papal (1870) parecía haber colocado a la Iglesia en una posición contraria a la tolerancia y el escepticismo. La lucha adquirió dimensiones de género y clases sociales, donde a los más entusiastamente religiosos se los consideraba reaccionarios carentes de instrucción.

La lucha entre el poder religioso y el secular se manifestó en todo el globo. Se libró en Francia, donde la Iglesia y el Estado se separaron en 1905, y en España en 1932, cuando la desestabilización promovida por la Iglesia católica contribuyó a alimentar la crisis que condujo a la Guerra Civil. Se vio en Turquía, donde Atatürk secularizó el Estado durante los años 20, y en el Oriente Medio desde los años 40.

Sin embargo, la secularización del mundo no se ha consumado con el final del siglo xx. En algunos países la religión sigue ocupando un lugar formal junto al Estado, a pesar de las decrecientes cifras de feligreses. En Gran Bretaña la Iglesia anglicana –aunque provoca escasa devoción en sus miembros– sigue hallándose formalmente en el centro de la vida pública: el jefe del Estado es también jefe de la Iglesia. En los Estados Unidos la religiosidad sigue siendo elevada a pesar de que la religión no desempeña ningún papel formal junto al Estado. En la India la política gira ahora en torno a asuntos religiosos en la medida en que el partido nacionalista hindú BJP supera en número al más secular grupo del Congreso. Más importante aún resulta el hecho de que el fundamentalismo musulmán haya conseguido una gran presencia en muchas partes del mundo, lo cual provoca en el mundo secularizado el temor a que la división entre el islam y Occidente pueda resultar tan perjudicial como la de comunismo y capitalismo durante la Guerra Fría.

La religión ha seguido siendo importante por varias razones. Ante todo, los mismos levantamientos del siglo xx crearon con frecuencia una nueva necesidad de estructuras religiosas. Los que emigraban a las ciudades, o incluso a nuevos países, a menudo se aferraban a su religión como algo que les proporcionaba una sensación de pertenencia. Los sacerdotes católicos han contribuido de manera importante a la organización de las comunidades irlandesa, polaca e italiana en Norteamérica; el islam radical ha encontrado un auditorio bien predispuesto en la desarraigada segunda generación de inmigrantes musulmanes de Gran Bretaña y Francia. En segundo lugar, la religión se ha fusionado en muchas ocasiones con estructuras seculares más amplias. En zonas como Bretaña e Irlanda el nacionalismo ha sido visto, en parte, como un conflicto entre el catolicismo local y la dominación de un Estado protestante o secular. En Europa oriental, las divisiones étnicas coincidieron y se reforzaron mutuamente. Los polacos acudían a las iglesias católicas porque éstas parecían simbolizar la resistencia contra el gobierno comunista, aunque las estadísticas sobre temas como el aborto sugieren que son pocos los polacos que aceptaron todas las enseñanzas de un conservador Papa polaco; los musulmanes secularizados de Bosnia se vieron obligados a aceptar la ayuda de los militantes islamistas iraníes a fin de defenderse de sus vecinos ortodoxos serbios.

La religión también aparece vinculada al nacionalismo en muchas partes del Tercer Mundo. El líder más prominente del nacionalismo indio, Ghandi, trató de explotar una complicada combinación de tradicionalismo hindú, modernización anticastas y nacionalismo. Su propio asesinato posterior, a manos de un extremista hindú, y la importancia asumida por la religión en el agravamiento de los

1 Las religiones desde 1900

- budistas en 1900
- zona de coexistencia del budismo con sistemas tradicionales de creencias
- cristianos en 1900
- dividido entre la ortodoxa y otras confesiones cristianas
- hindúes en 1900
- musulmanes en 1900
- dividido entre shiíes y otros musulmanes
- creencias tribales en 1900
- zonas con avances cristianos
- zonas con retrocesos musulmanes
- avances musulmanes
- o Estados con importantes comunidades de inmigrantes musulmanes, 1996
- + Estado bajo la ley religiosa musulmana
- control ateo durante parte del siglo
- • gobiernos ateos, 1996
- zonas en las que el evangelismo protestante hizo avances en detrimento del catolicismo después de 1975
- zonas en las que los cristianos armenios fueron en gran medida exterminados durante la Primera Guerra Mundial
- zonas en las que los judíos fueron en gran medida exterminados durante la Segunda Guerra Mundial
- o importante minoría judía, 1996
- partido en base a la religión, con detalles
- guerra civil con conflicto interreligioso, con fecha
- guerra civil con motivos religiosos, con fecha
- movimiento bélico/independentista con componente religioso, con detalles.
- • actividades de culto religioso que desencadenaron violencia, con detalles

(Mapa) CANADÁ · Católicos · EE.UU. · protestantes · Waco (Rama Davidianos, 1993) · Católicos · Oceano Atlántico Norte · Jonestown (Templo del Pu... 1978) · BRASIL · Católicos

1 El mapa muestra los cambios en las religiones a lo largo del siglo xx. Estos cambios han sido a veces resultado de la conversión; también han estado vinculados a la migración (la afiliación al islam en Europa occidental); el exterminio (la expulsión del judaísmo de Europa central); tasas de natalidad (más elevadas entre los musulmanes que entre los cristianos, y entre los católicos que entre los protestantes); y campañas de motivación política (el intento de eliminar las prácticas religiosas en los países comunistas).

FEDERACIÓN RUSA

INDIA

del Norte, desde 1969

bre Irlandés (Católicos), del Norte, Protestantes) desde 1922

de Lausana mplo Solar, 1994)

bilas del Rif 1921–26

Protestantes

Griegos ortodoxos

Protestantes

Católicos

Armenios

Chechenia desde 1991

Nagorno-Karabakh desde 1988

Tajikistán, desde 1992

Kashmir desde 1990

Sunies

Lamaísmo

Confucionismo

Mahayana

(Sintoísmo)

Tokio (Aum, 1995)

CHINA

Bosnia, 1992–95

Israel, Estado judío desde 1948

Shia + Irán, 1978–79

Afganistán, desde 1978

Tíbet 1959

Sunies

Argelia, a partir de 1992

Senussis 1912–34

Coptos

Suníes

concentración Sij

ÁFRICA

Ibadi

Shia

INDIA

Karenos 1960/1990

Himalaya

Océano Pacífico

Católicos

Coptos

India británica, Pakistán oriental y occidental, comienza en 1947

Maldivas +

Hinayana

a partir de 1976

Moro 1970s/1990s

Costa de Marfil desde 2002

Protestantes

Océano Índico

Sunies

Océano Atlántico Sur

SUDÁFRICA

Protestantes

AUSTRALIA

NUEVA ZEALANDA

Protestantes

Protestantes

Protestantes

conflictos políticos en la India sugiere su fracaso en el control de las fuerzas que había desatado.

La política partidista resultó ser otra instancia inseparable de la religión. En Italia y Alemania los partidos cristiano-demó-cratas se convirtieron en la fuerza dominante después de 1945. La influencia de la religión fue menos explícita, aunque tal vez incluso más eficaz, en la política de los Estados Unidos. Aquí un poderoso *lobby* religioso compuesto por católicos y protestan-tes evangelistas han apoyado a candidatos defensores del rezo en las escuelas y contrarios al derecho al aborto. Un siglo que había comenzado con la suposición en muchos de que la difu-sión de las ideas de Darwin socavaría las creencias religiosas terminaba con algunos padres insistiendo en los EE.UU. en que a sus hijos debía enseñárseles una visión estrictamente bíblica de la creación del mundo. El secularismo está en retroceso. Las religiones tienen más adeptos que hace un siglo, y en el entu-siasmo religioso, particularmente el fundamentalismo islámi-co, se oyen ecos de las confrontaciones religiosas de la Edad Media.

2 Dentro de cada una de las religiones del mundo hay variantes entre denominaciones o sectas. Los católicos romanos constituyen el 59 por 100 de todos los cristianos que hay en el mundo, mientras que la Iglesia anglicana, que sigue ejerciendo un elevado grado de influencia cultural y política, sólo cuenta con el 3 por 100 de los cristianos.

2 Tamaño relativo de las confesiones cristianas, 1985

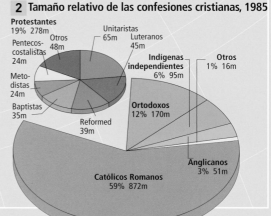

Protestantes
19% 278m

Unitaristas 65m

Otros 48m

Luteranos 45m

Pentecos-costalistas 24m

Indígenas independientes 6% 95m

Otros 1% 16m

Meto-distas 24m

Baptistas 35m

Reformed 39m

Ortodoxos 12% 170m

Anglicanos 3% 51m

Católicos Romanos 59% 872m

Educación

1942 La educación es declarada un derecho humano básico en la conferencia de los ministros aliados de Educación.

1945 Creación de la UNESCO (Organización de las N.U. para la Educación, la Ciencia y la Cultura).

1954 La ONU activa su proyecto de Escolaridad Libre y Obligatoria.

1960 La ONU adopta un programa global para la provisión de educación primaria.

1990 Año Internacional de la Alfabetización.

1992 1,2 millones de alumnos estudian en el extranjero.

2 En los últimos 30 años se han hecho grandes avances en la provisión de educación primaria, aunque en algunas partes del mundo la asistencia a clase, particularmente entre las niñas, sigue siendo baja. En 1995–6 la cifra mundial era el 83,6 por 100 de todos los niños y el 75,5 por 100 de todas las niñas. Las mejoras en educación se han producido a pesar de los escasos fondos destinados.

Pocos aspectos del siglo revolucionario han afectado a más personas que la extensión de las oportunidades educativas. Aunque en el mundo siguen quedando casi mil millones de analfabetos, en la segunda mitad del siglo se ha producido un extraordinario crecimiento del número de personas que reciben educación a tiempo completo en todos los niveles.

A comienzos del siglo la mayoría de la población mundial era analfabeta o casi, y la educación formal a largo plazo para todas las poblaciones estaba limitada a Europa y a las zonas colonizadas por europeos. Incluso aquí, la mayoría de los niños abandonaban la escuela tras recibir sólo instrucción básica. El número de ellos que pasaban a la educación secundaria y luego a la superior era insignificante. En las regiones coloniales la educación la suministraba el poder imperial, mayoritariamente a través de organizaciones cristianas que veían la educación, lo mismo que en Europa o los Estados Unidos, como un medio para la instrucción moral.

No fue hasta la Segunda Guerra Mundial cuando la idea de la educación como un derecho valioso en sí mismo se aceptó más generalmente. En 1992 la Sociedad de Naciones creó un Comité de Cooperación Intelectual presidido por el filósofo francés Henri Bergson, pero sus trabajos se centraron en Europa, donde la provisión de niveles superiores de instrucción progresó de manera importante antes de 1939, al menos para los varones. De la guerra se salió con una nueva agenda. En 1942 el ministro británico de Educación, Richard Butler, convocó una conferencia de ministros aliados de Educación en la que se declaró la educación como un derecho humano básico que debía ser promovido por sí mismo. El grupo de Butler puso los cimientos de lo que, en noviembre de 1945, se convirtió en la Organización de las Naciones Unidas para la Educación, la Ciencia y la Cultura (UNESCO), cuyo primer director general fue el científico británico Julian Huxley.

En 1947 la UNESCO publicó el informe Educación Fundamental, que estableció las bases para la campaña de posguerra contra el analfabetismo y la discriminación educativa. Nueve años más tarde la ONU adoptó el Proyecto de Escolaridad Libre y Obligatoria, que estableció el principio del derecho universal a la educación, con independencia de la raza, sexo o religión, durante un periodo mínimo de seis años. El proyecto fue puesto a prueba en América Latina, donde se hicieron importantes progresos. En 1961 la ONU aprobó en Karachi un programa global para la provisión de educación primaria, y al año siguiente produjo el primer informe integral sobre el analfabetismo global. El estudio mostraba que dos quintos de la población adulta mundial era analfabeta y que en algunos Estados casi toda la población femenina no sabía leer ni escribir. A partir del reconocimiento unánime de que la educación constituía una explicación capital de los diferentes niveles de éxito en el desarrollo económico –un hecho subrayado por la atención prestada a la educación en la floreciente Cuenca del Pacífico–, la ONU emprendió la lucha contra el analfabetismo como principal ambición educativa.

El impulso dado a la alfabetización tuvo resultados desiguales. En 1970 un tercio de los adultos seguían siendo analfabetos y la cantidad absoluta crecía en lugar de disminuir. Los avances más sorprendentes se hicieron esperar hasta después de 1980, cuando la financiación internacional creció abruptamente y el éxito económico dejó de estar limitado al opulento norte. El objetivo de la ONU en el Año Internacional del Alfabetismo (1990) era la erradicación del analfabetismo para el año 2000, particularmente en las que llamaba las «economías menos desarrolladas», donde menos del 50 por 100 de los adultos sabían leer y escribir. En algunos respectos la distancia entre el mundo desarrollado y en desarrollo se ha acortado en los últimos diez años. La tecnología y la información se transfieren fácilmente entre las regiones. En 1992 había 1,2 millones de

2 estudiantes enseñanza primaria

cifras de 1998 o últimas disponibles

- más del 90%
- 70–90%
- 50–69%
- 30–49%
- menos del 30%
- sin datos

www.unesco.org/
La Organización Educativa, Científica y Cultural de Naciones Unidas.
www.literacyonline.org/explorer/overview.html
El alfabetismo y el desarrollo internacional.

1 tasas de analfabetismo, 2001

proporción de población analfabeta de 15–24 años

- menos del 1 %
- 1–5 %
- 5–10 %
- 10–20%
- 20–40 %
- 40–60 %
- más del 60 %
- sin datos

El analfabetismo ha disminuido lentamente en el mundo, pero en 1990 seguía habiendo una cifra calculada de 814 millones de analfabetos. En 1995 había 1.000 millones de niños escolarizados en todos el mundo (el 20 por 100 de la población mundial) frente a los 400 millones (el 10 por 100) de 1953. La matriculación en estudios secundarios y superiores se ha visto notablemente incrementada. La producción de libros también ha crecido rápidamente.

alumnos estudiando en el extranjero, sobre todo en Europa y los EE.UU. El número de personas que cursaban estudios secundarios y terciarios ha crecido extraordinariamente en las regiones en desarrollo, y los gastos de esos países en investigación y desarrollo, aunque todavía significativamente menores que en Europa y los Estados Unidos, han acabado con el casi monopolio del que éstos disfrutaron hasta los años 80.

Donde la distancia sigue siendo importante es en los gastos en educación. Entre 1980 y 1992 los gastos mundiales en educación crecieron de 526.000 millones de dólares a 1,96 billones. Pero en 1992 al mundo desarrollado le correspondía 927.0000 millones, mientras que las economías menos desarrolladas sólo 4.000 millones. En 1990 los gastos por alumno en el mundo desarrollado fueron de 2.419 dólares, en él África subsahariana de 58 y en el este de Asia de 76. Esta proporción entre los gastos ha contribuido a mantener la distancia entre el Norte y el Sur en cuanto a conocimiento y en cuanto a éxito económico. En el futuro la atención no ha de centrarse ya en el problema del analfabetismo, sino en otras destrezas y oportunidades que la alfabetización hace posibles.

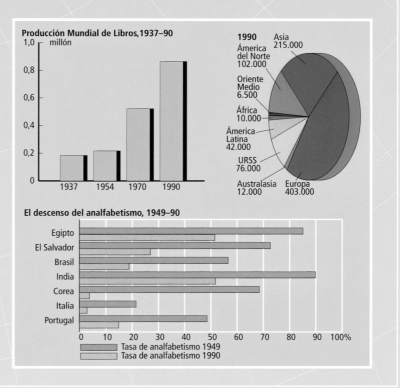

Producción Mundial de Libros, 1937–90

1990
- Asia 215.000
- América del Norte 102.000
- Oriente Medio 6.500
- África 10.000
- América Latina 42.000
- URSS 76.000
- Australasia 12.000
- Europa 403.000

El descenso del analfabetismo, 1949–90

- Egipto
- El Salvador
- Brasil
- India
- Corea
- Italia
- Portugal

- Tasa de analfabetismo 1949
- Tasa de analfabetismo 1990

El **medio ambiente:** la **contaminación**

La idea de que el medio ambiente es algo que se ha de cuidar es relativamente reciente. El crecimiento de las ciudades industriales en el siglo XIX comenzó a crear una consciencia de los problemas de contaminación. Las ciudades se consideraban lugares insalubres, mientras que los desarrollos tecnológicos que las hicieron así también hicieron el campo más accesible y más tolerable.

Con el crecimiento de los coches a motor privados, la vida rural pasó a parecer más un escape que un encarcelamiento. El declive de las industrias rurales hizo que en los países desarrollados el campo pareciera más atractivo. El rápido crecimiento económico en el periodo posterior a la Segunda Guerra Mundial hizo aparecer con todo su dramatismo el impacto humano sobre el medio ambiente. Las fábricas producían emisiones que disminuían la calidad del aire y a veces producían «lluvia ácida» que envenenaba los bosques, ríos y lagos. Los daños medioambientales producidos por la industria fueron particularmente graves en Europa oriental. A finales de los años 80 Checoslovaquia, con una población de 18 millones de personas, producía emisiones de dióxido de sulfuro que duplicaban las producidas por Alemania Occidental, con una población de 60 millones de personas. A veces las empresas occidentales trasladaban la producción a países con regulaciones medioambientales menos estrictas.

Los coches a motor privados constituían la segunda gran causa de daños medioambientales. El empleo de los coches aumentó de manera extraordinaria, especialmente en Norteamérica. Los coches a motor causaban un daño directo (a través de las emisiones de los tubos de escape) y tuvieron como consecuencia que cada vez fueran más las zonas del país ocupadas por nuevas carreteras. Los desarrollos en la agricultura y la silvicultura también produjeron grandes daños

1 La contaminación del agua se ha convertido en un fenómeno cada vez más usual y refleja una vez más la dificultad de contener la contaminación dentro de las fronteras nacionales. El mapa muestra el impacto de los vertidos producidos por petroleros averiados y por las industrias en los mares y ríos del mundo. Las zonas de agua delimitadas por regiones industriales son particularmente vulnerables a la contaminación.

1 La contaminación medio

la deforestación: las selvas tropicales bajo amenaza

- selva tropical
- borde de selva sometida a la más rápida deforestación
- ★ zona amenazada por grandes concentraciones de especies endém

www.greenpeace.org/international_en/
Greenpeace, grupo internacional dedicado a la conservación medioambiental.
www.epa.gov/air/oaq_caa.html/
La Ley del Aire Limpio.

medioambientales. La provisión de madera provocaba la tala de árboles en todo el mundo. El empleo de pesticidas y fertilizantes a fin de incrementar la producción agrícola tuvo como consecuencia que cada vez fueran mayores las cantidades de nitratos nocivos que penetraban en el suelo y los ríos. A finales del siglo XX, los daños medioambientales llegaron a convertirse en un arma bélica: las fuerzas estadounidenses emplearon defoliantes con el fin de arrasar la jungla donde las fuerzas comunistas se ocultaban durante la Guerra de Vietnam. En la Guerra del Golfo de 1991 Saddam Hussein incurrió en «terrorismo medioambiental» al incendiar los pozos petrolíferos kuwaitíes.

La preocupación por el medio ambiente centró cada vez más la atención de la actividad política durante los últimos años del siglo XX. Al principio esta preocupación se dio en la derecha política. Los conservadores loaban el campo como el depósito de la auténtica virtud y contraponían ésta a la degeneración y el radicalismo político de las ciudades. «Campesino» se convirtió a menudo en una etiqueta política escogida por los conservadores para presentarse a sí mismos: incluso los conservadores urbanos adoptaron la retórica del ruralismo y en los años 40 los candidatos «campesinos» ganaron las elecciones parlamentarias en el oeste de París y obtuvieron escaños en el concejo municipal de Budapest. Por contra, la izquierda solía identificarse con el progreso tecnológico, la urbanización y la necesidad de ampliar la clase trabajadora industrial. Los levantamientos iniciados con las manifestaciones estudiantiles de 1968 lo cambiaron todo. Jóvenes radicales que rechazaban las perspectivas de la vieja izquierda comen-

zaron a poner en duda que el crecimiento económico ilimitado fuera un objetivo posible o deseable. Nuevos partidos «verdes» se crearon y lograron notables éxitos en Alemania Occidental, donde en las elecciones de 1983 obtuvieron más del 5 por 100 de los votos y 27 escaños. Los verdes sostenían que la política convencional se veía distorsionada por el hincapié que hacía en los beneficios materiales a corto plazo. En 1998, en Alemania consiguieron bastante apoyo como para entrar en el gobierno. En los años 1980 se iniciaron por fin esfuerzos internacionales concertados para el control de los peores efectos de la contaminación medioambiental. En la «Cumbre de la Tierra» celebrada en Río de Janeiro en 1992 se alcanzaron los primeros acuerdos sólidos sobre la restricción de los contaminantes nocivos, y en 1997 se firmó en Kioto un tratado contra el calentamiento global.

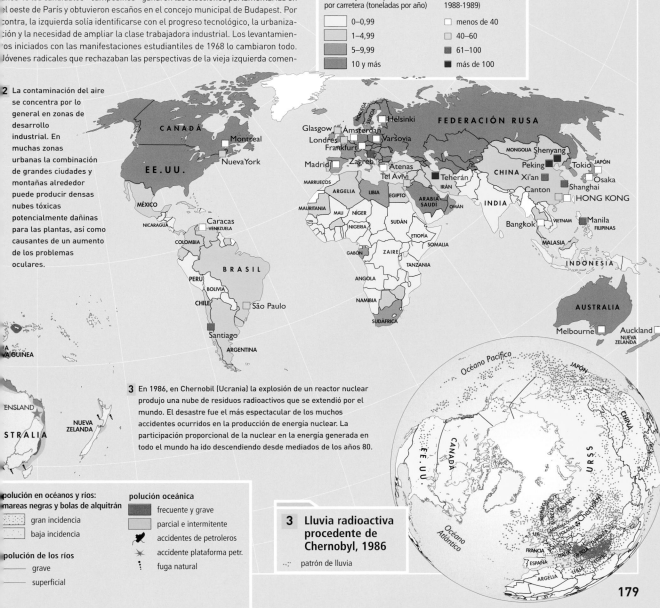

2 La contaminación del aire

CO2 producido por la industrial y el transporte por carretera (toneladas por año)

- 0–0,99
- 1–4,99
- 5–9,99
- 10 y más

(microorganismos/m³ en las zonas urbanas, 1988-1989)

- menos de 40
- 40–60
- 61–100
- más de 100

2 La contaminación del aire se concentra por lo general en zonas de desarrollo industrial. En muchas zonas urbanas la combinación de grandes ciudades y montañas alrededor puede producir densas nubes tóxicas potencialmente dañinas para las plantas, así como causantes de un aumento de los problemas oculares.

3 En 1986, en Chernobil (Ucrania) la explosión de un reactor nuclear produjo una nube de residuos radioactivos que se extendió por el mundo. El desastre fue el más espectacular de los muchos accidentes ocurridos en la producción de energía nuclear. La participación proporcional de la nuclear en la energía generada en todo el mundo ha ido descendiendo desde mediados de los años 80.

polución en océanos y ríos: mareas negras y bolas de alquitrán

- gran incidencia
- baja incidencia

polución de los ríos

- grave
- superficial

polución oceánica

- frecuente y grave
- parcial e intermitente
- accidentes de petroleros
- accidente plataforma petr.
- fuga natural

3 Lluvia radioactiva procedente de Chernobyl, 1986

- patrón de lluvia

179

El **medio ambiente:** el **cambio climático**

1928 La sequía mata a 3 millones de personas en China.

1932 Las inundaciones matan a más de 3 millones en China.

1959 Las inundaciones matan a más de 2 millones en China.

1992 150 naciones firman la Convención sobre la Diversidad Biológica en la Cumbre de la Tierra (en Río de Janeiro).

1997 Se firma el Protocolo de Kioto.

1997-8 «El Niño» produce graves efectos climáticos.

2000 Conferencia Mundial sobre el Clima en Tokio.

2001 Los EE.UU. abandonan el Protocolo de Kioto.

1 Las sequías afectan a muchas zonas del mundo. Éstas pueden explicarse en términos de geografía física: la causa la falta de lluvia donde el clima es seco y variable. Sin embargo, el impacto de la vida humana varía mucho. Una sequía en California no produce probablemente el mismo impacto que una sequía en Etiopía.

1   La sequía

Regiones de clima seco

	regiones esteparias
	regiones desérticas

✶ *1971* principales sequías desde 1965

Durante el siglo pasado se ha producido un curioso cambio en el poder. En 1900 la mayoría de la población mundial seguía dependiendo por completo del clima. La sequía, las heladas, el granizo y las inundaciones podían destruir casas o provocar el malogro de las cosechas y hambrunas. Las cocinas nacionales se adaptaban al clima: la mayoría de los habitantes del norte de Europa nunca veían los plátanos, las naranjas o ni siquiera el café. Los ejércitos no podían moverse hasta el comienzo de la «temporada de campañas» (la primavera). La vida de los campesinos estaba ligada al clima, que determinaba su prosperidad y ritmo de trabajo: a un trabajo frenético para obtener una buena cosecha podían seguir meses de inactividad durante el invierno.

Incluso en un país desarrollado, como Francia, la nieve podía aislar a las aldeas alpinas durante parte del año. Hasta los sectores más privilegiados de la sociedad tenían que recorrer largas distancias para escapar del impacto del cambio climático. Los reyes se desplazaban a palacios de verano; durante la temporada calurosa, los administradores británicos de la India se retiraban de Delhi a la estación de montaña de Simla. La novela de George Orwell *Los días de Birmania* describe el interés obsesivo de la comunidad británica de una localidad birmana por la llegada de nuevos envíos de hielo al club local.

La dependencia del clima todavía puede verse. Países como Bangladesh son muy vulnerables a las inundaciones y los tifones. Las sequías siguen produciendo muertes por hambre en África y el granizo puede deprimir a los entendidos en vino de Burdeos. Sin embargo, en general los países industrializados se han ido haciendo cada vez menos dependientes del clima. En los países occidentales son pocas las personas que siquiera se molestarían en advertir el vínculo entre la meteorología y los precios que pagan por las verduras en los supermercados. El aire acondicionado permite a los directivos de los bancos de negocios de Singapur asegurar que en sus oficinas se está un poco más fresco que en las de sus colegas de Londres, y ha contribuido mucho a la nueva prosperidad de ciertas ciudades en Sudamérica.

Sin embargo, la misma tecnología que ha permitido a los países occidentales controlar el clima ha comenzado a tener implicaciones más amplias y más peligrosas. La actividad industrial emite una diversidad de gases (óxido nitroso, metano y dióxido de carbono) que crean un llamado «efecto invernadero» al envolver la tierra y atrapar el calor. Normalmente la concentración de gases podría aliviarse con el hecho de que los árboles consumen dióxido de carbono y emiten oxígeno, pero la destrucción de las selvas tropicales significa que ahora hay menos árboles, si bien durante los años 90 el ritmo de deforestación se ha ralentizado. El resultado neto es el lento crecimiento de la temperatura global del mundo. Se calcula que para 2010 la temperatura global habrá aumentado alrededor de un grado centígrado y que para finales del siglo que viene quizá haya aumentado en otros dos grados. Es probable que a largo plazo este incremento tenga diversos efectos. Cambiará la productividad agrícola en ciertas zonas y fundirá los casquetes de hielo polares, con lo cual causará inundaciones y reducirá la superficie habitable del globo. No todos los efectos del calentamiento global serán negativos: la mayoría de los etíopes estarán encantados de recibir más lluvia y son muchos los ingleses a los que les gustaría un clima en el cual fuera fácil cultivar la uva. Pero en general se supone que los efectos del calentamiento global son temibles. Los países han debatido sobre las medidas que pueden paliar el problema y la Unión Europea ha llegado al acuerdo de evitar más incrementos en la emisión de dióxido de carbono a partir del año 2000, pero existen buenas razones para dudar de que tan buenas resoluciones lleguen a aplicarse. El mundo en desarrollo sigue siendo renuente a los esfuerzos por recortar su propio crecimiento industrial impuestos por Estados que un siglo antes se enriquecieron gracias a la industria.

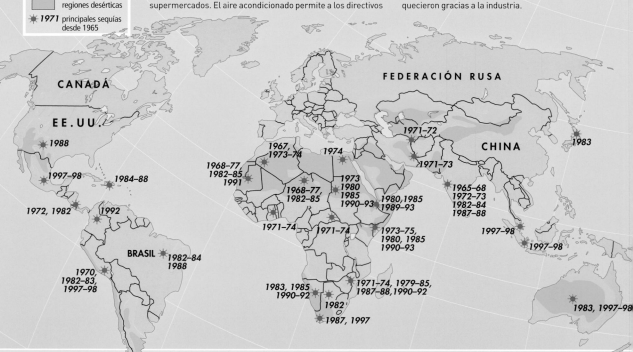

www.globalwarming.org/
Página web del calentamiento global.
www.elnino.noaa.gov/
Vínculos en internet sobre el cambio climático cíclico «El Niño».

2 Daños por inundaciones desde 1973

cuenca fluvial importante

país afectado por graves inundaciones (1973–93). Las inundaciones registradas son las que produjeron más de 300 muertes y/o más de 40.000 pérdidas de viviendas y/o daños en las propiedades

2 Las inundaciones constituyen el problema medioambiental más antiguo. Para los habitantes de los países subdesarrollados que viven junto a grandes ríos a fin de disponer de tierras fértiles, pero que carecen de recursos para protegerse contra las repentinas subidas del nivel de las aguas, las inundaciones son fruto del azar. El mapa muestra los países del mundo propensos a las inundaciones. Bangladesh es particularmente vulnerable.

3 El calentamiento global producido por la emisión de gases a la atmósfera puede estar teniendo un efecto de alcance mundial. El resultado de estas emisiones es el «efecto invernadero» cuando el calor queda atrapado bajo una capa de gases. Una consecuencia es que partes de los dos casquetes de hielo polares se están resquebrajando. La fusión de los casquetes de hielo está contribuyendo a un aumento del nivel del mar en todo el mundo.

Sin embargo, no todos los efectos climáticos son consecuencia de la actividad humana. En 1997–9 el retorno del cambio climático cíclico en el Pacífico conocido como «El Niño» produjo efectos climáticos excepcionalmente graves al inducir espectaculares inundaciones en los Estados Unidos y África, y graves sequías en América Latina, Australia y el Sudeste Asiático. Las sequías desempeñaron su papel en los incendios que en 1997–8 destruyeron en Indonesia 30.000 km^2 de bosque y crearon una nube tóxica tan densa que tapaba el sol. Las pruebas del propio poder de la naturaleza ha convencido a algunos científicos de que el calentamiento global forma a fin de cuentas parte de un cambio climático natural más amplio y sólo marginalmente afectado por la actividad humana.

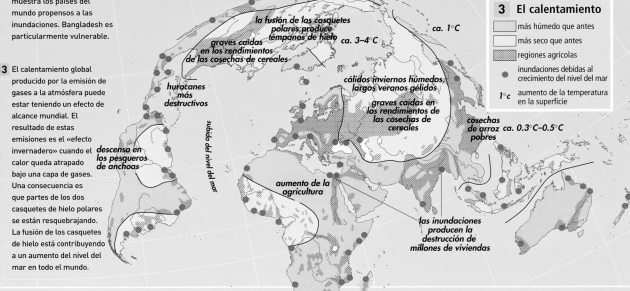

3 El calentamiento

más húmedo que antes

más seco que antes

regiones agrícolas

inundaciones debidas al crecimiento del nivel del mar

1°c aumento de la temperatura en la superficie

El **terrorismo**

1914 Un nacionalista serbo-bosnio asesina al archiduque Franz Ferdinand.

1934 Asesinato del rey de Yugosl. y un ministro francés.

1978 Las Brigadas Rojas raptan y asesinan al ministro italiano de Interior.

1979 El IRA (Ejército Republicano Irlandés) asesina al conde de Mountbatten en Birmania.

1994 Bombas en el World Trade Center de Nueva York.

2001 (11 de septiembre) Al-Qaeda secuestra cuatro aviones en los EE.UU.; 2 se estrellan contra el World Trade Center; 1 contra el Pentágono; el cuarto contra el suelo.

2003 (11-3) Atentados de Madrid.

2004 Masacre en la escuela de Beslan, Rusia.

2 El mapa muestra las localizaciones de ataques terroristas entre 1968 y 2001. Las cifras son engañosas. La información sobre los ataques es más exacta y verídica en los países de Europa Occidental o Norteamérica que en los países subdesarrollados, donde las fuerzas del orden pueden ser renuentes a reconocer la dimensión del problema o donde las víctimas del terrorismo pueden ser incapaces de denunciar su situación.

Terrorismo es una palabra peligrosa. Todos los gobiernos gustan de etiquetar de «terroristas» a sus oponentes violentos; la palabra implica un grupo pequeño, aislado e irracional deseoso de causar un sufrimiento inmenso a civiles inocentes a fin de lograr sus propios objetivos. También implica que a todos esos grupos se los puede meter en el mismo paquete sin tener en cuenta sus objetivos ni el contexto en el que operan.

Los cambios en las circunstancias políticas pueden hacer que el terrorista de ayer parezca un luchador por la libertad hoy. Los «terroristas» han sido con frecuencia jóvenes que luego llegaron a desarrollar respetables carreras. Uno de los siete hombres que llevaron a cabo el acto de terrorismo aislado más importante de la historia (el asesinato del archiduque Franz Ferdinand, que desencadenó la Primera Guerra Mundial) acabó sus días como director del Instituto para la Investigación Histórica de Belgrado. Los movimientos independentistas en países como Chipre y Kenia fueron antaño etiquetados de terroristas por sus oponentes. Israel, algunos de cuyos fundadores bombardearon el hotel Rey David de Jerusalén, es considerado ahora como el Estado que se enfrenta al problema terrorista más persistente. En Argelia el Frente de Liberación Nacional (FLN) empleó tácticas terroristas contra los gobernantes franceses del país, pero ahora se ha convertido en un partido de gobierno que lucha contra el «terrorismo» de los militantes islámicos en sus propios dominios.

En términos generales, en el siglo XX el terrorismo se ha caracterizado por una conciencia de que quienes lo perpetran no pueden obtener una victoria militar total. Sus acciones están concebidas para que produzcan una «propaganda a través de los hechos» que atraiga la atención sobre sus quejas y posiblemente provoque una contraproducente represión por parte de sus oponentes. Hay dos cosas que han hecho eficaz el terrorismo. La primera es la tecnología, especialmente en forma de potentes explosivos portátiles, lo cual ha permitido que grupos reducidos de personas decididas causen grandes daños. La segunda es la publicidad que los medios de comunicación de masas son los primeros en suministrar.

Los asesinatos llevados a cabo por grupos anarquistas y nacionalistas en Francia, Rusia y los Balcanes durante los años que condujeron a la Primera Guerra Mundial extendieron la idea del terrorismo. Durante el periodo de entreguerras hubo también algunos espectaculares ataques terroristas, como el asesinato del rey yugoslavo y el ministro francés de Asuntos Exteriores en Marsella el año 1934. Sin embargo, regímenes represivos, como los de Hitler, Stalin o, en los primeros años de su mandato, el general Franco, no eran muy sensibles a las amenazas terroristas.

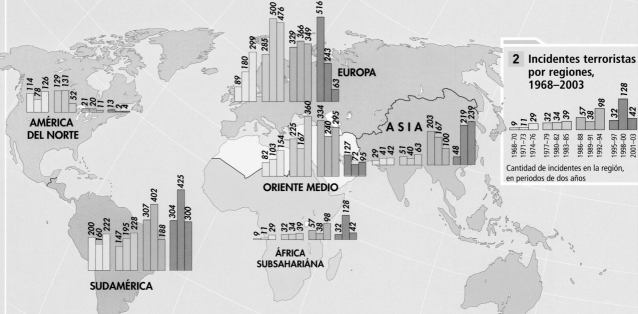

2 Incidentes terroristas por regiones, 1968–2003

Cantidad de incidentes en la región, en periodos de dos años

1968–70	9
1971–73	11
1974–76	29
1977–79	32
1980–82	34
1983–85	39
1986–88	57
1989–91	38
1992–94	98
1995–97	32
1998–00	128
2001–03	42

www.terrorism.com/
Página web del Centro para la Investigación del Terrorismo.
www.state.gov/s/ct/rls/pgtrpt/
Informe anual del Departamento de Estado de los EE.UU. sobre tendencias terroristas.

1 Principales desafíos terroristas en el siglo xx

⚒ revoluciones marxistas triunfantes que implicaron terrorismo, con fecha

🔫 desafíos terroristas marxistas fracasados o en marcha, con fecha y nombre del grupo

💣 desafíos terroristas nacionalistas, comunales y religiosos, con fecha y nombre del grupo

FEDERACIÓN RUSA

1969–
RA, UVF
1998–
uténtico

1979–86
Action
Directe

1969–78
Baader Meinhof
Facción del Ejército Rojo
Alemania Occidental

IRLANDA RU
ALEMANIA
1969– FRANIA
ETA
PORTUGAL ESPAÑA ITALIA
1975 1969–83
Brigadas Rojas

ARGELIA

AHARA
OCCIDENTAL
1980–
Polisario

1954–62 FLN
1961–64 OAS
1992– GIA
1996– GSPC

SUDÁN

1974,
1977
ETIOPIA

KAZAKHSTÁN

MONGOLIA

1996–2001
Al-Qaeda

AFGANISTÁN PAKISTÁN

1947–
1993– HUA
Cachemira

NEPAL

1947–
Punjab
INDIA

1980s–
Jamaat ul-Fuqra
1995– Harakat
ul-Mujahidin
1989– Lashkar Tayyiba
2000– Jaish-e-Mohammed

SRI
LANKA

1975–78
Jmeres
Rojo

1978–98
Jmeres
Rojo

1996–
CPN/M

1970–71

1983–
LTTE
(Tigres Tamiles)

CHINA

BANGLADESH

CAMBOYA

MALASIA

1948–60
CPM

Finales de los 90– Jemaah Islamiya

1965

I N D O N E S I A

JAPÓN
1957–
Chukaku Hua
1970–
JRA

1987–
Aum Shinrikyo

1953, 1970–
Nuevo Ejército Popular

FILIPINAS
1970–
Frente Nacional de
Liberación Moro
1980s– ABB
1990s–
Abu Sayyaf

AUSTRALIA

Véase
Recuadro infra

KENYA

ZAIRE
1960

1952–61
Mao-Mao

1975– ANGOLA
1975
MPLA

NAMIBIA ZIMB.
1966–89
SWAPO

1974
FRELIMO

1974–92
RENAMO

SUDÁFRICA
1960–94
ANC, PAC

1965–80
ZANU, ZAPU

Tales regímenes eran impermeables a las pérdidas de vidas civiles y propensos a la represión del terrorismo con extrema ferocidad.

Tras la Segunda Guerra Mundial fueron muchos los que comenzaron a practicar el terrorismo en Oriente Medio. Durante los años 70 y 80 partidarios de la Organización para la Liberación de Palestina lanzaron una espectacular serie de ataques y obtuvieron mucha publicidad con una nueva táctica de secuestro de aviones internacionales. Tales ataques provocaron en los países desarrollados el interés de estudiantes de clase media que formaron el núcleo de movimientos como Acción Directa en Francia, la Facción del Ejército Rojo en Alemania y las Brigadas Rojas en Italia. En 1978 las Brigadas Rojas secuestraron y asesinaron a Aldo Moro, ministro italiano de Interior. Estos grupos terroristas se caracterizaban por un deseo de desafiar el orden social y por una simpatía hacia las luchas de liberación en el Tercer Mundo. Sin embargo, a largo plazo, tales grupos fueron derrotados. El terrorismo de izquierdas se vio socavado por la gradual extensión de la desilusión con ideologías que en los años 60 habían parecido muy atractivas, cuando muchos jóvenes se retiraron completamente del activismo político.

El terrorismo que sobrevivió durante los años 80 estaba cada vez más vinculado a diversas formas de nacionalismo. Ejemplos evidentes fueron las actividades del IRA Provisional en Irlanda del Norte y de ETA en el País Vasco español. El nacionalismo palestino también seguía vinculado al terrorismo, y este nacionalismo se asoció cada vez más con el fundamentalismo islámico, en gran parte respaldado por Irán. Grupos como Hamás y Hezbolá han ocupado el hueco dejado por la OLP cuando ésta optó por operaciones más pacíficas. Los EE.UU., que hacía mucho tiempo que no padecían acciones terroristas en su propio suelo, también comenzaron a ser víctimas de las dos formas, nueva y antigua, de terrorismo. En 1994 el World Trade Center de Nueva York sufrió un ataque con bombas llevado a cabo por fundamentalistas islámicos. Siete años más tarde, el 11 de septiembre de 2001, un nuevo grupo autodenominado Al-Qaeda, liderado por Osama bin Laden, lo destruyó por entero, matando a más de 3.000 personas. Los Estados Unidos declararon una guerra global contra el terrorismo.

1 Desde 1945 ha habido campañas terroristas en todo el mundo. En el mundo en desarrollo, muchas de las primeras campañas terroristas fueron inspiradas por la lucha revolucionaria marxista, pero el terrorismo también existió en Europa como luchas por la liberación nacional (Irlanda del Norte, las provincias vascas en España) o contra el capitalismo (Alemania, Francia, Italia). Más recientemente el terrorismo ha sido representado por el conflicto religioso: hindúes contra musulmanes en la India; el islam militante contra Occidente; y las elites nativas occidentalizadas en todo el Oriente Medio y el norte de África.

1994– CHECHENIA UZBEKISTÁN
2002– Movimiento
Islámico de
Uzbekistan (UIM)

GEORGIA
ARMENIA AZERBAIYÁN

GRECIA
1948–49 ELAS
1971– ELA
1975–2002
17 de Noviembre

TURQUÍA

1978–
Dev Sol

1984– PKK

2001– Ansar al Islam

2002– Asbat al-Ansar

CHIPRE
1951–60, 1971–74
EOKA EOKA B

SIRIA
LÍBANO

IRAQ

IRÁN

ISRAEL

JORDANIA 1982–
Hezbola

KUWAIT

LIBIA

EGÍPTO
1970s–
Gamaat Islamiya,
Yihad Islámica

1937–48 Irgun Zvai Leumi, Stern Gang
1956–94 PLO
1967– PFLP
1969– DFLP
1974– Abu Nidal
1987– Hamás, Yihad Islámica
1994– Kach, Kahane Chai
2002– Brigada de los Mártires de al-Aqsa

ARABIA
SAUDÍ

Las **drogas**

1898 Se produce heroína.

1912 Convenio en La Haya contra el vicio y la delincuencia.

1914 En los EE.UU. el Acta Harrison ilegaliza las drogas.

1949 El gobierno chino aplica un programa para la erradicación de las drogas.

1988 106 Estados firman una convención de la ONU contra las drogas.

En 1988, 106 países firmaron una convención de las Naciones Unidas contra las drogas, el programa más ambicioso jamás diseñado para combatir el tráfico de drogas ilícitas. A finales de los años 80 el comercio de drogas suponía un negocio de 300.000 millones de dólares, la mitad de ellos facturados en América Latina. A mediados de los años 90 la cifra se calculaba que había ascendido a los 500.000 millones de dólares, lo cual lo convertía en el negocio más lucrativo del mundo.

En el tráfico de drogas no ha habido novedades, pero su dimensión y la geografía del uso y abuso de las drogas ha cambiado a lo largo del siglo. En 1900 en gran parte de Asia la producción y el consumo de drogas eran generales. Sus propiedades medicinales ya eran conocidos. El comercio de la morfina (derivada de la adormidera) y de la cocaína eran legales si se empleaban con fines médicos y científicos: durante la Primera Guerra Mundial se utilizaron en grandes cantidades para aliviar el dolor de las heridas. El comercio ilegal con drogas también perseguía la creación de adictos, la mayoría de los cuales se encontraban en el Lejano Oriente y el sur de Asia. Fue este tráfico el que llevó a los primeros intentos internacionales de controlar la producción y el movimiento de las drogas, así como a su consideración como un «problema de drogas».

El primer esfuerzo internacional por poner freno al flujo de drogas se produjo en 1912 con el convenio firmado en La Haya por una serie de Estados deseosos de erradicar un comercio que ellos equiparaban con el vicio y la delincuencia. En 1914 el Acta Harrison hizo ilegales en los EE.UU. las drogas duras: con ello pusieron todo el comercio en manos de los sindicatos del crimen. Otras convenciones se celebraron en 1925 y 1936, en el marco de la lucha de la Liga de Naciones por encontrar modos de reforzar el control. En la India británica se reguló la producción de opio, pero ésta floreció en Irán y China, donde en los años 30 se calculaba que se producía el 80 por 100 de todo el opio y que el 10 por 100 de la población –40 millones de personas– eran consumidores regulares de la droga.

El modelo del abuso de las drogas y la delincuencia relacionada con las drogas se vio afectado por acontecimientos políticos y cambios sociales, en particular por la urbanización a gran escala, que produjo una gran cantidad de nuevos consumidores. El acontecimiento clave fue la Revolución china de 1949. El régimen comunista comenzó a aplicar un riguroso programa para la

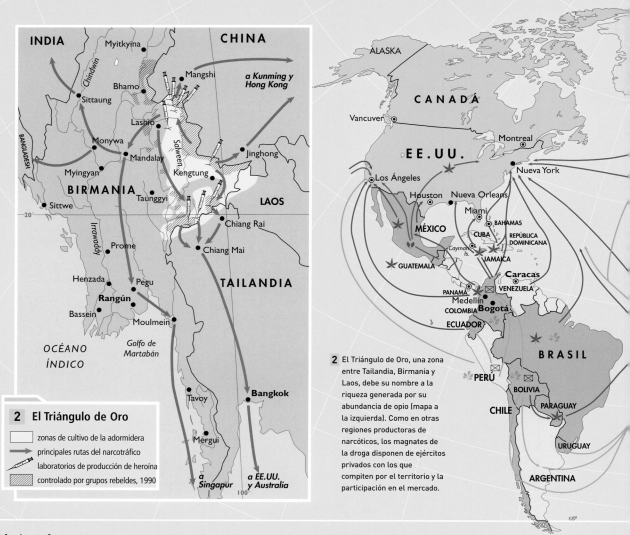

2 El Triángulo de Oro

☐ zonas de cultivo de la adormidera

→ principales rutas del narcotráfico

🖋 laboratorios de producción de heroína

▨ controlado por grupos rebeldes, 1990

2 El Triángulo de Oro, una zona entre Tailandia, Birmania y Laos, debe su nombre a la riqueza generada por su abundancia de opio (mapa a la izquierda). Como en otras regiones productoras de narcóticos, los magnates de la droga disponen de ejércitos privados con los que compiten por el territorio y la participación en el mercado.

www.unodc.org/unodc/en/world_drug_report_2000.html
Informe de la ONU sobre las drogas en el mundo, 2000.
www.cia.gov/cia/publications/factbook/fields/2086.html
Listado de las producciones de drogas país por país.

erradicación de las drogas, que virtualmente se completó en los años 60. El centro de la producción de opio se desplazó a las inaccesibles regiones montañosas de Birmania, Tailandia y Laos (el Triángulo de Oro), y a zonas inhóspitas y aisladas del norte del Pakistán y el Afganistán (el Creciente Dorado). El comercio birmano contaba con la producción de los restos del ejército del Kuomintang de Chiang Kai-shek, y era dirigido por los sindicatos chinos establecidos en Bangkok y Hong Kong. Desaparecido el mercado chino, los comerciantes buscaron mercados más distantes. Occidente se convirtió en un mercado clave para el derivado del opio, la heroína (producida por primera vez en 1898), que podía llegar a Europa por tierra y mar a través de Asia y el Oriente Medio.

El crecimiento de los mercados occidentales de drogas, que desde los años 60 comenzaron a consumir grandes cantidades de cannabis y cocaína, así como heroína, transformaron el comercio. En México, Colombia y Bolivia aparecieron nuevos cárteles de la droga para suministrar cocaína a Norteamérica. Los magnates de la droga ejercían un enorme poder y dominaban grandes extensiones de Centroamérica y Sudamérica. Los enormes beneficios que el comercio reportaba se blanqueaban en paraísos fiscales y acababan entrando en el sistema financiero internacional como fondos de inversión «legales». Los 80 millones de dólares de que disponían las tres agencias de la ONU dedicadas a combatir el tráfico de drogas quedaron eclipsados en los años 90 por la formidable opulencia de los narcotraficantes, capaces de vivir fuera de la ley, en un submundo global con sus propios representantes en las instancias del poder y sus propias reglas.

1 El mapa muestra el modelo del narcotráfico internacional. Las drogas se producen donde el clima es apropiado para el cultivo de plantas como la adormidera. El cultivo se concentra en zonas montañosas de difícil acceso, donde la autoridad del Estado es prácticamente inexistente y donde los campesinos tienen necesidad de un cultivo industrial para sobrevivir. Los cárteles de la droga, por ejemplo el cártel de Medellín, han dominado extensas zonas de Sudamérica, en particular Colombia. El Triángulo de Oro, una zona del sur de Asia controlada por bandidos y guerrillas, constituye el ejemplo clásico de una región así.

1 El narcotráfico en el mundo

principales países productores de drogas

principales mercados

✉ refinerías

principales rutas del narcotráfico

⊙ centro de blanqueo del dinero

principales cosechas

🌿 coca (cocaína)

🌼 opiáceos (heroína)

✴ hachís

✴ marihuana

185

La **exploración espacial**

1957 El Sputnik de la URSS es el primer satélite artificial.

1958 Primer satélite estadounidense, el Explorer I.

1961 El soviético Yuri Gagarin realizar el primer viaje espacial tripulado.

1969 EE.UU. pone el primer hombre en la luna.

1977 Los EE.UU. lanzan la primera sonda espacial Voyager para investigar el Sistema Solar.

finales de los años 90 Sondas de los EE.UU. exploran Marte.

La idea de la exploración espacial rondaba la imaginación del siglo XX. A comienzos de siglo, H. G. Wells fantaseó sobre esta posibilidad. A su término, todo un género cinematográfico y televisivo (*Star Trek, Alien, 2001. Una odisea en el espacio*) se había desarrollado en torno al tema de los viajes espaciales. Los primeros progresos en los viajes espaciales se vieron necesariamente ralentizados por las limitaciones tecnológicas. La teoría básica de los viajes espaciales la estableció el ruso Konstantin Tsiolkovsky en 1903; en 1925 se fundó en Alemania la Verein für Raumschiffahrt («Sociedad para los Viajes Espaciales»); en 1926 el estadounidense Robert Goddard construyó y pilotó el primer cohete de propulsión líquida.

Los viajes espaciales han estado íntimamente vinculados a los desarrollos militares. Los más eficaces de los primeros cohetes fueron los misiles alemanes V2 desarrollados durante la Segunda Guerra Mundial por Wernher von Braun, que posteriormente, en 1958, ayudaría a diseñar los mecanismos de propulsión del primer satélite estadounidense, el Explorer I, y el cohete Saturno V, que llevó la cápsula espacial Apolo a la luna a finales de los años 60. Sin embargo, fue la URSS la primera en lanzar, en octubre de 1957, el primer satélite terrestre artificial, el Sputnik.

Siempre se ha entendido que los viajes espaciales tenían aplicaciones militares. Los satélites de observación transformaron la posibilidad de un aumento del espionaje y permitieron a rusos y estadounidenses comprender el potencial militar de la otra parte con un nuevo grado de precisión. Los satélites también se encontraban en el centro de la «Iniciativa de Defensa Estratégica» de Ronald Reagan: un proyecto para destruir misiles ofensivos soviéticos con láseres disparados desde el espacio, el cual fue tomado por los líderes soviéticos más en serio que por muchos científicos occidentales.

Los viajes espaciales también se conectaron con una lucha más sutil entre los EE.UU. y la Unión Soviética. Los éxitos soviéticos de 1957, cuando pusieron en órbita el primer satélite artificial, y de 1961, al lanzar el primer vuelo espacial tripulado, produjo un tremendo impacto en los Estados Unidos. Estos desarrollos alentaron a los EE.UU. a invertir mayores recursos en su programa espacial y provocaron que el presidente Kennedy prometiera que los estadounidenses serían los primeros en llegar a la luna (un objetivo alcanzado en 1969). Incluso una vez comenzaron a disminuir las hostilidades de la Guerra Fría, los Estados Unidos y la URSS siguieron compitiendo en el espacio e incluso sus momentos de cooperación (simbolizados por los astronautas estrechándose las manos en las estaciones espaciales) se vincularon al desarrollo de relaciones internacionales.

Pero los viajes espaciales también estaban vinculados a la necesidad de héroes del siglo XX. Las naves espaciales nunca han necesitado ser tripuladas. Los primeros satélites fueron poco más que transmisores de radio, mientras que las primeras criaturas vivas enviadas al espacio fueron un perro y un mono. Sin embargo, tras el primer vuelo espa-

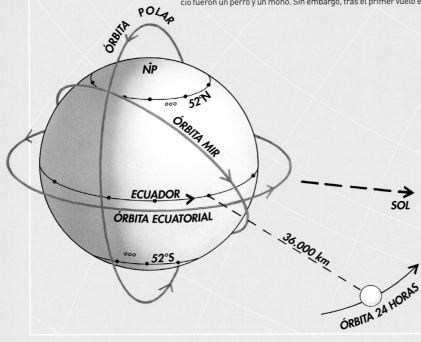

1 Las imágenes ilustran las distancias a las que se han enviado naves espaciales. Los satélites artificiales han conseguido una serie de órbitas (a la izquierda) alrededor de la tierra desde el lanzamiento del *Sputnik* ruso en 1957. Una órbita sincrónica de 24 horas (lograda por vez primera por el *Syncom 2* en 1963) requiere una distancia de 36.000 km de la tierra. La órbita de la estación espacial rusa *Mir* pasaba por todos los puntos entre los 52º N y los 5º S. Las distancias recorridas por las sondas espaciales diseñadas para la investigación de otros planetas del sistema solar son mucho mayores (*supra* a la derecha). Los viajes a la luna recorrían 400.000 km. Las sondas *Voyager 1* y *2* tuvieron que recorrer miles de millones de kilómetros antes de alcanzar Júpiter, Saturno, Urano y Neptuno. Las imágenes obtenidas en Neptuno por la *Voyager 2* tardaron cuatro horas en llegar a la tierra.

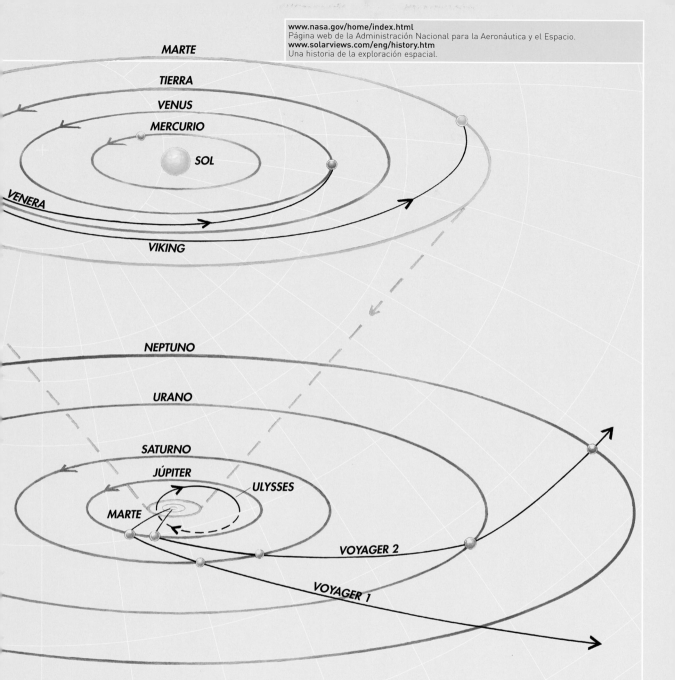

www.nasa.gov/home/index.html
Página web de la Administración Nacional para la Aeronáutica y el Espacio.
www.solarviews.com/eng/history.htm
Una historia de la exploración espacial.

MARTE

TIERRA

VENUS

MERCURIO

SOL

VENERA

VIKING

NEPTUNO

URANO

SATURNO

JÚPITER

ULYSSES

MARTE

VOYAGER 2

VOYAGER 1

cial tripulado por un ser humano, realizado por Yuri Gagarin en 1961, se generó una obsesión por enviar personas al espacio. Los primeros astronautas se convirtieron en héroes y las palabras de Neil Armstrong «un pequeño paso para un hombre, un salto de gigante para la humanidad» (pronunciadas en el momento de pisar la superficie lunar) pasaron a contarse entre las más citadas del siglo.

Durante los años 70, 80 y 90 se pusieron en órbita satélites cada vez más pesados y sofisticados, y se enviaron sondas a planetas cada vez más distantes. No menos de cinco naves se enviaron a observar el cometa Halley, y a finales de los años 90 una serie de sondas de los EE.UU. exploraron Marte. Los vuelos realizados por las lanzaderas espaciales estadounidenses para poner en órbita y mantener los satélites se han convertido casi en una rutina. Ahora la Agencia Espacial Europea (AEE), China y Japón lanzan satélites, y la AEE y Japón construyen sondas planetarias.

Las dos consecuencias más importantes de la exploración espacial no tenían probablemente nada que ver con el drama de los vuelos tripulados. La primera afectaba a las comunicaciones internacionales. Los satélites hicieron mucho más fácil a las emisoras de radio y televisión enviar sus programas a todo el mundo y mucho más difícil a los gobiernos controlar estas emisiones. La segunda consecuencia de la exploración espacial fue que los científicos consiguieron un conocimiento mucho más detallado del universo. De Mercurio a Neptuno, se han realizado estudios de todos los planetas, y de muchos de sus satélites. Se enviaron sondas a otros planetas del sistema solar y se estacionaron en el espacio aparatos, como el telescopio Hubble, capaces de captar señales procedentes de muy lejos tanto en el espacio como en el tiempo, hasta incluso obtener las primeras imágenes del Big Bang que creó el universo.

Índice